职业院校饭店服务与管理专业系列教材

餐饮服务与管理

主　编　陆　朋
副主编　祁　颖　宋　莉
主　审　苗雅杰

中国物资出版社

图书在版编目（CIP）数据

餐饮服务与管理/陆朋主编．—北京：中国物资出版社，2009.8(2016.7 重印)
（职业院校饭店服务与管理专业系列教材）
ISBN 978-7-5047-3113-5

Ⅰ.餐…　Ⅱ.陆…　Ⅲ.①饮食业—商业服务—高等学校：技术学校—教材
②饮食业—商业管理—高等学校：技术学校—教材　Ⅳ.F719.3

中国版本图书馆 CIP 数据核字（2009）第 090929 号

策划编辑　寇俊玲
责任编辑　寇俊玲
责任印制　何崇杭
责任校对　孙会香　梁　凡

中国物资出版社出版发行
网址:http://www.cfpress.com.cn
社址:北京市西城区月坛北街 25 号
电话:(010)68589540　邮政编码:100834
全国新华书店经销
中国农业出版社印刷厂印刷

开本:787mm×1092mm　1/16　印张:21.25　字数:544 千字
2009 年 8 月第 1 版　2016 年 7 月第 4 次印刷
书号:ISBN 978-7-5047-3113-5/F·1228
印数:8001—9000 册
定价:38.80 元
（图书出现印装质量问题,本社负责调换）

出版说明

职业教育与普通教育的不同在于，普通教育强调较强的系统理论基础，培养的是学术型、工程型人才；而职业教育强调较强的实践技术和专门技能，培养的是技术型、技能型人才。因此，职业教育既有高等教育在教育领域的某些共性，更有职业教育的个性，即特色。这种特色首先表现为独特的办学理念和办学思路：以就业为导向、与社会经济发展紧密结合，以社会需要为出发点和落脚点，以行业企业为主导的校企合作、产学研结合等。

实现职业教育的目标、体现职业教育的价值离不开优秀的教材！

事实却是，市场上的教材不是本科教材的简单删减，就是培训教材的粗略扩充，导致职业教育教材中的部分内容是已被淘汰的知识，新知识、新技术、新内容、新工艺、新材料不能及时反映到教材中来，教材与紧密联系生产一线的职业教育专业设置不符，给学生就业带来弊端。

为了解决上述问题，我们策划并组织编写了这套“职业院校饭店服务与管理专业系列教材”，期望能够满足广大老师和学生的需求。本套教材从策划伊始到问世，都伴随着策划人详尽的调研和编写老师严谨的耕耘。这些使得本套教材具有以下特点：

1. 通俗易读，深浅有度。理论知识广而不深，基本技能贯穿教材的始终。图文并茂，以例释理的方法得到广泛的应用，十分符合职业院校学生的学习特点。

2. 注重“双学型”特点的体现。职业教育对“双师”和“双证”的要求，必然呼唤教材具备“双学”的特点：一方面，教材能够协助教师对学生进行在校的理论和实践教育；另一方面，还能够帮助学生取得相关职业技能证书，向劳动部门颁发的职能鉴定标准看齐，为就业做好准备。为了做到这点，本套教材与这些技能考试相结合，以考试的试题为课堂训练或者拓展模块，实现两者的有机结合。

3. “套餐式”教材，电子教案请专业人士制作。现代化的手段可以帮助丰富和发展传统的教材，PPT可以使学生的注意力更加集中，书本的附加内容可以使书本内容形象生动，适量的配套练习、详细的参考答案可以培养学生自学自测的能力……特别是，本套教材的这些“套餐式”严禁杜绝流于形式，那些不能用、不适用的课件做了还不如不做。

4. 模块式的编写思路。以大模块嵌套小模块的方式来编写。实践证明，这种模块式的教材更能吸引学生产生学习兴趣。

“职业院校饭店服务与管理专业系列教材”符合职业教育的教学理念和发展趋势，能够成为广大老师和学生教与学的优秀教材，同时也可以作为饭店管理人员、相关从业人员的自学读物。

前　言

“餐饮服务与管理”是职业院校旅游、饭店服务与管理等专业的一门主干课程，为了适应21世纪旅游和饭店业的发展以及我国职业技术教育的蓬勃发展，本着为我国餐饮业的实际情况及人才培养提供理论依据和技能指导的初衷，我们在长期从事本课程教学和研究的基础上，在注重吸收新观点、新思想的前提下，编写了这本书并将其作为职业院校饭店服务与管理专业系列教材之一。

本书针对职业院校教学的特点和今后学生就业需要，以管理理论为指导，根据饭店餐饮服务与管理的客观规律，以餐饮实际业务经营活动为基础，以当前最新、最实用的管理方法与操作为主要内容，坚持理论与实际相结合，全面、系统地阐述了饭店餐饮服务与管理的各种要素的内在联系及其运行程序，既培养了学生的服务技能，又为学生将来的发展奠定了理论基础。本书既是职业院校旅游、饭店服务与管理专业的教学用书，又可以作为酒店行业人员培训和工作参考用书。

全书在内容上共分为十章。第一章餐饮概述；第二章餐饮基本操作技能；第三章餐饮对客服务技能；第四章餐厅的设计与布局；第五章菜单的设计；第六章餐饮营销管理；第七章餐饮成本管理；第八章餐饮生产管理；第九章餐饮服务质量管理；第十章餐饮卫生与安全管理。

本书由河北师范大学职业技术学院旅游系陆朋教授担任主编，张家口教育学院祁颖、北方民族大学管理学院旅游系宋莉担任副主编。参加本书编写的撰稿人及分工如下：

第一章：王好，河北师范大学职业技术学院旅游系；

第二章、第三章：郝璐，石家庄旅游学校；

第四章、第九章：刘燕，石家庄经济学院华信学院；

第五章：陆朋，河北师范大学职业技术学院旅游系；

第六章、第十章：祁颖，河北省张家口教育学院财经学院；

第七章：任丽，吉林师范大学辽源分院；

第八章：胡铁，秦皇岛职业技术学院。

本书在编写过程中，参考了许多同人的观点和已出版的教材，在此对在编写过程中给予支持和帮助的有关人员深表感谢。本书是各职业院校相关专业教师倾力合作与集体智慧的结晶，但由于水平所限，且时间仓促，书中难免存有谬误与不妥之处，恳请读者提出宝贵意见，以便修改完善。

书中习题答案、PPT课件、课时安排建议及其他补充资料已制作成电子资料包，敬请登http://www.cfpress.com.cn下载使用。

编　者

2009年6月

目 录

第一章 餐饮概述

动脑筋

餐厅里的菜园

东方咖啡饭店刚开张时，因面临着激烈的竞争而难以站稳脚跟。老板清醒地意识到，如果不采用巧妙的经营方式，饭店就难以办下去。经过深思熟虑，她决定将饭店后面的那个大花园变成大菜园，用自己生产的蔬菜和水果做成名种美味佳肴，以招徕顾客。为此，饭店特意聘请了一位从事过多年菜园管理的老师傅来主持这项改建工作。不到半年的时间，一座有菜有花有果的综合型菜园便出现在人们的眼前。园内蔬菜翠绿，果树飘香，花草茂盛，令人叹为观止。随着媒体的报道，东方咖啡饭店的知名度越来越大。老板在向记者介绍时，如数家珍似地说："顾客在别的饭店里进餐，吃南瓜不知道南瓜有多大，吃茄子并不清楚茄子是什么模样。而在我们这儿，却能做到边吃边看，十分有趣。"

请思考：1. 东方咖啡饭店是怎样取得成功的？

2. 一个成功的餐饮企业应该做到哪些方面？

第一节 餐饮业的历史与现状

俗话说，民以食为天。饮食是人类赖以生存和发展的第一要素，餐饮业起始于人类文明的初期，并且伴随着人类社会的形成而发展，随着人类社会的发展而进步，它经历了由低档饮食活动向高档饮食活动，由简单、粗糙的饮食产品向复杂、讲究的饮食产品逐步发展、进步的过程。餐饮已经超越了单纯的生理需要，不断丰富着自身的内涵，是人类物质文明和精神文明的重要组成部分，是检验这两种文明发展程度的标尺之一。

一、中国餐饮业发展概况

中国餐饮业历史悠久，博大精深，具有鲜明的民族性和地域性。我国餐饮文化是随着人类社会的出现而产生的，关于餐饮文化的起源，目前说法不一。有人认为黄帝是烹饪的始祖；有人认为燧人氏"钻木取火，以化腥臊"揭开了烹饪史的第一页。古籍中的这些记载往往带有神话色彩，把一个时代或者一个氏族部落的某些创举集中到一个人身上。人类原始的采集野果、捕获动物只是为了果腹，还谈不上有意识的烹调。用科学眼光来看，饮食活动的产生应该是从人类吃熟食开始的。

"熟食阶段"大约在50多万年前先民学会用火时。大量考古资料证实，这些"古人"尽管仍处于比较原始的状态，但已开始用火捕获野兽、烤熟食物、化冰取水，进入了中国饮馔史的“熟食阶段”，烹饪由此发端。用火制作熟食标志着人类从野蛮走向文明。这一阶段，人类发明了烧石传热熟物的石烹法，这是最原始的烹调方法。原始人类或把食物直接放在火上烤熟，或把食物放在石板上加热石板烤熟而吃，这在北京周口店的考古中得到证明。到了新石器时代，中国社会进入了陶器时期，陶制炊餐具的使用，促进了原始烹饪的发展，标志着人类正式进入了烹调时代。

历史的车轮进入夏、商、周三代之后，餐饮业逐渐成为一个独立的行业。金属工具、原始瓷器、酿酒作坊和食盐的出现，为餐饮业的形成创造了条件。当时的人们已经开始掌握刀功与火候技术，烹饪方法有烧、烤、煎等多种，这些都反映了我国先秦时期的烹饪技术已发展到比较高的水平。从周代起，中国产生了一些烹调食谱，《周礼·天官》中记录了我国最早的名菜——八珍。从《楚辞》中，我们可以看到所举的酒类和食品已相当丰富，在一份菜单中记有红烧甲鱼、挂炉羊羔、炸烹天鹅、红焖野鸭、铁扒肥雁、清炖大鱼等菜肴。

这一时期出现了最早的聚餐形式——筵席。古人席地而坐，“筵”和“席”都是铺在地上的坐具，酒食菜肴置于筵席之前。筵席阶段宴会活动方式多样，主要为奴隶主、贵族所享用。商周时期，音乐助餐已经出现。这时豪门贵族吃饭时要奏乐击钟，用鼎盛装着各种珍馐美馔，即所谓的“钟鸣鼎食”。

秦汉时期，由于农业、手工业、商业有了很大发展，对外交往日益频繁，在中央集权的封建国家里，餐饮文化不断出现新的特色。汉代的饮食业可谓“熟食遍地，殽旅成市”，汉朝与西域的通商贸易使西部少数民族的饮食习俗传入中原，又将中原的饮食文化带至西部，长安市内为少数民族客商所建的高档客栈附近出现了大批的饮食店。

汉代以后，铁器逐渐取代铜器，植物油开始登灶入馔，烹调方法更加多样，对食品原料也十分讲究，烹饪操作的技术分工已趋成熟。山东出土的《庖厨图》描绘了前后连贯的烹饪制作过程的宏大场面，图中刻绘的人物个个忙碌，分工层次明确，各司其职，从上到下有6个层次，概括了从原料准备到加工处理等各个环节，是汉代烹饪文化的有力表现。同时出土的“厨夫俑”则是关于厨师形象的造型，从衣着装束看，几乎与如今的厨师不相上下，这说明当时厨师已形成为一种职业。

唐宋时期是我国古代餐饮文化的全盛时期。具体表现在：食源继续扩大，瓷餐具风行，工艺菜新兴，风味流派显现。这一时期的烹饪技法也有长进，热菜的制作工艺进入了成熟期，传统烹饪趋于定型。谢讽的《食经》为中国烹饪、餐饮理论的研究开创了先河。随着生产力的发展，餐饮生产有了进步，用餐时的器具也发生了变化，产生了小案桌和条案。民间多用方桌，而宫廷、官府的宴会活动则使用条案。食品放在条案上，主人在上座，并可在四周围案而坐，形成主次分明的宴会气氛。“宴会”这一名词在这一时期也被正式使用。

当时餐饮文化生活成为统治阶层重要的社交文化活动，达官贵人们对餐饮讲究美食、美味、美器、美境，强化了饮食文化的审美性质。更有五代十国南唐时期著名人物画家顾闳中的作品《韩熙载夜宴图》(如图1-1所示)，描述了当时官宦在家中举行宴会的奢华场面。

图 1－1　韩熙载夜宴图

明清时期，餐饮文化得到进一步的发展，内容更为丰富多彩。无论是宫廷饮食、贵族饮食和官府餐饮，还是民族餐饮、地方餐饮和民间餐饮都出现了蓬勃发展的趋势。明清两朝的烹饪成就可以归纳为：努力开辟新食源，扩大肴馔品种；燃料、炊具较前代更加先进，出现了配套的全席餐具；烹调术增加，工艺规程严格，名厨巧师如林，珍馐佳肴丰盛，清宫菜和孔府菜影响深远，四大菜系形成，地方风味蓬勃发展，大宴华美，礼仪隆重，全羊席和被称为“无上上品”的满汉全席破土而出；以燕窝、鱼翅、烧猪、烤鸭四大名珍领衔，汇集四方异馔和各族美味，菜式多达一两百道。餐饮市场蒸蒸日上，出现繁华的食街，经营方式多种多样；《本草纲目》进入饮食文化成就巨大，普遍重视养生食疗，烹饪理论有重大突破。

由于中国餐饮业长期受农业经济的影响，食物的植物性食品成分过大，动物性食品比例太少，显得不甚合理。随着经济的发展和人民生活水平的提高，在餐饮业“营养、卫生、科学、合理”原则的指导下，具有中国风味、符合现代科学营养标准的膳食结构正在迅速形成。中国烹饪的特点是：原料广博，菜品繁多；选料严谨，因材施艺；刀工精湛，艺术性强；善于调味，注重火候；技法多样，盛器讲究。现代中国餐饮业继承和发扬了民族文化，走开拓创新之路，使传统工艺更符合现代饮食的科学要求，用科学烹饪创造出科学美食。与此同时，烹饪的繁荣也促进了中国餐饮业的发展，中国餐饮业正在走向世界。

餐饮专家

满汉全席

满族入主中原前，以游牧、渔猎为生，他们习惯用烧、烤、煮、涮等烹调手法。清朝建立后，宫廷一直沿用满族人烹调传统菜肴，直至康熙帝时才开始起用汉人做厨师。汉人厨师于是把大江南北的美味佳肴带到宫里。满、汉厨师经过长时期的相互学习、交流，从而创造了新的膳食口味。

满汉全席兴起于清代，是集满族与汉族菜点之精华而形成的历史上最著名的中华大宴。乾隆甲申年间李斗所著《扬州书舫录》中记有一份满汉全席食单，是关于满汉全席的最早记载。

满汉全席是我国一种具有浓郁民族特色的巨型宴席，既有宫廷菜肴之特色，又有地方风味之精华，菜点精美，礼仪讲究，形成了引人注目的独特风格。满汉全席原是官场中举办宴会时满人和汉人合坐的一种全席，上菜一般至少一百零八种，分三天吃完。菜肴丰盛，制作程序复杂，工艺颇为考究。该席桌博采烧烤、燕窝、鲍鱼、海参、鱼翅等满汉众多高级宴席之精华；囊括点心中油、烫、酥、仔、生、发六种面性；施展立、飘、剖、片等二十余种刀法。全席计有冷荤热肴一百九十六品，点心茶食一百二十四品，计肴馔三百二十品。合用全套粉彩万寿餐具，配以银器，富贵华丽，用餐环境古雅庄隆。席间专请名师奏古乐伴宴，沿典雅遗风，礼仪严谨庄重，承传统美德，侍膳奉敬校宫廷之周，令人流连忘返。全席食毕，可使人领略中华烹饪之博精，饮食文化之渊源，尽享万物之灵之至尊。

满汉全席以北京、山东、江浙菜为主点。闽粤等地的菜肴也首次出现在巨型宴席之上。南菜五十四道：三十道江浙菜，十二道福建菜，十二道广东菜；北菜五十四道：十二道满族菜，十二道北京菜，三十道山东菜。

满汉全席的六种宴席简介如下：

（一）蒙古亲潘宴

此宴是清朝皇帝为招待与皇室联姻的蒙古亲族所设的御宴。一般设宴在正大光明殿，由满族一、二品大臣坐陪。历代皇帝均重视此宴，每年循例举行。而受宴的蒙古亲族更视此宴为大福，对皇帝在宴中所赏赐的食物十分珍惜。

（二）廷臣宴

廷臣宴于每年上元后一日（即正月十六）举行，是时由皇帝亲点大学士，九卿中有功勋者参加，故受宴者荣殊。宴时循宗室宴之礼。皆用高椅，赋诗饮酒，每岁循例举行。蒙古王公等皆参加。皇帝借此施恩来笼络属臣，而同时又是廷臣们功禄的一种象征形式。

（三）万寿宴

万寿宴是清朝帝王的寿诞宴，也是内廷的大宴之一。后妃王公，文武百官，无不以进寿献寿礼为荣。其间名食美馔不可胜数。如遇大寿，则庆典更为隆重盛大，系派专人专司。衣物首饰，装潢陈设，乐舞宴饮一应俱全。光绪二十年十月初十慈禧六十大寿，于光绪十八年就颁布上谕，寿日前月余，筵宴即已开始。仅事前江西烧造的绘有万寿无疆字样和吉祥喜庆图案的各种釉彩碗、碟、盘等瓷器，就达两万九千一百七十余件。整个庆典耗费白银近一千万两，在中国历史上是空前的。

（四）千叟宴

千叟宴始于康熙，盛于乾隆时期，是清宫中的规模最大、与宴者最多的盛大御宴。康熙五十二年在阳春园第一次举行千人大宴，康熙帝席赋《千叟宴》诗一首，固得宴名；乾隆五十年于乾清宫举行千叟宴，与宴者三千人，即席用柏梁体选百联句；嘉庆元年正月再举办千叟宴，与宴者三千五十六人，即席赋诗三千余首。后人称千叟宴是“恩隆礼洽，为万古未有之举”。

（五）九白宴

九白宴始于康熙年间。康熙初定蒙古外萨克等四部落时，这些部落为表示投诚忠心，每年以九白为贡，即白骆驼一匹、白马八匹，以此为信。蒙古部落献贡后，皇帝设御宴招待使臣，谓之九白宴。每年循例而行。

（六）节令宴

节令宴系指清宫内廷按固定的年节时令而设的筵宴。如元日宴、元会宴、春耕宴、端午宴、乞巧宴、中秋宴、重阳宴、冬至宴、除夕宴等，皆按节次定规，循例而行。满族虽有其固有的食俗；但入主中原后，在满汉文化的交融中和统治的需要下，大量接受了汉族的食俗；又由于宫廷的特殊地位，逐使食俗定规详尽。其食风又与民俗和地区有着很大的联系，所以清宫中制作腊八粥、元宵、粽子、冰碗、雄黄酒、重阳糕、乞巧饼、月饼等用具一应俱全。

二、国外餐饮业发展概况

国外餐饮业起源于古代地中海沿岸的发达国家。

在古埃及，早在公元前 1700 年，已有酒店存在。考古发现了同一时期或更早时期的菜单，上面写有面包、禽类、羊肉、烤鱼和水果等。在当时，妇女和儿童不准进入各种酒店和餐馆，但到公元前 400 年时，妇女和儿童已成为各种酒店和餐馆顾客中不可缺少的一部分。

在古希腊，早期的酒店多设在各种庙宇旁边。古希腊人对餐饮业的主要贡献体现在两个方面：一是为了能使上餐桌的鹅足够肥硕，用浸湿的谷物进行填食，与今天的北京烤鸭极其相似；二是约在公元前 3 世纪，雅典人发明了第一辆冷盘手推车，厨师将大蒜、海胆、用甜葡萄酒浸过的面包片、海扇贝和鲟鱼装在盘子里放在车上，推入餐厅供人们选择、享用。这些对今天的餐饮业仍有影响。

古罗马时期，餐饮业已颇具规模。庞贝古城的考古发现表明当时客栈、餐馆和酒店十分兴盛，至今仍能分辨出 118 家酒店或餐馆酒吧的遗址。16 世纪中叶，欧洲处于文艺复兴时期，意大利成为文艺复兴运动的中心，也被认为是西餐的起源地，其烹饪技艺在吸收世界各地精华的基础上，形成了追求豪华、注重排场、典雅华丽的风格，成为“欧洲烹饪之母”。

17 世纪美国还处于殖民地时期。美国餐饮开始逐步发展，这种发展主要表现为小酒店式餐饮。小酒店指向旅行者和当地居民提供食物、饮料和住宿等服务的经营场所。此类餐饮消费者无任何选择余地，食物品种均由经营者决定。小酒店发展很快的原因是相关法律规定了无小酒店的城镇均要建立小酒店。

18 世纪前后，法国成为欧洲政治、经济和文化的中心，法国发达的农牧渔业成为发展烹饪和餐饮业的优越物质条件。法国烹饪源于意大利宫廷，成形于路易封建王朝，法国大革命时期才涌向民间，通过不断的改革创新，逐步风靡世界，成为欧美餐饮的公认代表。

19 世纪由于火车、汽车的发明与使用，马车路线开始消失，马车旅馆失去传统的客源，因而各式旅馆、饭店及酒店相继出现，使餐饮消费明显增加，从而使餐饮业规模逐步扩大。在美国由于铁路运输网的扩展，小酒店几乎消失，而具有食品服务含义的“restaurant”完整融入美国社会中。同时出现了美国餐饮史上最早的连锁餐饮企业——哈威连锁企业，即“火车站餐馆”。哈威连锁具有统一的菜单，统一的服务，统一的供餐时间和严格的质量控制，由此奠定了现代餐饮连锁经营的基础。

由于西方经济的高速发展，发达国家的餐饮业形成了以获取人体所需的营养为主、讲求营养质量的风格，其食品结构有“高热量、高蛋白、高脂肪”的特点，使许多人营养过剩，体型过胖，这已成为现代营养科学关注的焦点。

纵观中西餐饮业的发展概况，世界餐饮业是随着人类经济活动的出现和文明程度的提高而产生和发展的。中外餐饮业在发展过程中既各自独立，又互相渗透。中餐学习了西餐的烹饪技法，引进了咖啡、可可、洋酒等；西餐也学习了中餐的烹饪方法，吸收了中餐特有的饮料——茶。中西餐的餐具和服务程序也都在相互补充，相得益彰。中西餐相互交流、相互促进、共同发展，开创了世界餐饮业的新局面。

三、餐饮业的发展趋势

20 世纪末以来，中国的餐饮业进入了史无前例的大发展时期，市场潜力巨大，前景非常广阔。随着中西方饮食文化的交汇，餐饮市场异彩纷呈，美食节的兴起、菜肴的创新、企业经营变异、餐饮市场的进一步细化使得人们能随时、随地享受美食带来的欢愉。同时经济的增长、传播媒介的积极引导、营销的合理组合等，也使得我国餐饮市场的消费潜力不断壮大。

（一）走优质高效的快餐化道路

中国餐饮业的快速持续发展，显示出了在社会需求和经济发展的大背景下，行业总体规模日益扩大，在国民经济中的地位和作用明显提升和加强。2008 年下半年起，在扩大内需的大环境下，商务部提出在扩大内需、拉动消费方面，将大力发展餐饮业。在金融危机的影响下，部分酒楼的客源分流到中高档快餐，金融危机带来的不仅是危机，更是机会，快餐业的消费群体会更大。

餐饮专家

小嘴煲煲掂

不仅融合了西式快餐的方便、快捷、舒适、清洁的特点，继承了中式快餐的营养、健康的优点，而且独创性地定义了中式快餐标准“粥（汤）十饭”。业内人士认为中式快餐制胜的关键在于“营养”，而以“煲”为主的烹饪方式能最大程度保存食物的营养成分。因此，小嘴煲煲掂特地聘请台湾广味煲餐大师马玖龙精心打造中式煲餐系列，真正用“煲粥（煲汤）＋煲仔饭”的中式营养快餐标准取代洋快餐“汉堡＋薯条”的模式，做“上帝也贪图的美食，让天使也妒忌的煲餐”。

“真功夫”快餐店

“小姐，您点的菜。”在北京朝外大街昆泰大厦一层“真功夫”快餐店里，穿着时尚的于女士听到店里服务小姐的叫声，猛地一愣——“真没想到这么快。”以于女士以往的经验，在中式快餐店吃饭，从点餐到取到食品至少要等上几分钟。“顾客通常可在 80 秒钟内完成点餐到取到食品的过程。”“真功夫”不仅以快制胜，它传承中华饮食五千年文化并加以创新，把中华饮食传统的 30 多种烹饪方法凝聚在一个技法上：蒸，以岭南饮食的原盅蒸品为特色，发扬中华饮食的“营养”优势，塑造“营养”为品牌的核心价值。“真功夫”现已拥有 100 多家直营连锁餐厅，并迅速发展成为中式快餐业的领导品牌之一。

（二）运用科技，提高效率

随着科技的发展，高科技在促进饭店与餐饮业经营管理和服务水平等方面，已经起到了革命性的作用。

在传统餐厅，顾客点餐时服务员会手写点餐单，然后将菜单传到前台。由前台手工分单，厨师拿到点餐单后开始配菜、做菜，最后将做好的佳肴由传菜人员根据点餐单给餐桌或单间上菜；如今，当你走进一家餐厅享受美食，发现服务员手中已不再是铅印的点餐单，而是使用一台手持无线终端在为我们服务时，千万不要流露出惊讶的表情，因为无线点餐技术已开始被广泛应用于国内的餐饮行业。

应用无线点餐系统后，即使只有两三名服务员也能够准确无误地为 20 张餐桌服务（原先需要 6～8 名服务员完成的工作量），不但节省了大量的人力，而且失误率几乎为零。这样，服务人员可以腾出更多的精力向顾客提供更好的服务，提高用户对餐厅的认可度。

无线点餐系统从点餐、厨房分单到送菜、结账等各个环节实现了全方位、智能化管理，大大降低了因失误做菜而造成的资源浪费，从而降低了运营成本。当发现服务员手中不再是传统的菜谱和点餐单，而是一个高科技感十足的 PDA（个人数字助理）时，顾客对这家餐厅的印象一定相当深刻，对此餐厅的忠诚度自然也高了一成。不仅如此，互联网、电子商务、厨房厨具革命等高科技的运用，也为未来餐饮业的高速发展提供了广阔空间。

（三）更加强调营销环境的情调、氛围

现代社会的消费者，在进行消费时往往带有许多感性的成分，容易受到环境氛围的影响。因此，相当多的餐馆，在布置环境、营造氛围上下了很大的工夫，力图营造出各具特色的，吸引人的种种情调；或新奇别致，或温馨浪漫，或清静高雅，或热闹刺激，或富丽堂皇，或小巧玲珑；有的展现都市风物，有的显示乡村风情；有中式风格的，也有西式风情的，更有中西合璧的。从美食到极富浪漫色彩的店名、菜名，使你能在大快朵颐之际，烘托起千古风流的雅兴和一派温馨的人和之情。

近几年来，各地纷纷出现了诸如阿凡提风味餐厅、傣家大酒楼、苗族竹楼、水上渔村、民族餐厅、边疆风情园、民族歌舞美食城等以经营民族风味佳肴为主的企业。例如，北京建国饭店每当一个国家的节日到来之时，就在餐厅悬挂这个国家的小国旗，做这个国家的菜，并在装饰上突出这个国家的风土人情，收到了良好的效果。这些都说明了情调、氛围在餐饮营销中的重要性。

（四）生态农业、绿色食品、保健环境将更为人们所重视

随着人们对环境污染、生态平衡、自身健康等问题的关心程度日益提高，无公害、无污染的绿色食品、保健食品受到了消费者的欢迎，许多餐饮企业适应这种要求，纷纷推出了保健绿色食谱，并增加保健设施，营造保健环境。例如，推销健康食谱、引进健康信息，如提供与健康、运动相关的杂志，或附设健康俱乐部、瑜珈教室，或放映外国运动影片等；提供健康设施，如设置按摩器、健身器、氧气供应等；提供健康环境，如禁烟餐厅等，以此适应人们观念上的变化及要求。

近几年，药膳的保健作用，已为越来越多的人所认识。药膳餐厅也越开越多。富含高纤维的蔬菜水果，没有污染且营养丰富的野菜，在餐馆菜肴中所占比例日渐扩大；而原来作为餐馆的主菜、大菜的高脂肪、高蛋白食品则退居次要地位。据分析，野菜中的荠菜具有和脾

利水、止血明目的作用；枸杞具有滋肝补肾、益精壮阳的功用；马兰头具有清肺消炎、止血凉血的作用；菊花具有疏风散热、平肝明目的作用。在很多地区，野菜已成为市民餐桌上的重要内容，而餐馆亦适应市民消费需求的变化，纷纷推出了各种精工细作的野菜时蔬。

（五）重视个性化、特色化、形象化服务

随着人们生活水平的提高，消费需求将日趋个性化，这要求企业重视人们的具体要求，根据具体的消费场景、消费时间、消费对象，提供有针对性的服务，并据此塑造出符合顾客要求的企业形象。从现代消费者的心理来看，许多人在进行某种消费时，不仅消费商品本身，也消费商品的名气和通过商品体现出来的形象，因为形象具有一定的象征价值，能满足人们对身份地位等方面的追求，能让人产生自豪感，或给人们一种谈资、一种经历。

餐饮专家

小肥羊餐饮连锁有限公司

1999年8月8日，“内蒙古小肥羊餐饮连锁有限公司”的前身——“小肥羊酒店”在包头市昆区乌兰道22号开张。就是这样一个小店，如今拥有一个调味品基地、两个肉业基地、一个物流配送中心、一个外销机构、国内外多个餐饮管理区域。360家火锅连锁店遍布了全国各省、市、区以及美国、日本、加拿大、印尼、阿联酋等海外市场，成为一个国际性的大型餐饮连锁公司。小肥羊的发展大致经历了下面几个阶段。

1. 品牌创立阶段

火锅涮羊肉的吃法在我国由来已久，但是传统的火锅涮羊肉都是蘸着小料，且其配料烦琐，加之羊肉的腥膻不被南方人所接受，因此具有一定的区域性。

“小肥羊火锅”将延续了千百年的蘸着小料涮羊肉食法，一举改革为“不蘸小料涮羊肉”的新食法。锅底汤料精选了几十种上乘滋补调味品；羊肉采用来自纯天然、无污染的内蒙古大草原六月龄“乌珠穆沁羔羊”和“苏尼特羔羊”，其特点是肉质鲜嫩、不腥不膻。两者珠联璧合，“香辣适口、肉质鲜嫩、回味悠长，久涮汤不淡，久涮肉不老”。这种食法较传统的蘸着小料涮羊肉更便捷、科学，适合现代人追求的健康和快捷餐饮理念。

严格的品质保障、别具一格的特色、公道合适的价格，让“小肥羊”在一开始就赢得了消费者的认可，良好的口碑在消费者中不胫而走。

2. 品牌占领全国市场阶段

“小肥羊火锅”这个具有浓厚现代蒙古民族餐饮文化特色的火锅新品牌，深受国内外各个层次消费者的肯定，快速发展为规范、稳定、可持续发展的现代化企业。由于小肥羊第一家店经营情况良好，两个月后创始人吴文兵在包头市青山区、东河区又成功开设了两家小肥羊火锅店，生意同样火暴。这让小肥羊创始人看到了连锁发展的希望。

从2000年4月起，小肥羊火锅开始走出包头市，从此开始了它在全国范围内的连锁发展之路。小肥羊八年发展时间里取得的成就如下：

1999年8月，小肥羊酒店成立。

2001年5月，内蒙古小肥羊餐饮连锁有限公司上海分公司成立。

2002 年 1 月，内蒙古小肥羊餐饮连锁有限公司北京分公司成立。

2002 年 1 月，内蒙古小肥羊餐饮连锁有限公司深圳分公司成立。

2004 年 9 月，小肥羊公司跻身中国企业 500 强。

2004 年 11 月 12 日，“小肥羊 LITTLE SHEEP”（及图）被认定为中国驰名商标。

2005 年 8 月，以品牌价值 55.12 亿元人民币入选 2005“中国 500 最具价值品牌”金榜，排名第 95 位。

2005 年 10 月 12 日，北美地区第一家直营店——多伦多分店在加拿大的多伦多开业。

2005 年 12 月，入选“中国质量 500 强”位列“服务行业”第一名和“中国十大质量品牌”第一名。

2006 年 6 月 2 日，公司总裁吴文兵作为内蒙古民营企业代表向温家宝总理汇报工作。

2006 年 9 月，入选“中国服务企业 500 强”，位列第 157 位，餐饮业第一位。

2007 年 3 月 12 日，小肥羊入围“全国重点保护品牌”。

2007 年 9 月 1 日，小肥羊再次入围“中国服务企业 500 强”，排名第 172 位，餐饮业第一名。

2008 年 1 月，小肥羊肉业公司荣获“中国著名品牌”殊荣。

2008 年 5 月 10 日，内蒙古小肥羊餐饮连锁有限公司荣获“中国餐饮十佳企业”称号。

2008 年 6 月 2 日，小肥羊入选 2008 年度中国品牌价值 500 强。

2008 年 6 月 12 日，内蒙古小肥羊餐饮连锁有限公司在香港成功上市。

第二节　餐饮产品与服务理念

一、餐饮产品的定义

许多人常常将餐饮产品与厨房产品混为一谈，这是不准确的。所谓厨房产品，仅指厨房生产的菜品等可以直接食用和饮用的产品；而餐饮产品不仅包括厨房产品，还包括环境产品和服务产品。厨房产品是有形的，而餐饮产品是有形的产品和无形的服务相结合的。所以在此，给餐饮产品定义为：餐饮企业为餐饮市场所提供的满足消费者需求和愿望的环境、食品与服务。

二、餐饮产品的特点

（一）地域性

由于受到地理环境、当地风俗及习惯的限制，不同地区的餐饮产品的原料和做法有明显的差异；由于各地的风俗习惯等不同，使餐饮产品的口味和食用方法也存在着很大的差异。所以餐饮企业必须考虑市场定位，选择经营适合这个地区的餐饮产品。

（二）公共性

餐饮产品为了满足顾客的餐饮、娱乐等需求必须选择的经营场所是社会公共场所，而且必须考虑到便利和安全因素。

（三）多变性

餐饮企业的营销活动受季节、气候、地理位置、交通条件等多种因素的影响，餐饮经营在一年中有淡季、旺季之分，同时会受天气、节假日、地理位置等因素的影响。这些使餐饮企业对餐饮产品必须随之作出相应的策略变化。

（四）综合性

餐饮产品除了有满足人们基本生理需要的功能之外，还具有社交功能。借助就餐，人们可以增加互相交流的时间和机会。餐饮产品还具有休闲功能。让人们在用餐中体会不同餐饮产品带来的乐趣。餐饮产品还具有商业功能，餐厅为人们提供了商业谈判的场所，在这里可以在享受美食的同时达成商业合作的目的。

（五）限时性

餐饮产品的生产原料大多为鲜活产品，从而决定了大多数餐饮实物产品只能在宾客购买、消费前很短的时间内生产，也就是要"现做现吃"，或"边做边吃"。同时还受就餐时间的限制，即只有在就餐时间宾客才会光顾餐厅购买餐饮产品。

（六）复杂多样性

1. 餐饮产品种类繁多，形式与内容丰富多样

在一定的目标市场条件下，餐厅为了满足宾客对营养、风味等不同需求，菜单上必须提供的菜品多达几十种，甚至上百种，而每种菜品的实际需求量难以预料，因此大多数菜品不能批量生产。

2. 餐饮服务工作难度大

餐厅每天接待的宾客来自四面八方，因为宾客具有不同的年龄、性别、民族、地域、职业、文化层次、性格，所以他们的餐饮习俗和爱好形形色色。即便是同一种餐饮产品的服务，不同的宾客的感受和评价可能会大相径庭。

3. 餐饮产品的生产环节多，管理难度大

餐饮产品的生产从菜单设计、原料采购、烹调制作、餐饮服务到结账送客等环节众多，各个环节的连贯性较强，必须相互协调，才能保证产品质量。另外，餐饮生产环节的成本泄露点多，管理控制复杂，这些都体现了餐饮产品生产经营的复杂性。

三、餐饮服务的理念

餐饮服务是餐饮产品的重要组成部分，也是餐饮管理最难控制的环节。

（一）餐饮服务的定义

我国国家技术监督局制定的国家标准 GB/T 16766—1997《旅游服务基础术语》对餐饮服务所下的定义是，"为满足餐饮顾客的需要，餐饮企业和顾客之间的活动以及餐饮企业的部门活动所产生的结果"。按照国家技术监督局制定的国家标准 GB/T 19004. 2—1994《质量管理

和质量体系要素第2部分：服务指南》，体现餐饮服务的主要内容有：①餐饮设施、能力、人员的数目和材料的数量；②餐饮等待时间、提供时间和过程时间；③餐饮卫生、安全性、可靠性和保密性；④餐饮应答能力、方便程度、礼貌、舒适、环境美化、胜任程度、可靠性、准确性、完整性、技艺水平、信任和有效的沟通联络。

（二）餐饮服务的意义

如何让客人感受到我们的服务优于其他竞争对手？让我们从“服务”（service）一词英文的字面意思作分析，来综合阐述优质服务的标准。

S：Smile （微笑）
E：Expertise （专业）
R：Resourcefulness （机智）
V：Volunteer to help （乐于助人）
I：Interests in the problems （主动发现问题）
C：Courtesy at all the time （彬彬有礼）
E：Enthusiasm in your work （工作热情）

从以上单词的含义可以看出服务的关键是发挥主观能动性，最大限度地满足顾客需求，协调顾客和酒店之间的关系，兼顾效率和公平的原则，防止发生牺牲顾客利益来维护餐饮企业自身利益的事件。这就要求所有服务人员一要强化顾客意识，要站在顾客的立场上去思索其内心需求；二要急顾客之所急，想顾客之所想，做顾客之所需，无论顾客有什么需求，有什么困难，只要饭店工作人员看到、听到、知道，马上就办，特别是对于顾客提出的需求，要尽力给予满足。

服务员要达到这样一种服务的境界不是一朝一夕的事，要经过一个不断学习和积累的过程，要不断地充实自己，不断地从书籍中汲取营养，不断从实践中探索提高。虽然学习是一项艰苦的劳动，但同样也是最能得到投资的回报。一份耕耘，一份收获，当你经过长期磨炼，一旦具备这种全面素养，不但酒店会给你相应的回报，对自身来说，更是拥有了一种永远不会损耗的资源。

（三）餐饮服务的重要性

餐饮经营活动主要是通过服务来实现的，服务质量、服务水准的高低不仅关系着酒店的效益、声誉，更关乎酒店的生存与发展。近年来餐饮企业之间的竞争越来越激烈，餐饮服务在竞争中起到的作用就越来越重要。餐饮服务成为餐饮企业扩大销售、争夺市场、提高效益的重要手段和途径。为了在竞争中立于不败之地，餐饮企业所追求的服务目标就是“优质服务”。所谓优质服务，就是以服务员的亲情、技能、效率、知识和良好的修养，表达和体现服务风格，是和谐对客关系的集中体现，具体表现为：标准与个性相统一；快捷与稳妥相统一；热情与礼仪相统一；亲切与高雅相统一；守责与灵活相统一。通过优质服务打下良好社会基础，创立品牌效应，增强企业的信誉度，提高企业的竞争力，使企业始终保持强劲的发展势头。

（四）餐饮服务发展趋势

1. 服务理念：顾客就是朋友

随着顾客消费习惯、消费心理的变化，“顾客就是上帝”的传统服务理念已跟不上时代要求，因为“上帝”与“平民”、顾客与饭店之间存在着不同的交流法则。而基于这一理念的要求，饭店工作人员在对客服务活动中，更多地表现为缺少原则的奉迎，使饭店和顾客之间永远处在不同等水平线上，和谐的对客关系只是一句空话，摒弃传统服务理念已势在必行。20世纪90年代初广东的餐饮从业者审时度势，率先提出了“顾客是朋友”的服务理念，并进行了全新的诠释：对待顾客只有像老朋友那样，才会让其感到友情的温馨，友情的挚诚，友情的深厚，双方关系才能和谐融洽，顾客才愿意经常光顾“家”——饭店。但顾客愿不愿意来，还要看饭店与顾客之间的友谊。若要让他永远记住“饭店”这个朋友，饭店从业者就必须不断创新，随时改变陈规陋习，日日有提高，月月有改进，使顾客每来一次都感到舒心惬意，特别是在他们烦恼的时候，如能享受到温馨友情的抚慰，以后就会时时想到饭店。

2. 个性化服务

个性化服务就是服务员根据个体或特殊消费群体的特点、要求，提供相应的、更有针对性的服务，使顾客在接受服务的同时产生舒适的精神与心理效应。个性化服务与标准服务的区别在于：个性化服务要求更为主动、灵活及超常。饭店提供的服务产品应该是：用规范化的服务满足消费者的共性需求，用个性化服务满足顾客的个性化需求。个性化服务的核心是“服务员是主人，顾客是朋友”的亲情服务，其重要组成部分还有良好的礼仪礼貌，热情的服务态度，丰富的服务知识，娴熟的服务技能，较高的服务效率，灵活的服务方式，特色的食品供应和优雅的服务环境等。个性化服务就是以顾客为本，并根据顾客需求层次上的差异，对不同的顾客采取不同的服务方式，包括就餐环境、消费档次的需求，对菜品品种、口味的要求，饮食忌讳及对其他服务方式的需求。

3. 人性化服务

消费者的消费行为往往为感情所支配，因此消费行为常有浓厚的感情色彩，易受到餐厅内的各种因素影响，这就需要服务人员积极发挥主观能动性，用人性化的服务去影响消费者的行为。例如，李先生前几天曾经来过某餐厅就餐，当时点的一道菜因为原料用完而无法制作。但当时为李先生服务的小赵记住了客人的特征。李先生刚坐下，小赵就主动上前打招呼并说：“您上次点的那道菜今天可以做。请问您是否还需要？”李先生一愣，心怀感动地说：“真没想到，每天这么多人来吃饭，你还能记住细节。真是太谢谢你了。我就点那道菜。”人性化服务就是以宾客为本，在全方位优质服务基础上，重点满足客人潜意识的需求，研究发现客人不能直接讲出的意见和建议，并给予解决，让客人有家一样的感觉。

餐饮专家

全国“青年文明号”餐厨班关于餐饮服务质量的体会

广西柳州饭店四号楼餐厨班以其优质服务和敬业精神荣获全国“青年文明号”称号，成为广西旅游界、餐饮界学习的榜样。该班组就如何提高餐饮服务质量谈了八点体会。

1. 给客人以亲切感

亲切，是先声夺人的第一印象。不管客人什么身份、什么心情、从哪儿来，亲切是饭店与宾客沟通的第一要素。我们坚持微笑迎宾，客人进楼，问候致意，陪同领座，并尽可能提前了解客人（至少是主要客人）的姓名，并给予恰到好处的身份称呼。

2. 仔细观察

服务不只是腿勤手快，还得用眼用心。从客人就座到餐毕的全过程中，既要悉心观察每个客人的特点和爱好，也要随时发现客人的要求，有的客人对某几个菜下箸少，说明他不爱吃，第二天就改换，有时刚准备上菜，但发现客人要敬酒而杯已空，就赶快先斟酒。

3. 加强各环节的沟通

在服务各环节的沟通上，尤其强调的是服务员与厨师的沟通，搞好餐饮服务，光靠一线的服务员是不够的。各个服务环节必须及时沟通，才能从整体上为客人提供满意的服务。如客人不愿吃韭黄，就通知厨房换；客人咸蛋夹得多，第二天就多上。至于客人临时提出什么特殊要求，厨房则尽力及时配合烹制或调换口味，服务员转达客人要求，厨师不仅从来没有拒绝刁难，而且总是想方设法热情解决服务员在前台遇到的困难。有了厨师的全力配合和支持，餐饮服务质量就有了绝对可靠的保证。

4. 建立客人档案

饭店有许多常客，必须把他们的习性、爱好、口味等记录在案。可以这么说，仔细观察是经验，建立客人档案则是科学。有了客人档案，就可大大提高工作效率，也减少了疏漏和事故。同时，记住客人的爱好，表现了对他们的尊重和关注，对VIP客人来说，这是非常敏感的心理服务。

5. 分工之中注意协作

饭店作为企业，在管理中进行分工当然必不可少。但饭店不同于工厂流水线，不能刻板地按照流程操作。客人有很大的随意性，协作至关重要。譬如说，一桌餐最忙的时候是开餐前，客人往往三三两两到达，要接应招呼、斟茶上毛巾，又要撤筷套、递口布、上菜点饮料，容易顾此失彼。我们在分工盯桌的前提下，坚持协作原则，谁忙就帮谁，领班、主管可以帮，其他有空闲的服务员也主动上来帮，利用“时间差”，保证每个包房、餐桌的服务到位。

6. 强化培训及练兵

培训是学习知识，练兵是练习技能技巧，两者缺一不可。员工必须全面掌握菜肴知识、酒水知识、烹饪知识、外语知识和服务知识。练兵则强调准确性和效率。有的员工在家还反复练，做到又快又准。如目测距离、折花、摆台、斟酒、倒酱油，都需经过“千锤百炼”，方能达到“从心所欲而不逾矩”的水平。饭店在地区比赛中折桂，在全国比赛中也得到奖励，现在员工折花品种可达200多种，摆台、折花最快仅需要10min，加斟酒15min。客人要加碗筷，也是一步到位，不需调整。

7. 抓好班前会

班前会的作用有三：一是岗位继续培训；二是针对季节时令和当天货源提出服务要求；三是纠正昨天服务中出现的问题。如饭店当天的进货原料、水果备货、新到的饮料品种、新推出的菜肴特点，如何及时向客人推荐介绍，既扩大销售，又满足宾客需求。班前会每天5min～10min，从不间断。

8. 服务档次和品种到位

“到位”不仅是指高低之分，不同的客人需求大相径庭，绝不是摆上金银餐具就能说明全部问题。有的要放鲜花，放什么鲜花？外国客人不太讲究排场，但对造型颇为讲究。饮料也要适合他们的国情，足够的冰块更是必不可少。同时，还宜搞些气氛的烘托，如民族歌舞、民族礼仪、民族服饰、民族菜肴。对国内企业宴请，则要显示气派，或以庄重取胜，并多备酒水和饮料品种，以供选择。

全国“青年文明号”班组有关服务质量的八点体会涉及了优质服务中的很多内容：建立顾客档案、班前会、培训、餐厨沟通、团队合作等，这不但提高了工作效率，为顾客提供了高质量服务，也表现“青年文明号”作为先进班组的创新意识，为其他餐饮服务从业者树立了榜样。

第三节　餐饮部的组织机构与职能

餐饮部的组织机构是确定该部门各成员之间、所属部门之间相互关系的结构，其目的是为了增强本部门经营目标的能力，更好地组织和控制所属职工和群体的活动。现代饭店管理理念要求组织机构扁平化，尽量减少管理层次，但因饭店规模和餐饮部本身职能的不同而形式各异。

一、餐饮组织机构设置的原则

（一）根据组织业务活动的需要设计组织机构

酒店餐饮服务通常包括菜单设计、食品原料的采购、验收、储存与发放、厨房加工烹调、餐厅服务等业务。酒店应从这些活动出发设置组织结构，即把这些业务功能委派给具体的业务部门，使这些业务部门在结构中占有应有的位置。当然，任何酒店餐饮部的组织机构都必须根据各自的实际情况和需要来决定，也就是说，组织中每一位置的设立必须有充分的理由。

（二）效率原则

饭店或餐厅的组织机构越简单越好。组织机构的规模、形式必须在满足业务需要的前提下，将人员精简到最少，精简的目的是为了减少内耗，提高效率。效率原则要求做到以下几点。

(1) 不因人设岗。岗位的设置要按实际业务活动的需要来进行，即因事设岗，而非因人设岗。

(2) 不设可有可无的位置。在效率原则前提下，去掉可有可无的岗位。对于因某种特殊任务而设立的岗位，在该任务结束后应予以撤销。

(3) 尽量减少结构层次，便于信息快速传达。管理层次过多意味着命令和汇报渠道的延长，它不仅使信息传递速度减慢，而且也会使管理效率降低。

（三）统一指挥，分层负责，权职相称，权责分明

餐饮部的工作环节十分繁多，需要通过众多员工的分工合作才能完成。因此，其组织机构必须保证各种业务活动能在统一指挥下步调一致，克服和避免摩擦，保持部门内部与部门之间的信息交流始终畅通，使各项决定、各种指令顺利贯彻落实。在组织上，要保证一位员

工只接受一位上级指挥，不宜同时受命于几个上级，否则必然导致下级无所适从；在权责方面，要做到逐级授权，分层负责，权职相称，权责分明，也就是说，有权必有责，有责必有权，以保证各部门的业务活动顺利进行。

（四）合理分配工作

在员工定岗或分工时，应根据其能力、技术水平安排适当工作，即要在组织上保证员工各得其所，人尽其才，使他们充分发挥自己的能力和聪明才智。

（五）设立岗位职责

餐饮部对本部门的每一个职位必须设立书面岗位职责，明确上下级关系、本岗位应履行的职责内容，使每一位员工和管理者明确自己的职责和任务。

二、餐饮企业组织机构的类型

饭店或餐厅的内部组织机构，因饭店规模的大小和各餐饮部门本身职能的不同而形式各异。各餐饮企业应根据自身的特殊情况和经营任务，来设计组织机构，目的是保证该组织目标的实现，下面我们分别了解一下不同规模的饭店和独立餐饮企业的组织机构情况。

（一）小型饭店的餐饮组织机构

这种餐饮的餐厅数量少、类型单一，大多只经营中餐，其机构模式比较简单，分工也不宜过细，如图 1－2 所示。

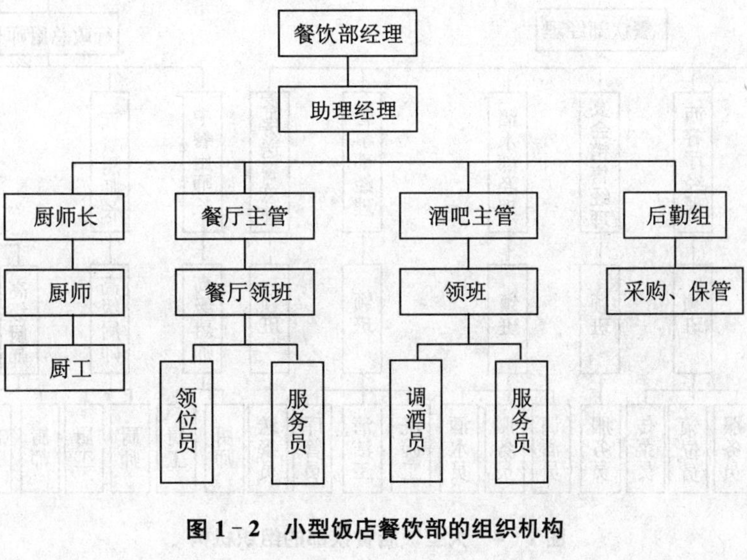

图 1－2　小型饭店餐饮部的组织机构

（二）中型饭店的餐饮组织机构

这种餐饮的餐厅数量比小型饭店多、功能比较全面，内部分工也比较细致，其机构相对复杂，如图 1-3 所示。

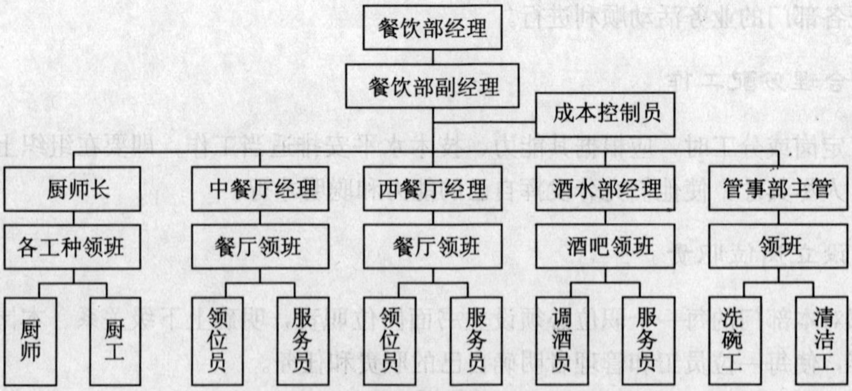

图 1-3　中型饭店餐饮部的组织机构

（三）大型饭店的餐饮组织机构

大型饭店的组织机构复杂，层次多，分工明确细致，一般由多个不同类型的餐厅构成，多的甚至 10～20 个餐厅，各种餐厅都单独配备厨房，组织机构专业化程度高，如图 1-4 所示。

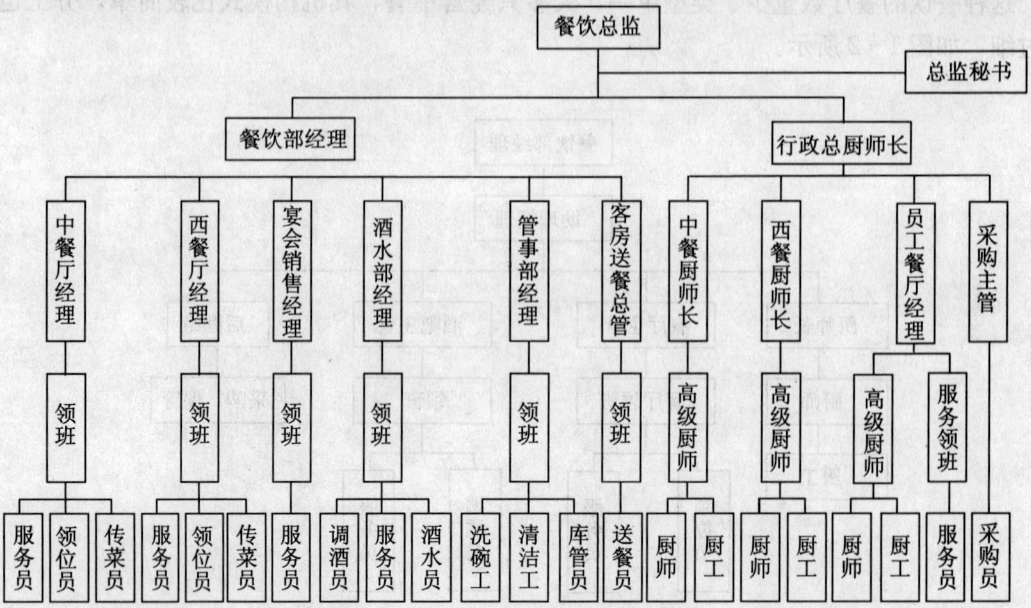

图 1-4　大型饭店餐饮部的组织机构

（四）独立经营餐厅的组织机构

有些饭店的餐厅独立经营，类似社会餐饮企业，它有非常健全的机构和功能，这类餐厅构成了餐饮业的中坚力量。一些高档涉外餐厅在其豪华程度和服务质量上与四五星级的大饭店相比毫不逊色。由于这类餐厅在企业规模、档次水平、接待能力等方面差异较大，因此其组织机构也有较大的差异，但是一般组织模式如图 1－5 所示。

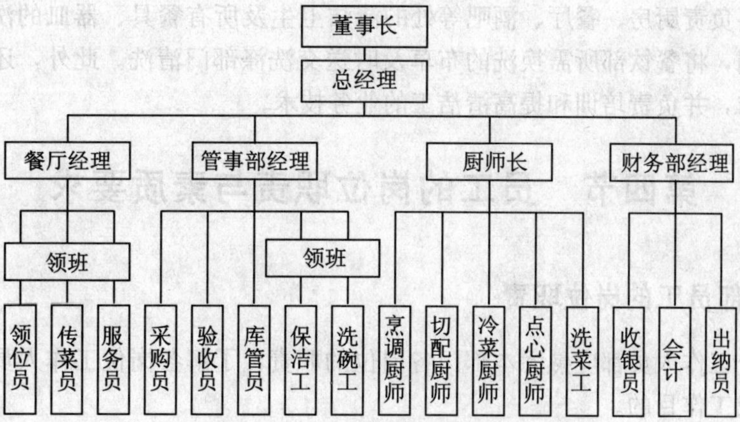

图 1－5 独立经营餐厅的组织机构

三、餐饮部各部门的职能介绍

（一）餐厅部

按照规定的标准和规格程序，用娴熟的服务技能、热情的服务态度，为宾客提供餐饮服务，从而保证宾客的饮食需求。推销餐饮产品，扩大销售，正确计算和收取价款，保证经济效益的实现。加强对餐饮财产和物品的管理，控制费用开支，降低经营成本。及时检查餐厅设备的使用情况，做好维修保养工作、餐厅安全和防火工作。

（二）宴会部

大型饭店通常设有宽敞的宴会厅，为客人提供理想的活动场所，并附有现代化的灯光、音响、视听甚至多种语言的同步翻译等设备。宴会厅接受宾客的委托，组织各种类型的宴会、酒会、招待会等活动，并根据宾客的需要制订菜单、布置会场、备餐铺台，同时为宾客提供完整的宴会服务。

（三）厨房部

厨房部是饭店的主要生产部门，负责整个饭店中所有中式、西式菜点的准备与烹制，其目标是烹制出各种美味可口的菜点来满足不同宾客的需求。它还负责厨师的培训、菜点的创新、食品原料采购计划的制订及餐饮成本的控制等工作。

（四）采购部

采购部是餐饮部的物资供应部门，它根据本酒店经营饮食的品种与特色，及时了解和掌握市场信息与行情变化，适时、适量、适度、适价地为餐饮部组织货源，并采购饮料、食品原料及其他物品。采购后要分类入库储存、妥善保管，及时发放，保证餐饮部的正常经营。

（五）管事部

管事部主要负责厨房、餐厅、酒吧等处的清洁卫生及所有餐具、器皿的洗涤、消毒、存放、保管和控制，将餐饮部所需换洗的布草及时送交洗涤部门清洗。此外，还要支援各餐饮部门的临时需求，并负责培训和提高清洁工的业务技术。

第四节　员工的岗位职责与素质要求

一、餐饮部员工的岗位职责

餐饮部每个工作人员都应熟悉本部门各岗位的职责，了解各岗位工作人员的主要工作内容、组织关系及工作目的。

（一）餐厅经理

餐厅经理的岗位职责有以下几个方面。

（1）负责餐厅的日常生活，定期向各餐厅主管布置和检查工作。

（2）安排好餐厅各工种的劳动力、员工班次并核准考勤表，保证业务正常进行。

（3）负责餐厅员工的培训、班次的调配、劳力的合理使用，并对管辖的员工进行考核。

（4）经常检查餐厅内的清洁卫生、服务台卫生及员工个人卫生，以确保饮食安全。

（5）组织员工完成重要宾客的接待任务。

（6）做好餐前检查，参与现场指挥，保证每个服务员按照饭店规定的服务程序、标准去操作，为宾客提供高标准的服务。

（7）主动征询消费者的意见和要求，妥善处理消费者的投诉，与消费者建立良好关系。

（8）及时检查餐厅设备的状况，做好维护保养工作以及餐厅的安全和防火工作。

（9）督促餐厅人员及时与厨房沟通，了解当日供应品种、短缺品种以及推出的特选菜。

（10）协调餐厅与厨房的工作，协助厨师长改进菜单，及时反馈消费者的意见。

（二）餐厅主管

餐厅主管的岗位职责有以下几个方面。

（1）接受餐厅经理指派的工作，全权负责本区域的服务工作。

（2）做好餐厅经理的助手，对上级分配的任务要按质、按量、按时完成。

（3）发挥模范作用，对自己严格要求，对下属进行严格督导和训练，认真执行各项规章制度和服务规范、操作规程。

（4）认真组织餐厅员工进行业务培训，提高其服务技能和业务水平，熟悉菜牌、酒水牌，熟记每天供应品种，了解当日 VIP 客人的接待情况。

（5）抓好员工纪律、服务态度，了解员工思想情绪、操作技术和思想作风。

(6) 召开班前班后会议，落实每天工作计划，保持好餐厅整洁。

(7) 开餐前检查餐台摆设及台椅定位情况，收餐后检查柜内餐具准备情况。

(8) 检查餐厅的电器设备及音响情况，做好安全和节电工作。

需要注意的是，一般饭店设餐厅经理就不设餐厅主管，但有些在餐厅经理和领班中间又设主管，这时的主管相当于餐厅经理助理。

(三) 餐厅领班

餐厅领班的岗位职责有以下几个方面。

(1) 了解当日饭店客情和用餐要求，详细布置服务员当班任务。

(2) 检查服务员的出勤及仪表仪容，督促服务员按规格水准做好开餐前的清洁、餐厅和餐桌布置、各物品的补充等准备工作。

(3) 根据客情安排好员工的工作班次，并视工作情况及时进行人员调整。

(4) 督促每一个服务员并以身作则，向客人介绍推销产品。

(5) 开餐时一方面负责与厨房的协调，保证按时、按质出菜。另一方面督促服务员按服务程序、规格、要求进行对客服务，必要时刻亲自为重要客人服务。

(6) 接受客人投诉，并向餐厅主管或经理汇报。

(7) 营业结束后，带领服务员搞好餐厅卫生，关好电灯、电力设备开关，锁好门窗、货柜。

(8) 定期检查餐厅设备、餐具、花草等物品，如发现问题要及时向主管或经理汇报，确保及时维修。

(9) 协助主管或经理对员工进行业务培训，以提高员工的专业知识和服务技能。

(四) 餐厅服务员

餐厅服务员的岗位职责有以下几个方面。

(1) 按照规格水准布置餐厅和餐桌，擦净餐酒用具，补充各种物品，做好开餐前的各项准备工作。

(2) 主动热情地接待宾客，熟悉各种菜肴、酒水，做好推销工作，当宾客的参谋，能按顾客的要求接受点菜。

(3) 按服务程序和规范，快捷、熟练、准确地给客人提供符合饭店规格水准的服务。

(4) 预见客人的需求并及时提供服务。

(5) 熟悉餐厅菜单，了解各菜的用料、烹饪方法与烹饪时间。

(6) 掌握本餐厅供应菜点、饮料的质量标准，防止向客人提供不合标准的菜点和酒水。

(7) 核对账单，并将宾客的付款送到账台结算。

(8) 积极参加培训和训练，刻苦钻研业务，不断提高服务的技能、技巧，提高服务质量。

(9) 负责客人就餐后的结束工作。

(五) 餐厅迎宾员

餐厅迎宾员的岗位职责有以下几个方面。

（1）在本餐厅入口处礼貌地问候客人，引领客人到适当的餐桌，协助拉椅让座。

（2）通知区域领班或服务员，以便及时送上菜单及进行其他服务。

（3）了解餐厅领班对当班餐桌位的安排情况，并了解饭店内其他餐厅的客情，以便随机安排。

（4）协助客人存放衣帽、雨具等物品。

（5）做好宾客用餐人数的统计。

（6）接受客人投诉，并向经理汇报。

（7）宾客就餐完毕，将宾客送出餐厅，并礼貌地使用道谢语。

（8）参加餐厅餐前准备工作和餐后结束工作，搞好区域环境卫生。

（六）餐厅传菜员

餐厅传菜员的岗位职责有以下几个方面。

（1）开餐前负责准备好调料、配料及传菜用具，并主动配合厨师做好出菜前的准备工作。

（2）负责将订菜单上所有菜肴和相应的调配料，按上菜顺序准确无误地送到点菜客人的餐桌值台员手里，由值台员端上桌去。

（3）负责小毛巾的洗涤、消毒工作或去洗衣房领取洗好的小毛巾，并将其叠成卷筒状或长条状，放入指定位置消毒保温备用。

（4）协助值台员将工作台上的脏餐具、空菜盘撤回洗碗间并分类摆放。

（5）负责传菜间和规定地段的清洁卫生。

（6）负责保养各种传菜用具，掌握特色菜使用的器具的端放方法。

（7）负责保管出菜单，并交财务部，以备核查。

（8）积极参加培训，不断提高自己的服务水平和服务质量。

（七）餐厅收款员

餐厅收款员的岗位职责有以下几个方面。

（1）掌握现金、支票、信用卡、签单等的结账方法。

（2）建账、记账、收款、结账要迅速且准确无误，单据要齐全、清楚，宾客对账单有疑问时要复核，无差错时要耐心向宾客解释。

（3）统计好当天的营业收入，填写营业日报表并附上所有账单。

二、餐饮服务人员的素质要求

随着竞争的日趋激烈和消费者自我保护意识的增强，客人对餐饮服务质量的要求越来越高。而餐饮服务质量的提高和先进餐饮文化的传播则有赖于高素质的员工。所谓素质，从广义的范畴讲，是人在精神、品德、知识、阅历、能力、修养、意志和身体等方面的综合表现。餐饮服务人员的素质要求有以下几个方面。

（一）思想素质

良好的思想素质是做好服务工作的基础，对餐饮服务人员思想素质的要求有三点。

1. 树立牢固的专业思想

从事餐饮服务的工作人员必须充分认识到餐饮服务工作对发展旅游业及整个社会经济文化事业的重要作用，热爱本职工作，有意识地培养对专业的兴趣，在工作中不断努力学习，奋发向上，开拓创新。

2. 培养高尚的职业道德

职业道德规范要与餐饮业的特点相适应，工作人员应具备：热情真诚、乐于助人的服务精神；文明礼貌、不卑不亢的职业风尚；诚实守信、童叟无欺的经营作风；廉洁奉公、谦恭自律的优良品质；团结友爱、顾全大局的高尚风格。时刻将企业和消费者的利益放在第一位，提供尽善尽美的服务。

3. 具有良好的纪律观念

餐饮服务人员必须具有良好的自律意识，学会在各种情况下的自我控制，防止失态。另外，还要自觉遵守法律法规和饭店的各项规章制度，以部门和饭店的整体利益为重，服从工作安排。

（二）业务素质

对餐饮服务人员业务素质的要求有以下几个方面。

1. 不断提高自身的文化素质

文化素养的提高，不仅是做好服务工作的需要，而且能潜移默化地培养服务人员高雅的气质、广泛的兴趣、准确的判断能力以及坚定的意志。服务人员应主要掌握的知识有烹饪知识、营养卫生知识、心理学知识、饭店设备的使用保养与维护知识、旅游知识、计算机应用知识等。

2. 熟练掌握专业操作技能

餐饮服务的每一项工作、每一个环节都有自己特定的操作标准和要求，因此餐饮服务人员要努力学习，刻苦训练，熟练掌握餐厅服务的基本技能，明确各项服务的规格、程序和要求，做到服务规格化、标准化、程序化。

3. 讲究各种服务礼节

自古以来，餐饮服务总是与礼仪密不可分。良好的仪容、仪表、仪态是从事餐饮行业的基本条件和要求，餐饮工作人员的言谈举止、精神面貌、外观形象都会给客人留下深刻的印象。因此，餐饮服务人员均应注重服务礼节，做到礼貌待人，以体现饭店服务水准。

4. 具备灵活、敏捷的应变能力

餐厅服务工作大都由员工通过手工劳动完成，而且客人的需求多变，所以在服务过程中难免会出现一些突发事件，如客人投诉、员工操作不当、客人醉酒闹事、停电等。这就要求餐厅服务员必须具有灵活的应变能力，遇事冷静，妥善处理，充分体现饭店“宾客至上”的服务宗旨，尽量满足客人的需求。

5. 具有良好的人际交往能力

餐饮服务是一种特殊的人际交往活动，服务人员应主动加强与客人的交往，加深对客人的了解。服务人员还可以通过这种交往，创造出亲切、温馨的就餐环境，从而提高客人对饭店的忠诚度。所有这些，均要求餐饮服务人员具备一定的人际交往能力。

（三）身体素质

良好的身体素质是做好饭店服务工作的基本保证。对餐饮服务人员思想素质的要求有以下两个方面。

1. 身体健康

《中华人民共和国食品卫生法》第二十六条规定：凡患有痢疾、伤寒、病毒性肝炎等消化道传染病（包括病原携带者）、活动性肺结核、化脓性或渗出性皮肤病以及其他有碍食品卫生的疾病的，不得参加接触直接入口食品的工作。餐饮工作人员必须参加每年一次由卫生防疫部门组织的体检。体检合格证当年有效。经检查不合格者应立即调离餐饮部门。

2. 体格健壮

餐饮服务工作的劳动强度较大，可谓“日行百里不出门”。站立、行走、托盘、上菜等都要有一定的腿力、臂力和腰力，所以，只有健康的体魄才能胜任此项工作。

（四）心理素质

餐饮服务人员的职业心理素质，是指服务人员从事餐饮服务工作所必需的各种心理素质和品质的总和。要做一个优秀的服务人员，就必须努力提高自己的心理素质。心理素质要求通常包括良好的性格、积极的情感和坚强的意志等内容。

1. 良好的性格

良好的性格是服务人员能够满腔热情为宾客服务的重要心理条件，作为服务人员，在性格中应该突出以下几点。

(1) 乐观自信。良好性格的基础就是乐观自信，只有乐观自信的人才会永远向前，乐观的精神能使服务人员提供更加出色的服务。

(2) 真诚友善。真诚友善就是以诚相待，表里如一，与人为善，从善如流。在服务工作中真诚待客，会赢得顾客的信任，很容易被顾客所接纳，消除人际之间的陌生感、隔膜感，从而在短时间内融洽主客关系。

(3) 豁达宽容。在这里主要是指处事的态度、待人的态度一定要豁达宽容，尤其是做服务工作，宽容更为重要。在服务过程中，难免会有被顾客误解的事情发生，服务人员需要具有宽广的胸襟，把“对”让给客人，不与客人争辩，更不能因此与客人发生口角。

2. 积极的情感

情感会对人的整个思想行为产生影响。服务人员只有具有积极的情感，才会全身心地投入到工作中去。积极的情感的含义是崇高向上和深厚持久的情感。

(1) 崇高向上。服务人员对待工作、顾客的热情，应当是建立在维护消费者利益，维护企业利益以及维护国家利益的基础之上的，而不应该是只想自己赚钱，坑害消费者和集体的利益。

(2) 深厚持久。对工作的热爱不能靠一时冲动，它是一种在相当长的时间内不变化的情感，只有这样，服务人员才会把积极的情感稳定而持久地控制在对工作的热情上，控制在为顾客服务上。

3. 坚强的意志

服务是一项极其复杂的工作，需要服务人员不断克服主客观方面的各种困难和障碍，只有不断地增强自身的意志力，才能做好服务工作。

经典案例

肯德基进军中国香港的成败

肯德基对中国人来说并不陌生，它是较早进入中国餐饮市场的洋快餐之一，提供以炸鸡为主的美式快餐食品。山德士上校在1939年以含有11种草本植物和香料的秘方首次制成肯德基家乡鸡，由于工艺独特，香酥爽口，颇受世界各地消费者喜爱。到20世纪70年代，肯德基在世界各地已拥有快餐店数千家，形成了一个庞大的快餐店连锁网。

进军中国内地之前，它首先把目光瞄准了素有“东方之珠”美誉的香港，以此作为进军大陆市场的前奏和跳板。在一次记者招待会上，肯德基公司董事会主席曾夸下海口：要在美食天堂香港开设50～60家分店。

1973年，赫赫有名的肯德基公司踌躇满志，大摇大摆地踏上了香港这个弹丸小岛。同年6月第一家肯德基家乡鸡在香港美孚新村开张；到1974年，共开设分店达11家。在肯德基家乡鸡首次在香港推出时，发动了声势浩大的宣传攻势。电视广播迅速引起了消费者的注意。电视和报刊、印刷品的主题，都采用了家乡鸡通用的世界性宣传口号：“好味到舔手指”。声势浩大的宣传攻势，加上独特的烹调方法和配方，使得顾客都乐于一试。而且在家乡鸡进入香港以前，香港人很少尝试过所谓的美式快餐。虽然“大家乐”和“美心”快餐店均早于家乡鸡开业，但当时规模较小，未形成连锁店，自然不是肯德基的竞争对手，看来肯德基在香港前景一片光明。

然而，肯德基在香港并没有风光多久。1974年9月，肯德基公司突然宣布多家连锁店停业，只剩下14家还坚持营业。其后时间不长，首批登陆香港的肯德基店便全军覆没，全部关门停业。

虽然肯德基公司董事会宣称，这是由于租金太高造成困难而歇业的，但是失败已成定局。其失败原因不仅仅是租金问题，最为主要的是没能留住顾客。

一转眼8年过去了，肯德基在马来西亚、新加坡、泰国和菲律宾已投资成功。这时，他们准备再度进军中国香港。

这次是由香港太古集团的一家附属机构取得肯德基香港特许经营权，首家新一代肯德基家乡鸡店耗资300万元，于1985年9月在佐敦道开业，第二家于1986年在铜锣湾开业。不过这时的香港快餐业已发生了许多新的变化，竞争非常激烈。因此，肯德基虽说是有备而来，但要占据市场还比较困难，所以他们开拓市场时更为谨慎。

明确目标市场，新的家乡鸡抓住那些铺着白布的高级餐厅与自助快餐厅之间的空隙，以一种高级“食堂”快餐厅的形式经营。顾客对象介于16～39岁之间，所有鸡件都是以山德士上校的配方烹制，炸鸡产品若在规定时间内仍未售出时，便不会再售，以保证所有鸡件都是新鲜的。

在菜单价格上，肯德基进行了大的变化。公司将家乡鸡以较高的价格出售，而其他杂项食品则以较低的价格出售。原因是家乡鸡是招牌，又极富风味，而其他杂项食品因本店周围有许多出售同类食品的快餐店与之竞争，降低杂项食品价格，能在竞争中取得一定的优势。

这些措施终于奏效，肯德基被香港人接受了。

随后，肯德基又乘胜进军内地。在内地各大中城市，肯德基将其在内地的目标市场从年轻人扩展至儿童市场。食品内容则出现了明显的本地化趋势，在保留家乡鸡招牌菜的基础上推出了较适合中国人口味的一些新品种如：辣鸡翅、鸡腿汉堡等，还有一些儿童套餐也成为重要的新产品。食品价格则采取了与香港类似的策略。原料供应上，肯德基采取了本地化的方法，同时吸取了在香港的教训，并不采用土鸡品种，而是美国品种，以保证美国式的风味。这些措施的采取使肯德基在内地餐饮市场打开了局面，并在后来众多洋快餐（如麦当劳）的激烈竞争下站稳脚跟，并占有了相当的市场份额。

案例分析

最初导致中国香港肯德基全面停业的原因是鸡的味道、价格、服务和宣传上出了问题，具体有以下四点。

第一，为了适应香港人的胃口，快餐店一律采用了本地产的土鸡品种，只可惜仍采用以前喂养方式，即用鱼肉饲养。这就破坏了中国土鸡特有的口味，很令香港人失望。

第二，在服务宗旨上，家乡鸡采用了美国式服务，在欧美的快餐店一般都是外店，人们驾车到快餐店买了食物回家吃。因此，店内通常不设座位。这跟亚洲人的饮食习惯有很大的区别，亚洲人吃快餐喜欢在买的地方进食，经常是一群或三三两两同事、好友买了食品聚坐在店里边吃边聊。不设座位的做法无疑是失去了一大部分顾客。

第三，香港人普遍认为肯德基价格昂贵，因而失去了竞争力。

第四，在广告上肯德基采用了“好味到舔手指”的广告词，这在观念上也很难被香港居民所接受。

综上四点，肯德基虽然广告投入规模不小，并且吸引了许多人前往尝试，但最重要的是没有留住消费者。问题就在于市场定位不准确。没有抓住消费者的生理和心理需求。

后来肯德基在中国香港以及内地市场取得成功关键在于市场定位的准确，推出的措施得当，增强了竞争力，赢得了广大消费者信任。

经验总结

现在餐饮企业进行市场拓展必须非常注意市场定位。市场定位的重要依据就是当地的一些风俗习惯、原料差异、口味差异、价格差异等，这些正是在本章的餐饮产品的特点中提到的“地域性”。肯德基第一次进军中国香港的“地域性”不准确，显得不伦不类，才导致了失败。而第二次进军香港及内地餐饮市场前，对中国饮食的“地域性”做了充分的调研，尤其是在内地餐饮市场的本土化措施赢得了顾客，从而在中国餐饮市场站稳脚跟。

餐饮企业的定位是经营的前提和基础，是经营能否成功的保证。从选址、组建规模、经营策略到就餐环境、经营风味、品种、价位、服务等各方面都要以符合消费者的需求为出发点。餐饮企业依照自己的经营定位，只有准确作出品种定位和服务定位，适时调整经营结构，才能取得良好的信誉，增强企业的竞争力，提高本企业的市场占有率，立于不败之地。

本章小结

随着我国市场经济迅速发展，人民生活水平逐步提高，餐饮消费意识与餐饮消费习惯逐渐改变，作为我国第三产业的餐饮业也随之全面发展。餐饮业在满足社会需求改善人民的生活等方面发挥着越来越重要的作用，其发展必将成为21世纪我国经济增长的新热点。同时餐饮业蓬勃发展的进程中，也面临日趋激烈的竞争与挑战。本章由浅至深地对餐饮的历史及发展趋势、餐饮产品及服务理念、餐饮企业的组织机构与职能、餐饮服务人员的岗位职责与基本素质进行了概括和介绍，旨在让初学者对餐饮行业有一个初步的认识，为学习以下章节打下基础，也便于在以后餐饮实践中能灵活运用。

考考餐饮服务员

一、填空题

1. ________标志着人类从野蛮走向文明。

2. 19世纪由于________、________的发明与使用，马车路线开始消失，马车旅馆失去传统的客源，因而各式旅馆、饭店及酒店相继出现。

3. 餐饮服务的定义是为满足餐饮顾客的需要，________和________之间的活动以及餐饮企业的部门活动所产生的结果。

4. 小型饭店的餐饮部一般设有________、________、________和________四个基本职能岗位。

5. 餐饮服务人员应具备的素质包括________、________、________和________。

二、选择题

1. 五代十国的南唐时期著名人物画家顾闳中的作品（　　）描述了当时官宦在家中举行宴会的奢华场面。

A.《庖厨图》　　B.《齐民要术》
C.《韩熙载夜宴图》　　D.《扬州书舫录》

2. “满汉全席”是在（　　）代出现的。

A. 唐　　B. 宋　　C. 元　　D. 清

3. “欧洲烹饪之母”指的是（　　）。

A. 法国　　B. 希腊　　C. 土耳其　　D. 意大利

4. 餐饮产品是由（　　）、（　　）和（　　）三部分构成的。

A. 餐厅、酒店、食品加工厂　　B. 环境、食品、服务
C. 餐饮企业、消费者、服务　　D. 菜肴、面点、饮品

5. 在服务行业中，我们应遵循的服务理念是（　　）。

A. 顾客是朋友　　B. 顾客是新人　　C. 顾客是对手　　D. 顾客是上帝

三、简答题

1. 请简要说明中国及外国餐饮业的发展历史。

2. 根据餐饮发展史，简析现代餐饮业的发展趋势。

3. 餐饮产品的定义是什么？有哪些特点？

4. 简述餐饮企业定位的重要性。

5. 餐饮服务的定义是什么？其重要性表现在哪几个方面？

6. 餐饮管理的目的是什么？

7. 简述餐饮企业的组织结构设立原则。

8. 根据所学知识，设计一个餐饮企业组织机构，并用图表示。

第二章 餐饮基本操作技能

动脑筋

熟练的托盘服务

一个20人的美国旅游团在北京某星级酒店用晚餐。进餐期间，一位客人见服务员小张用推车上菜，就随口询问了他一句："中餐上菜讲不讲究托盘服务?"当得到肯定的答复后就没再问什么了。

过了一会儿，小张手持托盘向餐桌走来。只见他左手将托盘举过肩部，五指平稳地顶着托盘，盘中放满了菜肴，动作熟练，步伐轻灵。刚才那位提问的客人见此情景不由眼前一亮。当服务员熟练地将托盘内的酒水、菜肴平稳地放在餐桌上时，那位客人连声说好。他兴致勃勃地对小张讲，美国人习惯于托盘服务，并把这种方式当作一门观赏艺术。当宾客到餐厅就餐时，见到托盘技术熟练、技巧出众者，往往还报以掌声。其他客人听他说到此，也随声附和起来。他们纷纷称赞道，看到这种服务，就仿佛身在美国一样。

请思考：1. 你认为餐饮服务中的基本功如托盘、折花等在对客服务中起着怎样的作用?

2. 小张的服务工作都有哪些值得学习的地方?

第一节 托 盘

托盘是餐饮服务人员托送食品、饮料及餐饮用具的常用工具。在餐饮服务工作中的摆、换、撤、运餐酒具和上菜、送酒水时使用托盘，既方便服务人员的操作，又可体现服务的规范化。因此，正确使用托盘是餐饮服务人员在工作中必须熟练掌握的一项基本技能。

一、托盘的种类及用途

(一) 托盘的种类

按托盘的形状分大体有两种，即圆形托盘和长方形托盘；按照托盘的制作材料可分为木托盘、金属托盘和胶木托盘；按照托盘用途分可分为大、中、小三种规格的长方托盘和圆托盘，圆托盘的直径大于36cm的为大圆托盘，直径在32cm～36cm的为中圆托盘，直径在20cm～32cm的为小圆托盘，长方托盘则按与圆托盘面积相近者来划分。

(二) 托盘的用途

大、中圆形托盘和小长方形托盘，一般用于摆、换、撤餐具、酒具及斟酒、送茶、送咖啡等。小圆托盘多用于递送账单、信件以及收款等。

二、托盘的操作方法

根据所送物品重量的不同，使用托盘有轻托和重托两种方式。物品重量在 5kg 以内一般采用轻托方式，物品重量在 5kg 以上者，采用重托方式。

（一）轻托

轻托又称胸前托，一般在客人面前操作，因此，熟练程度和准确程度就显得十分重要。轻托还是评价服务人员服务水平高低的标准之一。由于托盘所盛物品重量较轻，所以多用中、小型托盘，其操作方法如下。

1. 理盘

根据所托的物品选择适用的托盘，并将托盘洗净擦干。码放物品前，对于没有防滑处理的托盘，在托盘内应铺垫潮湿干净的餐巾或托盘垫布。垫布的大小要与托盘相适应，垫布的形状可根据托盘形状而定，使整理铺垫后的托盘整洁美观又方便安全。但无论是方形或圆形垫布，均不能露出托盘边沿。

整理托盘时应注意托盘的平整，因为有些托盘使用一段时间后，就会出现变形，如金属托盘的托盘边沿易变形。托盘底变形不平，影响美观，且存在安全隐患。有些塑料托盘使用一段时间后出现变色或斑痕。一旦出现了清理不掉的痕迹，再继续为客人端托物品，一来不雅观，二来容易引起客人对食品卫生安全产生疑虑。因此，这类托盘应停止使用。

2. 装盘

装盘就是根据物品的形状、体积及使用的先后顺序，进行合理的装盘码放。装盘是托盘操作的关键环节，物品在盘内的摆放方法，以安全稳妥、便于运送、便于取用为原则。

轻托物品的装盘，一般要求单件平摆（餐碟、汤碗除外），并根据所用托盘的形状码放。用圆形托盘时，码放的物品应呈弧形，用长方形托盘时，码放的物品应横竖成行，但无论使用哪种托盘，均应将物品放于托盘的中间部位或偏里档，摆放均匀，以保持重心平衡。如同时端托的物品重量和高度不等时，应将重物、高物放于托盘的里档，轻物、低物放于托盘的外档，先用的物品在上、在前，后用的物品在下、在后。这样装盘既安全稳妥又便于端托服务。

3. 起托

服务员站于距操作台 30cm 处，左脚上前一步，双腿屈膝，身体重心下沉，腰与臂成垂直下坐势，上体略前倾，用右手将托盘拉出台面 1/3，将左手置于托盘底，在右手的帮助下将托盘托起，并把握好重心，右手放开，同时左脚收回，使身体成站立姿势。左手臂自然弯曲成 90°角，掌心向上，五指分开，以大拇指指端到手掌根部位和其余四指托住盘底；手掌自然成凹形，掌心不与盘底接触，平托于左胸前。手指随时根据盘上各侧面的轻重变化而作相应的受力调整，以使托盘平稳。

4. 行走

头正、肩平、上体正直，双目平视前方，脚步轻捷自如，随着步伐节奏，托盘在胸前自然摆动。注意左手肘关节不能紧靠身体，托盘不要上下摆动。

5. 落托

将托盘落放于工作台时的动作。右脚向前一步，身体成弓步，重心下沉，上体略前倾，使左手与台面处于同一平面上，然后用右手相助向前轻推，左手慢慢收回，以使托盘全部落放于台面上。

（二）重托

重托又称肩上托，是托载较重的菜点和物品时使用的方法，所托重量在5kg以上。目前国内饭店使用重托的不多，一般使用小型推车递送重物，既安全又省力。尽管如此，服务员也应了解重托的基本技能。

1. 理盘

将托盘洗净、擦干，垫上干净的垫布并在上面洒上少量的清水以防滑动。

2. 装盘

重托装盘时，要做到托盘内的物品分类码放均匀得体，使物品的重量在盘中分布均匀，并注意把物品按高矮、大小摆放协调，切忌将物品无层次地混合摆放，以免造成餐具破损。装盘时还要使物与物之间留有适当的间隔，以免端托行走时发生碰撞，发出声响。

3. 托送

用双手将托盘拉出台面1/3，左手五指分开，用全掌托住盘底，调整好重心后，用右手协助将托盘托起至胸前，然后再用力托起至肩上，同时向左向后转动手腕90°至左肩上方。托盘位置以盘底不搁肩、盘缘不近嘴、盘后不靠发为准。此时，右手应自然下垂摆动或扶住托盘的前内角。托送时，要平稳轻松、保持盘平、肩平、头正、身直，保证托盘不晃动，身体不摇摆。

三、托盘服务注意事项

1. 端托卫生

轻托时，所托物品要避开自己的口鼻部位，也不可将所托物品置于胸下，端托中需要讲话时，应将托盘托至身体的左外侧，避开自己的正前位。重托时，端托姿势要正确，托举到位，不可将所托物品贴靠于自己的头颈部位。

2. 端托姿势

要做到站稳、端平、托举到位、高矮适中。

3. 端托安全

除起托和落托外，右手不能扶托。右手扶托的危害有三点：一是不雅观，二是遮挡行走视线，三是容易造成端托失误。端托时，目光应平视前方，切勿只盯托盘。端托服务需拿取托盘内所托物品时，应做到进出有序，确保所托物品的平衡。需用托盘垫布时，垫布置托盘正中，四角下垂应相等，切勿铺偏。

第二节 摆 台

摆台是将各种进餐用具按照一定的要求摆放在餐桌上，包括摆放餐桌、铺台布、安排座椅、准备餐具、摆放餐具、美化席面等。摆台的流程大体可分为选择餐桌、铺台布、围餐椅、摆放餐具、整理台面等步骤。

一、中餐摆台

中餐厅要求餐台摆放合理、符合传统习惯、餐具卫生、摆设配套齐全、规格整齐一致，既方便客人用餐，又利于服务人员席间服务，同时要富有美感。

（一）选择餐桌

餐桌布局要求合理，根据餐厅形状灵活布局。一般小桌可以靠边摆放，供五六人用餐的中等圆桌摆放在餐厅中间，大桌放在靠里的角落或靠边不打扰其他客人处。餐厅可采用绿色植物、地面抬高或栏杆等方法分割不同的服务区域，每个区域餐位数大致相同，并配工作台，方便服务员操作。餐厅布局要留出迎宾区、客人行走和服务行走通道。

中餐零点餐厅客人人数不定，要准备不同人数的餐台以满足客人要求。中餐台面常见的有圆桌和方桌两种。一般中餐厅常用的圆桌规格大致有直径 150cm、160cm、170cm、180cm、200cm、220cm、240cm 不等，高度一般为 80cm。150cm 的餐台适宜 4～6 位客人使用；160cm 的餐台适宜 6～8 位客人使用；170cm 的餐台适宜 8～10 位客人使用；180cm 的餐台适宜 10～12 位客人使用；200cm 的餐台适宜 12～14 位客人使用；220cm 的餐台适宜 14～16 位客人使用；240cm 的餐台适宜 16～18 位客人使用。方桌规格一般为 90cm、100cm、110cm 见方。

（二）摆放桌椅

摆放餐桌和餐椅时要求餐桌的腿正对门的方向，椅子整齐有序；大桌正对餐厅门口的位置和对面摆放三把座椅，90°角位置摆放两把座椅，椅背对齐。成行的桌子和椅子排列整齐。

（三）铺台布

台布是餐厅摆台所必备的物品之一，台布的规格及色泽的选择应与餐桌的大小、餐厅的风格协调一致。

1. 台布的种类和规格

台布的种类很多，台布的质地，餐厅大多使用纯棉的提花台布。台布的图案有团花、散花、素面、工艺绣花等，台布的颜色有白色、黄色、粉色、绿色等，但一般多用白色台布。选择台布的颜色要同餐厅的风格、装饰环境相协调。

台布的规格大小不等，普遍使用的有边长 140cm、160cm、180cm、200cm。应根据餐桌的大小来选择适当规格的台布：160cm 见方的台布可铺在 90cm、100cm、110cm 见方桌上，180cm 的台布可铺在 150cm 的台面上，200cm 的台布可铺在 170cm 的台面上，220cm 的台布可铺在 180cm 的台面上，240cm 的台布可铺在 200cm 的台面上，260cm 的台布可铺在 220cm 的台面上。

2. 铺台布

铺台布有三种方法：推拉式铺法、抖铺式铺法和撒网式铺法。

（1）推拉式铺法。用双手将台布打开，平行打折推出去再拉回来。这种铺法多用于零餐服务或是较小的餐厅，客人坐在餐椅上，等候用餐，地方窄小，只能用这种推拉式铺法铺台。

（2）抖铺式铺法。用双手将台布打开，平行打折，手腕用劲，将台布一次抖开铺在台面上。

（3）撒网式铺法。用双手将台布打开，平行打折。右脚在前，左脚在后，动作自然潇洒，向着斜前方抛撒。这种铺法多用于宽大场地或技术比赛场合。

服务员在铺台布之前，首先要洗净双手，对每块台布进行仔细检查。发现有破洞、油迹和皱褶的台布，不能使用，要加以调换。

在操作时站在副主人处，距桌边约 40cm，将台布打开并提拿好，身体稍前倾，朝主人方向轻轻向前抖去，做到用力得当，动作熟练，一次抖开并到位。台布不能沾地面，台布中间的十字交叉点正好在餐桌的圆心上，台布正面朝上，中线正对正、副主人席位，四角要直线下垂，下垂部分与地面距离相等，铺好的台布平整无皱褶。

（四）放转盘

大台面需要配置转盘，方便客人取菜。转台位置要求居中，竖拿轻放，底座旋转灵活。

（五）围餐椅

围餐椅要从正主人位置开始，餐椅要对正餐桌，餐椅的前端要与桌边平行，距台布下边约 1cm。相邻座位的距离要相等，便于客人用餐。

（六）摆放餐具

1. 早餐摆台

（1）骨碟摆在座位正中，距桌边 1cm。

（2）汤碗摆在骨碟的左前方 45°角，距吃碟边 1cm。

（3）将带筷套的筷子摆在骨碟的右侧，图案文字要对正，筷柄距桌边 1cm，筷身距碟边 3cm。

（4）瓷勺摆在餐碟的前方，距吃碟 1cm，勺柄朝右，也可以摆在汤碗内，勺把朝左。

（5）牙签筒、调味架摆在台布中线的附近。

（6）烟缸摆在主人席位右侧，每隔两位客人摆放一个，注意使其中一个架烟孔朝向桌心。

如图 2－1 所示为中餐早餐摆台的示意图。

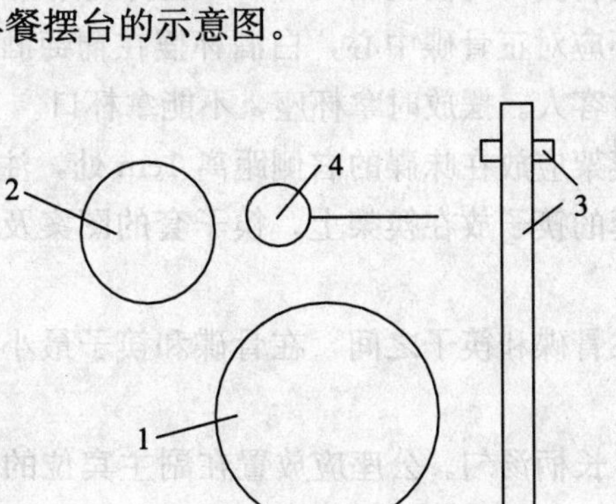

图 2－1　中餐早餐摆台示意图

1—骨碟；2—汤碗；3—筷子、筷架；4—汤勺

2. 午、晚餐摆台

午、晚餐的餐具摆放（如图 2－2 所示）与早餐基本相同，只是增加一个水杯，水杯内插上餐巾花或口纸，摆在瓷勺的前方，其他餐、酒具及公用餐具，应等客人入座后，根据客人的需要随时增加。

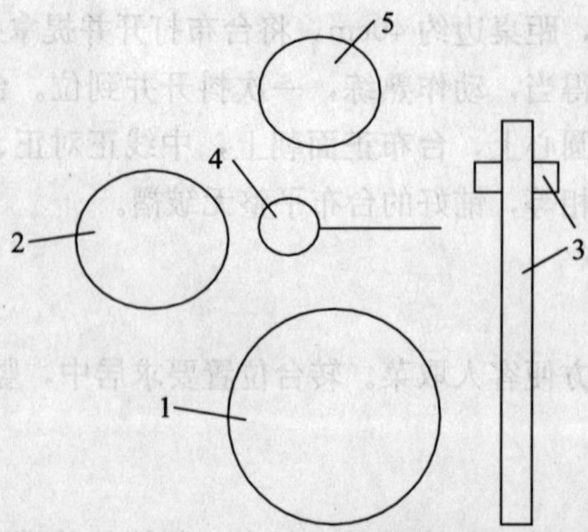

图 2－2　中餐午、晚餐摆台示意图

1—骨碟；2—汤碗；3—筷子、筷架；4—汤勺；5—水杯

3. 宴会摆台

大型宴会的 10 人座位的台面所需餐酒具用品共 104 件。餐酒具摆放大致可以用托盘分为五次托放（如图 2－3 所示）。第一托：骨碟、汤碗、味碟、瓷勺；第二托：葡萄酒杯、白酒杯；第三托：筷架、筷子、牙签、公用勺、长柄汤勺、公座；第四托：插有餐巾花的水杯。

（1）摆骨碟。将餐具码好放在垫好餐巾的托盘内，左手端托盘，右手摆放。从正主人席位开始按照顺时针方向依次摆放。摆放时要求花纹（字头、店徽）要对正，协调一致，碟与碟之间距离要相等，碟边距桌边 1cm。

（2）摆汤碗、瓷勺、味碟。汤碗摆在骨碟的左前方，瓷勺摆汤碗中，瓷勺柄朝左，汤碗距碟边 1cm，味碟摆在汤碗右侧，与汤碗相距 1cm，且汤碗味碟中心连线与餐位中轴线垂直。

（3）摆酒具。葡萄酒杯应对正骨碟中心，白酒杯摆在葡萄酒杯的右侧，杯与杯上口处距离 1cm。酒具的花纹要正对客人。摆放时拿杯座，不能拿杯口。

（4）摆筷架和筷子。筷架应放在味碟的右侧距离 1cm 处，注意图案摆正，如果是动物图型，头一律朝左。将带筷套的筷子放在筷架上，筷子套的图案及文字要朝上对正。筷子末端距离桌边 1cm。

（5）摆牙签。牙签摆在骨碟和筷子之间，在骨碟和筷子最小距离的连线上，距离筷子和吃碟距离相等，图案对正。

（6）摆公座、公用勺、长柄汤勺。公座应放置在副主宾位的右侧，公用勺在右、长柄汤勺在左，长柄汤勺末端距离桌边 3cm。

（7）插有餐巾花的水杯。叠好的餐巾花插放在水杯中摆放在葡萄酒杯的左侧，三套杯应横向成为一条直线，水杯的上口距离葡萄酒杯口 1cm，水杯距离汤碗 1cm。

(8) 摆放烟灰缸。从正主人席位右侧开始，每隔两个座位摆放 1 个，烟缸前端应在水杯的外切线上，距两边餐具距离相等，或放在距离桌边 5cm 的位置。烟缸一般有 3 个架烟孔，其中一个架烟孔朝前桌心，另外两个朝向两侧的客人，距两边餐具距离相等。

(9) 摆火柴。把火柴摆放在烟灰缸上靠桌心侧，火柴盒的封面朝上，火柴磷面向里。

(10) 摆菜单、台号。10 人以下摆放 2 份菜单，摆在正、副主人席位的右侧，菜单底部距桌边 1cm。12 人以上摆 4 张菜单，摆成十字形。大型宴会应摆放台号，一般摆放在每张餐台的下首。台号要朝向宴会厅的入口处，使客人一进餐厅就能看到。

摆台完毕，应再检查一遍有哪些物件摆得不够规范，并做适当调整。中餐宴会摆台如图 2-3 所示。

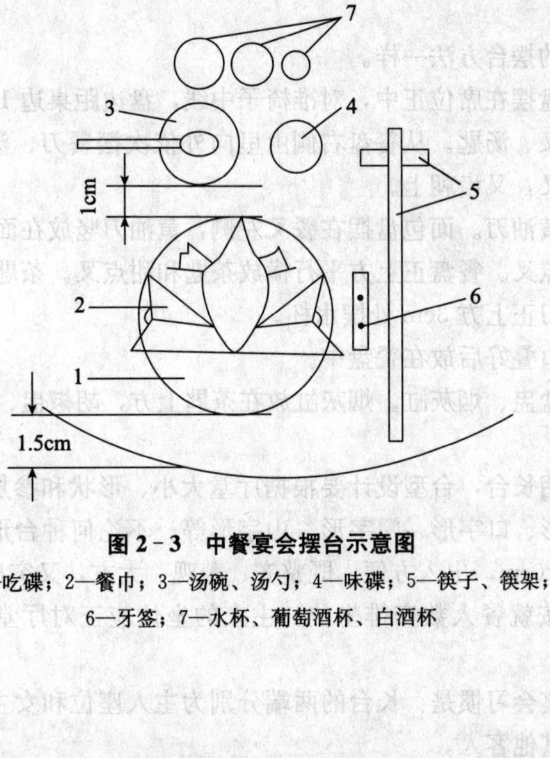

图 2-3 中餐宴会摆台示意图

1—吃碟；2—餐巾；3—汤碗、汤勺；4—味碟；5—筷子、筷架；6—牙签；7—水杯、葡萄酒杯、白酒杯

二、西餐摆台

西餐摆台的基本要领是：餐盘摆在席位正中，左叉右刀，叉齿向上，刀口朝盘，各种餐具横竖成一条直线，餐具与菜肴配套。

(一) 铺台布

铺台布前，先在餐台上铺一块用毛毡或泡沫做的台垫，以避免餐具与台面碰撞，再在台垫上铺台布，台布的中线折缝与餐台中线吻合，四周下垂均匀。

(二) 摆餐具

1. 早餐摆台

西餐早餐有美式早餐和欧陆式早餐，摆台一般都是前一天晚上布置好的，摆台方法略有差异，要求餐具清洁，无指纹，无污痕。

(1) 摆餐盘。餐盘（直径为24cm）摆在席位正中，对准椅子中线，盘边距桌边1cm，折好的餐巾花摆在餐盘上。

(2) 摆餐刀、餐叉、汤匙。餐盘右侧依次摆餐刀、汤匙，刀口朝盘，匙口朝上。餐盘左侧摆餐叉，叉齿朝上。刀叉距餐盘1cm，刀、叉、匙后端距桌边1cm。

(3) 摆面包盘、黄油刀。面包盘（直径为15cm）摆在餐叉左侧，距餐叉和桌边各1cm。黄油刀刀口朝盘心，竖放在面包盘右侧。

(4) 摆水杯。餐刀前方摆水杯，距刀尖3cm。

(5) 摆咖啡杯具。咖啡碟摆在汤匙右侧，咖啡碟上摆咖啡杯和咖啡匙，杯把、匙把朝右。

(6) 其他。调味盅、牙签筒、烟灰缸等摆在餐台靠中心的位置上。

2. 午、晚餐摆台

西餐午餐和晚餐的摆台方法一样。

(1) 摆餐盘。餐盘摆在席位正中，对准椅子中线，盘边距桌边1.5cm。

(2) 摆餐刀、餐叉、汤匙。从餐盘右侧由里向外依次摆餐刀、汤匙，刀口朝盘，匙口朝上。在餐盘左侧摆餐叉，叉齿朝上。

(3) 摆面包盘、黄油刀。面包盘摆在餐叉左侧，黄油刀竖放在面包盘上右侧。

(4) 摆茶匙、甜点叉。餐盘正上方平行横放茶匙和甜点叉。茶匙把朝右，叉把朝左。

(5) 摆水杯。餐刀正上方3cm处摆水杯。

(6) 摆餐巾。餐巾叠好后放在餐盘中。

(7) 摆胡椒盅、盐盅、烟灰缸。烟灰缸放在茶匙上方，胡椒盅、盐盅放在烟灰缸左侧。

3. 宴会摆台

西餐宴会一般使用长台，台型设计要根据厅堂大小、形状和参加宴会的人数来进行。一般摆成一字形、T字形、口字形、门字形、山字形等。不论何种台形都要求餐台两边椅子对称，椅间距离不小于20cm，出入方便，既整齐、美观、大方，又突出主宾台。

确定台形后，要按就餐人数安排坐位。主人的坐位应正对厅堂入口处，其视线能纵观全厅。

一般家庭式西餐宴会习惯是：长台的两端分别为主人座位和女主人或副主人座位。长台两边按顺序交叉安排其他客人。

一些国家和地区，特别是在较为正式的宴会，更喜欢将主人和副主人安排在长台中央位置相对而坐。其余客人按顺序交叉安排在长台两边。

西餐宴会的餐具是按照菜单摆放的（如图2-4所示），品种较多，一般摆法如下：

(1) 摆餐盘。从主位开始按顺时针方向依次在每个席位上摆放餐盘。盘的图案或店徽要正对餐位，盘边距桌边2cm，盘间距离相等。

(2) 摆刀叉。在餐盘的右侧从左向右依次摆正餐刀、鱼刀、汤匙、开胃品刀、刀口朝盘，刀把距桌边2cm。再在餐盘的左侧从右到左依次摆放正餐叉、鱼叉、开胃品叉，叉齿向上，叉把距桌边2cm，鱼刀、鱼叉向上凸出1cm。

(3) 摆水果刀叉、点心匙。在餐盘正前方横放水果叉，叉把朝左。水果叉前方横放点心匙，匙把朝右。

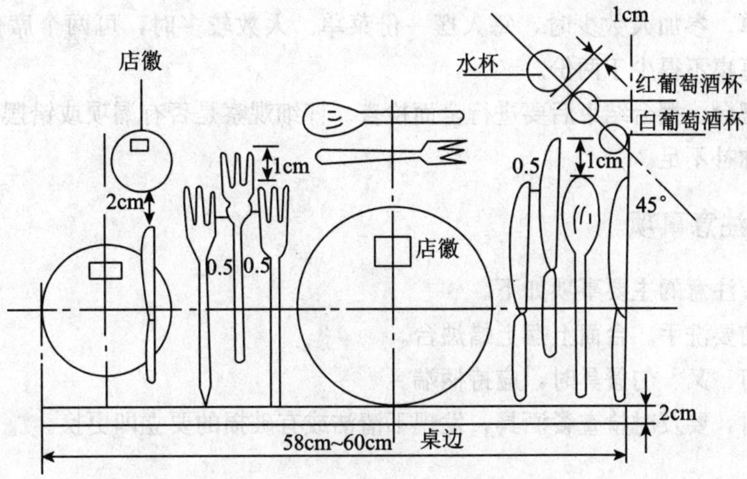

图 2-4 西餐宴会摆台平面示意图

(4) 摆面包盘、黄油刀和黄油盘。在席位左侧餐叉外摆面包盘。面包盘中心与餐盘中心对齐，盘边距餐叉 1cm。面包盘的右方竖放黄油刀，刀口朝盘中心。黄油盘摆在面包盘右上方，距黄油刀 2cm。

(5) 摆酒具。摆酒具时要拿酒具下端。杯子的大小，一般说来以水杯较大、红葡萄酒杯次之、白葡萄酒杯最小。酒具一律摆在餐刀上方位置，在餐刀尖延长线上摆放白葡萄酒杯，以白葡萄酒杯为基准，在左上方 45°角的位置依次摆放红葡萄酒杯和水杯，三个杯子排成一行，杯身相距 1cm，此顺序可以体现出杯子的大小。西餐进餐时，一般以饮用白葡萄酒开始，一般来讲，先使用的杯子应放在右侧最外端，顾客取用酒杯及服务员服务酒水时都比较方便，而且也较整齐美观。

(6) 摆餐巾花。将叠好的盘花摆在餐盘正中。注意把不同式样，不同高度的餐巾花搭配摆放。

(7) 摆放公共用具。盐瓶、胡椒瓶、牙签筒按四人一套摆放在餐台中线位置上。烟缸从主人右侧摆起，每两人摆一个，烟缸的上端与酒具平行（如图 2-5 所示）。

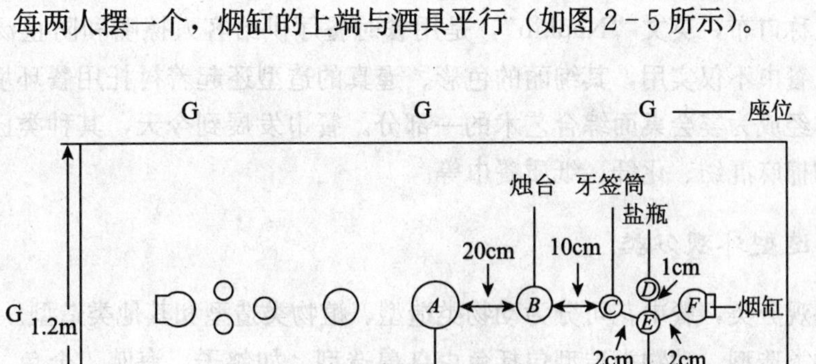

图 2-5 西餐宴会公共用具摆放示意图

(8) 摆菜单。参加人数少时，每人摆一份菜单。人数较多时，可两个席位摆一份菜单，间隔摆放，但每桌不得少于两份。

(9) 复查摆台。摆台结束后要进行全面检查。仔细观察是否有漏项或错摆，如发现问题，应及时纠正，弥补不足。

三、摆台注意事项

摆台时，应注意的主要事项如下。

(1) 摆台前要洗手。台面上摆上蜡烛台。

(2) 摆放刀、叉、勺餐具时，应持柄端。

(3) 摆台时，要及时检查餐酒具，发现不清洁或有破损的要立即更换。

餐饮专家

西餐刀叉的用法

西餐刀叉的用法分美国式和欧洲式两种，美式用法是切完肉把刀放在盘子上，叉子从左手换到右手，然后用叉子叉起切好的肉。欧式用法则始终为左手拿叉，右手拿刀。可以用刀子往叉子上放食品。餐桌上摆放的刀叉有一定的顺序，一般以三套刀叉居多，用餐时由外向内依次取用。冷盘用叉，吃鱼用银刀叉，吃肉用钢刀叉，吃生菜用叉，吃布丁或点心用叉或匙，水果用刀叉。

第三节　餐巾折花

一、餐巾花的种类及特点

餐巾，又称口布，英文“Napkin”，是用餐时餐厅供给客人擦嘴和防止汤汁溅在衣服上的保洁方巾。餐巾不仅实用，其绚丽的色彩、逼真的造型还起着衬托用餐环境、改善用餐气氛的作用，已经成为宴会桌面综合艺术的一部分。餐巾发展到今天，其种类已名目繁多，常见的有全棉和棉麻混纺、化纤、纸质餐巾等。

(一) 按造型外观分类

按造型外观分类，餐巾花可分为动物类造型、植物类造型和其他类造型。

(1) 动物类造型。动物类造型包括鱼虫鸟兽造型，如鸽子、海鸥、金鱼、蝴蝶、孔雀和燕子等，有的取其特征，形态逼真，生动活泼。

(2) 植物类造型。植物类造型包括各种花草和果实造型，如月季、荷花、水仙花、竹笋和玉米等。其造型美观，变化多。

(3) 其他类造型。其他类造型包括模仿自然界和日常生活中的各种形态的实物造型，如挪威冰川、折扇、水晶鞋、和服、花篮等。

（二）按折叠方法与放置用具的不同分类

按折叠方法与放置用具的不同分类，餐巾花可分为杯花、盘花和环花。

（1）杯花。将折好的餐巾插入饮料杯或葡萄酒杯中，特点是立体感强、造型逼真。但常用推折、捏和卷等复杂手法，容易污染杯具；不易提前折叠储存，从杯中取出后即散形并且褶皱感强。

（2）盘花。将折叠好的餐巾花直接放在餐盘中或台面上，特点是手法卫生简捷，可以提前折叠便于储存，打开后平整，目前被中西餐厅广泛使用。

（3）环花。将餐巾平整卷好或折叠成造型，套在餐巾环内。餐巾环也称为餐巾扣，有瓷制、银制、象牙、塑料、骨制环花等。此外餐巾环也可以用色彩鲜明、对比感较强的丝带（或丝穗带）代替，将餐巾卷成造型，用丝带在中央系成蝴蝶结状，然后配以鲜花。餐巾环花通常放置在装饰盘或餐盘上，特点是传统、简洁和雅致。

近年来，越来越多的餐厅开始采用简洁的盘花或餐巾环花，从而满足宾客注重清洁卫生的心理。

二、餐巾折花的作用

餐巾折花不仅美观，而且有以下作用：起到卫生保洁的作用；突出宴会主题，体现餐厅的位序安排；使整个宴会环境得到美化。

三、餐巾折花基本技法

餐巾折花的基本技法包括折叠、推折、卷、翻拉、捏、穿六大部分，下面一一予以介绍。

（一）折叠

折叠是最基本的餐巾折花手法，几乎所有折花都会用到。如将餐巾一折二、二折四等，折叠时要看准折缝和角度，一次折成，避免反复，影响造型挺括美观。

（二）推折

推折是打折时应用的一种手法。推折时应在干净光滑的台面或干净托盘上，折时拇指、食指紧握折叠处向前推，用中指控制间距，不能向后拉折，一般应从中间分别向两边推折。推折分为直推和斜推。直褶的两头大小一样、平行，用直推法即可；斜褶一头大一头小，形似扇状，推折时用斜面推折。斜面推折时，用一手固定所折餐巾的中点不动，另一手按直推法围绕中心点沿圆弧形推折，其指法基本与直推相同。

（三）卷

卷是将餐巾卷成圆筒形并制出各种花型的指法，分为平行卷（直卷）和斜角卷（螺旋卷）两种。平行卷要求两手用力均匀，同时平行卷动，餐巾两头形状一样。斜角卷要求两手能按所卷角度的大小，互相配合卷。

（四）翻拉

翻拉是在折制的过程中，将餐巾折、卷后的部位翻或拉成所需花样，如将餐巾的巾角从下端翻拉至上端、前面翻拉向后面等。

（五）捏

捏主要是做鸟或其他动物的头时所使用的方法。要求用拇指和食指将餐巾巾角的上端拉挺做头颈，然后用食指将巾角尖端向里压下，再用中指与拇指将压下的巾角捏紧成造型。

（六）穿

穿是指用工具从餐巾的夹层折缝中边穿边收，形成皱褶，使造型更加逼真美观的一种方法。穿时左手握住折好的餐巾；右手拿筷子，将筷子的一头穿进餐巾的夹层褶缝中；另一头顶在自己身上，然后用右手的拇指和食指将筷子上的餐巾一点一点往里拉，直至把筷子穿过去。要求皱褶拉得均匀，穿好后，要先将折花插进杯子，再把筷子抽掉，否则皱褶易松散。

四、餐巾花的摆放

餐巾花的摆放要注意以下事项。

（1）主花摆插在主人位，突出主人座位，和其他餐巾花一起要高低均匀，错落有致。

（2）一般的餐巾花则摆插在其他宾客席上。

（3）不同品种的花型同桌摆放时要位置适当，将形状相似的花型错开并对称摆放。

（4）摆插餐巾花时，要将其观赏面朝向宾客席位。适合正面观赏要将头部朝向宾客，如花型孔雀开屏。适合侧面观赏的，要选择一个最佳观赏角度摆放，如花型金鱼。

（5）各种餐巾之间的距离要均匀，整齐一致。

（6）餐巾花不能遮挡台上用品，不要影响服务操作。

（7）插摆好餐巾花后，要仔细检查一遍，发现问题及时纠正。

五、餐巾折花的选择

餐巾折花的选择要考虑以下因素。

（1）根据宴会的性质来选择花型。如以欢迎答谢表示友好为目的的宴会餐巾花可设计成友谊花篮及和平鸽等。

（2）根据宴会的规模来选择花型。一般大型宴会可选用简单、快捷、挺拔、美观的花型。小型宴会可以同一桌上使用各种不同的花型，形成既多样又协调的布局。

（3）根据花式冷拼选用与之相配的花型。如冷拼是“游鱼戏水”，餐巾花则可以选用“金鱼”造型。

（4）根据时令季节选择花型。用台面上的花型反映季节特色，使之富有时令感。

（5）根据客人身份、宗教信仰、风俗习惯和爱好来选择花型。

（6）根据宾主席位的安排来选择花型。宴会主人座位上餐巾花称为主花，主花要选择美观而醒目的花型，其目的是使宴会的主位更加突出。

餐饮专家

餐巾折花图谱

1. 盘花：香蕉

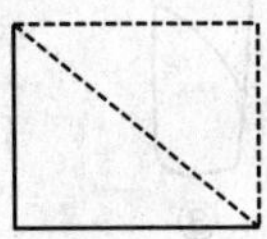

①

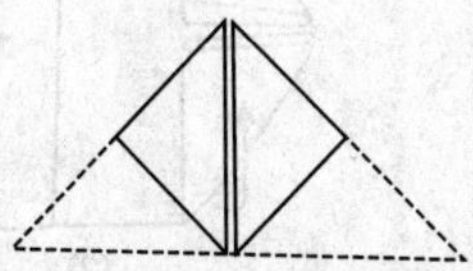

②

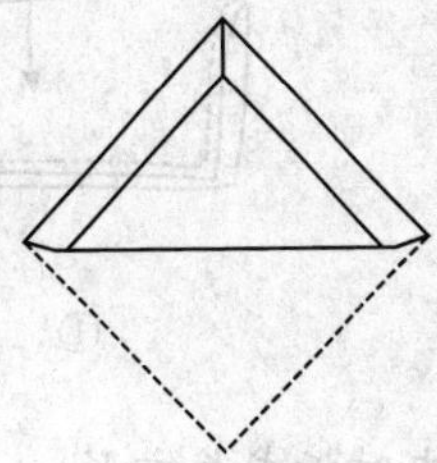

③

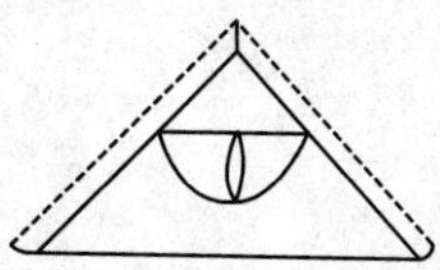

④

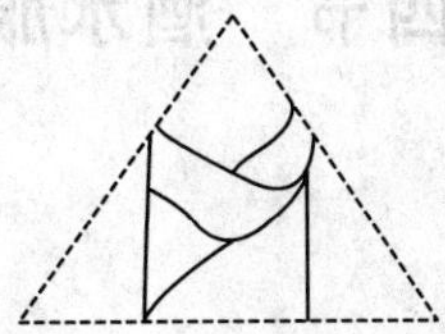

⑤

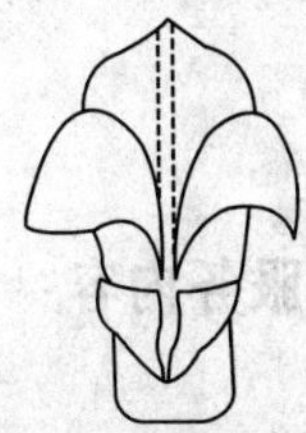

⑥

①将餐巾折成三角形。 ②将两底角折向顶角成正方形。 ③将正方形的下端折向原顶角成三角形。 ④新折上的角再向下翻。 ⑤将三角形的两底角插入夹层。 ⑥翻拉成型，放入盘中。

2. 杯花：蝴蝶

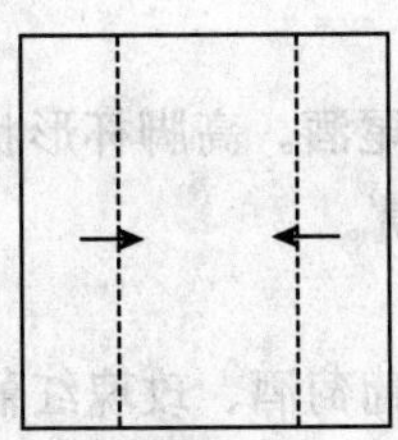

①

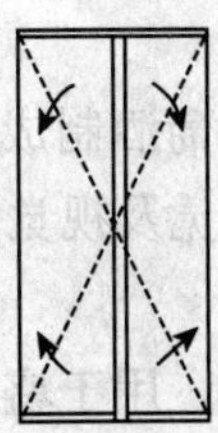

②

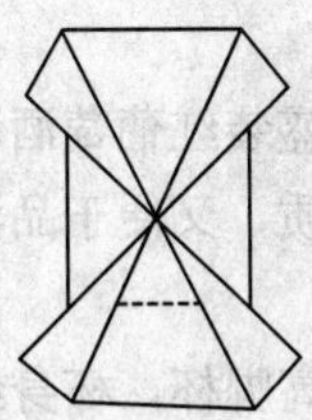

③

④

⑤

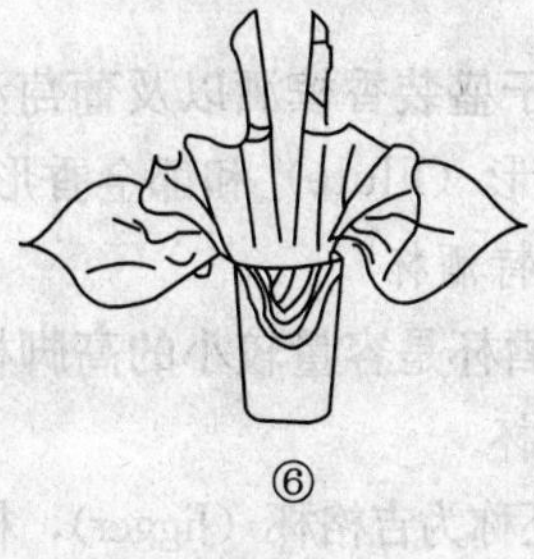

⑥

①将两边向中间对拢。 ②按箭头指示分别拉开四角。 ③从底边向上卷至1/4处。 ④继续向上均匀推折。 ⑤将两边向下对拢。 ⑥放入杯中，整理成型。

3. 环花：书柬

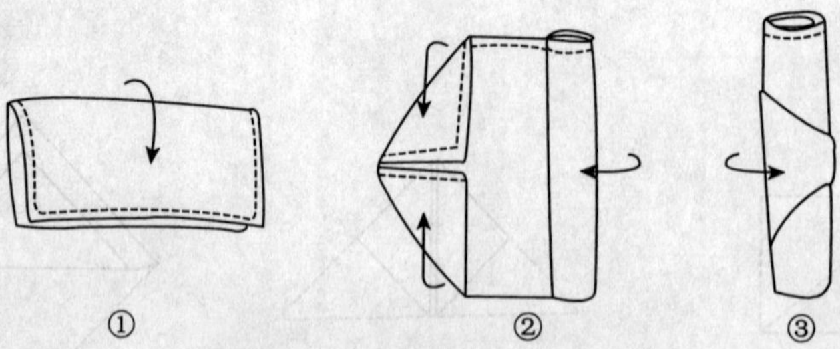

①将餐巾对折成长方形。 ②将左侧两巾角向中间折。 ③从右侧边向左平行卷，用餐巾环穿餐巾，置于中段。

第四节 酒水服务

一、酒水服务内容

（一）杯具认识

餐厅常见的杯具主要有水杯、红葡萄酒杯、白葡萄酒杯、香槟酒杯、雪利等诸多品种（如图2-6所示），下面逐一介绍。

1. 水杯

水杯用于盛装饮用水。形状及容量都属特大号，所以常被称为大肚杯，在西餐场合常与红白酒杯同款式。

2. 红葡萄酒杯

红葡萄酒杯用于盛装红葡萄酒和红葡萄酒制成的鸡尾酒。高脚杯形状，既可避免手高温接触杯身影响酒的品质，又便于品酒时嗅觉及视觉的鉴赏。

3. 白葡萄酒杯

白葡萄酒杯也是高脚杯，杯身细而长，用于盛装白葡萄酒、玫瑰红葡萄酒和白葡萄酒配制成的鸡尾酒。

4. 香槟酒杯

香槟酒杯用于盛装香槟酒以及葡萄汽酒和香槟配制的鸡尾酒。香槟酒杯有三种形状，碟形（Saucer）、笛形（Flute）和郁金香形（Tulip）。

5. 雪利和波特酒杯

雪利和波特酒杯是容量较小的高脚杯，杯身细而窄，有时呈圆锥形。

6. 威士忌酒杯

威士忌酒杯还称为吉格杯（Jigger），杯口宽，它不仅盛装威士忌酒，还作为烈性酒的纯饮杯。

图 2－6　西餐厅常见的杯具

7. 白兰地酒杯

白兰地酒杯是专业销售白兰地的杯子。它是高脚杯，杯身较大，杯口较小，有利于集中白兰地的香气，使饮酒人更好地欣赏酒中香气。白兰地杯还称为干邑杯（Cognac）和嗅杯（Snifter）。欧美人在饮用前，习惯用鼻子闻一闻，欣赏酒中香气。

8. 鸡尾酒杯

鸡尾酒杯用于盛装鸡尾酒，具有多种造型，可与多变的鸡尾酒调酒艺术相融合，既美观又吸引人。

9. 利口酒杯

利口酒杯也称甜酒杯和考地亚杯（Cordial），是小型的高脚杯或平底杯。

10. 果汁杯

果汁杯是平底玻璃杯。用于盛装各式果汁、冰红茶、可乐、汽水等清凉饮料。

11. 热饮杯

热饮杯是盛装热饮饮料的杯子，带柄，有平底和高脚两种形状。

12. 海波杯

海波杯用于盛装各类碳酸饮料及鸡尾酒，与果汁杯形状相同。海波是英语“High-ball”

的音译，海波杯还常被称作高球杯。

13. 啤酒杯

啤酒杯用于盛装啤酒。它主要有两种类型，平底玻璃杯和带脚的杯子。目前啤酒杯的造型和名称越来越多。

14. 古典酒杯

古典酒杯也称作洛克杯（Rocks）或老式杯（Old-Fashioned）。杯身宽而短，杯口大，盛装加冰块的威士忌酒或特殊鸡尾酒时使用。

15. 酸酒杯

酸酒杯用于调制鸡尾酒时盛装用。

16. 爱尔兰咖啡杯

爱尔兰咖啡杯是调制爱尔兰咖啡的专用杯。从下至上第一道线内是爱尔兰威士忌，第二道线内为热咖啡，第二道线上倒入鲜奶油。

17. 马克杯

马克杯用于盛装生啤酒。

（二）酒水准备

1. 酒水品种

餐厅所经营的酒水品种大体可分为常规品种酒水和特殊品种酒水两大类，常规品种酒水是各餐厅常备的也是市场畅销的酒水品种，特殊品种酒水则是根据餐厅所经营的风格、特点而配用的酒水品种。

餐厅所经营的酒水品种一般均应摆放在餐厅较明显的位置，以方便顾客选用。酒水的陈列要讲究造型艺术，美观大方，并明码标价，方便取拿。

2. 选酒

客人用酒有时是提前预订的，在订餐时将酒水预订好，但大多数客人是到餐厅后才点酒的。这时服务人员应主动、及时地向客人提供酒水单，并向客人介绍本餐厅所经营的酒水饮料的种类、口味、乙醇含量、产地、香型、瓶装容量、价格等情况。客人选中的酒品，服务人员应立即除去外包装待用。

3. 服务用具

服务用具有酒具和开瓶器酒具是斟酒服务的必备用品。餐厅应该准备的酒具种类、规格，要与其经营的酒品种类相配。一般中餐常备酒水杯具有水杯（饮料杯）、红酒杯、白酒杯、黄酒碗等。餐厅酒水服务中常用的服务用具还包括酒钻、扳手、多用起塞器、钳子、小刀等。

以上服务用具均应放在餐厅随时可以取到的地方。无论客人选中哪款酒水，服务人员都应及时将适用的杯具送到客人面前，并及时开启所需的酒水。

4. 温度

客人在选用酒品时，有时一餐中同时选用几种不同品种，如啤酒、白酒、葡萄酒、黄酒等。服务人员要了解各种酒品的最佳奉客温度，并采取升温或降温的方法使酒品适合饮用。

（1）冰镇（降温）。许多酒的最佳饮用温度要求低于室温。啤酒最佳饮用温度为8℃～10℃，高级啤酒的饮用温度在12℃左右，白葡萄酒的最佳饮用温度为8℃～12℃，香槟酒和有汽葡萄酒的最佳饮用温度为4℃～8℃，红葡萄酒的最佳饮用温度为12℃～18℃。服务人员应视自然温度的高低确定酒水是否需要冰镇。酒水降温的方法如下：

①冰桶冰镇。准备好需要冰镇的酒水和冰桶，并用冰桶架放在餐桌的一侧。桶中放入冰块，冰块不宜过大或过碎，将酒瓶斜插入冰块中。

②冰箱冷藏。提前将酒品放入冷藏柜内，使其缓缓降至饮用温度。

③溜杯。除了对饮用酒进行降温处理外，对盛酒用的杯具也可进行降温处理，称为溜杯。将冰块放入杯中，用手捏杯底，轻摇酒杯，让冰块顺杯壁滑动，为杯具降温。

(2) 温酒（升温）。白酒，大多数客人习惯冷饮，但有些客人则喜欢温饮，即酒温在30℃～35℃。黄酒，一年四季人们都喜欢热饮，并用具有保温性能的陶瓷酒具，酒温要达到40℃～50℃。温烫的方法如下：

①水烫。将酒倒入温酒壶，然后放入热水中升温。

②火烤。将酒倒入耐热器皿，置于火上升温。

③燃烧。将酒倒入杯后，将杯置于酒精内，点燃酒精升温。

④冲入。将滚烫的饮料（水、茶、咖啡）冲入酒液或将酒液注入热饮料中升温。

其中水烫和燃烧一般是当着客人的面操作的。

（三）酒水开瓶

客人选定的酒水，在开启之前，服务人员应先请客人确认此酒水的品牌，即示瓶，之后方可开启斟用，这是服务工作中不可忽视的重要环节。请客人确认酒水品牌的方法是：服务员右手握住酒瓶的颈部，左手持一块干净餐巾托住瓶底，将酒瓶上的商标朝向客人请其确认。这样既能表示对客人的尊重，又可证明酒品的可靠性。

世界上酒的品种繁多，故形成了多种多样的酒类包装，常见的有瓶装、罐装和坛装。开启瓶塞、瓶盖和打开罐口、坛口时，应选配适用的开酒工具，并注意动作要规范、优美。

1. 正确选用开酒器

常用的开酒器有两大类，一类是专门开启木瓶塞的螺丝拔，又名酒钻；另一类是专门开启瓶盖的扳手，又名酒起子。目前，酒钻和酒起子的式样很多，选用的原则是开启方便和耐用。因此，选用的酒钻要螺旋部分长、钻头尖而不带刃，最好带有一个起拔杠杆，以便使用时可使瓶塞垂直拔起，从而提高开酒速度。

2. 开酒动作

开酒一般都由服务员在操作台上进行，服务员要注意站立姿势、握拿开酒器时的手法动作都应正确、规范、优美。开酒后，应注意酒品卫生、酒容整洁。

3. 开酒应备的辅助用品

开酒除了应备有酒钻、酒起子外，还应备有小钳子、小刀、盛装瓶塞瓶盖的盒子以及包或垫酒瓶的巾布等。

4. 不同酒类的开启方法

由于酒的特点不同和包装形式不同，其开启方法也不相同。

(1) 白酒。白酒的瓶封一般有三种，冲压式盖封、螺口金属或塑料旋式盖封、软木或塑料塞封。开启冲压式酒封时，将酒瓶放在操作台上，左手扶酒瓶颈部，右手握酒起子压于酒封处扳启即可；开启螺口酒封时，左手握扶酒瓶中间略上部位，右手用巾布盖于酒封上旋转拧开即可；开启软木塞封时，应先将塞封外面的包装去掉，然后用酒钻钻入或挑起塞封即可；开启这类酒封时，酒瓶底部平放于操作台上使酒瓶呈直立状。

(2) 啤酒。啤酒的包装一般有瓶装和罐装两种。瓶装啤酒均采用冲压式盖封，开启这类酒封时，要尽量减少酒瓶的晃动，左手握酒瓶，瓶颈略呈倾斜状，右手握起子一次将酒瓶盖起开；如有酒液溢出时，应用干净的餐巾将瓶口压住以防止更多的酒液溢出。酒封开启后，要用洁净巾布揩擦瓶口。开启葡萄汽酒或其他果类汽酒均可采用此种方法。开启罐装啤酒时，同样在开启前尽量减少晃动，开启时先将盖的拉环轻轻拉开，慢慢扩大直至全部拉开。这种方法可使罐中的二氧化碳有少量的溢出，避免因罐中二氧化碳含量过高而造成酒液冲冒。

(3) 葡萄酒、老酒、香槟酒。葡萄酒、老酒、香槟酒多采用软木塞封。各种葡萄酒和老酒启封时，先用小刀将瓶口上的铅封箔切开剥掉，并用洁净的巾布将酒瓶口上的污迹擦净（有些陈酒往往在铅封下存有陈腐污迹），外封开启后再用酒钻对准瓶塞的中心顺时针方向轻轻地钻下去，直至将螺旋部分全部钻入，这时再次用巾布擦净瓶口。开启这类酒时要尽量减少酒瓶的晃动，以免有沉淀物的酒由于晃动造成酒液浑浊。如酒开启后（尤其是红葡萄酒）发现有沉淀物时，应用滤酒器过滤一下再斟用。

香槟酒的开启方法与其他酒的开启方法不同。此酒瓶内有压力，而瓶塞又大部分被压入瓶口，只留有帽形一段塞子露在外面，并由金属箔盖做顶封及铅丝绕扎固定住。因此在开瓶时，用左手斜拿（呈45°角）瓶颈处，大拇指压紧塞顶，用右手转动瓶颈上的金属小环使之完全松动，然后去掉金属丝和金属箔，右手拿一块干净的餐巾布紧捏住瓶塞的上段，左手轻轻地转动酒瓶，让瓶内的压力把瓶塞慢慢地顶出来。当瓶塞脱离瓶口时会发出清脆的响声。瓶塞拔出后要继续使酒瓶保持45°角，以防酒从瓶内溢出。开香槟酒时，瓶口始终不能朝向顾客或天花板，以防酒水喷到客人身上或天花板上。应将瓶口朝向自己的手掌方，使手掌起到遮挡的作用；同时注意不要采用拧瓶塞或拔瓶塞的开启方法，以免瓶塞碎裂后爆出来。当酒打开后，用干净的巾布仔细擦拭瓶口，将积垢等脏物擦去，注意不要让污垢落入瓶内。

在开启塞封酒时，对露出来的瓶塞须进行检查，看看瓶中酒是否变质。原汁酒的开瓶检查尤为重要。检查的方法主要是闻辨，闻闻瓶塞插入瓶内的部分，是否有酸败、霉腐的气味。

5. 开酒时间与开瓶后的清洁工作

不同品种的酒的开启时间要求不同。甜葡萄酒、白酒应在客人到齐后入座前打开并为客人斟上；啤酒、香槟酒和各种汽酒，应在客人入座的同时将酒封打开。这样能更好地保持不同酒品原有的风味特色。

开封后的铅封、木塞、瓶盖及外包装等杂物，不要直接放在操作台上或留在客人就餐的餐台上。应放在专门的杂物盒或代用的盘子内，做到随时操作随时清理。

（四）酒水斟倒

1. 方法

斟酒方法一般有两种：一种是托盘端托斟酒，即将客人选定的几种酒放于托盘内，左手端托，右手取送，根据客人的需要依次将所需酒品斟入杯中，这种斟倒方法能方便客人选用；另一种是徒手斟酒，即左手持巾布，右手握酒瓶，按客人所需的酒水依次斟入客人杯中。

2. 斟酒量

斟酒的标准应视酒品的种类而定，同时各种酒品饮用时使用杯具不同，斟酒标准也不尽相同。中餐常用的酒水杯斟酒标准为白酒、红葡萄酒、黄酒入杯应为八分满。给每位客人斟倒第一杯啤酒时，应使酒液顺杯壁滑入杯中，八成酒液，两成泡沫。斟倒各种长饮料（即不含酒精的饮料）时均以八分满为宜。

3. 斟酒顺序

高级宴会常规的斟酒顺序是先斟主宾位后斟主人位，再斟其他客人位。如果同一桌宴会由两个服务员同时为客人斟酒时，则应一位服务员从第一客人位开始，另一位服务员从第二客人位开始顺时针方向依次绕台进行斟酒服务。在实际服务时和普通宴会的服务中一般从主宾位开始顺时针方向绕台斟倒。

酒席宴会上常有宾主祝酒、讲话的场面，当宾主离位祝酒时，餐厅服务员应持酒跟随祝酒者身后，以便及时为客人斟酒、续酒。当宾主离位讲话时，服务人员应另备酒杯斟满酒，待讲完话时，供讲话者祝酒用。

由于宴会的规格不同、服务的对象不同、民族风俗习惯不同，加之国籍不同，斟酒顺序也应灵活多样。为亚洲地区的客人斟酒时，如主宾是男士，则应先斟男主宾位，再斟女主宾位，对主人及其他客人则可沿顺时针方向绕台依次斟倒，或视客人要求，先为来宾斟倒，最后为主人斟倒，以此更加表示主人对来宾的尊重。如为欧美客人斟酒服务时，则应先斟女主宾位，再斟男主宾位。客人选用了不同种类的酒水时，应按酒水的不同进行排序，如客人选用了白酒、红葡萄酒、啤酒，则斟酒的顺序应为：在客人入座前，先为客人斟好红葡萄酒、再斟白酒，待客人入座后方可斟啤酒。

4. 试酒

欧美人在宴请客人时非常讲究斟酒仪式，其中最主要的一项便是试酒。其程序是：

（1）开瓶后，服务员要先闻一下瓶塞的味道，以检查酒质。如葡萄酒有醋味则说明已经变质。

（2）用干净的餐巾擦一下瓶口，先向主人酒杯中斟少许酒，请主人品尝一下。注意提起瓶口时，瓶口应内旋收酒，以防酒液外滴，并用餐巾接住瓶口。

（3）待主人满意点头之后，准备为其他宾客倒酒。

5. 斟酒时机

斟酒时机是指宴会斟酒的两个不同阶段，一是指宴会开始前的斟酒，二是指宴会进行中的斟酒。客人在进餐前选定其所用酒水，如有白酒、红葡萄酒、啤酒和其他饮料时，一般在宴会开始前5min将葡萄酒和白酒依次斟好（斟好这两种酒后就可以请客人入座了）待客人入座后，再依次为客人斟倒啤酒及其他饮料。

宴会进行中的斟酒，包括在客人干杯前后应及时为客人添斟酒水；每上一道新菜要添斟酒水；当客人杯中酒液不足一半时要及时添斟；在客人互相敬酒时，要随敬酒的宾客及时添斟。

6. 斟酒要领

服务人员为客人斟酒时要注意以下要领。

（1）持瓶。持瓶姿势是服务人员斟酒服务时持酒瓶的手法，即拿酒瓶的姿势。为客人斟酒水时，持瓶姿势是否正确是保证斟酒准确、规范的关键。持瓶姿势有两种：横握和直握。横握的持瓶姿势应是：右手拇指叉开，四指并拢，掌心贴于瓶身中部，将酒瓶商标朝向客人。四指用力均匀，使酒瓶稳握手中。采用这种方法，可避免酒液晃动，防止手颤。如女性服务员，手腕力度不够，可采用直握姿势，即将右手拇指叉开，食指搭在瓶身上，酒瓶商标朝向客人，酒瓶和小臂方向保持一致。

（2）斟酒时的用力。斟酒时的用力要活而巧。正确的用力应是右侧大臂与身体成 90°角，小臂弯曲成 45°角，以肩为轴，小臂用力，利用手腕的转动，将酒斟至杯中。斟酒及起瓶均应利用手腕的转动来掌握，切忌大臂用力或大臂与身体之间角度过大。角度过大会影响客人的视线，并迫使客人躲闪。

（3）斟酒服务操作。斟酒服务开始时，服务人员应呈直立式持瓶站立，左手下垂，右手持瓶，大臂自然下垂，大小臂成 45°角。斟酒服务时，服务人员站在客人右侧身后，右腿在前，插站在两位客人的座椅之间，脚掌落地；左腿在后，左脚尖呈后蹬式，使身体向左前方略倾斜；服务员面向客人，右臂伸出，瓶口与杯口保持一定距离（一般酒品瓶口离杯口 1cm～2cm 左右为宜，斟汽酒或冰镇酒时，两者相距 5cm 左右为宜），手腕用力为客人斟酒。当酒液斟至适量时，右手利用腕部的旋转将酒瓶顺时针方向转动 45°，使最后一滴酒液均匀分布在瓶口上。退时先使左脚掌落地，右腿撤回与左腿并齐，使身体恢复原状，同时左手迅速、自然地将餐巾盖住瓶口，将瓶口擦净。

再次斟酒时，左脚先向前跨一步，右脚跟上跨半步，形成规律性的进退，使斟酒服务的过程潇洒大方。服务员斟酒时，忌讳将身体贴靠客人，但也不要离得太远，更不可一次为左右两位客人斟酒，也就是说不可反手斟酒。

7. 斟酒的注意事项

斟酒服务时还应注意以下事项。

（1）在斟酒前，须将酒瓶揩干净，特别要将塞子和瓶口部位擦净。

（2）检查酒水质量，若发现瓶子破裂或酒水有变质现象，如有悬浮、浑浊、沉淀物时，要及时更换。

（3）各种酒席、宴会预订的酒品，应事先备齐。准备齐全的酒水要摆放整齐。注意要将矮瓶、高瓶分放前后，既美观又要便于使用。

（4）服务人员要确保斟酒安全，这是宴会服务水平高低的一种体现。例如，端托斟酒服务时，要做到端平走稳，不倒不洒，在斟酒过程中，不滴不洒，切忌将酒水滴落在客人的身上或衣物上。

二、各种酒水服务

（一）白葡萄酒服务

1. 准备工作

（1）客人订完酒后，立即去酒吧取酒，时间不超过 5min。

（2）在冰桶中放入 1/3 桶冰块，再放入 1/2 桶的水后，将冰桶放在冰桶架上，并配一条叠成 8cm 宽的条状餐巾。

(3) 白葡萄酒取回后，放入冰桶中，商标朝上。

2. 展示商标

(1) 将准备好的白葡萄酒与冰桶架等一同拿到主人座位的右侧，将小碟放在主人餐具的右侧。

(2) 用餐巾裹住酒瓶，只露出商标。具体方法是左手持餐巾，右手持葡萄酒，将酒瓶底部放在条状餐巾的中间部位，再将条状餐巾两端拉起至酒瓶商标以上部位，使商标全部露出。

(3) 右手持包好的酒，左手四个手指轻托住酒瓶底部，送到主人面前，请主人看清商标，并询问主人现在是否可以服务白葡萄酒。

3. 开启酒瓶

(1) 得到主人允许后，将酒瓶放回冰桶中，左手扶住酒瓶，右手用开塞器开启木塞。

(2) 木塞出瓶时不应有声音。

(3) 将木塞放入小碟中，放在主人白葡萄酒杯的右侧。

4. 酒水服务

(1) 服务员右手持用餐巾包好的酒瓶，商标朝向客人，从主人右侧倒入 1/5 杯的白葡萄酒，请主人品评酒质。

(2) 得到主人认可后，按照先宾后主、女士优先的原则，依次为客人倒酒。服务员应站在客人右侧，倒入杯中 3/4 即可。

(3) 每倒完一杯酒，须将酒瓶按顺时针方向轻轻转一下，避免瓶口的酒滴落在台面上；倒酒时，商标始终面向客人，瓶口不可贴着杯口，以免发出声响。

(4) 最后给客人斟倒，再把白葡萄酒放回冰桶，商标朝上。

(5) 随时为客人添加白葡萄酒。

(6) 当整瓶酒将要倒完时，询问主人是否需要再加一瓶。如果主人表示不再加酒，即观察客人，待其喝完酒后，立即将空杯撤掉。

（二）红葡萄酒服务

1. 准备工作

(1) 客人订好酒后，服务员立即去酒吧取酒，时间不超过 5min。

(2) 准备好红酒篮，将一块干净的餐巾铺在红酒篮中。

(3) 将取回的红葡萄酒放在酒篮中，商标朝上。

2. 展示商标

(1) 将小碟放在主人餐具右侧。

(2) 服务员右手持篮，左手轻托住酒篮底部，呈 45°角倾斜，商标向上，请主人看清，并询问主人是否可以进行服务。

3. 开启酒瓶

(1) 用开瓶器开启酒瓶。

(2) 将小木塞放在小碟中，请主人过目。

4. 酒水服务

(1) 服务员将打开的红葡萄酒放回酒篮，商标朝上，同时用右手拿起酒篮，从主人右侧为主人斟倒 1/5 杯红葡萄酒，请主人品评酒质。

(2) 主人认可后，按照先宾后主、女士优先的原则，依次为客人倒酒，倒酒时须站在客人右侧，倒入杯中 1/2 即可。

(3) 每倒完一杯酒，轻轻转一下酒篮，避免瓶口的酒滴落在台面上；倒酒时，商标始终面向客人，瓶口不可贴着杯口，以免发出声响。

(4) 倒完酒后，把酒篮放在客人餐具的右侧，注意不能将瓶口对着客人。

(5) 随时为客人添加红葡萄酒。

(6) 当整瓶酒将要倒完时，询问主人是否需要再加一瓶。如果主人表示不再加酒，即观察客人，待其喝完酒后，立即将空杯撤掉。

(三) 香槟酒服务

1. 准备工作

(1) 准备冰桶。

(2) 将酒从酒吧取出，擦拭干净，放在冰桶内冰冻。

(3) 将酒、冰桶连同冰桶架一起放到客人桌旁不影响正常服务的位置。

2. 开启酒瓶

(1) 向主人展示商标以得到确认。

(2) 按照香槟酒开瓶的正确方法开启酒瓶。

(3) 开瓶时动作不宜过猛，以免发出过大的声音而影响客人。

第五节　菜肴服务

一、上菜

上菜是服务员将菜肴按规格和一定程序托送上桌的一种服务方式，分为中餐上菜和西餐上菜。

(一) 中餐上菜

中餐便餐的上菜比较简单，服务员根据客人点菜的品种和数量逐一送上并报菜名。客人若点酒水饮料，则按先冷后热、先菜后饭的顺序上。

中餐宴会对于上菜程序、上菜位置、上菜节奏和菜肴台面图案等均有讲究，服务员需按照上菜规则进行，并根据客人的要求和进餐速度灵活掌握上菜时机，依上菜顺序操作，留意上菜的程序、位置和方法以及摆菜。

1. 上菜的程序

上菜一般的程序是先冷后热，先咸后甜，先炒后烧，先菜后点，先清淡后肥厚，先优质后一般。

上菜顺序一般是先冷菜后热菜，依次是汤，点心，最后是水果；但粤菜则与西餐上菜顺序相似，先汤后菜。

冷菜一般在开宴前几分钟送上餐桌为宜，客人入席后，冷菜食至一半左右时，上第一道热菜，之后根据就餐的速度，掌握好上菜的时机。

热菜上桌的顺序一般是先上海鲜、名贵菜肴，再上肉类、禽类、整形鱼、蔬菜、汤、面、饭、点心、甜菜。

由于中国地域广博，饮食习惯差别较大，菜系不同，宴会席面不同，其菜肴设计安排也会有所差别，在上菜程序上也不会完全相同。例如，全鸭席的主菜北京烤鸭就不作为头菜上，而是作为最后一道大菜上的，人们称其为“千呼万唤始出来”。

2. 上菜位置和方法

上菜要正确选择操作位置。宴会上菜选择译陪座位之间或副主人右侧进行。

(1) 上菜前，服务员需事先了解客人用餐的菜单，仔细核对，以免出差错。

(2) 核对无误后先清理台面，空出新菜的位置。

(3) 上菜前提醒客人。

(4) 在菜盘中放一副大号的叉、匙，将菜放在转台的边缘，以方便客人食用。

(5) 转动转盘，将新菜转至主宾面前，服务叉、匙的柄朝主人。

(6) 躬身后退半步，立正，报上菜名，简要介绍菜肴特色，然后请客人品尝。

每上一道新菜，都先放在主宾、主人前面，而将上一道菜移至副主人一侧，以示对主宾、主人的尊重。

3. 特殊菜肴的上菜方法

(1) 上拔丝菜，如拔丝鱼条，拔丝苹果等，要托热水上，即用汤碗盛装热水，将装有拔丝菜的盘子放在汤碗上用托盘端送上席，并跟凉开水数碗。托热水上拔丝菜，可防止糖汁凝固，保持拔丝菜的风味。

(2) 如果有的热菜跟佐料、小料，应先上佐料后上菜，上菜时可略作说明。

(3) 上易变形的炸、爆、炒菜肴，一出锅须立即端上餐桌。上菜时要轻稳，以保持菜肴的形状和风味。

(4) 上有声响的菜，如锅巴海参、锅巴肉片等，这些菜一出锅就要以最快的速度上台，随即把汤汁浇在锅巴上，使之发出响声，动作要连贯、快。

(5) 上原盅炖品菜，如冬瓜盅，上台后要当着客人的面启盖，以保持炖品的原味，并使香气在席上散发。揭盖时要翻转移开，以免汤水滴落在客人身上。

(6) 上泥包、纸包、荷叶包的菜，如叫花鸡、纸包鸡、荷香鸡，要先上台让客人观赏后，再拿到操作台上，当着客人的面打破或启封，以保持菜肴的香味和特色。

4. 中餐摆菜

在上菜的过程中要注意菜的摆放，服务员应根据桌面菜肴的数量摆放美观，一般的要点为：一中心、二平放、三三角、四四方、五梅花。即上一个菜时将其摆放在餐桌中心位置，两个菜时将其并排摆放，三个菜时将其摆成三角形，四个菜时将其摆成四方形，五个菜时将其摆成梅花形。

冷菜按其荤素、颜色、口味的搭配摆放在转台边缘。主冷菜如工艺冷菜、攒盒、拼盘等应摆放在转台中央，摆放时注意造型，将图案面朝主人。

摆放热菜之前，应将转台上的冷菜作调整，将热菜中的主菜摆放在转台中央，高档的或有特殊风味的菜，要先摆在主宾前面。

中餐菜肴中整形菜、造型菜一般摆在转盘的中央，整形菜肴中整鸡、整鸭、整鱼的摆放要求鸡不献头、鸭不献掌、鱼不献脊。

餐饮专家

中国八大菜系

中国菜肴在烹饪中有许多流派。其中最有影响和代表的也为社会所公认的有鲁、川、粤、苏、闽、浙、湘、徽菜系，即人们常说的中国“八大菜系”。菜系的形成是和其悠久历史与独到的烹饪特色分不开的。同时也受到该地区的自然地理、气候条件、资源特产、饮食习惯等影响。有人把“八大菜系”用拟人化的手法描绘为：苏、浙菜好比清秀素丽的江南女子；鲁、徽菜犹如古拙朴实的北方健汉；粤、闽菜宛如风流典雅的公子；川、湘菜就像内涵丰富充实的名士。中国“八大菜系”的烹调技艺各具风韵，其菜肴之特色也各有千秋。

（二）西餐上菜

1. 上菜程序

西餐的上菜程序，指西餐用餐的先后顺序。由于东西方饮食习惯的不同，西餐的菜序与中餐的菜序差异较大。因此，要吃饱吃好，做到合理搭配，必须对西餐菜序有清晰的了解。西餐按照规模大小和正式程度分为正餐和便餐两种，两者在菜序上差异很大。

(1) 正餐菜序。西餐正餐，尤其是在正式场合所用的正餐，其菜序复杂多样，一般由八道菜肴构成，内容完整的正餐须耗时1h～2h。

①开胃品。开胃品即用来打开胃口的菜肴，又称西餐的头盘。有时它不被列入正式的菜序，而仅作为正餐的“前奏曲”。一般情况下，开胃菜由蔬菜、水果、海鲜、肉食等拼盘构成，这些菜一般色彩美观，容易引起食欲。宜搭配低度、干白葡萄酒。

②汤。汤是西餐的“开路先锋”，其口感芬芳浓郁，具有较好的开胃作用。开始喝汤标志西餐正餐的正式开始。西餐中常见的汤有白汤、红汤、清汤等。一般不搭配酒，但也可配较深色的雪利酒或玛德拉酒。

③副菜。副菜品种包括各种鱼类、贝类及软体动物类以及蛋类、面包类、酥盒菜肴。西餐吃鱼类菜肴讲究使用专用的调味汁，如鞑靼汁、荷兰汁、白奶油汁等。宜选用干白葡萄酒、玫瑰露酒或低度干红葡萄酒。

④主菜。作为西餐的“主旋律”，西餐的主菜分为冷菜和热菜。正规的西餐中，一般上一个冷菜，包括各类泥子、冻子；热菜则一般有两道，一道为鱼菜，另一道为肉菜。肉菜可谓重中之重，它标志着本餐的档次与水平。海鲜类选用酒度12°～14°的干白葡萄酒；小牛肉、猪肉和鸡肉等较浅色肉类最好选用酒度不太高的（如11°～13°）干红葡萄酒；牛肉、羊肉、火鸡等红色肉类最好选用酒度较高的（13°以上）红葡萄酒。

⑤点心。点心放在主菜之后，意在使没有吃饱的客人填饱肚子，一般包括蛋糕、饼干、馅儿饼、三明治等。跟配的饮品可继续用主菜的酒品。

⑥甜品。常见的甜品有布丁、冰激凌等。

⑦果品。果品有干、鲜果之分。常用的干果有核桃、榛子、腰果、开心果等；常用的鲜果则包括草莓、菠萝、苹果、橙子、葡萄等。

⑧热饮。西餐通常将热饮放于最后，帮助消化。最正规的热饮是红茶或什么都不加的黑咖啡。西餐的热饮就餐地点灵活，可以是餐桌、客厅或休息厅等。

此外，开餐伊始可选用鸡尾酒、味美思、比特酒或雪利酒等具有开胃功能的酒品作开胃酒。就餐结束可选用甜食酒、白兰地、利口酒或鸡尾酒等作餐后酒。

(2) 便餐菜序。一般场合中，出于节约时间方面的考虑，人们也习惯于采用便餐的形式。西餐便餐菜序从简，但每一道菜都是有代表性的，一般由开胃菜、汤、主菜、甜品、咖啡五道菜肴构成。

2. 上菜位置和方法

上菜时，要严格遵循宾主顺序，按先宾后主、女士优先、从客人右侧上菜的原则进行服务。

(1) 先宾后主的上菜原则。以一字形长台为例，上菜时，要先给第一主宾上，然后第二主宾、第三主宾依次排列，最后给副主人、主人上菜，如图 2-7 (a) 所示。这种上菜顺序由于餐厅服务员不断走动，有时会给客人造成环境过乱的感觉，因此，只适合于非常正式的或客人有特殊要求的情况。在一般情况下，可遵循先宾后主的原则，给第一主宾和第二主宾上完菜后，就可以按顺时针方向依次服务，最后给主人上菜，如图 2-7 (b) 所示。

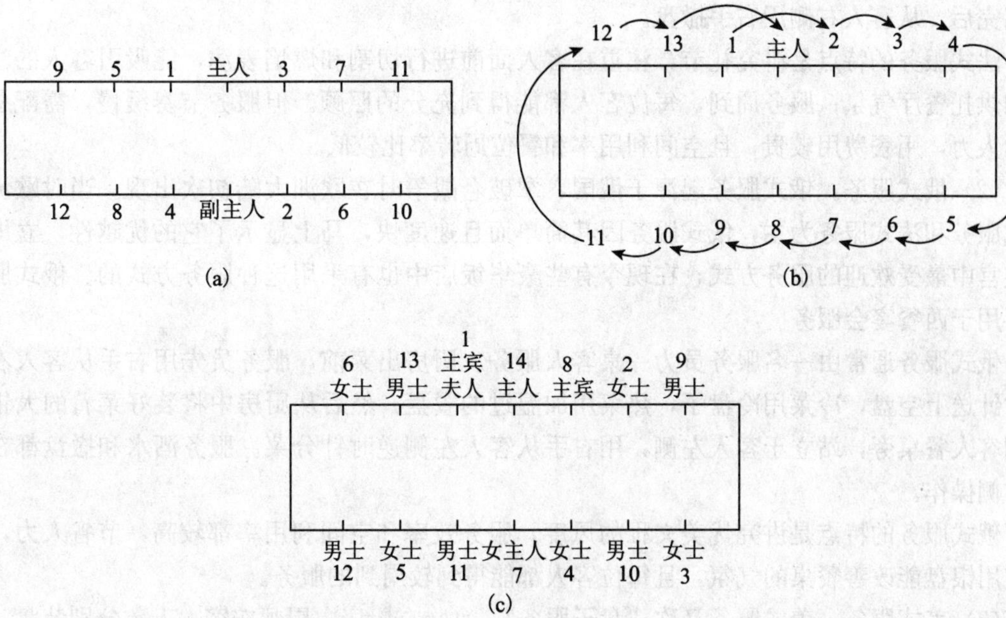

图 2-7 西餐上菜位置

(2) 女士优先的上菜原则。严格地说，西餐宴会一定要遵循先女士、后男士的服务顺序，但如果女主人没做任何示意，则应按先给主宾，然后主人，最后给男士宾客的上菜原则，如图 2-7 (c) 所示。如果是东南亚顾客享用西餐，最好在宴会开始前，婉转地询问主人服务顺序，然后按主人的要求提供服务；如日本客人，他们比较注意就餐宾客的身份，而相应忽视女士第一的服务原则。所以西餐宴会菜顺序一定要灵活掌握，根据顾客的具体需要决定服务的先后顺序。

（3）上菜时盘中的主料应摆在靠近宾客一侧，盘中配菜应朝向餐桌里侧。

（4）每上一道新菜之前，应首先为宾客斟倒相应的酒水，并撤下上一道菜的空盘和刀叉。撤餐具时，一定要先征得客人的允许。

3. 菜肴服务

西餐菜肴常见的服务方式有法式服务、俄式服务、美式服务、英式服务和自助服务等。

（1）法式服务。法式服务是由西查·理兹于20世纪初发明的一种用于豪华饭店的服务方式，故又称“理兹服务”。法式服务是一种周到的服务方式，由两名服务员共同为一桌客人服务。其中一名为经验丰富的专业服务员，另一名为服务员助手。两人一组，每人各有职责，但必须相互帮助。

①服务员的职责。迎宾员不在时，请客人入座；接受客人点菜；服务酒水；客前烹制或切割装盘；结账。

②服务员助手的主要职责。倒冰水；接受服务员的点菜单，送入厨房叫菜；把装好菜肴的餐盘送到客人面前；撤餐具和收台；尽可能帮助服务员为客人提供服务。

法式服务上菜主要用手推车，服务员当客人面进行烹制表演或切割装盘，服务员助手用右手从客人右侧送上每一道菜，黄油、面包、汁酱和配菜应从客人左侧送上。等一桌的客人都用完后，从客人右侧用右手撤盘。

法式服务的特点是讲究礼节，注重在客人面前进行切割和燃焰表演，能吸引客人的注意力和烘托餐厅气氛；服务周到，每位客人都能得到充分的照顾。但服务节奏缓慢，需配备足够的人力，用餐费用较贵，且空间利用率和餐位周转率比较低。

（2）俄式服务。俄式服务起源于俄国，拿破仑战争时在欧洲大陆初次出现。当时欧洲以英式服务和法式服务为主，俄式服务因其简单而且速度快，马上显示了它的优越性，立即成为皇宫中最受欢迎的服务方式，在现今有些豪华饭店中也有采用这种服务方式的。俄式服务主要用于西餐宴会服务。

俄式服务通常由一名服务员为一桌客人服务。厨房出菜前，服务员先用右手从客人右侧顺时针送上空盘，冷菜用冷盘子，热菜用加温过的餐盘；然后从厨房中将装好菜肴的大银盘托到客人餐桌旁，站立于客人左侧，用右手从客人左侧逆时针分菜。服务酒水和撤盘都在客人右侧操作。

俄式服务的特点是讲究优美文雅的风度，服务效率和空间利用率都较高，节省人力，大量使用银盘能改善餐桌的气氛，且每位客人都能得到较周到的服务。

（3）美式服务。美式服务又称“盘子服务”，食物在厨房由厨师按客人人数分别装盘，每人一份，服务员直接端着送给客人。上菜时在客人右侧进行操作，用右手从客人右侧送上，撤盘时也从右侧进行。特点是服务便捷，效率高，餐具成本低，用工少，空间利用率及餐位周转率都十分高。由于各项成本费用降低，用餐费用也相对较低。除了缺乏表演性和气氛烘托外，美式服务是最理想的服务方式。

（4）英式服务。英式服务又称家庭式服务。服务员先将加温后的空盘放在主人面前，再将装着整块食物的大盘从厨房中拿到餐桌放在主人面前，由主人亲自动手切肉装盘并配上蔬菜。服务员把装好的菜肴依次端送给每一位客人。调味品和配菜都摆放在餐桌上，由客人自取或相互传递。英式服务的特点是家庭味很浓，许多工作由客人自己动手，且节奏缓慢，不适合饭店西餐厅使用，因此在欧美各旅游饭店已不再使用。

(5) 自助式服务。自助式服务是近些年才在中国广泛流行的一种服务方式。

自助式服务是指把事先准备好的食物陈列在食品台上，客人进入餐厅后支付一定的餐费，便可自己动手选择符合自己口味的菜点，然后拿到餐桌上用餐。自助式服务以客人自我服务为主，故又称为自助餐。自助式服务的特点是客人不必等候，菜肴品种丰富，餐位周转率高，节省人力和开支。价格适中，效率高，但给客人的个别照顾较少。自助式服务多用于饭店咖啡厅早餐和午餐高峰。

二、分菜

分菜又称让菜，是服务员将已上桌的菜肴分派给每位客人。在中餐宴会服务中，分菜是一项技术难度较大的工作，对名贵菜、特殊菜、整形菜、汤菜等皆要进行分菜，尤其是较高级的宴会更是如此。因此，分菜亦是餐厅服务员必须掌握的基本技能。目前我国的西餐宴会多采用美式服务，它不需要餐厅服务员在客人面前分让菜肴，而是由厨师在厨房将菜肴按每份装盘，餐厅服务员只提供上菜服务即可。

(一) 分菜工具

不同的菜肴分菜时使用的工具不同。一般分鱼、禽类整形菜时，使用一刀、一叉、一匙；分炒菜时，使用匙叉各一把或一双筷子、一把长柄汤匙；分汤菜时，使用筷子和长柄汤匙。

服务叉勺的拿法，右手握住叉和勺把的后部，勺心向上，叉的底部向勺心。在夹菜肴和点心时，主要依靠手指来控制：右手食指插在叉和勺把之间，与拇指配合捏住叉把；其中三指控制勺把，无名指和小指起到稳定作用，中指支撑勺把中部。分带汁的菜时，由位置在下的服务勺盛汁。

(二) 分菜方法

分菜有三种方法：餐桌分菜、服务桌分菜、厨房分菜。对于餐桌分菜和服务桌分菜，在分菜前服务员要先把菜送上桌，让客人观赏后再开始分菜。

1. 餐桌分菜

(1) 两人分让式。分菜服务员站在译陪之间位置，右手执叉、匙夹菜，左手执长柄汤匙接住下方，以防菜汁滴落在桌面上。另一位服务员将各位客人的餐盘依次递给分菜服务员，待菜肴分好后按主宾、副主宾、主人顺序顺时针方向依次放至客人面前。

(2) 派菜。分菜服务员将菜肴上桌让客人观赏后，将菜盘撤下餐台，左手垫上干净餐巾将热盘托起，右手拿服务叉勺进行分让。分菜时，服务员站在客人左侧，左腿在前，叉站在两位客人坐椅中间，身体略前倾，脸斜侧与菜盘成一直线，腰部稍弯，菜盘和客人的吃碟边缘上下相接。分菜时呼吸要均匀，可以边分边向宾客介绍菜点的名称、特色、风味、营养作用、典故等方面的内容，但要注意讲话时头部不要距离宾客太近。分菜时服务员按主宾、副主宾、主人顺序顺时针方向依次为客人派让菜肴。

2. 服务桌分菜

服务员在服务桌上准备好分菜工具及餐盘，当菜肴从厨房送来后，将菜放在餐桌上向客人介绍名称、特色，然后再送回服务桌上分菜。服务员将菜迅速均匀地分到餐盘中，然后用托盘托送，按主宾、副主宾、主人顺序顺时针方向依次从客人右侧送上。

3. 厨房分菜

在厨房由厨师分好，由服务员直接端送上桌即可。

（三）分菜注意事项

分菜时应注意以下事项。

(1) 分菜要掌握好数量，做到邻座一个样，先分后分一个样。要一匙准、一叉准，一勺一位，切不可将一勺分给两位客人，也要避免一位客人两勺。

(2) 有卤汁的菜肴，分菜要带卤汁。有配料的菜，要先将配料放入餐盘。

(3) 给每位客人分菜后，菜盘要留下 1/10 左右，以示菜的宽裕和准备为客人添加。但现在分菜有一种趋势是一次分完，给客人分菜时将菜盘内菜肴全部分给客人，以减少浪费。

（四）特殊菜肴的分菜方法

1. 特殊宴会的分菜方法

宴会服务中，往往遇有一些特殊情况的宴会，如商业往来举办的洽谈宴会。在这类宴会进行中，往往会出现客人只顾谈话而冷淡了菜肴的现象，这往往会影响菜肴的质量。遇到这种情况时，服务员应在客人谈话出现短暂的停顿间隙抓住时机，向客人介绍菜肴，并以最快的速度将菜肴分给客人。

遇有主要客人带儿童参加宴会时，服务员分菜时应先分给儿童，然后再按先后顺序进行常规的分菜。为老年人多的宴会进行分菜服务时服务员应采取快分慢撤的方法进行服务，分菜步骤分为两步，即先少分再添分。

政府间会晤式宴会，出席此种宴会的宾主往往沉浸于洽谈当中，而翻译人员也很忙碌。在分菜服务时，服务员除了照顾好宾主外，也要照顾好翻译人员，应将易食或骨、刺少的部位分给翻译，以保证翻译工作的正常进行。

2. 特殊菜肴的分菜方法

(1) 分鱼类菜。分整条鱼时，服务员左手执匙将鱼头按住，右手执刀顺着鱼脊从头向尾划，把鱼肉剖开，剔去中间鱼骨刺，然后将鱼肉切块蘸上鱼汁分送入客人餐盘。

(2) 分汤。分汤包括餐台分汤和服务桌分汤。

①餐台分汤。根据人数摆上相应汤碗和汤匙于转盘上，服务员站于上菜客人的右边，右手拿分汤勺，将汤和料均匀地分在客人的汤碗中，然后站在主宾的右边，转动转盘，将汤送至主宾面前。依顺时针方向进行每位客人的送汤服务，注意分汤勺不可在汤盆边缘刮出声响，不要将客人汤碗中的汤匙柄沾上菜肴，一般盛八成满。当客人喝完汤后，应主动询问是否需要续汤。

②服务桌分汤。端汤上桌后，报菜名，介绍菜品的特色，然后将汤盆端到服务桌上，将

汤和料均匀分到每个碗中，最后用托盘托上汤碗及汤匙站于客人的右边，每人一份，送至客人面前。

（3）分拔丝类甜菜。上拔丝类甜菜前，服务员应把台面上的餐具收去，然后上冷开水、木筷子。上此类甜菜时动作要特别迅速，以防糖胶变硬。分菜时用筷子将甜菜夹起，立即放在冷开水中冷却后分给客人。

（4）分冬瓜盅。分冬瓜盅时要特别小心。首先用汤匙轻轻的把冬瓜盅面上的火腿茸刮到汤里，然后用汤匙轻轻地刮下部分瓜肉，将汤料、瓜、肉均匀地分给客人，最后用刀叉将冬瓜上半部约 3cm 左右的瓜皮削去，便于第二次分。削瓜皮时，先用餐叉叉住冬瓜皮，后用餐刀从上切下 3cm 左右，再转刀横削。要求刀口整齐。一般分 4 刀切削为宜，削后瓜皮放在餐碟上。

（5）分蛇羹。分蛇羹前应先上菊花瓣、柠檬叶丝、炸薄脆。分羹时，取适量菊花瓣、柠檬叶丝放在汤碗里，用汤匙压住，然后把汤均匀地分到汤碗里，以八成满为宜，最后把炸薄脆撒在上面。

第六节 其他技能

一、客前烹制

客前烹制，就是在就餐客人面前进行的一种烹饪表演，是一种能够渲染就餐气氛、体现服务水准、吸引宾客注意力以促进销售的服务方式。无论在中餐服务还是西餐服务中，许多菜肴、甜品和饮料，都可以在餐厅切割、烧制、燃焰，通过现场烹制，让客人看到烹调的过程，闻其香、观其色、看其形，增加就餐的情趣性和观赏性，使顾客产生浓厚的购买兴趣和冲动。成功的客前烹制，会成为客人本次就餐时的谈资和关注焦点，会使客人对餐厅的档次刮目相看，成为招徕回头客的重要因素。

（一）客前烹制的种类

客前烹制的种类有客前烹制、拌制菜肴、客前燃焰和客前切割。客前烹制、拌制菜肴如西餐中的沙拉、主菜、甜品等；客前燃焰是将菜肴、甜品等在厨房里先制成半成品，再由服务员在宾客面前进行燃焰，或者将某些热饮在宾客面前进行燃焰，如火焰冰激凌、苏珊煎饼、爱尔兰咖啡等；客前切割则是将某些整形菜肴在宾客面前的服务车、边桌或服务台上进行现场切割分让，如在客前剔除鱼刺，切割烤羊、火鸡、奶酪等。一般饭店常见的客前烹制有以下几种。

1. 恺撒沙拉

（1）原料。恺撒沙拉的原料有洗净的生菜、炸面包屑、芥末、蒜蓉、鲜柠檬、橄榄油、红酒醋、凤尾鱼柳、鲜鸡蛋、奶酪粉、辣椒油、炸腌肉末、胡椒粉、盐粉。

（2）设备用具。恺撒沙拉的设备用具有服务车、口布、沙拉大木盆、木勺、木叉、沙拉小木碗。

（3）制作步骤。制作的具体操作如下。

①将凤尾鱼柳放在沙拉木盆内捣成糊状，再放入芥末、橄榄油，搅拌均匀。

②放入蛋黄、蒜蓉、辣椒油和红酒醋。

③放入生菜搅拌均匀。

④撒入奶酪粉、盐粉、胡椒粉、炸面包屑、炸腌肉末后，搅拌均匀。

⑤用木勺、木叉将拌好的沙拉盛入沙拉小木碗内，再在上面撒少许炸面包屑和炸腌肉末，最后用西红柿装饰，即可呈递上桌。

2. 燃焰煎饼

（1）原料。燃焰煎饼的原料有煎饼四块、柠檬汁、白兰地酒、金万利酒、君度酒、砂糖、黄油。

（2）设备用具。燃焰煎饼的设备用具有燃焰车、平底锅、备用盘。

（3）制作步骤。

①点火后，将糖放入锅内熔化，加入黄油搅拌，使其变稠。

②将柠檬汁倒入锅内空处，加热浓缩后再加入金万利酒和君度酒提味。

③改用小火，将小饼放入锅内并折叠成 1/4 大小。

④当饼热透后，加入白兰地酒，并将锅拉向自己一边，以便使酒液与火接触，进行燃焰。将火熄灭，把饼分别摆放在盘内，再将锅内的汁浇在饼上，即可呈上餐桌。

3. 切割火鸡

（1）原料。切割火鸡的原料是整只火鸡。

（2）设备用具。切割火鸡的设备用具有服务车、服务巾、切肉刀、服务叉、菜盘。

（3）切割步骤。火鸡切割的具体操作如下。

①将火鸡腿部切下，再将大腿与小腿的关节部位切割分离。

②用左手握叉将火鸡大腿部固定在盘子里，右手用刀将腿肉切成片。

③左手用服务巾包住火鸡小腿下部，另一头着盘底，右手持刀将其切片，并力求每片大小均匀。

④从翅膀处起，向火鸡胸部横切；再从翅膀与胸部之间，逐片进行薄切。

⑤将切好的火鸡肉整理装盘即可。

4. 火焰黄桃

（1）原料。火焰黄桃的原料有黄桃 4 片、白糖、黄油、100ml 橙汁、50ml 柠檬汁、君度酒、金万利酒、白兰地酒、半只柠檬、丁香和削成螺旋状的橙皮。

（2）设备用具。火焰黄桃的设备用具有燃焰车、平底锅、服务叉、服务勺、备用的甜品盘碟、沙司盅和清洁抹布。

（3）燃焰步骤。燃焰的具体操作如下。

①点火，加热平底锅，撒入少量白糖，使之熔化成金黄色。

②加入黄油，并用叉按住半只鲜柠檬搅拌。

③加入橙汁和柠檬汁，边煮边搅拌均匀。

④将黄桃放入平底锅内，边煮边用服务勺将汁浇在黄桃上。

⑤在沙司盅里倒入三种酒点燃，顺着螺旋状橙皮倒入平底锅内，形成蓝色火环。

⑥用叉和勺把黄桃移至热甜品盘中，并将锅内剩下的汁浇在黄桃上，端给客人食用。

(二) 客前烹制注意事项

(1) 准备服务车时，其摆放的位置应与餐桌保持一定的距离，应至少距餐桌有一个餐车的宽度，这样既可以避免伤害宾客又便于服务员拿取食物。

(2) 对服务车的餐前准备应充分，以避免客前制作表演过程中出现疏漏和失误，其准备工作包括所有餐具、食物原料及其他配料的准备。

(3) 食品选择上，尽量选择容易准备且制作过程较为简单的食品。

(4) 制作肉类菜肴时，应注意选择上乘原料并去掉脂肪和筋，将其均分并冷藏，每份的量以能在1min左右成熟为宜。

(5) 制作沙拉等拌菜时，可将部分原料作为装饰品摆放在服务车上，而将预先加工过的半成品加上汁酱或甜酒制作拌菜。

(6) 制作热菜时，应先准备好黄油或色拉油，并尽量在最短的时间内完成制作。

(7) 在进行燃焰制作时，应使烈酒瓶远离明火，等锅中的烈酒稍微加热后，先将煎锅拉向自己一边，煎锅向外倾斜，使烈酒溢向锅边，让火苗点燃烈酒后，提起并轻轻转动煎锅，使火苗沿着锅边旋转；烈酒点燃后，操作人员应保持直立，以防意外发生。

二、香巾服务

(一) 准备工作

(1) 香巾折叠整齐摆放在毛巾篮中，温度在40℃～50℃。

(2) 香巾数量是客人人数的数倍。

(二) 顺序

先宾后主，先主宾然后副主宾再主位，然后按顺时针的方向逐位派发。

(三) 派香巾的数量

(1) 一般宴会接待在用餐过程中提供3～4次香巾，即当客人入席后送第一次；当客人吃完带骨或带壳等食物后送第二次；当客人吃完海鲜后送第三次；上水果之前送第四次。

(2) 贵宾接待要更换5次以上的香巾，除上述几次外，另加两次：当客人吃完主菜后送上香巾；当客人吃完甜品后更换香巾。

(四) 方法

(1) 主动询问客人是否需要分派香巾，得到客人许可后进行分派，一般散客冬天上热香巾，夏天上冷香巾；贵宾接待要准备冷热两种香巾。

(2) 站在两座位之间，客人后侧0.5m处，身体略向前倾，用毛巾夹夹住香巾的右角，把香巾递给客人，并使用礼貌用语："先生/小姐，请用香巾，小心烫手。"

(3) 如有小孩，上热毛巾时抖动时间稍长，等香巾充分散热后方可递上。

三、茶水服务

（一）准备工作

准备沏茶工具，主要有茶壶、茶杯、茶碟（茶托）、热水瓶等。准备原料，包括纯净开水、各式茶叶。

（二）沏茶

一般一壶茶放入 1～2 茶勺茶叶。当然，茶叶放入量应以客人喜好为准，还应考虑茶叶的品种，比如普洱茶可少放些，龙井茶则可多放些。

（三）斟茶

从客人右侧为客人服务，女士优先。茶壶应垫用茶碟，还可垫用垫布，以防茶壶漏水，斟茶将停时可略旋壶身，让最后一滴沿于壶嘴不滴落。斟茶量一般以 2/3 为宜。当茶壶中剩 1/3 茶水时，应为客人添加开水，切忌茶壶内茶水已空后再添加开水，这样会影响茶的味道和色泽。

四、撤换餐具服务

（一）撤菜盘

中餐宴会由于菜肴品种较多，不可能一次性上完，需在上菜的过程中不断地撤换。客人就餐时，服务员要注意观察动态，当客人用完一道菜后，应先征求客人的意见，待得到肯定的答复后才能撤换。撤换的位置与上菜的位置相同。撤时应注意轻拿轻放，不要将残菜或汤汁洒在地上或客人身上，如洒落在桌上，应及时轻轻地收拾干净。

（二）撤换餐碟、小汤碗

中餐宴会中，为显示服务的优良和菜肴的名贵，突出菜肴的风味特色，保持台面卫生雅致，需要多次撤换餐碟或小汤碗。重要宴会要求每道菜换一次餐碟，一般宴会换碟次数不少于 3 次，在下列情况下就可以撤换餐碟：

（1）上羹或汤之前，上一套小汤碗，待客人吃完后，送上毛巾、收回汤碗，换上干净餐碟。

（2）吃完带骨、带壳的食物之后。

（3）吃完糖醋汁、浓汁的食物之后。

（4）吃甜菜、甜品之前。

（5）上水果之前，换上干净餐碟和水果刀叉。

（6）餐碟内骨、渣及其他杂物太多，要随时更换。

（7）客人失误，将餐具跌落在地上时，要立即更换。

（8）当餐碟内不慎洒落酒水时，应立即更换。

(9) 当餐碟盛装过异味食物时，需要更换。

(10) 品尝风味特殊、调味特别的菜肴时，需要更换。

(11) 吃过冷菜换吃热菜时需要更换餐碟。

撤换时按先主宾后其他客人的顺序，站在客人右侧操作。要边撤边换，注意卫生，将干净的餐碟和收下的餐碟分放在托盘两边，不可混淆。

(三) 撤换烟灰缸

为保持餐厅清洁，体现高规格服务，及时撤换烟灰缸十分重要。服务员要经常巡视服务区域，当发现烟缸内有 2 个以上烟蒂时就应及时撤换。

为了避免烟灰飞扬，撤换时用托盘托上干净的烟缸，用右手将干净的烟缸盖住脏烟缸，将两只烟缸同时拿入托盘，再将干净的烟缸放回桌上。

(四) 更换台布

当客人就餐完毕离开餐桌，服务员收完餐具后，即需更换台布。饭店的咖啡厅或零点餐厅，每天接待的客人批次多，一张餐桌要多次重复使用，更是需要不断地更换台布。快捷利落地更换台布是餐饮服务人员必须掌握的基本功之一。更换台布的具体做法是：

(1) 将脏台布的半面卷起露出餐桌，再将台面上的用品移到露出的餐桌上。

(2) 将脏台布的另一半面卷起撤下，撤时注意不要将台布上的杂物撒在座位或地面上。

(3) 在未放用品的桌面上铺上干净台布，铺时注意折缝与桌中线吻合，将用品移到干净台布上。

(4) 将未铺台布的桌面全部铺上台布，注意台布四周下垂均匀，然后将台面用品按规定位置摆放好。

五、结账服务

结账是餐厅对客服务技能之一，它直接关系到餐饮经营的经济效益。服务员应熟练掌握餐厅结账的形式和程序，了解本餐厅许可的结账方式。一般餐厅常见的结账方式有现金结账、信用卡结账、支票结账和签单结账等。

(一) 现金结账

(1) 当宾客示意结账时，服务员应迅速到收银台取出账单，并用账单夹或收银托盘将账单递送给宾客。

(2) 不要主动、大声报账单金额。

(3) 宾客付现金后，应礼貌致谢，点清数量，注意辨别真伪并将现金用账单夹或收银盘送到收银台。然后，把找回的零钱和发票送交宾客，并让宾客当面点清。

(4) 再次致谢。

(二) 信用卡结账

(1) 当宾客示意结账时，用账单夹或收银盘将账单递送给宾客。

（2）确认宾客的信用卡是本饭店接纳的，检查持卡人姓名、信用卡有效期，请持卡人出示本人身份证并致谢。

（3）将信用卡、身份证和账单送交收银台。

（4）收银员再次检查信用卡有效期、持卡人姓名、身份证，并核对信用卡公司的注销名册等。确认无误后，填写信用卡表格，刷卡。如宾客的账单总数超过规定金额，则需要信用卡公司授权。

（5）请宾客确认账单金额，并在信用卡表格上签名。

（6）核对宾客签名是否与信用卡背后签名一致。

（7）将信用卡的顾客副本、信用卡、身份证交还宾客，正本由收银员保管。

（8）礼貌致谢。

（三）支票结账

（1）宾客示意结账时，服务员按规定将账单递送给宾客。

（2）核对支票的有效期，请宾客出示有效证件，检查支票的有关印章、计算机密码等，并礼貌致谢。

（3）交收银员办理结账手续，如填写支票，抄下宾客的证件号码，并写在支票背面。

（4）将支票存根、有关证件和发票送还宾客，并礼貌致谢。

（四）签单转账

为方便住店客人，饭店一般允许住店客人在餐厅以签单方式结账。宾客在办理入住手续后，饭店会给宾客“欢迎卡”和钥匙。宾客每次到餐厅用餐后，出示“欢迎卡”即可签账单，当宾客离店时一并结算。此外，与饭店有长期业务往来的一些单位、公司也可与饭店签订签单结账协议，饭店定期向协议单位结账。

（1）当宾客示意结账时，服务员按规定将账单递送给宾客。

（2）宾客出示“欢迎卡”或“协议签单证明”时，服务员应递上笔，并核对。

（3）请宾客在账单上正楷签名并填清房间号码或协议单位。

（4）宾客签完后须将账单的第一、二联交收银员核对。

（5）收银员将住店宾客的账单正本留存，第二联交总台，以便宾客离店时付清。协议单位账单的第二联交财务部，由财务部定期同消费单位结账。

餐饮专家

西餐进餐的刀叉语言

在西餐进餐中，如席间饮酒或暂时离席，应将刀叉“八”字形搭放在盘边，刀口朝向里侧。如用餐完毕，暗示服务员可以撤盘，将刀叉并排放于盘中。

经典案例

先给谁倒酒

某公司举办商务宴请，客人进入雅间后就座。由于客人对用餐座次排位不熟悉，坐得比较随意，主要客人没有坐到主宾的位子上，而服务员倒酒时，还在严格按照一般的服务程序从主宾位开始服务，引起客人的不满。同时，酒水每次加量也与客人的要求不符，如红酒按规定倒了1/2杯，而客人要求每次加满，啤酒按规定倒八分满，而客人要求倒二分满，最后客人对服务员的服务很不满意，引起了投诉。

案例分析

优秀的服务员会视宴会情况而灵活提供宾客所需的相关服务。客人在完全满意和标准化服务之间有时存在一定的矛盾，因为客人的用餐习惯不同，服务程序和服务标准也应相应不同。上述案例中的服务人员虽然很严格地遵守了各项服务技能标准，但却遗憾地导致了投诉，就是因为他把“标准”放在了首位，坚持用饭店的标准去机械地服务客人，而没有考虑客人的习惯与喜好，客人怎么能不投诉呢？

经验总结

1. 在任何情况下，客人永远是第一位的，服务员在服务时，要顺应客人千差万别的用餐要求，在客人要求与服务标准有矛盾时，应以客人要求为主，要将“让客人完全满意”与坚持标准化服务有机地结合起来，使我们的服务更到位，更得心应手。

2. 为客人提供周到而到位的服务，并不是说服务时就不注意各项标准了，在客人没有提出特殊要求时，服务仍然要严格遵守操作程序。

3. 员工在熟练掌握操作程序的基础上，应培养灵活的服务意识，视情况为宾客提供所需的个性化服务。

本章小结

本章系统地介绍和总结了餐饮服务的基本技能，如托盘、摆台、餐巾折花、酒水服务和菜肴服务以及其他相关技能等，这些均有特定的操作方法与标准，服务人员要在掌握操作要求的前提下刻苦训练，熟练掌握过硬的基本服务技能，并注意根据客人的需求作灵活的调整，做到在操作标准化的基础上，向客人提供优质的个性化服务。

考考餐饮服务员

一、填空题

1. 根据所送物品重量的不同，使用托盘有________和________两种方式。物品重量在________以内一般采用轻托方式。

2. 铺台布的常见方法有________、________和________。

3. 餐巾折花按折叠方法与放置用具的不同可分为________、________和________。

4. 啤酒最佳饮用温度为________，白葡萄酒的最佳饮用温度为________，香槟酒和有汽葡萄酒的最佳饮用温度为________。

5. 高级宴会常规的斟酒顺序是：先斟________位后斟________位，再斟________位。

二、选择题

1. 中餐宴会摆台就一个餐位而言，杯具的摆放从左至右依次为（　　）。

A. 葡萄酒杯、水杯、白酒杯　　B. 葡萄酒杯、白酒杯、水杯

C. 白酒杯、水杯、葡萄酒杯　　D. 水杯、葡萄酒杯、白酒杯

2. 通常当着客人的面进行酒水升温操作的方法是（　　）。

A. 水烫、火烤　　B. 火烤、燃烧　　C. 水烫、燃烧　　D. 火烤、冲入

3. 在西餐斟酒服务中，白葡萄酒以斟倒（　　）杯为宜，红葡萄酒以（　　）杯为宜。

A. 3/4　1/2　　B. 1/2　3/4　　C. 2/3　1/2　　D. 3/4　2/3

4. 中餐服务中每上一道新菜，一般都先放在（　　）前面。

A. 翻译、陪同　　B. 主宾、主人　　C. 副主人、副主宾　　D. 主人、副主人

5. 在常见的西餐菜肴服务方式中，讲究礼节，注重客前表演，每位客人都能得到充分的照顾，但服务节奏缓慢，用餐费用较贵的是（　　）。

A. 法式服务　　B. 俄式服务　　C. 美式服务　　D. 英式服务

三、简答题

1. 简述轻托托盘的操作方法。

2. 简述中、西餐宴会摆台。

3. 餐巾花选择和动用的总原则是什么？

4. 列举酒水升温和降温的常用方法。

5. 列举斟酒的时机。

6. 分别列举中、西餐上菜的顺序。

7. 上菜的原则是什么？摆菜的要求是什么？

8. 分别列举西餐菜肴各种服务方式的特点。

9. 试述分菜的方法有哪些。

10. 如何分让清蒸整鱼？如何分汤？

11. 列举更换餐碟的情况。

12. 如何换烟缸？如何更换台布？

13. 餐厅常见的结账方式有哪些？

走近餐厅

实训一

【实训名称】中餐宴会摆台

【实训内容】在规定时间内完成中餐宴会摆台

【实训步骤】

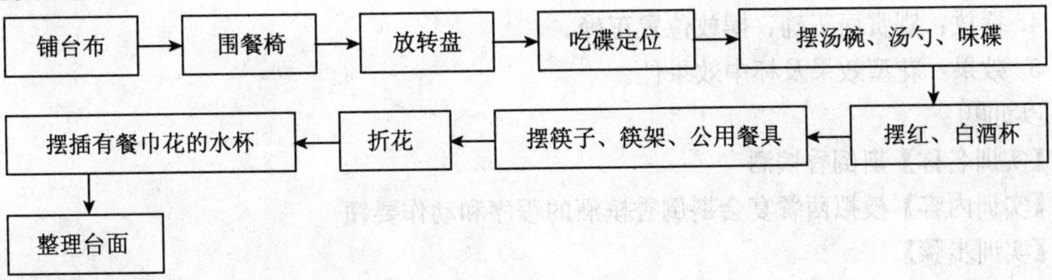

【实训点评】评分项目及标准

1. 时间：在规定时间内完成。
2. 操作：动作规范到位，符合操作标准。
3. 台布：铺正，中线对准主位、副主位，四周下垂均匀。
4. 餐用具：位置正确，距离匀称、标准。
5. 餐巾花：折叠标准，摆放到位。
6. 餐椅：匀称，位置正确。

实训二

【实训名称】西餐宴会摆台

【实训内容】在规定时间内完成西餐宴会摆台

【实训步骤】

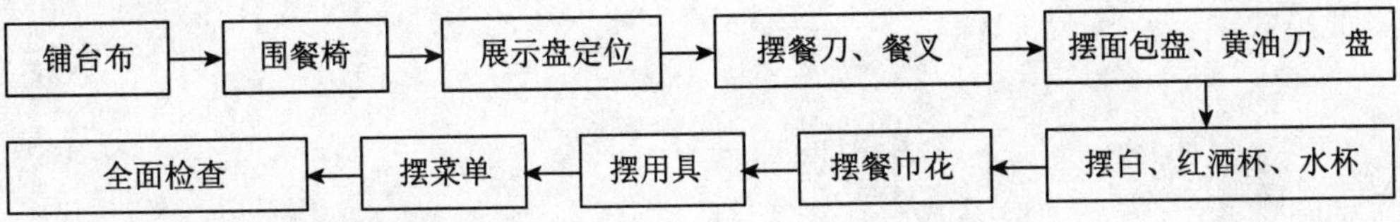

【实训点评】评分项目及标准

1. 时间：在规定时间内完成。
2. 操作：动作规范到位，符合操作标准。
3. 台布：铺正，中线对准主位、副主位，四周下垂均匀。
4. 餐用具：位置正确，刀叉横竖成行，距离匀称、标准。
5. 餐巾花：折叠标准，符合摆放要求。
6. 餐椅：匀称，位置正确。

实训三

【实训名称】餐巾折花

【实训内容】在 10min 内完成 10 个杯花（5 植物、5 动物）和 5 个盘花

【实训步骤】

【实训点评】评分项目及标准

1. 时间：在规定时间内完成。

2. 仪容仪表：符合规范要求。

3. 操作：动作规范到位，符合卫生标准，手法熟练。

4. 摆放：观赏面正确、摆放位置正确。

5. 效果：花型效果及杯中效果佳。

实训四

【实训名称】斟倒香槟酒

【实训内容】模拟西餐宴会斟倒香槟酒的程序和动作要领

【实训步骤】

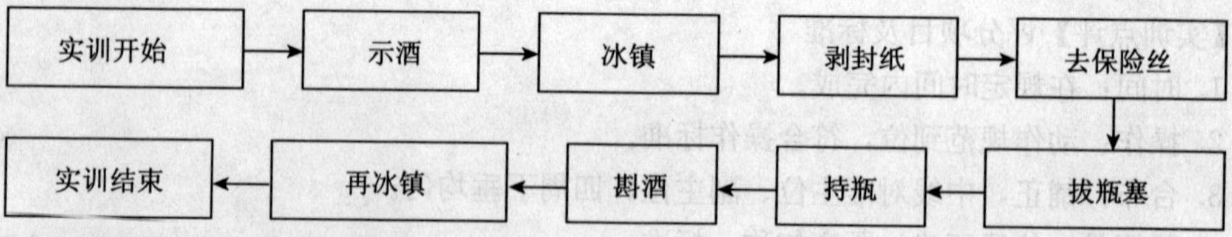

【实训点评】评分项目及标准

1. 仪容仪表：符合规范要求。

2. 操作：程序步骤无误，动作潇洒、开瓶规范。

3. 持瓶：手法及位置正确。

4. 斟倒方法及斟倒量：第一次斟至酒杯 1/2 处，待泡沫平缓后，再续斟至酒杯 2/3 处。

第三章　餐饮对客服务技能

动脑筋

打　包

上海一家四星级酒店的中餐厅内，所有的桌子都坐满了客人。其中第18桌落座了3位客人，他们是某大学李教授夫妇以及李教授20多年未见的老同学、刚从美国回来探亲的蔡先生。故人相逢，李教授为尽地主之谊，一下点了七八道菜，两道点心，外加4小碟冷菜和3听饮料。由于大家都已年近半百，胃口已大大不如学生年代，所以几个人吃饱后桌上还剩下不少菜，还有两个菜没怎么动，李教授觉得不免有点惋惜。负责这个区域的服务员小张是旅游学校的毕业生，在用餐过程中，她对这几位客人服务得非常得体，而且脸上自始至终都挂着甜甜的微笑。此刻她见3位客人已有离席之意，便准备好账单，随时听候招呼。果然，李教授向她招手了。账很快便结清，当小张转身送来发票和找回的零钱时，她手里多了几个很精美的餐盒和若干食品袋。她很有礼貌地对客人说："剩下这些菜多可惜，请问是否需要打包?"李教授见小张手中拿着餐盒，很高兴地对她说："你想得真周到，我也正想打包呢!"李教授满意而归。

请思考：想一想小张在服务过程中，做得好的与不好的地方分别是什么？

第一节　中式餐饮服务

餐厅服务员为宾客提供服务的方式、方法受多种因素的影响。餐饮服务根据用餐方式的不同，大体可分为中式餐饮服务和西式餐饮服务；中餐服务根据宾客用餐规格和标准不同，常分为便餐服务和宴会服务；而中餐便餐又以零点餐厅服务和团体餐服务为主要服务形式。

零点餐厅是指宾客自行安排，随点随吃，餐后自行结账的餐厅。客人来到餐厅后才临时点菜的服务方式称为零点餐厅服务。零点餐厅通常设置散台，并接受预约订餐。由于零点服务是餐馆、酒店最普通、最经常、最大量的日常工作，是餐厅服务的主要环节，所以做好零点餐厅服务工作是很重要的。依据客人就餐时间的不同，零点餐厅服务又可细分为早餐和午晚餐服务。

一、中餐早餐服务

（一）餐前准备

1. 环境准备

餐台、餐椅摆放整齐美观；餐桌椅保持完好无损；台布铺放符合标准；餐厅的环境清洁卫生。

2. 备齐餐具、佐料和服务用品

将消毒好的碗筷、盘碟、茶具等整理备齐，放置有序。检查酱油、醋等佐料的容器，看是否清洁、装满，不足的要及时补上，还要根据当天的供应品种配制、备足其他辅助佐料。把牙签、火柴、烟灰缸、热毛巾等备好。

3. 其他

了解当天的供应品种和其他原材料的情况，并将与平日不同的菜肴情况写于通知板上。整理个人仪容，自查着装情况。

（二）问位开茶

问位开茶是餐厅服务开始的程序，包括服务到桌、餐后结账和前台售票等服务方式。

餐前饮茶的习惯流行于我国南方，特别是“早茶”，更具有特定的含义。在东南沿海一带，问位开茶成为餐前必不可少的环节。在我国北方不太注意，但南方风味的餐厅不可忽视这一环节。下面介绍问位开茶的具体做法：

见宾客到来时，迎宾员要面带笑容接待。为宾客拉门，并致问候。问清人数后，服务员将宾客带到合适的餐台安排就餐。

服务员主动为宾客拉椅让座，送上香巾后开茶。由于各人饮茶习惯不同，要向宾客问茶，征询意见，也可根据宾客的喜好介绍适宜的品种，然后按需开茶。

开茶时注意卫生，不能手抓茶叶往茶壶里放，应用茶勺按茶位放茶，茶量准确。斟茶时，在宾客的右侧斟倒第一杯礼貌茶，右手执壶，左手自然下垂或托托盘，杯中茶水一般斟八分满为宜，不宜太满。

根据宾客的人数填写点心单，向宾客介绍品种，写清宾客要求的每一种点心的数量，记好台位、茶位，签上服务员的名字或工号后，把点心单送到账、货台。需要加位或撤去餐桌餐位的，要左手托盘，右手摆放或取走餐具。

以上所述是茶杯、餐具预先摆好的台式服务程序。另一种是迎宾员把宾客人数告知服务员，由服务员把茶具、餐具按宾客人数摆上台，然后开茶。如果客多繁忙，无暇接待后到的顾客时，也要热情打招呼，做到“人未到声先到”，以稳定顾客。在北方，没有开茶这个环节时，更要对宾客热情地打招呼，这是接待宾客的第一个见面礼，使宾客一进门就感到亲切温暖。

（三）开餐服务

茶位开好后，向宾客介绍当天的点心品种时，要有意识地推销适当的品种。这要根据问位开茶时和宾客的接触，对宾客的要求和一般需要的了解，有针对性地介绍。

宾客确定点心品种后，要迅速开单。复写的点心单，一份交账台结算，一份交点心台备货，一份存底。服务员给宾客送上点心时，要把专用的餐具、佐料等一同上台，使宾客便于用餐。在宾客用餐时，服务员要勤巡视，看宾客有什么新的要求，注意斟水、换烟缸和清理台面，主动照顾好老幼、残疾人和坐在边角位置的宾客，做到有问必答，态度和蔼，语言亲切。

（四）结账送客

宾客要结账时，服务员应迅速取回账单送到宾客餐台，小心提示宾客需付的金额，同时把账单让宾客过目，收款时要向宾客道谢。结账时，要注意同座有无搭台的宾客，如果有，就要分清账单，不可造成错单、漏单或跑单。

如果宾客需要，服务员要主动替宾客打包食品。客人离席时，帮助拉椅，再次致谢，提醒客人带上自己的物品，并表示欢迎下次光临，道再见。

（五）清理台面

早餐服务中“翻台”是常事，及时清理台面是一项很重要的工作。客人走时，服务员应先查看是否有客人遗落的东西。如有，应立即交还客人；如客人已离去，应交服务台并告知值班经理，以免被损坏或被他人冒领。最好等客人已离开餐厅再动手清理台面，以表示尊重客人。撤就餐用具，撤台布，摆放桌椅，动作都要轻、稳，尽量不发出大的声响，以免影响邻座客人就餐。

清理台面应该按照毛巾、餐巾、饮具、盘碟、烟缸、牙签、佐料容器、筷子、刀叉的先后顺序专门收捡。对所有属于重复使用的餐具和物件，要及时清洗消毒，擦拭干净，分类保管，以备再用。将桌椅摆放原处，铺好台布，准备接待下一批客人。如早餐饭时已结束，要把各种餐具和物件清洗消毒，分档存放。最后一名客人走后，开始清洁餐厅，将桌椅排列整齐。

二、中式午、晚餐服务

（一）餐前准备

按中餐零点要求摆好台，工作台备足各种用品用具；熟悉当天菜品及酒水的供应品种和数量，准备好各种小票；整理好个人仪容仪表，做好自查，接受领班检查。

（二）入席服务

开餐前30min，值台员面带微笑地站在规定位置上迎候客人；见到客人到来，要主动迎上前问候，使用礼貌用语，同时接过客人衣帽、物品依次放好，严禁将客人的衣帽倒拿，注意将客人的包及物品放在比较明显处，让客人看得见的位置；拉椅让座，用礼貌用语“您请坐”（如有小孩，应立即送上童椅）。

（三）餐中服务

(1) 送上热毛巾，用语“请用香巾”；在客人的右面斟倒第一杯礼貌茶，用语“请用茶”；一般斟2/3为宜，不宜太满；为客人去掉筷子套，并收回毛巾；同时进行自我介绍：“先生/小姐，中午（晚上）好，我是××号服务员，很高兴为大家服务，祝大家用餐愉快!”

(2) 征询客人是否可以点菜，主动介绍当天供应的新品种。值台员站在点菜宾客的右后侧，接受点菜。身体保持站立姿势，略向前倾，认真清楚地记下宾客所点菜肴。如客人请值台员代为点菜时，应根据客人口味、爱好、饮食习惯、消费水平和就餐人数等考虑，妥善安排。

(3) 在接受客人点菜时应适当推荐中、高档菜品，但要注意语言要委婉；点菜完毕后，应向客人复述一遍所点的菜，从而进一步确认："先生，您点的菜有××对吗?""还需要什么吗?"，复述完后，服务员要收回菜单，并向客人表示感谢，同时征询客人用什么酒水，向客人介绍酒水，并按斟酒要求在客人右边斟倒酒水，并说："这是您点的××酒。"

(4) 填写完点菜单（一式四联），一联交收银员，二、三联交传菜员（二联给厨房配菜，三联供传菜员划菜），四联服务员自留（或放在宾客桌上）以备核查。

近年来，越来越多的餐厅开始使用无线 PDA 点菜系统（如图 3-1 所示）。服务员手持无线点菜机，只需输入菜品的代码或拼音简码，就可以完成点菜操作。该系统可同时支持多个餐台，还可以自动调出客户资料，如客人口味爱好、历史消费。如果客户最近有来电预订，系统也可以自动调出其预订单据，从而便于修改、取消等操作。相对于传统的点菜服务，无线点菜系统具有提高工作效率，提升服务质量，降低运营成本，提升企业形象等优点。

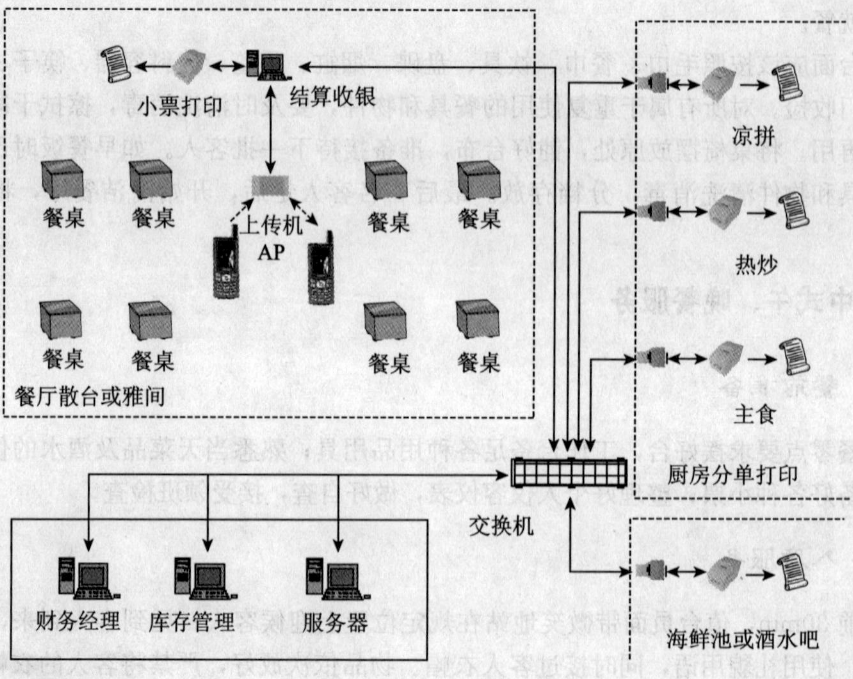

图 3-1　无线点菜系统工作流程

(5) 上菜。点菜后 10min 要出第一个热菜，热菜由传菜员送进餐厅，再由值台员把菜送上桌，并报菜名（按上菜服务要求进行操作）；每上一道菜，要在该台的菜单上划去此菜名；上第一道热菜时，在客人只吃饭、不用酒的情况下，主动征询客人是否上面点；上带壳的食品，要跟着上毛巾（或洗手盅）；上带汁的菜或大盘菜时，要加公用勺。

(6) 席间服务要求。服务员要严守自己的工作岗位，按要求站立，面带笑容，并在客人的餐桌旁边巡视，以便随时为宾客服务；及时为客人斟添酒水，如客人的餐碟有 1/3 杂物，要及时撤换；为客人提供点烟服务，撤换烟缸，不超过 2 个烟头，同时收去餐桌上的空酒瓶和菜盘等；点菜后 30min，应检查客人的菜是否到齐；客人进餐中，应主动征求客人意见，是否需要加些什么；要经常为客人加满茶水，饭后要换上热茶；客人吃完饭，主动为客人介绍水果和饭后甜点。

（四）餐后服务

（1）客人用餐完毕，应尽快收去餐台上不需要的餐具，但不要催促客人；同时问清客人不再需要什么时，可为客人结账，先送上毛巾，并征求客人意见。然后再用收银夹送上账单："这是您的账单！"（注意不要大声报出账单上的价格）；收款时要当面点清，"您给了××（钱数），谢谢！"；找钱与给客人发票时放置于收银夹内一起交还客人，并致谢。

（2）客人离座，拉椅送客、道谢，向客人道"再见""欢迎下次光临"，送客到门口（按送客规范操作）；及时检查有无遗留物品，如有，要设法归还客人；餐厅若要翻台，注意操作要轻，尽量不影响就餐宾客。

中餐零点午、晚餐服务的整个程序如图 3-2 所示。

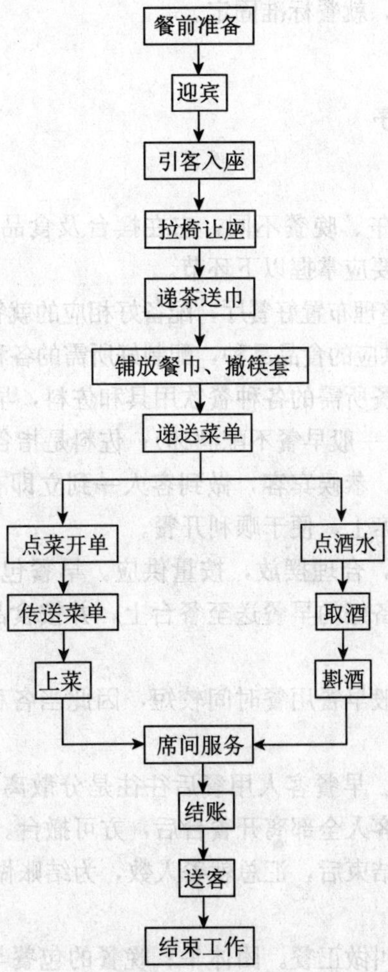

图 3-2 中餐零点午、晚餐服务程序图

三、团体餐服务

（一）团体餐的种类及特点

团体餐是在事先预订后，以统一标准、统一菜式、统一时间进行集体就餐的一种形式。

1. 团体餐的种类

（1）会议包餐。如交易会、运动会、鉴定会、展览会、机关会议、节庆活动等。

（2）旅游包餐。如参观团、旅游团、考察团等。

（3）学生包餐。如中小学午餐、春游、夏令营等。

2. 团体餐的特点

团体餐的特点如下：

（1）需事先预订。

（2）人多面广要求多。

（3）以便餐为主，但花样需翻新。

（4）集中开席，菜肴统一，就餐标准固定。

（5）进餐时间相对固定。

（二）团体餐的服务程序

1. 早餐服务程序

团体餐的早餐服务程序与午、晚餐不同，它在摆台及食品种类方面都比午、晚餐简单，因而服务程序也较为简单，主要应掌握以下环节。

（1）服务员根据包餐人数整理布置好餐厅，配备好相应的就餐桌椅，并在餐台上摆放台签，备齐各种物品，了解当天包餐供应的食品品种，配制好所需的各种佐料，整理好个人仪容。

（2）客人用餐前，摆齐早餐所需的各种餐饮用具和佐料，早餐用具有碟、碗、勺、筷子、茶具、餐巾（纸巾）、小毛巾（一般早餐不配酒杯）；佐料是指各种小菜。

（3）恭候宾客，引客入座。恭候宾客，做到客人一到立即有人提供引导服务，及时准确地将客人引导到为其指定的座席上，便于顺利开餐。

（4）及时开餐，送餐上桌，合理摆放，按量供应。早餐包餐，往往人齐一桌开餐一桌，服务员按开餐人数，及时将准备好的早餐送至餐台上，并按食品内容的不同合理摆放。按人定量的食品，要保证供应数量。

（5）递送茶水、毛巾。一般早餐用餐时间较短，因此当各种食品上齐后，应将茶水及毛巾送至客人面前。

（6）以礼相送，收拾餐台。早餐客人用餐后往往是分散离台，这时服务员应随时送客，说相送语，以示服务热情。待客人全部离开餐台后，方可撤台。

（7）核对就餐人数。早餐结束后，汇总就餐人数，为结账做好准备工作。

2. 午、晚餐服务程序

餐饮行业通常将午、晚餐叫做正餐。团体午、晚餐的包餐与早餐相比，无论是菜肴食品的种类还是数量，都更为丰富多彩。因此服务程序也复杂得多。

(1) 核对菜单。团体餐的菜单一般都是提前拟订好。每次开餐前，服务员都要将本餐的菜单与台号、包餐单位、桌数、人数进行核对，做到准确无误。同时，将菜单上所安排的菜肴食品与有关部门进行核对，如有错误及时更正，并告诉包餐单位，说明更改原因。

(2) 布置好餐厅。根据包餐团体的数量，分配布置好每一团体的就餐位置，并配好必要的标志及装饰（桌号牌、席称牌）等。同时大餐厅可写出告示牌，放在客人进口处，以便客人辨认自己就餐方位。

(3) 摆好餐台。由于包餐标准不同，包餐菜肴的档次、品种等也都不同，因此，摆放的餐饮用具就要有所区别。便餐包餐的档次较低，菜肴安排一般是四道或六道热菜，一个汤菜，不设冷荤，同时主食供应量较大而丰富。便餐包餐的餐具应配餐碟、汤碗、汤勺、筷子、牙签、调味碟、烟灰缸、两套公用餐具，不摆酒水杯。餐后，为每位宾客送一杯热茶及一条毛巾。

(4) 备好食品、酒水、饮料。中档标准包餐，首先将包餐所配用的酒水、饮料的瓶罐擦净备好待用；冷盘可在开餐前 5min 摆放于摆好餐具的餐台上；热菜则在客人就餐后依次上桌；酒水饮料的开启应在客人陆续就位时进行，不可过早启封，以免影响其质量、效果。主食可自取的，用盘装好上桌；如果是米饭、面条等，则应由服务员分盛后，一一递与客人。汤上桌后，由客人用汤碗自盛。酒水饮料则由服务员征询顾客同意后为顾客斟上。餐前、餐后应备有茶水及毛巾。午、晚餐所需的各种随菜调料、佐料，应在客人到来之前准备完毕，并分装待用。

(5) 恭候宾客，待客入座。一切准备工作，应在预定开餐时间前 5min 内做完。然后，服务员应按各自的工作岗位站立就位，恭候宾客到来。当客人来到餐厅后，服务员要主动上前询问并准确迅速地将客人引到准备好的座位上，为顺利开餐做好准备，避免出现客人坐错位的尴尬局面。

(6) 清点人数，准时开餐。负责团体餐的服务员，在开餐前做好核对就座人数，做到心中有数。客人到齐后应迅速通知厨房准备起菜。与此同时，组织好前台及时开餐。如规定的开餐时间已到，而个别客人未到，服务员应主动征求主办单位的意见，在得到主办单位许可后方可开餐。

(7) 看台、上菜专人负责。午、晚餐包餐服务，应设有专门看台的服务员，以保证及时为顾客提供有关方面的服务，如斟酒，更换餐用具，递送菜肴食品，及时整理餐台，并做到随时掌握客人的需要及进餐速度，以使服务工作更加完善。

(8) 清点酒水饮料，结清账目。当本餐的各种菜肴上齐后，应告知包餐主办单位的负责人，使之心中有数，同时将本餐所用的各种酒水、饮料进行整理清点，并一一上账。团体餐的结账方式与其他形式就餐的结账方式不同。一般会议包餐，餐毕将其用餐账单整理好后请大会秘书处的负责人签字并交至收银台；如使用餐券用餐的，则应将餐券整理、清点、汇总登记、封包后交收银台。旅游团队包餐，餐毕将其用餐账单整理好后请订餐单位的陪同人员或随团的地方负责人签字并交至收银台，收银台核对无误后转入该旅行社在饭店所设的总账中，以备定期的统一结账。总之，无论是以哪种签单方式，看台服务员在结账时应注意：物品上账清楚，数量准确，结账及时，不留单，不压单，以便及时汇总结账，防止出现错单、丢单。

(9) 礼貌送客。客人用餐完毕，服务员要站立恭候，随时送客。顾客离席后，要及时整理餐台，检查是否有遗留物或丢失物品，一经发现上述问题，做到及时、妥善处理。

(10) 清理餐台。顾客离开餐台后，应及时将餐台上的餐用具清理干净。先撤餐巾、毛巾，而后撤酒杯、小件餐具等；台面撤净后换铺台布；整理清扫餐厅卫生，为下一餐工作打下一个良好的基础。

四、中餐宴会服务

宴会就是政府机关、社会团体、企事业单位或个人为了表示欢迎、答谢、祝贺等社交目的以及庆贺重大节日而举行的一种隆重、正式的饮食活动。现代社会生活中已离不开宴会，人们通过宴会，不仅获得饮食艺术的享受，而且可以增进人际交往。

(一) 宴会的种类和特点

1. 宴会的种类

按规格分，有国宴、正式宴会和便宴；按消费标准分，有高档宴会、中档宴会和普通宴会；按宗教饮食习俗分，有素食宴会和清真宴会；按举办时间分，有午宴和晚宴；按民俗分，有婚宴、寿宴、家宴和生日宴会；按进餐形式分，有立式宴会和坐式宴会；按礼仪形式分，有欢迎宴会、答谢宴会和告别宴会；按餐别分，有中式宴会、西式宴会等。

(1) 中式宴会。中式宴会是中国传统的聚餐形式，宴会遵循中国的饮食习惯，以饮中国酒、摆中式台面、用中国餐具、吃中国菜肴、遵从中国习俗、行中国传统礼仪为主，其装饰布局及服务等无不体现中国的饮食文化特色。历代著名的宴会有乡饮酒礼、百官宴、大婚宴、千叟宴、定鼎宴等。中国传统宴会目前在宴会经营中占90%以上。

(2) 西式宴会。西式宴会是按照西方国家的礼仪习俗举办的宴会。其特点是遵循西方的饮食习惯、采取分食制、以西菜为主、用西式餐具、行西方礼节、遵从西方习俗、讲究酒水与菜肴的搭配，其布局、台面布置和服务都有鲜明的西方特色，突出西方民族文化传统。随着举办宴会的目的、宴请的对象、人数的不同，西式宴会的形式也有所不同，目前采用的形式主要有正式宴会、冷餐酒会和鸡尾酒会。

①正式宴会。正式宴会通常是政府和团体等有关部门为欢迎应邀来访的宾客或来访的宾客为答谢主人而举行的宴会。由于不同国家和民族的生活习惯不同，在菜点内容的安排上也有所不同。许多国家的正式宴会十分讲究排场，正式宴会有时要安排乐队奏席间乐，在请柬上注明对客人服饰的要求，往往从服饰规定上来体现宴会的隆重程度，这是西式宴会较突出的方面。另外，对餐具、酒水、菜肴道数、陈设以及服务员的装束、仪态都要求得很严格。宾主按身份排位就座。

②冷餐酒会。冷餐酒会的特点是不排席位，既可在室内、院里，又可在花园里举行，菜点的品种丰富多彩，以冷食为主，可上热菜。菜肴提前摆在食品台上，供客人自取，宾客可自由活动，多次取食，酒水陈放在桌上，亦可由服务员端送。可设小桌、椅子，供宾客自由入座，也可以不设座位，站立进餐。根据宾主双方的身份，冷餐酒会的规格和隆重程度可高可低，举办时间一般在12：00～14：00或18：00～20：00。这种形式多为政府部门或企业界举行人数众多的盛大庆祝会、欢迎会、开业典礼等活动所采用。

③鸡尾酒会。鸡尾酒会是具欧美传统的集会交往形式。鸡尾酒会以酒水为主，略备小吃食品，形式较轻松，一般不设座位，没有主宾席，个人可随意走动，便于广泛接触交谈。食

品主要是三明治、点心、小串烧、炸薯片等，宾客用牙签取食。鸡尾酒和小吃由服务员用托盘端上，或部分置于小桌上。酒会举行的时间较为灵活，中午、下午、晚上均可，可作为晚上举行大型中西式宴会、婚、寿、庆功宴会、国宾宴会的前奏活动；或结合举办记者招待会、新闻发布会、签字仪式等活动。请柬往往注明整个活动延续的时间，宾客可在其间任何时候到达或退席，来去自由，不受约束。鸡尾酒会以饮为主，以吃为辅，除饮用各种鸡尾酒外，还备有其他饮料，但一般不上烈性酒。

(3) 中西结合式宴会。中西结合式宴会取两种宴会之长，近年颇为流行，是中西饮食文化交流的产物。如我国举行的大型冷餐宴会，一般用大圆桌设坐椅，主宾席排坐位，其余各席不固定座位，食品和饮料均是先备好放置桌上，宴会开始后由客人自助进餐。其他还有招待会、茶会、自助餐、鸡尾酒会等不同形式，其特点是气氛活泼，客人来去自由，时间可长可短；主人往来于宾客之间，服务员巡回服务；以冷食为主，热菜、点心、水果为辅；充分尊重宾客的自由，不受席规酒礼约束，便于交流思想感情和广泛开展社交活动；食品利用率高，较之正规宴会节约。

餐饮专家

喜庆婚宴

婚宴是人们在举行婚礼时，为宴请前来祝贺的宾朋和庆祝婚姻美满幸福而举办的喜庆宴会。婚宴主办者对饭店提出的要求很高，要饭店提供精美的食品及最佳的服务。举办婚宴多在节假日，以便亲朋好友一起来赴宴。许多新人选择星级饭店，看中的是其高雅的环境，还有“厅大，有舞台”，可以举行场面壮观、活动丰富的婚宴。

我国婚宴的特点主要是根据我国“红色”表示吉祥的传统，在餐厅布置、台面的装饰上，多体现红色；主桌设计得更美观，突出新娘、新郎的位子，桌与桌之间保持宽敞的通道，以利于新娘、新郎向来宾敬酒；结婚宴会的菜肴名称要讲究讨口彩，如“红运四喜”“满地金钱”“百年好合”“龙凤呈祥”“年年有余”等。

2. 宴会的特点

现代宴会多众人共聚一堂，采用同一款菜单，饮用相同的饮料，服务要求高，讲究规格场面，有着区别于其他餐饮形式的显著特点：

①宴会是一种重要的交际形式。

②宴会内容讲究规格和气氛。

③宴会是用酒菜来款待聚集到一起的众多来宾。

④注重接待礼仪。

（二）宴会设计

1. 中式宴会座次安排

宴会座次安排即根据宴会的性质、主办单位或主人的特殊要求，根据出席宴会的宾客身份确定其相应的座位。座次安排必须符合礼仪规格，尊重风俗习惯，便于席间服务。一般宴会，主人面对正厅门而坐，对面坐副主人，主人的右侧为上座，由首席宾客就座。其他人只排桌次或自由入座，但现场均要有人引导。一般有两种情况（如图 3－3 所示）。

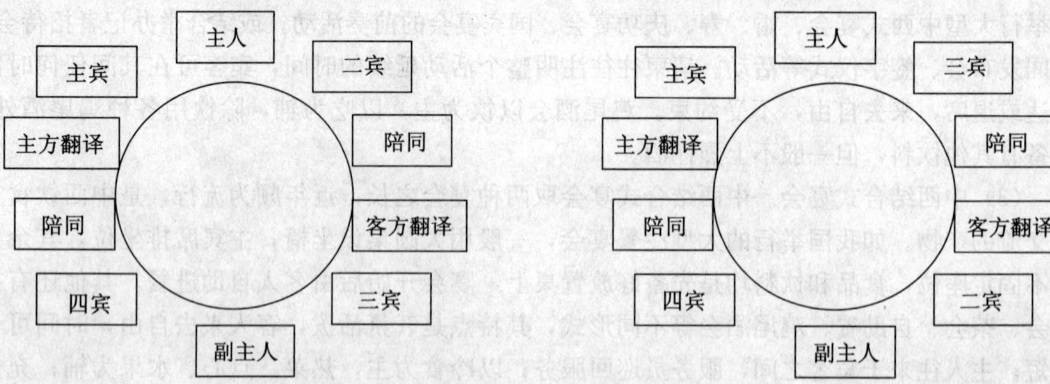

图 3－3　中餐宴会座次安排图

举行一些民间传统宴会（如婚宴、寿宴）时，中式宴会的座次安排必须遵循中国传统的礼仪和风俗习惯。一般原则是“高位自上而下，自右而左，男左女右”。

多桌宴会座次安排的重点是确定各桌的主人位。以主桌主人为基准点，各桌主人位的安排有两种方式：一种是各桌主人位与主桌主人的位置和朝向相同；另一种是各桌主人与主桌主人位置遥相呼应。具体地说，台形的左右边缘桌次的主人位相对并与主桌主人位形成 90°角，台形底部边缘桌次主人位与主桌主人位相对，其他桌次的主人位与主桌的主人位相对或朝向相同。

座次的具体安排通常由席次卡体现。席次卡即根据饭店总体形象而设计出的精美的宴会座次卡，一般为长方形，通常用毛笔、钢笔将出席宴会的宾客姓名书写或打印在席次卡上，字迹要清楚、整齐。一般中方宴请将中文写在上方，外文写在下方；外方宴请则将外文写在上方，中文写在下方。通常，由宴会主办单位负责人或主人根据赴宴者的身份、地位等将写有宾客名字的席次卡放置于相应的座位上；大型宴会一般预先将宾客座次打印在请柬上，以便客人抵达时能迅速找到自己的坐位。

宴会不止一桌时，要安排桌次。其具体原则是：

(1) 以右为上。当餐桌分为左右时，以面门为据，居右之桌为上，如图 3－4 所示的 A 桌。

(2) 以远为上。当餐桌距离餐厅正门有远近之分时，以距门远者为上，如图 3－5 所示的 A 桌。

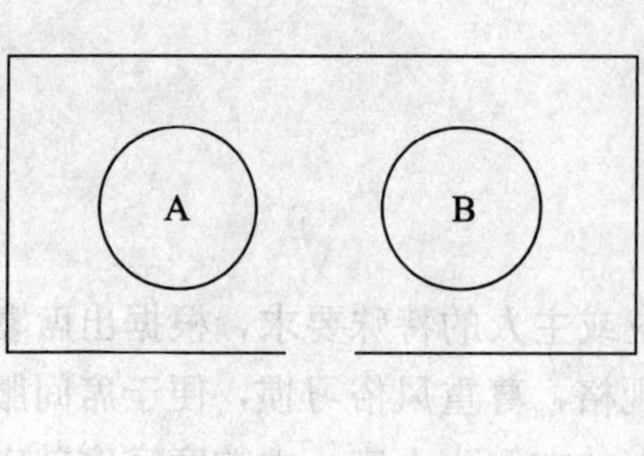

图 3－4　左右排列

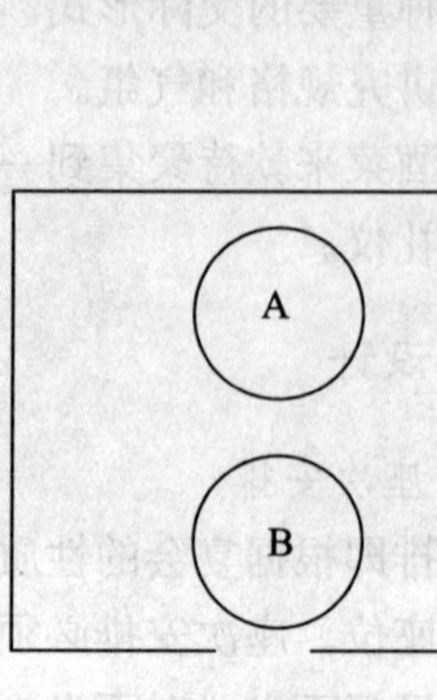

图 3－5　远近排列

(3) 居中为上。多张餐桌并列时，以居于中央者为上，如图 3-6、图 3-7 所示的 A 桌。

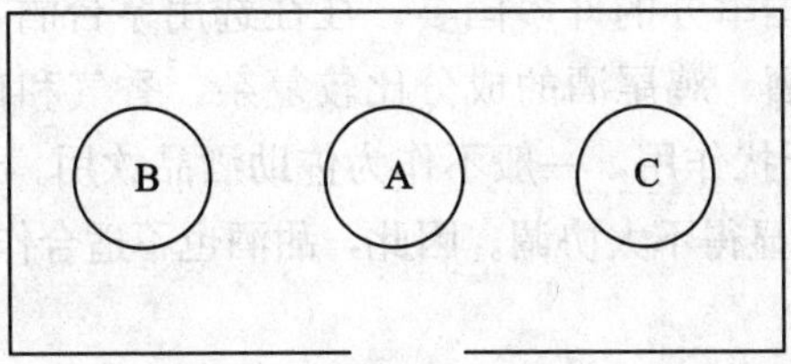

图 3-6 多桌横向并列

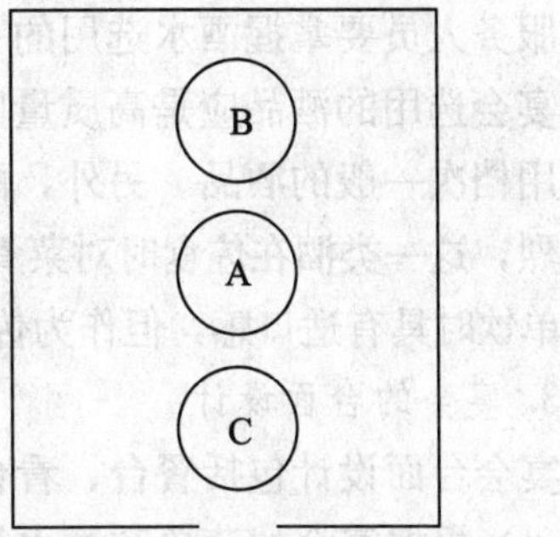

图 3-7 多桌纵向并列

(4) 在桌次较多的情况下，上述排列常规往往交叉使用，如图 3-8、图 3-9 所示的 A 桌。

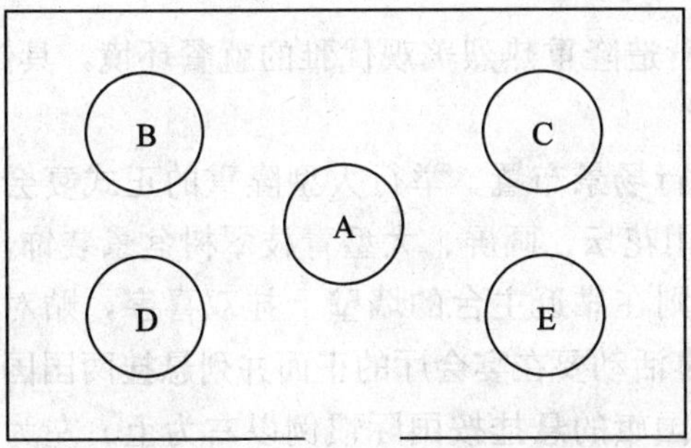

图 3-8 五桌摆放

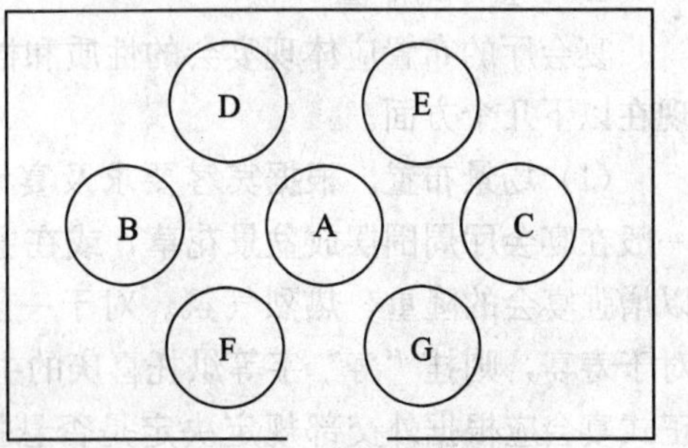

图 3-9 多桌摆放

2. 重视宴会酒水设计

酒联系着礼仪制度，不仅是社交的媒介、民俗的表现形式，还是可口的饮料，宴会的兴奋剂，体现出欢庆、友情与诗意，反映了社会生活与文学艺术，形成独具一格的“中国酒文化”。酒水在宴会上占有举足轻重的地位。因此，在宴会设计过程中，要特别重视酒水的运用。这就要对宴会用酒水的种类、酒水的服务方式进行合理设计。

宴会中使用的酒水主要是指酒类（含白酒、黄酒、果酒、药酒、啤酒、汽酒、洋酒）和清凉滋补的软饮料（一般包括能量型饮料、矿物质补充型饮料、维生素补充型饮料、平衡营养型饮料四种）。由于酒水类别繁多，客人喜好各异，因而配酒的随意性较大。现在宴会用酒，一是客人自带；二是在酒柜点取，其费用单列。根据这一情况，目前设计宴会酒水配套的问题难度较大。但是“菜跟酒走”是基本法则之一，酒水是宴会中的“兴奋剂”和“指挥棒”，开展社交活动的媒介物，不考虑酒水是否合适的宴会，收效总不好。设计酒水时要注意：

(1) 预订宴会时征求主办人的意见，由客人确定酒水的品种和数量，餐厅事先准备，按酒水的属性配菜，届时依据饮用的多少与菜品一并计价。

(2) 按照夏、秋普遍爱饮啤酒，冬、春普遍爱饮白酒，四季搭配红酒与果汁的习惯，以及餐厅经常供应的酒水排菜。

（3）顾客自备酒水时，服务人员应为顾客当好参谋，主动介绍本次宴会饮用什么酒水比较合适，本地有何名酒、有何特色及营养功能，只要讲得有道理，通常客人会乐于采纳。

服务人员要掌握酒水选用的一般规则，宴会酒水的档次应与宴会的档次、规格协调一致。高档宴会选用的酒品应是高质量的，如在我国举办的许多国宴，往往选用茅台酒，普通宴会则选用档次一般的酒品。另外，配制酒、药酒、鸡尾酒的成分比较复杂，香气和口味往往比较浓烈，这一类酒在佐食时对菜肴的风味有干扰作用，一般不作为佐助酒品饮用。还有，甜型酒品单饮时具有适口感，但作为佐餐酒品，便显得不太协调。因此，甜酒也不适合作佐餐饮品。

3. 宴会的台面设计

宴会台面设计包括餐台、看台和花台的设计，其主要依据是：

（1）根据宴会的菜单和酒水特点。

（2）根据宾客的用餐需要。

（3）根据民族风格和饮食习惯。

（4）根据宴会的主题。

4. 宴会厅的布置

宴会厅的布置应体现宴会的性质和档次，以营造隆重热烈美观优雅的就餐环境，具体表现在以下几个方面。

（1）场景布置。根据宾客要求及宴请标准进行场景布置。举行大型隆重的正式宴会时，一般在宴会厅周围摆放盆景花草，或在主台后面用花坛、画屏、大型青枝翠树盆景装饰，用以增强宴会的隆重、热烈气氛。对于一般婚宴，则在靠近主台的墙壁上挂双喜字，贴对联；对于寿宴，则挂“寿”字等烘托喜庆的主题。国宴活动要在宴会厅的正面并列悬挂两国国旗，正式宴会应根据外交部规定决定是否悬挂国旗。国旗的悬挂按国际惯例以右为上、左为下。由我国政府宴请来宾时，我国的国旗挂在左边，外国的国旗挂在右边；来访国举行答谢宴会时，则相互调换位置。

（2）气氛布置。中式宴会通常要求灯光明亮以示辉煌，但国宴和正式宴会则不要求张灯结彩或做过多的装饰，而要求突出严肃、庄重、大方的气氛。宴会厅的照明要有专人负责，宴会前必须认真检查一切照明设备及线路，以保证不发生事故。宴会期间要有专人值班，一旦发生故障即刻组织抢修。宴会厅的室温要注意保持恒定，且与室外气温相适应。

（3）设备布置。正式宴会设有致辞台。致辞台一般设在主台附近的后面或右侧，装有两个麦克风，台前用鲜花围住。扩音器应有专人负责，事前要检查并试用，防止发生故障或产生噪声；临时拉设的线路要用地毯盖好，以防发生意外。

（4）台型布置。台型不止要注意突出主桌，按照台型布置原则即“中心第一，先右后左，高近远疏”来设计。桌椅排列要整齐，并留有宾客行走和服务通道，既要方便就餐，又要便于服务员席间操作。酒吧台、礼品台、贵宾室、工作台等要根据宴会的需要和宴会厅的具体情况灵活安排。管理人员要根据宴会前掌握的情况，按宴会厅的面积和形状及宴会要求，设计好餐桌排列图。多采取品字形、梅花形、方形、菱形、六角形等形式。

（三）宴会预订程序

宴会预订是一项具有较强专业性而又有较大灵活性的工作。宴会预订过程既是产品推销过程，又是客源组织过程，所以，饭店应根据宴会举办者要求，积极推销，受理预订，并组织为完成宴会而需要的各项服务工作。宴会预订方式最常见的直接预订（面谈）和电话预订，此外客人还可以通过信函、传真等方式来进行宴会预订。

1. 接受预订

(1) 热情迎接。宴会预订员应热情，礼貌地接待每一位前来预订宴会的客人。看到客人前来，预订员应起身相迎，请客人入座后奉上茶水和毛巾，自报姓名和职务后询问客人姓名；如客人是电话预订，应在电话铃响三声内接听，主动问好，自报身份后询问客人如何称呼。在得知客人姓名后，应以姓尊称客人。

(2) 仔细倾听。当客人讲述宴会要求时，认真倾听，并作好必要的记录，不要随意打断客人的谈话。同时，应主动向客人介绍饭店的宴会设施和宴会菜单，做好推销工作，并回答客人的所有提问。

(3) 认真记录。预订员应与客人详细讨论所有的宴会细节，将客人要求认真填入宴会预订表。宴会预订表应根据本饭店实际来制订，其主要内容有以下几点。

①宴会的类型。

②宴会的举办日期和时间。

③宴会的出席人数（包括最低保证人数）和餐桌数，还包括宴会的名称、性质和客人身份；宴会的举办单位或个人、联络人、联络地址和电话号码；计划安排的宴会厅名称、厅堂布置和台形设计的要求；菜单的主要内容，酒水的种类和数量；收费标准和付款方式；宴会的其他要求，如休息室、请柬、席位卡、致辞台等；接受预订的日期和预订员的签名等。

宴会预订单填写好以后，应向客人复述，并请预订客人签名（如表 3－1 所示）。

表 3－1 宴会预订单

<table>
<tr><td colspan="2">预订日期</td><td colspan="2"></td><td>预订人姓名</td><td></td></tr>
<tr><td colspan="2">地　　址</td><td colspan="2"></td><td>电　　话</td><td></td></tr>
<tr><td colspan="2">单　　位</td><td colspan="2"></td><td>饭店房号</td><td></td></tr>
<tr><td colspan="2">宴会名称</td><td colspan="2"></td><td>保证人桌数</td><td></td></tr>
<tr><td colspan="2">预订人数</td><td colspan="2"></td><td>食品人均消费</td><td></td></tr>
<tr><td colspan="2">宴会类别</td><td colspan="2"></td><td>酒水人均消费</td><td></td></tr>
<tr><td colspan="2">宴会消费标准</td><td colspan="2"></td><td>酒　　水</td><td></td></tr>
<tr><td rowspan="2">具体要求</td><td>宴会菜单</td><td colspan="4"></td></tr>
<tr><td>宴会布置</td><td>台　形
主桌型
场地设备</td><td colspan="3"></td></tr>
<tr><td>确认签字</td><td colspan="2"></td><td>结账方式</td><td>预收订金</td><td></td></tr>
<tr><td>备注</td><td colspan="5">承办人：</td></tr>
</table>

（4）礼貌道别。待客人要离开时，预订员应起身相送，礼貌地与客人道别，预祝合作顺利和愉快，并随时与客人保持联络。

2. 落实预订

（1）填写宴会活动记录簿。接受预订后，预订员应将本次宴会预订的内容记录在专用的宴会活动记录簿上，按日期、时间标明宴会的地点、人数、标准、厅堂布置、台形设计等内容，以免宴会厅发生重复安排的问题。宴会活动记录簿一般每日一页。

（2）签订宴会合同。如客人与饭店双方都认为举办宴会已没有问题时，双方就所有细节问题都已确定、认可后，就可签订宴会合同（如表 3－2 所示）。宴会合同一式两份。双方都必须遵守执行，如需变更，需双方协商解决。不同的饭店宴会部可根据设定地点的不同及地区特性斟酌制订适当的合同。

表 3－2　宴会合同书

宴会合同书

本合同是由＿＿＿＿＿＿＿＿饭店（地址）＿＿＿＿＿＿＿＿

与＿＿＿＿＿＿＿＿单位（地址）＿＿＿＿＿＿＿＿

为举办宴会活动所达成的，具体条款如下：

活动日期＿＿＿＿＿＿＿＿星　期＿＿＿＿＿＿＿＿

活动日期＿＿＿＿＿＿＿＿活动地点＿＿＿＿＿＿＿＿

最低出席人数＿＿＿＿＿＿＿＿预计人数＿＿＿＿＿＿＿＿

座位安排＿＿＿＿＿＿＿＿＿＿＿＿＿＿＿＿

菜单计划＿＿＿＿＿＿＿＿＿＿＿＿＿＿＿＿

＿＿＿＿＿＿＿＿＿＿＿＿＿＿＿＿

饮　　料＿＿＿＿＿＿＿＿娱乐设施＿＿＿＿＿＿＿＿

招　　牌＿＿＿＿＿＿＿＿预付订金＿＿＿＿＿＿＿＿

付款方式＿＿＿＿＿＿＿＿其　　他＿＿＿＿＿＿＿＿

顾客签名＿＿＿＿＿＿＿＿饭店经手人签字＿＿＿＿＿＿＿＿

签约日期＿＿＿＿＿＿＿＿

◎本宴会合同一式五联，一联顾客保存、二联顾客签名后收回、三联出纳留存、四联预订部留存、五联宴会部经理留存，经双方签认后生效。

另外饭店与设宴顾客之间可有若干规定或说明，附于合同背面，例如：

①宴会桌（人）数应于一星期前予以确认，且确认的桌（人）数不得低于宴会预订单所确认的桌（人）数。若低于宴会预订单所确认的桌（人）数，则必须达到所订宴会厅级别限定的最低消费额。

②宴会结束后若实际用餐的桌（人）数未达到确认桌（人）数时，本饭店仍按确认桌（人）数收费，未消费的桌数，顾客可于 2 周内补消费。若未消费的桌数超出确认桌数的1/10时，则超出的桌数需按半价赔偿，且不得补消费。

③凡喜宴的账款，请于宴会结束当天以现金付清。原则上，结婚不接受信用卡签账，更

不受理支票签收。这项规定出自宴会厅及顾客本身利益的考虑。因为喜宴当中，礼金势必带给客人许多现金收入，饭店要求以现金收费，除了帮顾客分担携带大笔现金的风险，饭店也可免去收不到费用的风险。

④因故取消预订，所支付之订金不予退回；如于宴会举行日前一星期取消者，应按“保证消费额的一半”补偿本饭店的损失（这在欧美国家有非常严格的时间及赔偿规定）。

⑤各种类型的宴会均严禁携带外食，自备酒类则酌情收取开瓶费。因为饭店本来便是经营餐饮生意的场所，制订此要求实属合理且必要。

⑥婚宴自备喜糖、签名簿及礼金簿。凡瓜子等有壳类食品，因会造成宴会厅地毯不易清理而严禁带入食用。

⑦布置花卉时，请将塑料布铺设在地毯上，以防水渍及花卉弄脏地毯。

⑧不得在宴会活动场地燃放爆竹、烟花等易燃物，且不得喷洒飘飘乐、金粉、亮光片等吸尘器无法清除的物品。

⑨布置会场时，严禁使用钉枪、双面胶、图钉、螺丝等任何可能损伤会场装潢设备的物品。活动结束以后，应保持会场的完整，如损坏本饭店的装潢或器材等设备，需负赔偿责任。

⑩因活动需要所运来的各项器材及物品，本饭店仅提供场地放置，恕不负看管责任。

⑪宴会所需的各项电器设备，请事先协商安装事项。电费依现场实际配线情况及用电量收费，会前进场布置及电路配置请于2周前告知，以便配合。一般小型电器可以直接使用宴会厅中所设置的插头，但耗电量较高者则必须与饭店协商，不可擅自安装，以免造成危险。

(3) 收取订金。为保证宴会预订的落实，在签订宴会合同书后，饭店可要求宴会举办单位或个人支付一定数量的订金（一般为宴会预订总费用的10%～30%）。但对饭店的常客及一些资信较佳的客人，可灵活掌握是否需要收取订金。

(4) 建立宴会预订档案。预订员应将宴会预订单分成“待确认”和“已确认”两类存入档案，一般按时间顺序排列，有条件的饭店可输入计算机。对于已确认的宴会预订，应填写宴会通知单（如表3－3所示）送交与本次宴会有关的所有部门。宴会通知单的送达部门必须签收。

表3－3　　某酒店宴会通知单

<table>
<tr><td colspan="5">发文日期：2007年9月23日</td><td colspan="2">编号：NO. A0001</td></tr>
<tr><td colspan="5">宴会日期：2007年10月1日　星期一</td><td>订金金额　　元</td><td>收据单号：00461</td></tr>
<tr><td colspan="5">宴会名称：×××宴会</td><td>付款人：×××</td><td>接洽人：×××</td></tr>
<tr><td colspan="5">联络人：×××先生　电话：××××××
客户名称：________　传真：××××××</td><td colspan="2">付款方式：付现金</td></tr>
<tr><td>时间</td><td>类型</td><td>地点</td><td>保证数</td><td>预估数</td><td>海报内容</td><td>×××喜宴</td></tr>
<tr><td>晚上：
17：00～
20：00</td><td>结婚喜宴</td><td>国际宴会厅</td><td>100桌</td><td>110桌</td><td>美工冰雕</td><td>在厅口赠喜宴冰雕一座</td></tr>
</table>

续　表

<table>
<tr><td>西餐厨房</td><td>准备婚宴仪式用三层蛋糕</td><td rowspan="2">宴会服务部</td><td rowspan="2">宴会现场摆设：
1. 9月30日22：00后，花商将进场布置
2. 舞台中央置西式行礼台，右方置司仪台和麦克风，左方置蛋糕桌和香槟台
3. 主桌1桌24位，设银器及椅套
4. 10月1日16：00，工作人员于百花厅开讨论会
5. 客人自备香烟、喜糖
6. 附场地布置图</td></tr>
<tr><td>中餐厨房</td><td>准备宴会菜肴，菜单如下：
果律大龙虾　八味美佳碟
八珍烩鱼翅　夏果炒鲜贝
红烩大刺参　吉祥照双辉
游龙一线天　鲍鱼扒津白
万佛跳金墙　精致花品点
巴参炖雪蛤　四季鲜水果
1. 每桌800元，外加10%的服务费
2. 10月1日18：10准时出菜</td></tr>
<tr><td>酒吧</td><td>准备酒水饮料</td><td>客房部</td><td>提供豪华套房一间，10月1日入住，2日退房</td></tr>
<tr><td>保安部</td><td>9月30日20：00后请协助花商进场布置
客人要求当日饭店派人员至会场保护礼金
当日宾客众多，请派人员疏导人流</td><td>工程部</td><td>1. 行礼台麦克风1支，司仪台麦克风2支
2. 准备配合各项程序播放的音乐</td></tr>
<tr><td>花房</td><td>客人自请花商布置会场，请多配合</td><td colspan="2">器材收费：</td></tr>
<tr><td colspan="2">预订业务员：×××</td><td colspan="2">宴会经理：×××</td></tr>
<tr><td>发送部门</td><td colspan="3">□总经理　□餐饮部　□宴会部　□财务部　□工程部　□客房部
□西　厨　□中　厨　□管事部　□餐厅部　□保安部　□采购部
□花　房　□美工冰雕　□其他</td></tr>
</table>

（5）宴会预订的更改或取消。如客人在宴会前临时提出变动，预订员应迅速填写“宴会更改通知单”（如表3-4所示）发送相关部门，并注明原宴会通知单的编号，写清更改的具体内容。如果客人取消预订，预订员应及时填写“预订取消报告”（如表3-5所示）迅速递交相关部门，同样也需注明原通知单的编号。同时为不能向客人提供服务表示遗憾，希望下次有机会合作。“宴会更改通知单”和“预订取消报告”的送达部门也须签收。

表3-4　　　　宴会更改通知单

发文日期________________　宴会预订单编号________________

宴会名称________________　场　　地________________

宴会日期________________　联 络 人________________

变更项目	原计划	变更为
日　　期	________	________
时　　间	________	________
人数/桌数	________	________
……	……	……

【新菜单附后】

续 表

□其他变更项目	□增加项目
	宴会部经理签名：
发送部门	□总经理 □餐饮部 □宴会部 □财务部 □工程部 □业务部 □客房部 □保安部 □采购部 □中 厨 □西 厨 □花 房 □美工冰雕 □其他

表 3-5　　取消宴会预订报告

公司名称＿＿＿＿	联系人＿＿＿＿
宴请或会议日期＿＿＿＿	业务类型＿＿＿＿
预订的途径与日期	
失去生意的原因	
挽回生意的报告（简明扼要的步骤）	
进一步采取的措施	
	宴会经理签名＿＿＿＿ 日期＿＿＿＿

（四）中餐宴会服务程序

1. 组织准备工作

（1）掌握情况。接到宴会通知单后，宴会厅服务员应做到“八知”“五了解”。“八知”是：知主人身份，知宾客国籍，知宴会标准，知开餐时间，知菜式品种及烟、酒、茶、果，知主办单位或主办宾客房号、姓名，知收费办法，知邀请对象。“五了解”是：了解宾客风俗习惯，了解宾客生活忌讳，了解宾客特殊需要，了解宾客进餐方式，了解主宾和主客（如果是外宾，还应了解其国籍、宗教信仰、禁忌和口味特点）的特殊爱好。对于规格较高的宴会，还应掌握下列事项：宴会的目的和性质，有无席次表、席位卡，有无音乐或文艺表演等。

（2）明确分工。对于规模较大的宴会，要确定总指挥人员。在人员分工方面，要根据宴会要求，对迎宾、值台、传菜、酒水供应、衣帽间及贵宾室等岗位人员进行明确分工。要求所有人员都有具体任务，将责任落实到人，做好人力、物力的充分准备，并保证宴会善始善终。在人员安排上，要根据每个人的特长来安排，以使所有人员达到最佳组合，发挥最大效益。

完成服务人员分工以及人员安排之后，还要将宴会场地以及宴会人员分工情况标示在图上，使所有服务人员都能清楚地知道自己的职责与服务区域。至于宴会现场，则由主管负责督导指挥，使摆设、餐具回收、仓库整理、清点桌布及餐巾的数量并送至洗衣部清洗等所有宴会工作都能在限定时间内完成。

(3) 熟悉菜单。服务员应熟悉宴会菜单和主要菜肴的风味特色，以做好上菜、派菜和回答宾客对菜点提出的询问。同时，应了解每道菜点的服务程序，保证准确无误的上菜服务。对于菜单，应做到能准确说出每道菜的名称、风味特色、配菜和配食佐料、制作方法，并能准确上菜和服务。

(4) 准备物品与摆台。按宴会规格和摆台要求进行宴会摆台。宴会菜单每桌一至两份，置于台面，重要宴会则人手一份。要求菜单封面精美整洁，字体规范。根据菜单要求准备分菜用具和各种服务用具。根据菜肴准备配用的作料。开餐前根据宴会通知单要求备好酒水、茶叶、小毛巾等。

(5) 摆放冷盘。大型宴会开始前 30min 左右摆上冷盘（一般宴会可在开宴前 15min 摆好冷盘），然后根据情况可预斟葡萄酒。冷菜摆放时注意色调和荤素搭配，保持冷盘间距相等。

如果是各客式冷菜则按规范摆放，冷菜的摆放应能给顾客赏心悦目的艺术享受，并为宴会增添隆重而又欢快的气氛。准备工作全部就绪后，宴会管理人员要做一次全面的检查并及时召集餐前会，保证宴会能按时顺利进行。

2. 迎宾工作

(1) 迎候。根据宴会的入场时间，宴会主管人员和迎宾员提前在宴会厅门口迎候宾客，值台服务员站在各自负责的餐桌旁准备服务。

(2) 迎接。宾客到达时，要热情迎接，微笑问好。将宾客引入休息室就座休息。根据宴会的具体情况，也可直接将宾客引到席位就座。回答宾客问题和引领宾客时注意用好敬语，做到态度和蔼、语言亲切。主动接过衣帽和其他物品，斟倒茶水或饮料，送上小毛巾。服务员必须以圆托盘奉上热茶。随后，有些餐厅会奉上湿毛巾。

(3) 询问主人对菜单的要求及预订用餐时间。虽然宴会主人早在预订之初就已决定菜单内容，但为求保险起见，宴会领班仍应在主人到达后，先拿菜单与主人再研究一番诸如对菜肴口味的需求是什么，用餐时间是否急迫，大约需要多长时间上完菜等。此外，领班还要询问主人宴会所使用的酒水和预订用餐的时间，以便提早准备并控制出菜的速度。

3. 就餐服务

(1) 入席服务。当宾客来到席前时，值台服务员要面带微笑，拉椅帮助宾客入座，先宾后主，先女后男；待宾客坐定后，要协助客人摊开餐巾，轻放于客人膝盖上，松开筷套，拿走台号，席位卡，花瓶或花插，撤去冷菜的保鲜膜。

(2) 斟酒服务。斟酒服务有以下几个要点。

①上菜前必须先提供酒水服务，重要或大型宴会，值台服务员在宴会开始前 5min，应先斟好果酒，站在各自服务的席台旁等候宾客入席。目前，许多非正式的中式宴会受西式宴会的影响，在开宴前祝酒时饮用的第一杯酒也改为低度果酒，果酒颜色艳丽，为宴会增添欢快气氛，同时果酒酒度较低，也符合饮酒规律。但果酒不能斟倒太早，尤其是香槟，应待宾客临近入席时斟倒。高档正式宴会第一杯还应是中国酒。在宾客入座后，再斟饮料，同时检查所服务桌上的酒水质量，如发现瓶子破裂或有变质的酒水要及时调换。小型宴会一般不要先

斟酒品，待宾客入座后再斟倒。

②在宴会服务中，由于宾客使用的酒水品种较多，斟酒技艺要求较高（如不滴不洒、不少不溢等），因此服务员要熟练地掌握斟酒及酒水服务的技能，认真学习酒水知识，这对于提高服务质量、积极进行酒水推销是十分重要的。

③为宾客斟酒时，要先征求宾客意见，根据客人喜好斟倒啤酒、汽水、果汁或矿泉水等各自的酒水饮料。上果汁时，如为盒装果汁，为显得较为高贵大方，最好能先将果汁倒入果汁壶再进行服务，如宾客提出不要，应将宾客位前的空杯撤走。宾客干杯或互相敬酒时，应迅速拿酒瓶到台前准备添酒。在主人和主宾讲话前，要注意观察每位宾客杯中的酒水是否已准备好。在主、宾离席讲话时，服务员应备好酒杯，斟好酒水供客人祝酒。

④宴会期间要及时为客人添加饮料、酒水，服务员要随时注意每位来宾的酒杯，见喝到剩 1/3 时，应及时添加，直至客人示意不要为止（如酒水用完应征询主人意见是否需要添加），斟酒时注意不要弄错酒水。

（3）上菜、分菜服务。上菜和分菜服务有以下几个要点。

①要选择正确的上菜位置，即“上菜口”的位置，将菜盘放在转盘中间。凡是鸡、鸭、鱼整形菜或椭圆形的大盘菜，在摆放后应转动转盘，将头的位置转向主人，使腹部或胸脯正对主宾。

②每上一道菜要后退一步站好，然后要向客人介绍菜名和风味特点，表情要自然，吐字要清晰。如客人有兴趣，则可以介绍与地方名菜相关的民间故事，有些特殊的菜应介绍食用方法。在介绍前，将菜放在转盘上，向客人展示菜的造型，使客人能领略到菜的色、香、味、型、质，边介绍边将转盘旋转一圈，让所有的客人均可看清楚。

③上新菜之前，前一道菜肴尚未吃完而下道菜已经送达，或是转盘上已摆满几道大盘菜，没有办法再摆上另一道菜时，服务员可将桌上的剩菜以小盘盛装，放置在转盘上，直至客人决定不再食用这道菜时再把菜撤走。保证台面间隙适当，防止“盘上叠盘”。

④一旦宾客食用完其骨盘上的菜肴，便可更换骨盘，尤其在贵宾式的宴会中，更讲究每一道菜都必须更换骨盘和碗。服务员更换骨盘时，使用圆托盘以放置替换的新、旧骨盘，且应将残盘全部收拾完毕后，再换上干净的骨盘。此外，必须在替全桌宾客更换好骨盘后，才可继续上下一道菜。如果下一道菜为汤品时，则需先将小汤碗整齐地摆放在转盘边缘，然后才上汤并进行分汤的服务。

⑤遇到需要用手协助食用菜肴时，例如带壳的虾类或是螃蟹等，必须随菜供应洗手盅。贵宾式服务中，应为每位宾客各准备一只洗手盅。在西餐里，洗手盅均盛以温水，再加上柠檬片或花瓣，而中餐里则常用温茶加柠檬片或花瓣。

⑥除了汤品需要使用小汤碗盛装之外，一些多汁的菜肴也需采用小汤碗，以方便客人食用。所以服务人员在宴会之前，便需根据菜单中菜式需要，准备足够的汤碗备用。

分菜服务时要格外注意手法卫生，动作利索，分量均匀，及时跟上佐料等。

（4）席间服务。宴会进行中，要勤巡视，勤斟酒，勤换烟缸，并细心观察宾客的表情及需求，主动提供服务。

①保持转盘的整洁。

②宾客席间离坐，应主动帮助拉椅，整理餐巾；待宾客回坐时应重新拉椅，落餐巾。

③宾客席间站起祝酒时，服务员应立即上前将椅子向外稍拉，坐下时向里稍推，以方便宾客站立和入座。

④上甜品、水果前，送上热茶和小毛巾。撤去酒杯，茶杯，牙签以外的全部餐具，抹净转盘，上甜点和水果。水果上席表示宴会上菜结束。

4. 送客服务

(1) 结账服务。上菜完毕即可做结账准备。清点所有酒水，香烟，加菜等宴会菜单以外的费用并累计总数。宾客示意结账后，按规定办理结账手续，注意向宾客致谢。大型宴会，此项工作一般由管理人员或引宾员负责。

(2) 拉椅送客。主人宣布宴会结束时，服务员要提醒宾客带齐自己的物品。当宾客起身离开时，服务员应主动为宾客拉椅，以方便宾客离席。视具体情况目送或送客人至门口。衣帽间的服务员根据取衣牌号码，及时、准确地将衣帽取给宾客。

(3) 结束工作。在宾客离席时，服务员要检查台面上是否有未熄灭的烟头，是否有宾客遗留的物品。在宾客全部离去后，立即清理台面。先整理椅子，再将餐具分类收拾，贵重物品要当面清点。收尾工作完成后，领班要做检查工作。大型宴会结束后，主管要召开总结会。待全部收尾工作检查完毕后，服务员要关好门窗，全体工作人员方可离开。

5. 宴会服务注意事项

宴会服务注意事项如下。

(1) 服务操作时，注意轻拿轻放，严防打碎餐具和碰翻酒瓶、酒杯，以免影响场内气氛。

(2) 宴会期间，两个服务员不应在宾客的左右同时服务，以免宾客左右为难，应有先后次序。

(3) 宴会服务应注意节奏，不能过快或过慢，应以宾客进餐速度为标准。

(4) 服务员之间要分工协作，讲求默契；服务出现漏洞时要互相弥补。

(5) 当主、宾在席间讲话或举行国宴演奏国歌时，服务员要停止操作，迅速退至工作台两侧，姿势要端正，排列要整齐，餐厅内要保持安静。

(6) 席间若有宾客突感身体不适，应立即请医务室协助并向领导汇报；将食物原样保存，留待化验。

(7) 宴会结束后，应主动征求主、宾及陪同人员对服务和菜点的意见，礼貌地与宾客道别。

(8) 宴会主管要对完成任务的情况进行小结，以不断提高服务质量和服务水平。

第二节　西式餐饮服务

一、西式早餐服务

旅游涉外饭店西餐厅主要是指咖啡厅和高级西餐厅，西式早餐用餐场所主要在咖啡厅，可以采用自助式或零点服务。高级西餐厅主要提供午餐和晚餐，有些高级西餐厅只提供晚餐。

(一) 早餐的分类

西餐早餐按传统可分为英式早餐和欧陆式早餐两类。

1. 英式早餐

英式早餐内容丰富，供客人零点时自由选择，主要有咖啡、茶或可可，各种果汁、蔬菜汁，各式面包配黄油和果酱，冷或热的谷物（如玉米片、燕麦粥等），鸡蛋类以及火腿、香肠和腌肉等肉类。

2. 欧陆式早餐

欧陆式早餐（大陆式早餐）内容简单，无蛋无肉，主要有咖啡、茶或可可，果汁、蔬菜汁，面包配黄油或果酱。

（二）早餐食品与餐具搭配

1. 蛋类菜肴

早餐鸡蛋的制作方法很多，主要有：

（1）煮蛋。一般分 3min、5min、10min 三类，客人点用时应问清时间要求。服务时用蛋盅或蛋杯送上，配茶匙或咖啡匙、餐刀、胡椒和盐。

（2）煎蛋。煎蛋分单面煎和双面煎两类。服务时，服务员要向客人问清煎蛋的老嫩程度及所配肉类。服务时用餐盘盛装，配以餐刀和餐叉进食。

（3）炒蛋。炒蛋又称溜糊蛋。服务时，服务员要向客人问清炒蛋配何种肉类，用餐刀和餐叉进餐。炒蛋一般是放在烤面包片上提供给客人的。

（4）水波蛋。用餐刀和餐叉进食，可以问所配肉类，通常放在烤面包上提供给客人。

（5）奄列蛋。奄列蛋种类较多，常见的有火腿奄列蛋、腌肉奄列蛋、香肠奄列蛋、洋葱奄列蛋、蘑菇奄列蛋、西班牙奄列蛋等。点单时问清客人需求，用餐盘和餐叉食用。

2. 谷类食品

（1）热的谷类食品。热的谷类食品主要有燕麦片、麦片粥等。食用时配加热牛奶和糖，用甜品勺食用。

（2）干的谷类食品。干的谷类食品主要有玉米片、爆麦圈、麦糠片等。食用时配加冷牛奶和糖，用甜品勺食用。

3. 水果

（1）草莓。加入鲜奶油，以水果刀和水果叉食用，也可以用茶勺。另外，还可以加牛奶和砂糖食用。

（2）葡萄柚。将葡萄柚拦腰切一半放入柚杯中，食用时可根据客人需求配糖或不配糖，用柚子勺或茶勺挖取食用。

（3）其他水果。早餐常用的水果还有香蕉、苹果、西瓜和哈密瓜等。食用时由厨师切好，配水果刀和水果叉。

（三）早餐服务程序

早餐是每天的第一餐，客人用餐感受好坏往往影响全天的情绪。因此客人用餐要求环境优美、台面整洁、食物可口新鲜、服务规范和效率高。

1. 餐前准备

（1）服务员须在早餐开始前半小时全部到岗，例行简短的碰头会，检查员工仪容仪表，布置当日工作，分配员工工作岗位，介绍厨房当日菜肴和推销菜肴。

(2) 领班和服务员按区域检查餐台、台布、口布、餐用具、玻璃器皿、不锈钢器皿、各种调味品、托盘、烟缸、火柴、花瓶等是否齐全，清洁、明亮。

(3) 准备好菜单、饮料单，其中饮料单、菜单须清洁，配合厨房摆放自助餐用具和食品，所有用具要保证一定的周转量，以备更换。

(4) 备好咖啡、茶、黄油、果酱、面包、果汁和蜂蜜，检查环境卫生。

(5) 西餐早餐摆台通常不铺台布，只摆放餐具垫布、餐具垫纸或"十"字布巾。主要用具有餐巾、餐叉、甜品勺、面包盘、黄油刀、黄油盅、咖啡具、果汁杯、胡椒瓶、盐瓶、糖罐、烟灰缸或禁烟标志或花瓶等。

2. 热情迎宾

(1) 热情问候和引领客人，按着女士优先的原则，拉椅让座。

(2) 按照女士优先的原则，询问是用自助餐还是零点。客人如果选用零点则递送菜单，如选择自助餐，应引领客人到自助餐台，并向客人介绍早餐种类。

3. 餐中服务

(1) 站在客人右侧，为客人铺餐巾。

(2) 询问客人是用咖啡还是茶，并主动介绍当日新鲜果蔬汁，并服务咖啡或茶。

(3) 按要求为客人点菜，如客人点鸡蛋则应问清烹制方法和特殊要求等。

(4) 根据客人所点的早餐食品，依照女士优先的原则，按热饮、果蔬汁、面包、谷物类食物、蛋类食物和水果的顺序依次提供相应的服务。

(5) 适时添加咖啡或红茶，撤下用过的空盘，更换烟灰缸等。

4. 结账、送客

(1) 提前检查账单，准备好笔和账单夹。

(2) 等客人示意结账后，为客人结账。

(3) 客人离座时，主动为客人拉椅，及时检查是否有遗留物品，同时致谢并欢迎客人下次光临。

5. 结束工作

(1) 整理餐椅。

(2) 收拾台面并将脏餐具送至后台分类放置。

(3) 为下批客人摆台。

二、西式午、晚餐服务

高级西餐厅午餐和晚餐服务考究，体现了饭店西餐服务的最高水准。通常以美式服务为主，个别菜肴结合法式服务。

(一) 接受预订

高级西餐厅因进餐节奏较慢，就餐时间长，所以餐座周转率很低，为保证餐位，客人一般都提前订座。一般由迎宾员或预订部负责接受客人的电话预订或面谈预订，填写预订单，并根据宾客要求预留座位，以便准确提供服务。

（二）准备工作

（1）按照规格摆台。预订台面根据要求摆放，并放上留座卡。

（2）备好服务用具。准备和检查菜单、点菜单、托盘、服务手推车和笔等。

（3）准备冰水、咖啡和茶。并做好煮咖啡和泡红茶的准备工作。

（4）备好调味品。准备芥末、胡椒瓶、盐瓶、柠檬角、辣椒汁、番茄酱、奶酪粉以及各种沙拉酱等。

（5）开餐前半小时由餐厅经理主持短会，进行任务分工，介绍当日特色菜肴和服务方式，强调 VIP 客人接待注意事项，检查员工仪表仪容等。

（三）热情迎宾

（1）了解预订，热情引领到预留座位和适当的餐桌。

（2）先为女士拉椅，安排到最佳位置。

（3）为每人递送一份菜单。

（4）为宾客介绍开胃酒或鸡尾酒，并记下每位宾客所点的酒水，开出酒水单。

（四）倒冰水与酒水

（1）倒冰水，递铺餐巾。

（2）按照女士优先的原则，为宾客服务餐前酒水。

（五）接受点菜

因西餐是分食制，每位客人所点的菜都可能不同，所以应用座位示意图记录每位宾客所点的菜肴，然后根据示意图安排送入厨房的正式点菜单，并控制上菜顺序。

（1）当客人看完菜单后，立即上前征求主人是否可以点菜。得到同意后，从女宾开始依次点菜，最后为主人点菜。

（2）推荐菜肴，提供信息和建议。

（3）记录内容，分别记下不同客人所点的菜肴，询问特殊需求。如牛排需几成熟，沙拉配何种沙拉酱等，避免混淆。

（4）复述客人所点的菜肴，以便确认。

（5）礼貌致谢，收回菜单。

（6）填写送厨房的点菜单。

（六）推销佐餐酒

领班或调酒师根据宾客所点菜肴，递送葡萄酒单，介绍推销与其相配的佐餐酒。

（七）重新安排餐桌

服务员根据宾客订单和座位示意图，为每位客人按点菜内容和上菜顺序摆放餐具。最先食用的菜肴使用的餐具放在最外侧，其余餐具根据菜肴内容和服务顺序依次由外向里摆放。

（八）上黄油和面包

服务员按女士优先的原则，依次在左侧为客人先上黄油，再在面包盘里分派面包或用面包篮派送。

（九）服务佐餐酒

（1）根据客人所点的佐餐酒，按服务规范提供酒水服务。
（2）白葡萄酒、玫瑰露酒和葡萄汽酒应冰镇，红葡萄酒用酒篮。
（3）展示商标，当众开瓶，请主人品尝认可后，按照先女士后男士的顺序为客人斟倒。
（4）根据佐餐酒与菜肴的搭配规律，一般先饮白葡萄酒，配主菜时才饮用红葡萄酒。

（十）服务头盘

根据订单和座位示意图，按餐厅规定提供不同的服务方式。一般采用美式服务，每位客人所点的菜肴在厨房里装盘直接端至餐厅，从客人的右侧送上，并报菜名。

（十一）席间服务

（1）撤下空的饮料杯。
（2）随时撤换烟灰缸。
（3）添加冰水和佐餐酒。
（4）添加面包和黄油。
（5）在吸烟区帮助客人点烟。

（十二）撤走头盘

用完头盘后，征求客人意见撤盘，在客人右侧，徒手用右手将头盘、刀和叉一同撤下。

（十三）服务第二道菜

（1）服务员根据不同的服务方式，服务第二道菜，并报菜名。汤盅可垫用餐巾折的荷花，既美观大方又可保温。调味汁一律从客人的左侧送上。

（2）第二道菜用完后，空盘连同装饰盘一起撤下，餐位上只留下用主菜的餐具、面包盘、黄油刀等餐具。

（十四）服务主菜

（1）为烘托餐厅气氛，有些餐厅的主菜采用法式服务，由领班在客人面前进行烹制或切割装盘表演。

（2）菜肴装盘时要注意布局。蔬菜配菜放在主菜上方，汁酱不挂盘边。由服务员从客人右侧上菜并报菜名，配菜在上方，跟配菜的沙拉可用木碗或小碟盛放，并放在主菜盘的左上方。

（3）牛、羊排应告知几成熟；放盘时主菜靠近客人。

(4) 当客人全部用完主菜后，依次撤走主菜盘和刀叉，将桌上的面包屑清扫干净，并征求客人对主菜的意见。

(十五) 服务奶酪和甜点

(1) 先展示放有各式奶酪的展示木板或手推车，将客人所点的奶酪当场切割装盘并摆位。

(2) 服务时配胡椒瓶、盐瓶，重新问派黄油、面包和克力架，跟配冰镇蔬菜。

(3) 待客人用完奶酪后，用托盘撤下用过的餐具，只留下甜品叉和甜品勺及有酒水的杯子、烟灰缸、花瓶和烛台等。

(4) 展示甜品车，服务甜品。

(5) 摆好相应的甜品餐具，从客人右侧送上甜品。

(十六) 服务咖啡或茶

(1) 问清客人喝咖啡或茶。随后根据需要送上糖缸、奶壶或柠檬片，摆咖啡具或茶具，再用咖啡壶或茶壶斟倒。

(2) 有些西餐厅还可以在客人面前制作咖啡，以渲染餐厅气氛。

(3) 服务员用托盘撤下用完的甜品餐具，将咖啡或茶杯移至客人面前，并随时添加。

(十七) 推销餐后酒和雪茄

(1) 展示餐后酒车，询问主人是否饮用利口酒、白兰地或抽雪茄烟。

(2) 为客人斟倒利口酒或白兰地，并随后开列订单。

(3) 如果客人要了雪茄烟，则要帮助客人点燃。

(十八) 结账

(1) 准备账单。当客人示意结账时，按规范和客人的要求办理结账手续。

(2) 当客人要求分单结账时，应迅速和准确地为各位客人办理分单结账手续。

(十九) 热情送客

(1) 客人起身离座时，要帮助拉椅、穿外套，并提醒客人带上自己的物品，礼貌致谢。

(2) 送客人至餐厅大门外，再一次真诚致谢。

(二十) 清理台面

(1) 整理餐椅，清点餐巾。

(2) 用托盘将用过的餐具送至洗碗间。

(3) 换上干净台布，准备迎接下一批客人。

(二十一) 注意事项

(1) 一般所有宾客的头盘须安排在统一时间里一起上。

(2) 在点菜时和服务过程中，应准确记录每位客人的点单内容，以便迅速和准确地为各位客人办理结账手续。

(3) 如没有特殊说明，一般采用美式服务方式。

三、西餐宴会服务

西餐宴会服务是高星级饭店为客人提供的一种较为高级的餐饮服务，是人们在交往时一种隆重的礼仪活动。西餐宴会主要的形式有正式宴会、冷餐会和鸡尾酒会等。

(一) 宴会的组织与管理

各种主要的宴会、鸡尾酒会等活动归宴会部承接，宴会部的直属上级是餐饮部，宴会部经理要对餐饮部经理负责，直接向其汇报工作。

在饭店中，营销部向住店和有住店倾向的顾客宣传、介绍饭店的宴会、会议等一系列的活动设施，将在本饭店的宾客介绍给宴会的销售经理或宴会销售部门的职员。宴会部从前厅部得到住店客情和客情预报。宴会活动是否能够圆满地完成，关键还在于宴会部与厨房的密切配合，宴会部要提前至少提前 3 天甚至更长的时间将宴会通知单送到厨房，厨房可以根据宴会的通知单准备相应的食品，为宴会服务作好准备。在宴会预订的过程中，宴会的预订员必要的时候要与厨房经理进行沟通，商议菜单的一些具体的事宜。宴会部与其他各部门的信息关系如图 3-10 所示。

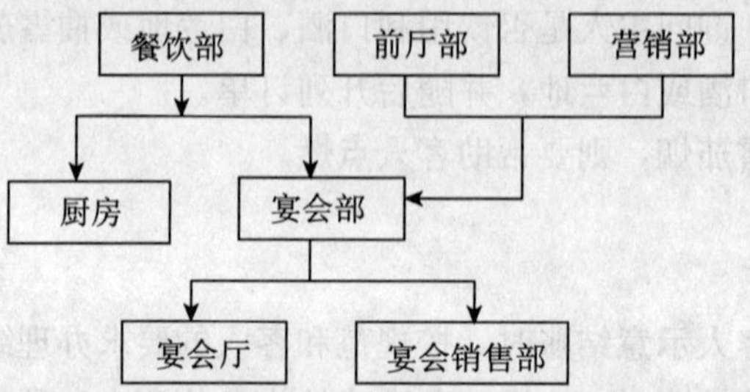

图 3-10　宴会部与其他各部门信息关系

宴会部下设的销售部主要负责接待预订、指定接待计划、写出宴会通知单的内容、落实安排接待、建立顾客档案、对外促销等。宴会厅负责根据宴会通知单的内容以及要求，准备宴会活动的场所和具体的服务设施。

(二) 宴会预订

在宴会的销售部，销售员和宴会的销售主任以及销售副经理主要负责承接宴会的预订。宴会预订的主要联络方式及预订程序参见中餐宴会预订。

(三) 正式宴会服务

正式宴会除不挂国旗、不奏国歌以及出席规格不同外，其余安排与国宴大体相同。其服务程序可分为四个基本环节，即宴前准备工作、餐前鸡尾酒服务、席面服务和宴会结束工作。

1. 宴前准备工作

(1) 掌握宴会情况。了解参加宴会的人数、标准、台形设计、宾主身份、举办单位或个人、付款方式、特殊要求、菜单内容和服务要求等。

(2) 熟悉菜单。了解每一道菜肴的服务程序，熟悉主要菜肴的风味特点、名称、配菜和配食作料、制作方法。

(3) 准备餐饮用具。需要准备的餐具有：

①不锈钢用具。主要有头盘刀、叉，汤匙，鱼刀、叉，餐刀、叉，牛排刀，黄油刀，点心叉、匙，水果刀、叉，咖啡匙，服务叉、匙等。

②瓷器用具。主要有装饰盘、面包盘、黄油碟、咖啡杯、垫碟、盐椒盅、牙签筒、烟灰缸等。

③杯具。主要有水杯、红葡萄酒杯、白葡萄酒杯、香槟杯、鸡尾酒杯、利口杯、雪利杯、白兰地杯、威士忌杯等。

④棉织品。主要有台布、桌裙、餐布、服务餐巾和托盘垫巾等。

⑤服务用具。主要有托盘、花盆、花泥、鲜花、宴会菜单、开瓶器、酒钻、席位卡、冰桶、烛台、蜡烛、火柴、洗手盅等。

(4) 西餐宴会摆台。根据宴会规格和要求进行宴会摆台。

(5) 准备酒类饮料。准备工作具体包括：

①一般在休息室或宴会厅一侧设置吧台。吧台内备齐本次宴会所需的各种酒类饮料和调酒用具。

②根据酒水的供应温度提前加热或降温，并备好酒篮、冰桶、开瓶器、开塞钻等用具。吧台应有调酒师在岗，以便为客人调制鸡尾酒。

③备好果仁、虾条、面包等小食品。

(6) 面包、黄油服务。在宴会开始前 5min，将面包、黄油摆放在客人的面包盘和黄油碟内，所有客人的面包、黄油的种类和数量都应是一致的。为客人斟好冰水和矿泉水。

(7) 宴会厅布置。布置工作具体包括：

①休息室布置。休息室的布置最好分设男宾休息室和女宾休息室，以方便不同性别的客人交谈。环境布置应具有欧美文化、艺术特色，如油画、壁炉等。宴会厅所有灯具的亮度均应是可以调节的。在餐桌上还必须放上烛台。

②台形设计。西餐宴会的台形的常见形式有“一”字形长台、“U”形台（又称马蹄形台）、“E”字形台、正方形台（又称“回”形台）、“T”形台、鱼骨形台、星形台等。现在许多西餐宴会也使用中餐的圆桌来设计台形。总之，应根据西餐宴会的规模、宴会厅的形状及宴会的主办者的要求灵活设计宴会的台形。

(8) 席位安排。西餐宴会的席位安排也应遵循“高近低远”的原则。

①“一”字形台的席位安排。

②其他台形席位。一般大都是主人在餐台中央，主宾在主人右侧，他们面对其他客人而坐，距主人越近，则表示其身份地位越高。

(9) 全面检查。

2. 餐前鸡尾酒服务

(1) 引领服务。客人到达宴会厅门口时，迎宾员应主动上前表示欢迎。将客人引领至休息室，并根据需要接挂衣帽。

(2) 休息室鸡尾酒服务。这项工作包括以下内容。

①客人进入休息室后，休息室服务员应向客人问候，并及时向客人送上各式餐前酒。送酒水前应先作介绍并征求客人意见。

②如客人是坐饮，则应先在客人面前的茶几上放上杯垫，再上酒水；如客人是立饮，则应先给客人餐巾纸，然后递上酒水；如客人需要鸡尾酒，则应将客人引至吧台前，由调酒师根据客人要求现场调制，或是先请客人入座，再去吧台将客人所需要鸡尾酒托送至客人面前。

③在客人喝酒时，休息室服务员应托送果仁、虾条等佐酒小食品巡回向客人提供。休息室服务时间一般为半小时左右。

④当客人到齐、主人示意可以入席时，应及时引领客人至宴会厅。

3. 席面服务

(1) 拉椅让座。当客人到达本服务区域时，值台员必须主动上前欢迎、问好，然后按先女后男、先宾后主的顺序为客人拉椅让座。待客人坐下后，为客人铺餐巾，并点燃蜡烛以示欢迎。

(2) 上菜服务。上菜的程序如下。

①上头盘。根据头盘配用的酒类，先为客人斟酒，再上头盘。如是冷头盘，则可在宴前10min事先上好。当客人用完头盘后应从客人右侧撤盘，撤盘时应连同头盘刀、叉一起撤下。

②上汤。上汤时应加垫盘，从客人右侧送上，喝汤时一般不喝酒，但如安排了酒类，则应先斟酒，再上汤，当客人用完汤后，即可从客人右侧连同汤匙一起撤下汤盆。

③上鱼类菜肴。应先斟好白葡萄酒，再从右侧为客人上鱼类菜肴。当客人吃完鱼类菜肴后，就可从客人右侧撤下鱼盘及鱼刀、鱼叉。

④上肉类菜肴。肉类菜肴一般盛放在大菜盘中由值台员为客人分派，配有蔬菜和沙司，有时还配有沙拉。上菜前，应先斟好红葡萄酒（斟酒方法与西餐正餐服务相同），并视情况为客人补充面包和黄油。肉类菜肴的服务程序如下：值台员先从客人右侧撤下装饰盘，摆上餐盘。接下来托着餐盘从左侧为客人分派沙司和蔬菜，菜肴的主要部分应靠近客人。另一名值台员随后从客人左侧为客人分派沙司。如配有沙拉，也应从左侧为客人依次送上。

⑤上甜点。待客人用完主菜后，值台员应及时撤走主菜盘、刀、叉、沙拉、黄油盘和黄油刀，摆上干净的点心盘。

⑥上奶酪前应先斟酒，托送奶酪及配食的饼干等至客人选定后，用服务刀、匙，从客人左侧分派。此时，可继续饮用配主菜的酒类，也可饮用甜葡萄酒。

⑦用过奶酪后开始上甜品。摆上甜品餐具，斟倒香槟酒或有汽葡萄酒，然后上甜品。以便客人举杯祝酒。

⑧上水果前应撤去桌面除酒杯外的所有餐用具、摆好餐盘和水果刀、叉，再托着水果盘从客人左侧分派水果。然后，从客人左侧上洗手盅，盅内放温水、一片柠檬和数片花瓣。

(3) 饮料服务

①当主人请客人去休息室休息时，值台员应主动拉椅，引领客人去休息室入座。

②待客人坐下后，应及时送上咖啡或红茶，糖缸和淡奶壶放在茶几上，进行服务。

③在客人饮咖啡或红茶时，应向客人推销餐后酒和雪茄，主要是各种利口酒和白兰地，如客人选了雪茄，应为其点燃。

4. 宴会结束

（1）结账服务。全部结束后即可做结账准备，按规定办理结账手续。

（2）送客服务。拉椅送客和取递衣帽，提醒宾客带齐自己的物品。

（3）结束工作。检查台面是否有未熄灭的烟头，是否有宾客遗留的物品；宾客全部撤离后，立即整理台面；整理宴会厅与休息室；领班作检查。召开总结会。

5. 西餐宴会服务注意事项

（1）服务过程中应遵循先宾后主、女士优先的服务原则。

（2）在上每一道菜之前，应先撤去上一道菜肴的餐具，斟好相应的酒水，再上菜。

（3）如餐桌上的餐具已用完，应先摆好相应的餐用具，再上菜。

（4）服务操作时，要轻拿轻放。

（5）当宾、主讲话时，服务员要停止操作，迅速退至工作台两侧肃立。

（6）宴会结束时，要主动征求宾客意见，礼貌与宾客道别。

餐饮专家

扒房的基本知识

扒房（Grill Room）是饭店为体现餐饮菜肴与服务的特色与水准、满足一部分宾客的需求而根据宾客的收入而开设的高级西餐厅。扒房的装饰与布置大都采用法式装潢与设计，映射出欧洲文化的经典与辉煌，气氛、情调洋溢着神秘、浪漫、富丽的色彩，其主题选择与设计一般反映欧美传统或新潮艺术文化。在主题色调的选择与意境中，多采用暖色，尤以金色、古铜色配深红、枣红、咖啡色为传统色调，豪华、宝贵、高雅、浪漫的气氛非常重要。

扒房的餐桌光源主要来自于烛光，镀金、镀银的烛台是餐桌上必备的饰物。古典的法式家具是扒房的家具陈列风格。西洋绘画、雕塑作品渲染就餐主题。扒房的餐厅服务员打领结，着燕领衬衫、腰带和西裤。专侍酒水的服务生着深色马甲背心，西裤，打领结。燕尾服是夜间正式的礼服，为渲染进餐的气氛，服务员经常穿燕尾服，配蝶领。

（四）鸡尾酒会服务

鸡尾酒会是一种以饮用酒水为主，略备小吃的西式招待会，是各种社交和聚会流行的宴请方式。举办鸡尾酒会时间较为灵活，可在任何时候举行。客人到达可早可迟，来去自由，不受约束。鸡尾酒会适用于不同场合，多是欢聚、庆典、纪念、告别、开业典礼等。

鸡尾酒会多采用立式就餐，只准备临时酒吧。在餐厅四周设小圆桌，桌上放置餐巾纸、烟灰缸等物品。鸡尾酒会供应的鸡尾酒品种较多，有鸡尾酒、各种混合饮料以及果汽水、矿泉水等。一般不用或少用烈性酒。食品多为三明治、面包、小香肠、炸春卷等各种小吃和少量的热菜。

1. 准备工作

根据宴会通知单的具体要求安排台形、桌椅，准备所需各种设备。

（1）酒吧。吧台的数量、位置要根据来宾人数、场地大小而决定。同时要考虑方便客人点取鸡尾酒和方便服务员为客送饮料。一般50人以上的鸡尾酒会设两个吧台，分别置于餐厅的一侧或两侧。

（2）陈列台。在陈列台上准备的餐用具的数量一般是参会人数的三倍，主要包括甜品盘、小叉、小勺等。将餐具放置在陈列台的两端，在陈列台的中间放置小吃或菜肴。

（3）餐桌、座椅。准备餐桌、座椅包括以下具体工作。

①餐厅中摆放一定数量的小圆桌或小方桌，桌间距离以方便客人自由走动为宜。

②餐厅四周可摆放少量的座椅，供需要者使用。

③小桌上铺好台布，摆上餐巾纸，饮料杯、烟缸、牙签筒、花瓶等。根据宴会的具体情况或宾客的要求，在周围可放置少量的小椅子。

④酒会开始前半个小时将各种干果摆在小桌上。开始时将各式面包摆在小桌上。

（4）分工。主管根据酒会规模配备一定数量的服务员，以一位服务员为10～15位客人服务的比例配置。在举行宴会前要进行明确的分工，要有专人托送酒水、照管和托送菜肴以及调制鸡尾酒、提供各种饮料，而且要把收费的办法向所有的服务人员讲明，如哪些是零杯卖的酒。

2. 服务工作

（1）酒水服务员的工作有：

①用托盘托送斟好酒水的杯子，在服务区内巡回，由客人自己选择托盘上的酒水或另点订鸡尾酒。托盘上需放餐巾纸，每杯饮料附上一张。

②对于宾客点订的鸡尾酒及时到吧台领取，并尽快送给客人。

③将客人放在小桌上的空杯、空盘送至洗涤间，收集用过的餐巾纸，并将小桌重新布置。

④对离吧台较远的客人和坐在餐厅四周的客人，要及时送上酒水饮料。

（2）吧台服务员的工作有：

①负责斟倒酒水和调配客人所点的鸡尾酒，为送酒服务做好准备。

②客人前来吧台取酒时，要有礼貌地请客人挑选，并主动为客人介绍所供应的品种。

③严格按要求调制酒水饮料，在收费标准内保证供应。

（3）菜点服务员的工作有：

①鸡尾酒会开始后，保证有足够的盘、碟、叉、勺等餐具，随时添加菜点。

②随时收回空盘，清理桌面，保持桌面清洁。

③酒会结束前，给每张小桌送上一盘多于该桌客人的香巾，以备客人取用。

3. 结束工作

（1）客人全部离去后，撤掉所有的物品。

（2）将余下的食品送回厨房，余下的酒品送回酒吧存放，脏餐具送洗涤间，并撤下台布。

（3）清扫场地，将桌椅摆放整齐。

4. 注意事项

（1）鸡尾酒会的标准餐有时是不含饮料酒水的。

(2) 超出的酒水或由主办单位一次付清或由宾客自行付清。

(3) 在提供服务的同时，要及时结账，以免出错。

(五) 冷餐会服务

冷餐会是当今流行的一种宴请形式，适用于会议用餐、团体用餐和各种大型活动。它与正式宴会的不同之处是客人在专门的菜台上自取食品，所以又称自助餐会。

1. 自助餐桌的设计

(1) 设计原则。自助餐桌也叫做食品陈列桌，其安排形式多样，一般安排在西餐厅的中央或靠某一墙边，也可以放于餐厅的一角，也可以摆成一个完整的大桌，或由一个大桌和几个小桌组成，无论怎样安排，自助餐台的设计必须注意以下几点。

①醒目而富有吸引力。

②方便宾客取菜。自助餐桌大小的设计，一定要考虑就餐人数与菜肴的多少，并考虑宾客取菜的人流方向等因素。

③突出宴会主题。根据宾客的具体需求与接待任务的主题，可以采用各种雕塑品或借助各种道具来美化自助餐台，以突出主题。

④桌形要有艺术性。自助餐桌的桌形主要有“L”形、“O”形和“I”形，在自助餐台台形的选择上应根据不同的餐台摆放位置来选择相应的台形，也可以根据宾客的具体要求和场地的实际情况利用一些基本的桌形拼接出各种艺术桌形。

(2) 设计与布置时要注意以下几点：

①通常在最前端放置顾客取菜用的餐盘。一般应将 20 个餐盘放置一叠，整齐地码放。餐具可以摆在餐桌上，也可以放在自助餐台的上方，在放置时，应放在餐碟的前端。

②自助餐台上食物按顺序依次陈列摆放。应按照沙拉、开胃品、汤、鱼类、熏鱼、热蔬菜、烤炙类或其他热主菜、甜品、水果的顺序依次陈列摆放。

③要将某些特色的菜肴分桌摆放。例如甜品、水果桌或切割烧烤肉类的服务桌等，菜肴的摆放顺序依然按照沙拉、开胃品、汤、鱼类、熏鱼、热蔬菜、烤炙类或其他热主菜、甜品、水果的顺序依次陈列。

④热菜要用保温锅盛放保温。当客人来餐厅后，服务员应将盖子揭开或由宾客自己揭盖。

⑤摆放菜牌。每盘菜肴都要放置供取菜用的公用勺、叉、筷子，在菜肴的前方应摆放菜牌，根据具体的服务对象选择中文与其他国家语言双语的菜牌，无特殊要求的时候可以摆放中英文的菜牌。

⑥与各种菜肴跟配的调味品或沙司等，应与其菜肴摆放在一起，以方便宾客的食用。

⑦注意菜肴色彩的搭配。整个自助餐台要美观、整齐、有立体感。冰雕、黄油雕、果蔬雕、鲜花、水果或餐巾折花等都可以为自助餐台点缀装饰。

2. 冷餐会服务程序

冷餐会有坐式和立式两种形式，坐式冷餐会规格高于立式冷餐会。

(1) 餐前准备工作具体如下。

①会场的布置。从宴会通知单上了解参加人数、酒会形式、台形设计、菜肴品种、布置主题等事项。环境布置要围绕主题。

②菜台的布置。

③菜肴和物品的摆放。菜台上食品应方便客人取用。一般可按冷菜部分、热菜部分、点心水果分段放置。各段分别放上公用叉、牙签等方便客人取用食品。摆放时注意荤素、颜色、口味的搭配。同时将点心、水果摆放在事先划分的位置。在菜台上的最前端整齐地选放好各种餐具，并随时补充。

④餐桌、服务桌的设计与布置。立式冷餐会在菜台的四周设立少量的小圆桌或小方桌，桌上摆放各种服务用具。在宴会厅四周也可摆放一些座椅以供客人使用。

⑤坐式冷餐会要根据客人的数量安排餐桌和座椅。餐桌上按要求摆放餐刀、餐叉、汤勺、甜品叉、面包碟、黄油刀等就餐用具。

⑥根据冷餐会所用酒品和工作方便来决定酒水服务桌的数量和摆放位置，并将所用酒品整齐置于服务桌上。同时备好酒水服务用具。

(2) 餐中服务。此时服务员要各司其职：

①餐桌服务员。客人到达餐厅时，服务人员应向客人表示欢迎。客人入座后马上为其斟倒酒水，服务员应巡视服务区，勤斟酒水饮料，勤换烟灰缸，勤撤送空盘，勤清理桌面，保持桌面和地面整洁；结束前为客人送上香巾。

②菜台服务员。冷餐会开始后，主动为前来取菜的客人递送餐盘，并回答客人询问；热菜上台之前，点燃或打开保温设施，为上热菜作好准备。上热菜之后，注意保温；随时整理菜台，撤掉空菜盘，适时增加餐盘；整理添加菜肴，保持菜台的整齐、美观和丰盛。

③取菜服务员。按照菜单的顺序，把热菜、汤菜等食品陆续送至菜台；掌握每道菜的名称及风味特色，以便回答客人有关询问；与菜台服务员密切合作，随时将菜台上撤下的菜盘送至洗涤间。

(3) 餐后结束工作。结束时工作有以下几项。

①结账。一般实行客人进餐厅现付费的制度。饮料含在餐费里，如用规定以外的酒水现付或者最后付费。

②冷餐会结束后，厨师负责将余下的菜肴分别处理。

③服务员负责清理菜台、餐桌。

④服务员应负责清理打扫餐厅卫生，将桌椅摆放整齐。

⑤关好空调、灯、门等。

四、自助餐服务

自助餐服务是当前较流行的一种服务方式，是由宾客在餐台上自由取用食品的一种形式。自助餐的主要接待对象为零散客人或团体客人。人们很容易将自助餐与冷餐会混为一谈。冷餐会的接待对象为宴会客人，相对于自助餐来说菜肴丰盛、气氛热烈、档次较高。但两者的服务方式相近。

（一）自助餐的特点

自助餐品种丰富，价格便宜，节省时间；没有过多的礼节，随到随吃；能够降低成本，提高餐位周转率。

（二）自助餐台设计与食品台布置

自助餐也叫食品陈列台，可以安排在餐厅中央、靠墙或餐厅角落。在设计中要求与餐厅整体布局相呼应（详见冷餐会服务）。

（三）餐具摆放

按零点餐厅摆放，主要用具有头盘刀、头盘叉、汤勺、餐刀、餐叉、甜品叉、甜品勺、面包盘、黄油刀、餐巾、冰水杯、胡椒瓶、盐瓶和花瓶等。

（四）自助餐服务程序

1. 餐前准备

（1）按要求着装。

（2）按要求和规范做好环境卫生。

（3）备好各类餐具和器具，备足开餐时所需的调味品。

（4）装饰、布置自助餐台。

（5）按要求摆放食品和摆台。

（6）参加餐前会。

2. 开餐服务

（1）主动问候客人，拉椅让座。

（2）询问客人用何种酒水。有些自助餐厅餐费含规定的软饮料，如果想消费规定以外的酒水则另付费；有些自助餐厅费不含任何饮料。

（3）开单取饮料，提供酒水服务。

（4）遇行动不便的客人，征求意见并为其取食物。

（5）巡视服务区域，随时为客人提供服务。

（6）客人用完甜点后，询问客人是否需要咖啡或茶，并提供服务。

（7）更换烟灰缸，撤空盘、空瓶，随时清理台面。

3. 自助餐食品台值台服务

（1）保持台面清洁卫生。

（2）不断补充食品，保证用餐过程中食品不短缺。

（3）检查食品的温度，保证热菜要烫，冷菜要凉。

（4）介绍推荐菜肴，回答客人提问。

（5）帮助客人取递食品，分切大块烤肉或现场烹制等。

餐饮专家

自助餐的类型

自助餐一般有三种类型。第一种被简称为自助餐，客人们自己选取想吃的食物和饮料，服务员只有一项工作，那就是收拾用过的餐具；第二种叫做普通自助餐，餐桌上摆放餐具，客人除了自己选食物外，服务员要为客人提供咖啡或甜点；第三种是最典雅的，被称为豪华自助餐，服务员为客人们提供第一道菜、第二道菜的服务以及酒水和甜点，客人们从摆设典雅的自助餐台自行选择想要的主餐，而服务员在宾客从自助餐台前回来之前必须把桌面用过的餐具收拾起来。目前最为常见的自助餐服务方式应是第二种。

五、酒吧服务

（一）酒吧概述

酒吧是专门为宾客提供酒水和饮用服务的场所。根据宾客的不同需要和饭店的规模，可在不同场所设多个酒吧，如在大堂内、屋顶上、西餐厅、宴会厅。

1. 设置要求

(1) 环境清静、舒适、高雅别致。

(2) 家具的颜色、灯光的强弱要协调配套，并配以音乐，让宾客有舒适优美的感觉。

(3) 有一定数量和种类齐全的酒水和各类不同的酒杯，有供应酒水必须的设备和调酒工具，以展示酒吧的特点。

2. 酒吧分类

酒吧可根据服务方式分为主酒吧、酒廊、服务酒吧和宴会酒吧四种类型。

(1) 主酒吧。主酒吧（Main Bar or Open Bar）也称吧台酒吧、鸡尾酒吧和英式酒吧，在国外称作 English Pub or Cash Bar。主酒吧的装修一般都非常注意个性的表现，为突出酒吧的主题，常常会装饰一些特有的设施设备，如台球、飞镖等。

主酒吧的特点是设有吧凳，给客人与调酒师面对面交流的机会，使客人得到充分的放松，并且调酒师富有艺术性的表演客人也尽收眼底。在此类酒吧中，经营的品种全，有葡萄酒、开胃酒、烈性酒、餐后甜酒、啤酒、软饮料、茶、果汁和鸡尾酒等。

主酒吧对调酒师的基本要求较高，既要有良好的仪容仪表，又要有和蔼的服务态度，还要有熟练的调酒技术，推销技巧及接待宾客的多种能力。

(2) 酒廊。酒廊（Lounge）通常位于酒店的行政楼层（也称作 VIP floor，意为非常重要人士的楼层）。由于在这个楼层住店的客人通常是政府官员、白领阶层或社会焦点人物，所以要求这里的调酒师不仅具有较好的社交能力、礼仪知识，还要了解各国的风俗习惯，以便为客人提供优质、准确到位的服务。

酒廊的经营范围、服务特点、装饰格调与咖啡厅很接近，在经营品种上多以碳酸饮料、较为知名且流行的烈酒、中西式小点心为主。在一些酒店吧台前有时也会安置几把吧凳或一些高档的西式家具，以满足宾客的不同要求。

(3) 服务酒吧。服务酒吧设置在中（西）餐厅中，为在餐厅就餐的宾客提供酒水服务。餐厅服务员接受客人点酒，送至酒吧后取出酒水饮料，再送到宾客就餐的桌上。调酒师不与宾客直接接触。

因服务酒吧为餐厅就餐宾客服务，所以佐餐酒的销售量比其他类型酒吧要大得多。服务酒吧布局一般为直线封闭型，区别于立式酒吧。调酒师必须与服务员合作，按开出的酒单配酒提供各种酒类饮料，由服务员收款，所以服务酒吧是以服务员为中心的酒吧。此种酒吧与其他类型酒吧相比，要求有数量多、品种齐全的佐餐酒。而且对调酒师的技术要求相对较低，主要有以下两种形式。

①鸡尾酒廊。鸡尾酒廊通常位于饭店门厅附近，门厅延伸或是利用门厅周围空间，一般没有墙壁将其与门厅隔断，同时鸡尾酒廊一般比立式酒吧宽敞，常有钢琴，竖琴或小乐队为宾客表演，有的还有小舞池，供宾客随兴起舞。

②宴会、冷餐会、酒会等提供饮料服务的酒吧。客人多采用站立方式，不提供座位。既可统一付款，也可客人为自己所喝的饮料单独付款。

3. 酒吧的特点

酒吧服务方式既可以采用统一付款、随意饮用的方式，也可以采用客人为其所饮饮料自行付款的方法。宴会酒吧要求服务员技术熟练，反应灵敏，手脚勤快。

4. 酒吧结构和用具

（1）酒吧结构。酒吧分为前吧和后吧两部分。前吧是工作区，包括吧台面和操作台。吧台面是服务员进行服务和客人放饮料的地方。操作台一般是由不锈钢制成，用于存放瓶子、冰桶和玻璃器皿的栅架，也是一个独立的调制饮料的地方。后吧是储存区，包括酒柜、冷藏柜和展览橱窗。酒柜作为储藏酒杯、原料等用。冷藏柜用来储藏各种酒水，展览橱窗要有吸引客人的瓶酒陈列。

（2）酒吧用具。酒吧的用具有调酒壶、调酒杯、水果刀、削皮刀、榨果汁器、开瓶器、酒钻、搅拌棒、冰凿、冰夹、冰勺、量杯、各式酒杯、托盘、牙签、消毒剂、清洁剂等。

（二）酒吧服务程序

1. 准备工作

（1）酒吧卫生。酒吧卫生注意以下几项。将室温与灯光调节到适宜的温度与亮度；将吧台、操作台整理干净；洗烫干净所有布巾；洗净擦干各种杯子，检查有无破损，并将需降温或加热的酒杯做好冷藏或加热处理。

（2）补充酒类饮品。到仓库领取当天需要的各种酒类饮品，按规定的位置摆放整齐。部分酒类饮料分类存入冰柜备用。

（3）备好调酒配料和果汁。这项工作包括：将鲜橙汁、柠檬汁等放入冰柜；打开樱桃和橄榄罐头，将鲜橙、柠檬切成片；装满糖盅；将炸花生、炸薯条等小吃盛放在清洁的器皿里。

（4）检查酒具、用具。将所有调酒用具清洗干净，按固定位置摆放好；准备好杯垫、吸管、冰块以及洗擦酒杯的清洁剂和毛巾等。

2. 席间服务

（1）接待员服务。热情迎宾，视其人数引领到合适位置，拉椅让座；递上酒牌接受点酒，点完后将客人所点饮品复述一遍，核实无误后，到吧台取酒；用托盘将客人所点的酒类或饮品，从客人的右侧送上；检查烟缸，随时进行更换。

（2）调酒员服务。按客人所点酒水或饮品斟倒或调制，一般斟八成满；如客人直接到吧台要求斟倒或调制饮品，调酒员应主动热情接待，并按其要求为客人斟倒或调制，一般斟满杯；在吧台内操作时注意清洁卫生，随时清洁好调酒壶、调酒杯、滤网、调酒匙、棒等。

3. 结账服务

(1) 客人表示结账时，要迅速为客人结账。

(2) 付现金时要唱收，并向客人道谢欢迎客人的下次光临。

(3) 客人离开后，整理台面，准备迎接下一批客人。

4. 营业结束后的清理工作

(1) 统计售出饮料，清点营业款并上交财务部门。

(2) 检查清点未售完的酒水、饮料、登记后放入柜存放。

(3) 将各种调酒工具、器具、杯具等清洗干净后入柜存放。

(4) 将剩下的配料和奶油、水果、鸡蛋、果汁等放入冷藏柜存放。

(5) 根据销售情况和剩余品的多少，开列所需领用的酒水、物品。

(三) 酒吧服务基本要领

酒吧一般都是小巧玲珑的，但要精心设计方能正常运转。例如酒橱、调酒台、洗涤槽等，要安置在适当地方，吧内必须留有一定空间，以便能使两人并行而不影响调酒员的操作。冰箱、储藏室、制冰机等也都要固定在一个方便使用的地方，这样使用时才能得心应手。酒吧服务的基本要领，大致有以下几点。

(1) 清洗酒杯。使用食用洗洁剂温水清洗，并另准备两块清洁手巾，一块用来把清洗后的酒杯揩干，另一块用来擦亮酒杯，这会给顾客留下良好印象。

(2) 保持酒橱和酒瓶的整洁。每天早晨用湿布把酒橱和各种酒瓶揩抹一次，以除去灰尘和污物。

(3) 保持吧台的清洁。每天用淡碱水洗刷柜台，然后用清洁干布擦净，每周用亚麻子油干擦柜台表面使其有光泽。

(4) 清洁酒吧镜。将微量柠檬汁或氨水放入温水中。用此水抹去镜面上的灰尘和烟垢，同时再用此水除去酒吧内门、窗玻璃上的污物和油腻。揩净后注意必须用纸巾把镜面与玻璃揩干擦亮。

(5) 柠檬和橘子在挤汁前用热水浸泡，目的是挤出更多的果汁。

(6) 新鲜水果切片时勿切得太薄，切剩后要用清洁的湿布覆盖，并置入冰箱内备用。切果皮时，内层白囊应切除。

(7) 用蛋清的目的是为了增加酒的泡沫。

(8) 调酒时，首先将盛该酒的酒杯放置在吧台前面，若顾客要一杯以上酒时，则可将酒杯排成一排，杯缘相接，尽量让顾客看到调酒员倒酒和调酒时的动作。

(9) 当顾客指明要用某一品牌酒来调酒时，必须把相应的酒放在吧台前面让顾客看到，然后按照配方为宾客调酒。

(10) 在调酒前，先要检查酒杯，看一看是否破裂，杯内是否有碎玻璃或污垢油腻。

(11) 用酒瓶注酒时，必须紧握酒瓶中间部分，并把标贴朝向顾客，目的是使顾客能清晰地看到所斟倒的酒水。

(12) 不要随便改变顾客所需要的饮料酒。

(13) 使用调酒壶摇酒前，应注意壶中不宜投放太细的碎冰；同时摇酒时间不要太长，动作要轻快，以防冰溶化太多从而造成酒味变淡。当摇动金属调酒壶时应铿锵有声，使壶内之酒调合均匀，如感到壶的外壁有水滴出现变冷时就停止摇动。

(14) 保证橱内、柜中存货数量不缺。每天检查空酒瓶的数量及牌号，以便及时补足，保证供应。

(15) 不能催客人喝酒，也不可因客人喝得太多或太少而显露不耐烦的表情。

(16) 每次倒过酒的酒瓶和使用后的各种器皿工具，应立即放回原来位置。

第三节　宾客投诉处理

餐厅服务工作是直接与宾客打交道的。服务员每天要接待大批的宾客，由于宾客来自四面八方具有不同的职业、教育背景、生活环境、经济条件、生活习惯和餐饮口味，对就餐和服务的要求也是千差万别的。积极预防和妥善处理服务工作中的宾客投诉应当成为衡量餐厅服务质量的重要标准之一。

一、处理投诉的指导思想

在餐厅服务中处理各种矛盾和投诉，必须坚持“宾客第一”的原则，树立“想宾客之所想，急宾客之所急”的服务观念，掌握处理问题所必须具备的技能和素质。

(一) 宾客至上的思想

服务员要正确认识自己在餐厅服务工作中的定位，树立主人翁的思想。从某种意义上讲，每位服务员都是餐厅的主人。宾客对于餐厅工作和就餐的意见总是向服务员直接提出，一般不会直接去找餐厅经理，而服务员就应当以主人翁的姿态去对待宾客意见，有义务满足宾客提出的合理要求，而不能不理不睬或敷衍推诿。例如，宾客反映菜肴口味咸淡、上菜速度快慢等问题，这是常见的事，服务员在遇到此类问题时，必须首先表示虚心接受意见，并耐心作出解释，及时向厨师转达意见。有的服务员对宾客说：“这不关我的事，菜是厨师烧的。”这就是缺乏主人翁思想的行为，势必引起宾客更大的不满情绪，有可能激化矛盾。

树立主人翁的观念，还表现在坚持把宾客置于首要位置，处处为宾客着想，千方百计为宾客做好服务工作。

(二) 具备良好的职业道德和公关意识

餐厅服务员的职业道德，主要表现在诚信经营、礼貌待人。餐厅服务员在服务规则中要坚持实事求是，绝不可弄虚作假欺诈宾客，切实维护消费者的合法权益，这样就可避免很多矛盾。

(三) 注重语言艺术

服务语言是餐厅服务员为宾客服务的工具。礼貌服务用语伴随着主动、热情、耐心、周到的服务，显示了服务员良好的文明素质和餐厅的服务水平。注意服务用语的艺术性，要注意言辞的礼貌性，措辞的修饰性，语言的生动性和表达的灵活性。

（四）掌握丰富的社会及业务知识

餐厅服务员面对各种各样的宾客，在服务过程中也会遇到各式各样的问题，服务员掌握丰富的社会知识和业务知识有助于积极预防和正确处理服务工作中可能发生或已经发生的各种矛盾。

二、处理宾客投诉

（一）客人投诉时的一般心理

每一位餐饮从业人员都希望向宾客提供完美的服务，但是也难免因为某些工作上的差错或者宾客的误解而使宾客产生不满情绪甚至引起投诉。如果处理投诉不当，将影响饭店的声誉。那么如何妥善处理投诉呢？首先需要了解客人投诉时的一般心理。

1. 求尊重的心理

宾客在采取了投诉行动之后，都希望别人认为他的投诉是对的，他是有道理的。他希望得到同情、尊重，希望有关人员、有关部门重视他的意见，向他表示歉意，并立即采取相应的措施。

2. 求发泄的心理

宾客在碰到他们烦恼，或者被讽刺挖苦甚至被辱骂之后，心中充满了怨气、怒火，要利用投诉的机会发泄出来，以维持他们的心理平衡。

3. 求补偿的心理

宾客在受了一定的损失而投诉时，希望有关部门能补偿他们的损失，这是普遍的心理。如食物不洁希望换一碟，被弄脏了衣物希望能免费洗干净等。

（二）宾客投诉的对策

对于宾客投诉的处理，一定要慎重，应做到耐心倾听，弄清真相，同情宾客；诚恳道歉；征得同意，恰当处理。

首先，对宾客的投诉要耐心倾听、弄清真相、同情宾客，绝对不要急于辩解反驳或埋怨别的部门。宾客来投诉时，应当礼貌地接待，有可能的话可以倒一杯茶给他，请他坐下，慢慢地讲；要耐心地听他们把话讲完，因为宾客心中有怨愤，不通过发泄，他们的心里是不舒服的。耐心有时可以使本来暴跳如雷的宾客很自然地平静下来；耐心地听其投诉，也是为了能弄清事情的真相，以便恰当处理。有的服务员在听宾客投诉时急于去辩解和反驳，这样做的效果往往不好。因为宾客的心理企求是服务员接受他的意见，而不是听服务员的辩解或反驳。在宾客的盛怒之下的辩解和反驳，可能会被认为是对他们的指责和不尊重，使宾客越发受到刺激，问题反而不易解决，甚至会使宾客愤然离去。听取宾客投诉时，在适当的时候应表示对宾客的同情，这样也容易使宾客平静下来。

其次，以诚恳的态度向宾客道歉。当宾客投诉时，切忌置之不理和与之发生争吵。有些服务员认为宾客投诉是他们“多事”或有意“找碴儿”，这是不应该的。如果处处能向宾客提供周到的服务，一般宾客是不会来投诉的。工作出现差错或者有误会，宾客投诉是相信餐厅有关人员能处理好这件事，想请他们帮助或希望他们改进工作。无论宾客投诉的动机如何，客观效果上是有利于餐厅做好工作的。在接受宾客投诉时，一定不要理解为是对个人的指责。一些服务员听不进投诉，往往认为宾客是指责自己。当宾客前来投诉时，应当热情地以诚恳的态度，以自己是饭店代表的身份去接待，欢迎他们的投诉，尊重他们的意见，向他们表达歉意。有时请职位高的经理或主管向客人道歉也是一种诚意的表示。这样做使宾客觉得饭店重视他们的投诉，满足了他们的自尊心，为完满处理他们的投诉铺平了道路。

最后，区别不同的情况，在征得宾客同意后作出恰当的处理。对一些明显是餐厅服务工作的过错，应当马上道歉，在征得宾客同意后作出补偿等处理。如宾客投诉菜肴、饮料有不洁物或菜端出时已冷了，冰激凌端上桌时已经融化了，就要郑重地道歉，并换上好的。征得宾客同意是为了避免处理时不合宾客的意愿，反而使问题更复杂化。如果上的菜不是宾客的订单，不要说是听错了或宾客说错，而应爽快地承认是自己的责任，马上去换。对一些较复杂的问题，在弄清真相之前，不应急于表态或处理，应当有礼、有理，在宾客同意的基础上作出处理。有礼就是要有礼貌，不能对这类宾客失礼；有理就是清楚明白地列出充分的理由说服宾客，并在征得宾客同意的基础上作出恰如其分的处理。有的宾客吃完饭之后才抱怨其菜质量不好，为了改变宾客的情绪，管理人员免费向宾客提供一杯饮料，以表歉意。

三、处理订餐服务中的投诉

（一）订餐服务

订餐服务是宾客事先向饭店提出要求，需要饭店在某时某地（即某个餐厅）提供食品、饮料及服务，而饭店在力所能及的情况下对宾客的要求予以承诺的一个服务项目。

一旦饭店对宾客的要求予以承诺，宾客与饭店之间的这张订餐单便是宾客与饭店之间的一份合同，双方都有义务去履行这份合同，即饭店有权力要求宾客预交订金，饭店有义务为宾客提供宾客所要求的就餐场所、食品、饮料和服务。当宾客没有履行合同，没有按合同所定的时间去就餐，饭店有权力收取宾客预付的订金作为对饭店餐位使用率损失的补偿；当饭店没有履行合同为宾客提供相应的就餐场所、食品、饮料和服务时，宾客有权力向饭店要求赔偿。因此，“订餐服务”是一项既复杂又细致的工作，每个细小环节都不能出现差错。做好这项工作要求服务员要有高度的工作责任心、较强的业务能力和较好的综合应变能力，另外还要有较好的语言表达能力和推销技艺。

（二）订餐服务中常出现的投诉

1. 所订菜单与当天能供应的菜单有出入

这是由餐饮产品的不可储存性所决定的。餐饮产品必须当场生产、当场销售、当场消费，因此，产品的许多原料尤其海鲜原料必须当天采购，但订餐与就餐又是先后两个不同时间，原料又受季节与市场货源因素的限制，因此常常会出现宾客要求供给的产品而当天采购不到原料的情况。遇到这种情况，饭店绝不能擅自做主，给宾客换一道别的菜肴，而应及时与宾客联系，征求宾客意见协商解决。

2. 预订单位另有宾客来重复预订

一旦发生这种情况，饭店就会遭受损失，一是座位使用率的损失，二是产品原材料的损失。因此要求服务员在接受预订时一定要问清客户名称，如是宴请，要弄清宴请人与被宴请人的单位名称及他们的身份，预订员或餐厅经理应及时汇总预订单，一旦发现有重复预订，应及时与宾客取得联系，避免造成饭店损失和双方不愉快。

3. 服务员遗忘了宾客的预订

服务员遗忘宾客预订的情况，通常发生在电话预订时。服务员接完电话又先去忙别的事情，别的事情忙完了就忘了宾客的预订，因而严重地影响了饭店的声誉，同时也使饭店失去经济利益。遇到这样的情况，要勇于承认错误，真诚地期望客人的谅解，同时也可以通过对餐品打折、优惠券等方式来补偿。因此要求订餐服务有强烈的责任心和科学完善的程序。

四、处理就餐服务中的投诉

（一）宾客对菜肴口味不满而提出退菜

菜肴质量的好坏，从某种角度上说，很难有个标准。同样一道菜肴，有的人说好吃，有的人说不好吃，这完全以适口者为准。因此服务员必须学习民俗风情方面的知识，掌握不同宾客的不同饮食习惯和口味要求，还要掌握就餐宾客的心理。不同的就餐目的，有着不同的需求。如以宴请为目的，应突出菜肴丰盛的特点；以品尝为目的，应突出风味菜点的特点；以改善生活为目的，应突出菜肴鲜香的特点；以团聚为目的，应突出菜肴整齐的特点；以约会为目的，应突出菜点香甜的特点；以便餐为目的，应突出菜点实惠的特点。当宾客在进餐过程中提出退减菜点时，服务员应马上与厨房联系，如厨房还未下料制作，可予退菜；如已出菜上桌，就要弄清事由，具体对待：

（1）属质量问题。如原料变质、不卫生、烹调质量低劣，应无条件给予退菜，并向宾客表示歉意。

（2）客人对价格不满。应耐心向宾客解释，若是服务员多算金额应予退款。

（3）宾客吃不了或来不及吃。服务员应提供食品盒让其打包带回家。

（二）宾客对上菜速度的快慢提出意见

这要求服务员在上菜服务时，要细心观察，了解就餐对象目的，掌握进餐情况，及时与厨房取得联系，较好地把握上菜速度，避免宾客的不满。

（三）宾客对服务员语言提出意见

餐厅即使为宾客提供美味佳肴，服务员的措辞不当和语调生硬也会引起宾客的不满甚至投诉。这就需要服务员在工作中巧妙运用语言，比如餐厅生意较忙，而有些宾客吃完了仍坐在那儿闲谈休息，使得后来的宾客无座位而离去，给餐厅带来经济损失。如果服务员上前直截了当地表示希望宾客离席，会使宾客极为不满，认为服务员在逐客，不但服务员所做的一切前功尽弃，可能还会因宾客的投诉受到处罚。如果服务员换一种方式，通过婉言解释和周到的服务，会使宾客体谅餐厅和其他宾客的情况。对已吃完仍在休息的宾客，可先递上热毛巾，主动询问“吃得如何”“多提意见”等；若宾客表示满意，服务员可顺便提醒“请您结账”。对一些酒、菜、饭快吃完，正在慢谈闲聊的宾客，则应主动送杯热水，然后询问需不需要加菜、饭、酒等，若不需要，可提醒一句“是现在结账，还是再等一会儿?”总之，要根据具体情况、具体对象礼貌服务，让顾客理解，并主动餐毕，迅速离座。

五、处理餐厅安全方面的投诉

处理餐厅安全方面的问题主要有以下三个方面。

(1) 餐厅电器方面的安全。餐厅的每一位服务员都要懂得餐厅电器的安全使用方面的知识，如正确使用空调、吸尘器、电火锅、电饭煲、电水壶等。

(2) 餐具、餐桌椅的安全投诉。服务员在摆台时要严格检查餐桌椅的安全问题，如餐桌席面有否坚硬物暴露、餐椅榫头有否松动。在坚持餐具卫生等同时，还应仔细检查餐具有否裂缝和缺口，以免宾客使用破损餐具而割破嘴唇或手。

(3) 宾客在就餐过程中，拎包、钱包，甚至挂在餐椅背上的高档衣服被盗。餐厅是公共场所，进出来往的人多而杂，难免有不良分子出入，餐厅里常发生宾客的拎包和钱包及其他物品被盗事件，有时宾客挂在餐椅背上的西服、大衣等也会被人顺手牵羊地拿走。发生这类事件，对宾客来说是个损失，对餐厅来说也确实尴尬，因为宾客多少会对餐厅抱怨，总认为到餐厅这儿才造成损失。为避免这类事件的发生，服务员从宾客一进入餐厅就要细心观察，如有的小姐手上拿着漂亮的钱包，或背着漂亮的包，当她们入座后就应提醒她们放好这些物品；如有的宾客在就餐过程中热了，就脱下西装、外套、大衣，挂在餐椅背上，服务员应马上提醒他们注意自己的衣服，套一个椅子罩。在整个就餐过程中，应经常提醒宾客管好自己的物品。如有宾客遗忘物品，服务员应马上收捡并妥善保管，以防被不良分子顺手牵走。如有认领者，要认真仔细核对证件、特征、数量，然后办理认领手续；无人认领时，要及时上交餐厅领导。

经典案例

谁动了我的咖啡

在某星级酒店西餐厅的营业时间，忽然传来一声惊呼：“谁动了我的咖啡?”服务员闻声急忙上前询问，只见一位已十分不满的女士又大声喊道：“有人动了我的咖啡!”服务员有些不知所措，小心翼翼地问“您是指……”，客人急不可耐地打断她：“你看咖啡里这些细小的东西是什么?”服务员仔细一看，忙松了口气耐心地说道：“您点的是意大利奶油咖啡，这杯咖啡里细小如沙的物体正是这款咖啡标准配料之一的玉桂粉，咖啡绝对没问题，您尽可放心饮用!”闻听此言，客人反而更生气了，把咖啡往前一推，表示拒绝饮用。服务员越解释，客人火气越大，最后客人愤愤地说：“我长这么大还需要你教我喝咖啡!”随之提出投诉。而服务员更是一肚子委屈，客人明明点的是意大利特浓咖啡，自己没做错呀!

案例分析

客人"出洋相"——这也是酒店对客服务中经常遇到的情况。本案例中，客人缺乏咖啡方面的专业知识，误把配料当成异物。而服务员没有顾及客人的自尊心，当众指出这位客人的错误，让客人下不了台，最终导致投诉。

经验总结

在对客服务中，服务员应时刻注意到不能伤害客人的自尊心。在餐饮服务中，类似这样客人出洋相的情况时有发生，如误将洗手水当做茶水饮等。遇到这种情况，服务员都不能当面揭穿，伤其自尊，而应巧妙地为客人解围，保全客人的面子。

本章小结

本章系统介绍了中、西餐的早餐和午、晚餐服务以及团体餐服务、宴会服务、自助餐服务、酒吧服务等。它们均有自身的特点，学习中注意区分，要分别掌握不同服务方式的工作程序、方法及注意事项。此外，还详细阐述了在餐饮工作中如何妥善处理就餐宾客的各种投诉。

考考餐饮服务员

一、填空题

1. 通常来说，中式午、晚餐服务程序主要包括________、________、________和________四个环节。

2. 宴会就是________、________、________或________为了表示________、________、________等社交目的以及________而举行的一种隆重、正式的________。

3. 中式宴会的座次安排必须遵循中国传统的礼仪和风俗习惯，一般原则是"高位________、________、________"。

4. 中式宴会的台型布置原则即"________、________、________"。

5. 西餐宴会主要的形式有________、________和________等。

二、选择题

1. 下列清理台面物品的操作先后顺序正确的是（　　）。

A. 毛巾、饮具、盘碟、筷子　　B. 筷子、毛巾、饮具、盘碟

C. 饮具、筷子、毛巾、盘碟　　D. 盘碟、饮具、筷子、毛巾

2. 一般中式宴会的座次安排是（　　）面对正厅门而坐，对面坐（　　），主人的（　　）侧为上座，由首席宾客就座。

A. 副主人　主人　右　　B. 副主人　主人　左

C. 主人　副主人　右　　D. 主人　副主人　左

3. 高级西餐厅午餐和晚餐服务考究，通常以（　　）服务为主，个别菜肴结合（　　）服务向宾客提供的一种服务，体现了饭店西餐服务的最高水准。

A. 法式　美式　　B. 英式　美式　　C. 英式　法式　　D. 美式　法式

4. 西餐宴会的席位安排也应遵循（　　）的原则。

A. 高远低近　　B. 高近低远　　C. 自上而上　　D. 自右而左

5. 对于宾客投诉的处理，一定要慎重，首先应做到的是（　　）。

A. 耐心倾听　　B. 作出赔偿　　C. 表态致歉　　D. 解释辩解

三、简答题

1. 简述中餐零点午、晚餐服务程序。
2. 简述中餐团体餐的特点。
3. 宴会的种类有哪些？
4. 中餐宴会前的准备工作有哪些？中餐宴会服务有哪些基本环节？
5. 西餐早餐的种类有哪些？
6. 简述西餐午、晚餐服务程序。
7. 西餐宴会的台形主要有哪几种形式？
8. 试述西餐正式宴会的服务程序。
9. 西餐宴会服务时应注意的事项有哪些？
10. 简述客人投诉的一般心理。

走近餐厅

实训一

【实训名称】中餐宴会服务

【实训内容】中餐宴会的服务程序

1. 熟练掌握中餐宴会的服务程序。
2. 能够将所学技能运用到服务当中。

【实训步骤】

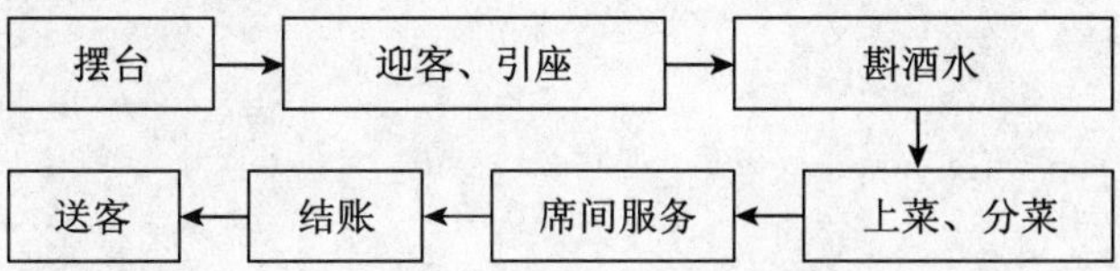

【实训点评】评分项目及标准

1. 仪容仪表：礼貌，微笑。
2. 语言：规范，亲切自然。
3. 程序：标准，无漏项。
4. 操作：动作规范到位，符合操作标准。

实训二

【实训名称】西餐宴会服务

【实训内容】西餐宴会的服务程序

1. 熟练掌握中餐宴会的服务程序。

2. 能够将所学技能运用到服务当中。

【实训步骤】

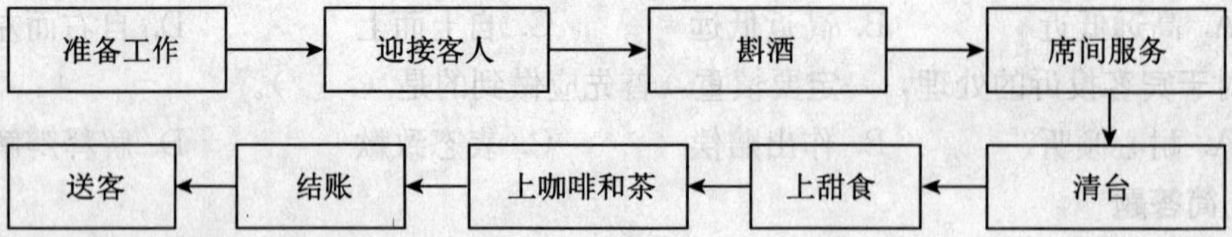

【实训点评】评分项目及标准

1. 仪容仪表：礼貌，微笑。

2. 语言：规范，亲切自然。

3. 程序：标准，无漏项。

4. 操作：动作规范到位，符合操作标准。

第四章 餐厅的设计与布局

动脑筋

开出巨型餐厅

2009年伊始，杭州餐饮界出现了一个爆炸性的新闻：杭州竟然开出了航空母舰型的超大餐厅——开在文三路上4000m^{2}的天禧餐厅。它拥有一个可以容纳32张大圆桌的大厅，包厢32个，整个餐厅以金属色为主色调，墙面全部采用皮质软包，金光闪闪。自开业以来天禧餐厅几乎每晚爆满。

餐厅的负责人认为，天禧的优势在于“找准了地方”。“我们所处的这个位置，就像是当年四季青的翻版，周围的村子多，富裕的村民也多；又靠近西溪湿地这个山水宝地；再加上周围还有那么多的写字楼、办公大楼和高教园区——民以食为天，饭总还是要吃的。”正因为看准了这个趋势，天禧走的是大型餐饮路线，人家都在搞特价和打折，它反而在它的菜单里设置了30%的高价菜，以满足周边商务宴请的需求。

请思考：这家巨型餐厅一开业就经营如此成功的原因是什么？

第一节 餐厅的设立

餐厅是提供家外就餐服务的商业性企业。按行业分类，它属于第三产业——服务行业。随着人们生活水平的提高，消费者的消费结构也随之改变，以各种动机外出就餐的消费占收入的比例迅速提高。由于设立餐饮店所需投资较小，经营比较灵活，经营项目的类别又较多，所以，各地很快建立了各种形式、多种类型的餐厅。有些餐厅设立后迅速获得了成功，但也有些餐厅设立后不久就不得不转业。要设立一家成功的餐厅在很大程度上取决于餐厅地点的选择、目标顾客的计划以及餐厅经营宗旨的确定。

一、餐厅的选址

餐饮产品与制造业产品不同，不是将产品从生产地向顾客消费地输送，而是将顾客吸引到餐饮店来就餐，因而餐厅的地点对餐饮经营的成败有很大的影响。

（一）餐厅选址的原则

1. 市场原则

餐厅地址选择、经营思路确立以及产品和服务的开发都是以市场为依据的。因此，考虑在何处兴建餐厅、建造什么规模和档次的餐厅、选择哪些设施设备、提供怎样的餐饮内容和服务，都应该以目标市场为出发点。

地址的选择应该和目标客源所属的地区相吻合。如果餐厅主要以经营快餐为主，较为理想的区域应该是流动人口比较多的商业购物区、院校附近、居民住宅区、主要交通干道附近等场所；如果餐厅提供的用餐环境较为雅致、菜肴比较精美、讲究精致服务和用具，此类餐厅则最好开在高档住宅区、大型贸易商行和金融机构等所在地区，主要针对的客源市场是商务宴请、正规的社交活动以及一些高收入者。

餐厅的选址要方便顾客，尽可能在地理位置上接近目标市场所在位置，交通要便利。

2. 投资回报原则

餐厅选址要考虑到投资的回收以及预期的利润。餐厅投资、经营的最终目的是为了取得预期利润，并尽可能在较短的时间内收回投资。因此，餐厅的选址要充分评估地价、租金、基础设施费用、劳动力成本、原材料供应、各种税费的有关规定等成本费用因素，并且预测餐厅可能的销售收入以及在经营过程中将会或有可能碰到的问题。

3. 方便性原则

方便性表现在选址地点上，要尽可能靠近顾客或者方便顾客前来的地点，换句话说就是餐厅要有比较强的可进入性。方便性也要体现在餐厅为顾客所提供的附属设施上，从目前情况看此类设施最主要的就是停车场，这是目前提高餐厅竞争力的一项有力措施。此外，餐厅选址的地点应该保证有足够的交通工具为顾客服务，餐厅周围有便捷的道路通行，没有过多的交通限制和交通障碍物，能够使顾客或者其所使用的交通工具方便地抵达餐厅。

4. 稳定性原则

稳定性原则首先表现在市场的稳定性。其次表现在所选场地的“安全性”，重点是要考虑所选的地点在预期的营业期内不会因为城市的扩建、改造而受到影响。同时，餐厅的选址也要注意所选地点周围环境可能发生的变化，注意这些因素是否会影响到餐厅日后的经营。

5. 可见度原则

餐厅是一个社会性服务机构，它直接面对顾客，因此需要处在一个比较明显的位置，以便引起顾客的注意，吸引顾客。如果顾客从任何一个角度都能注意到餐厅的规模和外观，说明这家餐厅的选址具有较高的可见度。一般来说，餐厅最好能直接面对街道或者位于其他顾客能直接看到的位置。如果餐厅不是非常一目了然或者处在某些建筑物内部，那么就应该设立一些明显的标志，比如通过建筑的装饰、霓虹灯等来弥补可见度不足的缺陷。

（二）餐厅选址的考虑因素

1. 中小餐厅选址避免同类或避强

对于一般中小餐厅来说，尽量避免将地址选在与拟建餐厅的产品和服务特色相同或非常相似的已建餐厅附近，更不要门对门或门挨门地经营，尤其是已建餐厅是知名的或实力强大的餐饮企业时。因为新建餐厅一开业就陷入如此激烈的竞争，无疑会增加成功的难度。

2. 不同经营类型的餐厅选址应有不同的侧重点

如专门经营午餐的餐厅，一般应设在顾客走路几分钟或开车10min之内便可到达的地方，因为大多数在外吃午餐的人都只有半小时到一小时的就餐时间。而经营快餐为主的餐厅应考虑设在紧靠某条主要街道、邻近公寓区或繁华的商业区的地方。

3. 在位置稍偏僻的地方选址

在位置稍偏僻的地方选址并非没有成功的可能，餐厅可以用独特的气氛、特色或特殊的就餐环境来吸引顾客，做到扬长避短。当然位置较偏僻并不代表交通不便，相反，位置较偏僻更要注意配套设施的完善，如停车场等。

4. 分清主次，综合权衡

在选址时应对各种因素分清主次，进行综合权衡。

5. 为今后发展留有余地

在选址时还应考虑餐厅的发展方向，也就是餐厅选址应为企业今后的进一步发展或转型留有余地。

（三）餐厅选址的典型地段

餐厅应接近目标顾客众多的地区，一家高级法式餐厅如果设在人群拥挤的上海城隍庙，生意未必兴隆。因此，餐饮经营人员要了解各种地段的特点和各种地段主要群体的特点，根据不同地段、不同主要群体设立不同类型的餐饮店。如果餐厅地点选择不当，即便装潢精美、烹调口味上好、服务周到，其生意也很可能不佳。现将一些典型地段的种类及特点分述如下。

1. 重要车站附近

每个城市都有很多车站，包括汽车站、长途客车站、火车站和飞机场等。在车站附近，存在大量的顾客群，其中有来往的乘客、上下班的员工、上学的学生等。针对不同的顾客，餐厅的接待方式也要有所不同，尤其要慎重处理定价问题，顾客在此地段最大的目的是等车，因此快餐店最适宜。

2. 公司商号集中区

一般来讲，公司商号集中的地段是该城市经济相对较为发达的地区。这些地段以上班的白领以及公司的客户为餐厅最主要的顾客，其光临的目的大多是为了洽谈生意或聊天。这些顾客的消费量一般较高，而且比较看重餐厅的档次、装修和服务质量，如果经营得法，将会带来大量的利润。

3. 学生街

学生街是指各类学校附近。显然，学生是该地段最主要的顾客，尤其对于大专院校附近的餐厅更是如此。对于该类餐厅，一天中没有明显的高峰与清淡时段的差异，但季节性的差异却相当大，例如该类餐厅在寒暑假的上座率肯定不高，但是在节假日的上座率肯定高于平时。学生光临餐厅的目的，除了吃喝、聊天、消遣之外，还有同学聚会或看书等。

4. 商业闹市区

这种地段是城市发展的繁华地段。这些地段一般聚集了比较多的商场、购物中心等。此地段是不同人士云集进行约会、逛街、聊天、休息等的场所，当然是开店最适当的地点，正因为这些地段处于城市的黄金地段，所以需要大量的投资才能租到或者买到店面。

5. 各类住宅区

这种地段的顾客以住宅区附近的居民为主，待客重点是如何体现体贴温暖感，并且要提供新鲜美味的餐饮产品。在确定餐厅的档次和规模时，一定要考虑住宅区的档次和规模以及住宅区内的居民收入、文化教育程度等。

6. 市郊路段

近年来，有些餐饮业者在地价便宜的地点盖起特殊餐饮店，以其独特的风格而获得消费者的喜爱。随着有车阶层的日益增多，市郊地段也逐渐得到重视。在该地段的餐饮店必须设有停车场，并且要有醒目的广告招牌。如果是专供聚餐的大型餐厅，提供有特色的餐饮产品将是此地段的营业重点。

二、确定餐厅的市场区域

确定餐厅地点后，就要确定餐厅的市场区域。餐厅的市场区域是指消费者愿意前来就餐并且愿意行经的距离。一般它是以餐厅为中心，以消费者愿意移动的距离为半径确定的范围，即指餐厅的潜在顾客或者现实顾客所分布的地区，也就是市场的地理范围。

（一）市场区域界定法

界定餐厅的市场区域主要有以下几种方法：

1. 步行时间界定法

步行时间界定法是西方国家界定经营区域时经常采用的方法。首先在地图上找出餐厅选址的地理位置，然后以餐厅所在的位置为中心，按步行的距离来圈定经营区域的范围，一般这样的距离是以 3～4 个街区为半径的范围。则一个餐厅的核心经营区就是围绕该餐厅的 5min 步行范围，5min～8min 步行距离属于中间经营地带，10min 步行区以外的属于外层经营地带。按距离来表示，这三个不同的经营地带分别相当于 400m、600m 和 800m 的距离。经验表明，一家餐厅的业务量约有 70％分布在 5min 步行距离范围内，即 400m 半径的范围内；20％在 5min～8min 步行距离范围内，即 400m～600m 半径范围内；而其余的业务量在 600m 以外的距离范围内。

一般来说，用餐的顾客往往遵循就近的原则，而不愿意走很多路去用餐。由于我国人口密度比较大，步行速度相对于西方人要慢，因此在考虑用步行法界定餐饮的经营区域时，应适当地缩小各经营地带的半径。

2. 行车时间界定法

对于驾车和乘坐交通工具前来用餐的顾客，可以用行车时间界定法来确定餐厅的市场区域。它是以顾客从工作单位或家里到餐厅的行车或乘车时间来确定经营地理范围的方法。一般认为，以 30min 的经济行车时间所能走过的路程为半径，可以划出餐厅的整个经营区，而 30min 的行车时间往往被看做是餐厅经营区域的经济行车极限。通常，乘车或开车时间 20min～30min 内的范围是餐厅重要的经营区。由于各条道路的状况不同，因此以行车时间来界定餐厅的经营区域所得到的并不是一个以选址所在地为中心的同心圆，而是一个不规则的多边形，但是这种方法比简单地按行车距离划同心圆要精确。如果把步行时间界定法和行车时间界定法与对顾客的调查结合起来，界定的经营地域精确度还会进一步提高。

（二）影响经营区域大小的因素

市场区域的大小除了用以上方法来确定外，在具体进行信息分析时还应该考虑各种因素对它的影响。

1. 企业的规模

企业的规模与对顾客的吸引力、经营的辐射范围成正比。一般来说，企业的规模越大，接待能力越强，它的影响面往往就越广，市场区域也就越大。

2. 企业的特色

企业越具有自身的经营特色，和其他企业相比就越有明显的差异性和产品的垄断性，它对市场的吸引力就越强，经营的辐射面会变得越广，经营区域也就越大。

3. 竞争状况

选址地点附近竞争者的存在显然会影响餐厅未来市场区域的大小。如果附近的竞争者处在某些交通更为便利的地方，或者位于客源地附近，或者其产品和服务更有特色，都会影响到本企业市场向外辐射的能力，从而影响餐厅经营区域的大小。

4. 选址所在的地理位置

餐厅所处的地理位置同样会影响其市场区域的大小。位于商业繁华中心的餐厅比僻静的餐厅市场范围要小。这主要是由于商业中心的交通比较拥挤，停车也不方便。中国台湾餐饮管理专家认为：在商业中心的餐厅，它的市场区域是以餐厅为中心，200m 的距离为半径作为第一经营地带；较为僻静的城镇，以 300m 的距离半径为第一经营地带；而市郊道路沿线以 2km 距离的半径为第一经营地带；如果餐厅的位置处于大厦内部，则以大厦为第一经营地带。

在确定市场区范围时，要注意该地区的地理特点。如果餐厅设在各条道路纵横交叉的城镇之中，餐厅具有正方形市场区域（如图 4－1 所示）。

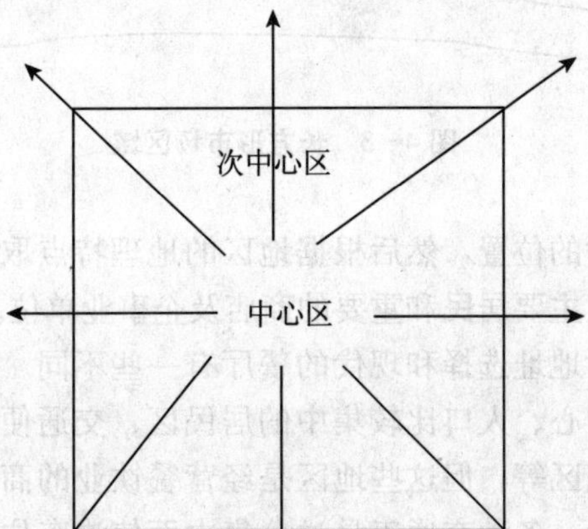

图 4－1 正方形市场区域

如果餐厅设在一边有天然障碍的地区（如海边），会有半圆形市场区域（如图4－2所示）。

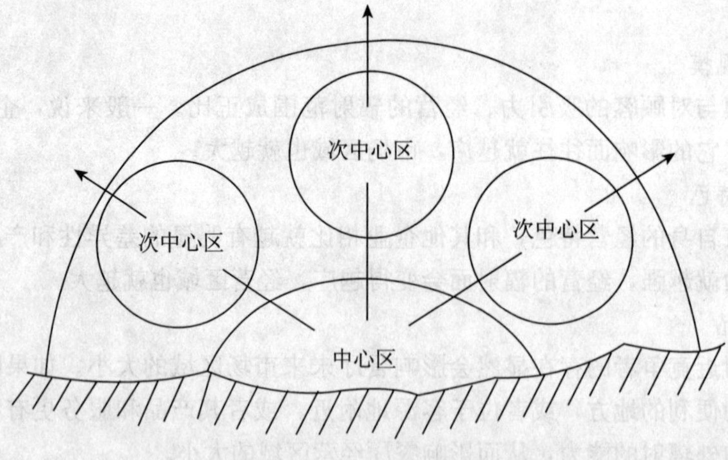

图 4-2　半圆形市场区域

如果餐厅设在公路或铁路沿线上，其市场区域为长方形（如图 4-3 所示）。

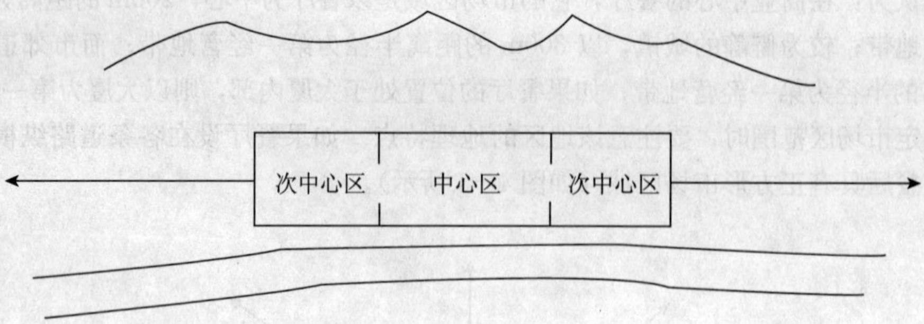

图 4-3　长方形市场区域

在一张地图上标出餐厅的位置，然后根据地区的地理特点取不同距离作半径，画出中心区和次中心区，列出该地区主要居民和重要的商店及企事业单位。

一般来讲，传统的餐厅地址选择和现代的餐厅有一些不同。传统的餐厅选择地理位置的主要条件为：繁华的商业中心、人口比较集中的居民区、交通便利的地段、人均消费水平较高的地区、风景名胜周边地区等，但这些地区是经营餐饮业的商家必争之地，过度竞争的结果是土地价或房屋租金昂贵、各种交通工具过分集中而使泊车位难寻。而现代餐厅位置选择的附加条件为：大型机构或单位的周边地区、竞争相对较弱的地区、停车场宽阔的地段，这些标准弥补了传统选址标准所带来的问题。

三、市场区域社会经济群体调查

在确定市场区域后，要对市场区域特别是中心市场区域的居民和流动行人做调查。首先从当地的户口登记部门及公布的统计材料上找出所需要的下列内容：人口数和户口数，各年龄组人数、男女性别数，各种职业人数及平均收入，企事业单位的性质及数量，地区特征（商业区还是住宅区，是高级地区还是平民地区，是企事业单位集中地还是车站附近或交通要道）。

在了解了市场区域潜在顾客的大体情况后，还应做些具体调查。例如某餐厅在设立前曾做了以下内容的问卷调查：

调查对象：店前的行人

调查方式：街头访问

调查时间：公假日和平常日分别调查

问卷内容：

①年龄、性别

②职业

③工作单位和家庭住址

④从此经过的目的（购物、工作、上学）

⑤通行的频度（每周通行次数）

⑥以何种交通工具往返

⑦上餐厅的次数（每月几次）

⑧经常光顾的餐饮店、地点及理由

⑨在餐厅食用的主要餐点和饮料

⑩每餐愿意支付的价钱

这种调查必须抓住重点，时间要尽量短（不超过 5min），若能附优惠卡或赠品更好。经过调查、汇总，将市场按社会经济群体进行分类，例如某餐厅按职业将潜在的市场类别作如下汇总（如表 4－1 所示）。

表 4－1　市场类别汇总表

市场类别	占总市场人口的比例	平均每月外出就餐次数	愿意支付的人均消费额	喜欢的餐别及饮料	平均家庭人口
个体经营者					
企业经理					
高层管理人员					
机关干部及医生					
教师及职员					
工人					
其他					

这种市场调查对选择目标顾客群体，决定餐厅的经营宗旨十分重要。

四、对餐厅竞争者的调查

一个市场区域的其他餐厅并不完全都是本餐厅的竞争对手。竞争对手是指那些地理位置相近，提供的产品和服务在内容和档次上相似或相同，且面对的客源市场相同的餐厅。这些餐厅的经营状态和形象以及各种营销手法对本餐厅都会产生较大的影响，甚至形成极大的威胁和压力。对餐厅竞争者调查可采用以下三个步骤来完成：

（一）将本餐厅同竞争对手进行比较

这些因素包括餐厅的地理位置、服务质量、特色和餐厅市场营销活动等。进行比较的重点应放在竞争对手的优势和劣势上，这样可以使餐厅避开对方的优势，在其不足方面进行竞争。

（二）分析竞争对手的独特销售点

竞争对手的独特销售点是指本餐厅不具备的特点，如该餐厅所提供的特色产品，有力的促销手段，具有竞争的价格或良好的品牌形象以及特殊的支持及销售关系等。

（三）寻找和分析经营机会

竞争分析还包括对竞争对手成功的方面进行分析，从中可以发现本餐厅可能成功的领域。此外，还必须寻找竞争对手所忽略的经营机会，从中找到突破口。另外，也可以寻找与竞争对手合作的领域，变对抗为合作，化消极因素为积极因素。如餐厅之间可以共同推出特色产品和餐厅包价项目，开展联合促销活动等。

进行竞争分析需要有详尽的竞争对手的资料。可以去实地观察或到该餐厅消费以获取第一手的资料和印象，也可从该餐厅的手册、服务指南和其他促销品中获得。还应仔细研究竞争对手所使用的传播媒体，如报纸、杂志、旅行指南、广播和电视节目等，重点分析其促销主题和竞争优势。

对餐厅竞争者的调查可包括下列情况：

①营业状况

②营业范围与价格

③主要顾客类别

④面积与座位数

⑤大约座位周转率

⑥店面及内部装潢

⑦服务状况

⑧其他（营业年数、举办活动等）

然后将调查情况汇总在一张表格上。例如，某餐厅对竞争者调查汇总表如下（如表 4－2 所示）。

表 4－2　　餐厅竞争者调查汇总表

餐厅名	地点	营业时间	餐厅环境	座位数（面积）	座位周转率	经营范围和产品	供应餐别	人均消费额	主要顾客群体
A									
B									
C									
D									

五、确定目标顾客群

通过对餐厅市场区潜在顾客群体和竞争者的状况的调查，根据企业的投资预算和实际财力的情况，确定本餐厅的目标顾客群体。

（一）顾客的分类

顾客群体按就餐程度、就餐动机、人口特点又可细分成不同的类别。

1. 按顾客就餐程度分类

（1）“尝试者”群体。这类顾客愿意到新开业的餐厅去尝试，并判断该餐厅是否可接受。这类群体的顾客一般年纪不太大，是经济比较宽裕，敢于冒险的美食家。一家新建餐厅应该设法吸引这类顾客，并注意第一次就让他们满足，以便靠这类顾客为餐厅作口头宣传，扩大餐厅的知名度。

（2）“尝试者的朋友”群体。这类群体往往是经尝试者推荐而去就餐的。这类群体常外出就餐，经济状况高于一般人水平。他们的意愿容易变化，也可能在新建餐厅试了一次就再也不回头。

（3）“多数人”群体。“多数人”群体只有在餐厅经营成功并出名后才去就餐，若满意会成为常客；一旦成为常客便会十分忠于餐厅。这类群体的经济状况属一般水平，年纪较大，他们有外出就餐的习惯但不十分频繁。他们比较保守，总要等等看看，往往在餐厅开业一年半载之后才会去光顾尝试。

（4）“稀客”群体。这类群体不常外出就餐，经济不甚宽裕，一年内只外出就餐一两次，只在庆祝周年、生日或一些特殊场合下才外出就餐。

一家餐厅要经营成功，必须能吸引住前面几种群体，只能吸引少数人或不经常光顾的客人，餐厅是难以生存下去的，只有回头顾客经常光顾，生意才会兴隆。

2. 按顾客就餐动机分类

（1）充饥。人们因外出办理公务、求学，无法返回家中而不得不在外就餐时，一般对就餐环境和服务状况并不追求，只要求环境清洁卫生，食品可口，价格实惠就行。

（2）美食。出于“美食”动机的顾客，外出就餐是为自己改善生活或款待亲友，这种外出就餐是为了享受。因此，这种顾客希望餐厅提供的产品具有独特风味，要不同于并高于家庭或食堂的饭菜。为了享受，他们要求餐厅的环境不仅要清洁卫生，还要具有良好的气氛。他们比较讲究服务的态度、技巧和方法。为了享受，他们也愿意支付较高的价格。

（3）会议和旅游团队用餐。人们开会或者旅游必须在外用餐。团体用餐是由组织机构统一订餐和付款，因而餐厅提供的产品要符合大多数人的口味，同时要求制作简单，使饭菜在较短时间内大批量供应。就餐环境要求宽敞、明亮、干净。价格不宜太高，服务要求迅速。

（4）宴请。人们办理商务需要宴请各方合作者，这种宴请一般由单位付款、并借此给被请者留下良好的印象。人们也常为私事举办宴请活动，比如结婚宴请、生日宴请等。他们希望这些宴请活动搞得体面、欢快。因此要求餐厅的环境要豪华，气氛要热烈，服务要一流，菜品和餐具要高级、漂亮，当然产品的价格可以贵一些。

由于顾客不同的就餐动机对餐厅的环境和气氛、对菜单的计划和定价、对服务的要求都各不相同，所以设立餐厅前首先要确定招徕哪类就餐动机的顾客，以便对餐厅的经营范围和宗旨做好决策。

3. 按人口特点分类

按经济收入将顾客分类，不同经济水平的顾客对餐厅档次的决策、菜单的计划和定价有很大的影响。按职业分类，不同职业群体的就餐习惯不同，对餐厅的要求也不同，选择哪一类顾客群体，决定着餐厅的菜单计划、档次决定和餐厅的环境设计。按年龄分类，不同年龄组的人对就餐环境、菜品选择和价格要求都不同。管理人员在进行经营宗旨决策前，要按人口特点做好目标顾客的选择。

管理人员在选择好目标顾客群体后，要进一步了解顾客的就餐习惯与外出就餐次数，要了解他们喜欢什么样的菜肴，他们对餐厅环境和服务有什么要求以及他们每餐愿意支付多少费用。

（二）目标顾客群体数量的估算

餐厅在选择好要招徕的目标顾客群体以后，要大致估算一下潜在目标顾客的数量。这种估算对于餐厅面积和座位数的决策，餐厅经营规模的决策十分重要。潜在目标顾客人次数可采用下列公式估算：

潜在目标顾客人次数＝市场区总人口数×目标顾客群体比例×（1－非消费者比例）×人均每月外出就餐次数÷30×（1＋流动人口就餐比例）

例如，某餐厅市场区的总人口为53800人，按经济收入分类，餐厅选择中等收入偏高的群体为目标顾客群体，该区的人口占市场区总人口的45%，平均家庭人口为2.7人，平均0.7人为非消费者，目标顾客平均每月外出就餐2.5次，流动人口就餐比例占35%，那么该餐厅每日潜在目标顾客人次数为：

53800×45%×（1－0.7÷2.7）×2.5÷30×（1＋35%）＝2015.5（人次）

在估算该地区每日潜在顾客人次以后，管理人员根据对竞争者调查的餐位数，竞争者吸引目标顾客的人次数以及竞争者吸引目标顾客的优势和劣势，分析拟建的餐厅有哪些优势和劣势，估计能吸引顾客的潜力和吸引目标顾客的人次数，这种分析对餐厅确定需要餐座数具有十分重要的意义。

六、确定餐厅的经营宗旨

在确定餐厅目标顾客的基础上，决定餐厅的经营宗旨。实际上，目标顾客的选择是企业经营宗旨决策的一部分。餐厅的经营宗旨包括餐厅的主要服务对象和主要经营范围。它涉及设立何种类型的餐厅、提供什么主要产品、具备哪些经营项目和办成哪种档次的餐厅。

（一）餐厅类型决策

餐厅的类型分成正规式餐厅、风味餐厅、自助餐厅、专门化餐厅等。

1. 正规式餐厅

正规式餐厅按地区可分成中餐厅、西餐厅。中餐厅又可按中国地方菜系分成川菜餐厅、粤菜餐厅、淮扬菜餐厅、京菜餐厅等。按民族特色，中餐厅又可分为宫廷菜餐厅、清真菜餐厅等。西餐厅是反映西方国家烹调特色的正规高档餐厅，如法式餐厅、德国餐厅、意大利餐厅等。也有反映东方国家特色的餐厅，如日本料理餐厅、朝鲜餐厅。西式餐厅中还有较经济的咖啡厅，反映各国西式烹调的特色，品种较多，营业时间较长，服务迅速。

2. 风味餐厅

风味餐厅是提供某种特色的餐厅，例如蛇菜餐厅、烤鸭店、海鲜餐厅、烧烤餐厅、沙锅居餐厅等。这类餐厅以某一类菜肴或某一种烹调法为中心。风味餐厅容易创出独有的特色，菜单的品种有一定的限制，服务也具有相应的特色。

3. 自助餐厅

自助餐厅属经济性的快餐厅。这种餐厅菜单上的品种一般比较少，菜品的制作很简单，不提供桌边服务。餐厅经营的特点是人工费用节约，薄利多销。顾客追求服务迅速和价格便宜。自助餐厅英文名称为 Snack Bar 或 Cafeteria，它不同于一些餐厅中提供的自助餐（Buffet）。自助餐在任何类型的餐厅都可采用，一般将餐桌根据需要排列成各种形状，上面陈列着各种菜肴和食品，让顾客自由选择，餐厅按人数收款。自助餐是由服务员将菜品盛于餐具中，由顾客自取，然后通过收银机计价、收款。服务员只负责收拾桌子和餐具，有的餐厅使用一次性餐具。

4. 专门化餐厅

当前，国际上一些有名的连锁餐厅集团，如麦当劳、肯德基等，已经打入中国的餐饮市场，这些集团很快取得了成功。这种专门化餐厅是一种“流行”还是一种“趋势”？若是“流行”，它们会一窝蜂地出现，然后又很快退色，很快被更新鲜、更新奇的餐厅所取代。若是一种“趋势”，那意味着专门化快餐店的崛起有坚实的社会基础，不易动摇且会继续发展。

由于当代家庭结构的变化，小家庭增加，家庭就业人员增多，家中缺乏专司烹调的人员，因此在外就餐的人比例增加；同时由于地理上的原因，一些在外工作、求学的人不易返家就餐，因而为充饥而就餐的人员增加。这类就餐人员因经常在外就餐，他们希望“简单”，不喜欢也不需要餐桌礼仪（table manner）；他们希望“干净”，“干净”是现代餐饮的“新商品”，是人们就餐的基本需要；他们希望“廉价”以减轻经济负担；他们希望就餐“迅速”，以利工作和学习。由于现代西式快餐店符合这些要求，因此麦当劳、肯德基等餐厅也许是潮流，但它们所代表的西式快餐店精神却是一种趋势。这种专门化快餐店的特点是：

（1）标准化。这种连锁店提供的产品和服务、餐厅的环境、烹调的方法和使用的设备都具有统一的标准。它们的管理方法和程序、成本控制和定价也有一定的标准。

（2）有特色。餐饮行业虽不是技术性很强的专业，但如果餐厅的产品和烹调技术没有特色，如果成本控制不好而价格昂贵，便会被其他竞争者打入，所以专门化餐馆的经营都具有自己独特的特色。

（3）价格便宜。专门化餐厅专营某种产品，提供菜品种类少，这样原料库存少，企业需要的库存管理费和占用的流动资金就少，并且由于产品能大批量生产，厨房设备和工作人员的需要量也相对较少，服务人员的配备也较少。因此餐厅的经营成本和费用较低，产品的价格也相对低廉。

（4）服务简单。大多数专门化快餐店只有少量的服务，许多餐厅使用一次性餐具，顾客采取自我服务。就餐时间短，餐厅的座位周转率提高。

(5) 规模大。当前西式快餐集团在世界各地迅速发展，并已打入中国，集团的规模日益壮大，逐渐主宰着餐饮市场。他们在餐饮业中在经济上占据着越来越重要的地位。这种西式快餐店迅速改变着人们特别是年轻人外出就餐的习惯。

(二) 经营项目决策

餐厅的经营宗旨还包括餐厅的经营项目。如餐厅提供哪些主要产品、配备哪些服务项目。管理人员在开设餐厅前要决定餐厅是提供以顾客自我服务为主的快餐，还是具有桌边服务的零点；要决定除零点外，餐厅是否还开设宴会服务和团体用餐服务，是否开设自助餐服务、加套餐服务，是否还提供外出供餐服务等。同时，还应计划一下餐厅供应哪些主要菜品。管理人员要根据餐厅的投资额、目标顾客的就餐要求及竞争者经营的项目，慎重地做好经营项目决策。这对餐厅面积和设备要求、餐厅环境的设计和菜单的计划有很大的影响。

(三) 餐厅档次决策

在决定餐厅的档次时，要对目标顾客进行市场调查。餐厅的档次取决于目标顾客的经济收入水平和外出就餐所愿意支付的消费额，同时取决于餐厅的投资预算额。餐厅的档次决策对餐厅的建筑和装潢，厨房、餐厅设备和家具的购置，服务员的配备，菜单的计划都具有指导作用。管理人员要决定是设立高档、中档、经济型餐厅还是非正规的外卖店。按不同档次，餐厅大致分为以下几类：

1. 小型外卖店

这种餐厅不提供就地供餐的服务，而是将食品烹调好，盛在饭盒里向顾客销售。餐厅不需要就餐面积和餐厅服务员，这样可以大大减少投资和节约人工费用。这种店在人工费越来越贵的西方国家中越来越流行，其英文名称为“take-away”。

2. 小吃店

这种餐厅的环境简朴，服务简单，较多地以顾客的自我服务为主。餐厅的菜单品种少，做工简单，产品价格便宜。

3. 中低档餐厅

这类餐厅的菜单也较简单、菜品一般不需要精心制作，只提供较简单的桌边服务。餐厅的建筑和装潢平常。

4. 中高档餐厅

餐厅环境较讲究，菜单品种齐全，菜肴需要较高烹调技术，服务全面，价格偏高。

5. 高档餐厅

餐厅的建筑和装潢需要较高投资额，餐厅环境高雅，就餐气氛豪华，菜单讲究，食品饮料制作精细，服务要求严格而正规，产品的价格昂贵。

第二节　餐厅的设计与布局

一、餐厅的内部空间划分

餐厅是顾客购买和享受餐饮产品的空间。从这一点去看，餐厅空间可分为三种，即就餐空间、公共空间和服务空间。

（一）就餐空间

就餐空间是餐厅空间的主要构成部分，也是空间比例最大的部分。就餐空间又可分为大厅和厅房（包间），主要是由餐台、餐椅和通道组成。

（二）公共空间

公共空间是指餐厅里可供顾客活动或观赏的空间，如门面、门口与就餐区的过渡空间、电话间、衣帽间、洗手间，还包括一些水池、假山等。

（三）服务空间

服务空间是指餐厅为顾客提供服务而必备的空间，如收款台、营业部、服务通道等。值得注意的是，在一些餐饮与娱乐相结合的餐厅，服务空间还应包括表演区域，如舞台、“天桥”及相应的化妆间。

餐厅空间的划分是随着规模和档次的不同而变化的，基本的原理是规模越大，档次越高，空间的划分就越分明；规模越小，档次越低，空间的划分就越模糊。合理的餐厅空间布局应该是这三个功能空间之间的协调。

应注意的是，餐厅内部的设计与布局应根据其房间的大小决定。客人的安全与便利、营业各环节的机能、全局与局部的和谐、餐厅的风格情调等方方面面因素都必须考虑到，使客人一进去就能够强烈地感受到形式美与艺术美，得到一种享受。

餐饮专家

上海红子鸡美食总汇

上海红子鸡美食总汇是由广东红子鸡集团投资经营管理的一家超大型粤菜海鲜酒楼，位于普陀区澳门路昌化路口，毗邻新客站。一楼大厅可设宴 100 余席，另外还有 10 个卡座和 1 个多功能宴会厅；二楼共有 80 间 KTV 包房。

红子鸡与苏东坡还有一段传说。宋代大文豪苏东坡因性格直率、反腐倡廉，屡屡得罪权贵，因而一再遭到奸臣排挤。相传被贬到广东惠州时，情绪十分低落，终日饭不食，寝不安。他的爱妻看在眼里，急在心里，便下厨想尽方法做出多种菜式让苏东坡品尝，但苏东坡只动了几下筷子，终日唉声叹气。一日早晨，妻子打扫庭院，见一只刚会打鸣的公鸡闲庭信步，便灵机一动，将它宰杀烹煮了。中午用餐时，苏东坡对此菜赞不绝口，见其色泽金黄，皮脆肉嫩，便命名“鸿志鸡”。从此，此菜在惠州地区流传了下来，名字也从“鸿志鸡”变成了“红子鸡”。

走进红子鸡，仿佛进入了一个艺术殿堂：两百余幅古代传世字画临摹再现，近百件夏商时代的青铜器复制品栩栩如生，200余张社会各界名人的留影，体现了红子鸡辉煌的历程。红子鸡溜冰传菜早已享誉沪上，每天晚上都有溜冰特技表演和大型歌舞表演，让您在享用美味佳肴之余又可欣赏精彩的表演，不亦快哉！

二、餐厅的座位安排

餐位的设计与布局，对整个餐厅的经营影响很大。一般以餐厅面积的大小，按座位的需要作适当的配置，使有限的餐厅面积能极大限度地发挥使用效率。

目前，餐厅中坐席的配置一般有双人座、四人座、六人座、圆桌式等形式，以满足各类客人的不同需求。坐席的布局则是根据餐厅的形状和有效营运面积而定，可以是纵向的，横向的或纵横混合的。

一般来说，中低档的餐厅多选用四人座或六人座的长桌和十人座的较大圆桌，容易紧凑地摆放，而双人座或四人座的小方桌则用于补充边角；高档餐厅多选用六人座或八人座的中方桌和中、小圆桌，这样摆放餐桌显得宽敞，能使顾客感到舒适，并可使餐厅的格局更具情调。餐厅的座位安排如图4-4、图4-5、图4-6、图4-7所示。

图4-4　六人座

图4-5　圆桌式座位

图4-6　双人座

图4-7　餐厅坐席的整体布局

三、餐厅餐座数的确定

餐座需要数是根据某段时间内需要接待的就餐人数与该段时间内最大座位周转率来确定的。餐座需要数一般要能满足高峰时间接待顾客的需要，因而就餐人数的预计和座位周转率要根据这段时间的数据计算。

座位周转率取决于客人食用的食品和饮料的数量、服务的复杂程度以及开餐时间的长短。早餐的座位周转率一般高于午、晚餐。简单的快餐比涉及许多道菜、服务讲究的豪华餐的座位周转率要高。正式餐厅中的客人起码要用20%～50%的时间等菜，而快餐厅的客人不用等待马上可以就餐。

此外，餐厅座位周转率的高低还取决于供餐服务的速度；客人选菜的速度；餐厅布局的方便度；客人的类别；供餐的类别。

宴会比零点餐、零点餐比自助餐的座位周转率低。在一般餐厅中，早餐的平均就餐时间为15min～25min，午餐为20min～35min，晚餐为35min～60min。在高档餐厅中，客人平均就餐时间需要更长，特别是晚餐和宴会，因为这时就餐是聚会、商谈公务的场合。

在计算座位周转率时，要留出一定的空位率。采取桌边服务的正餐厅必须留出20%的空位率，咖啡厅要留出12%～18%的空位率，柜台服务式餐厅要留出12%的空位率。许多因素对空位率有影响：例如客人到达时间不同、有些客人不愿与陌生人同使一餐桌等。因而餐桌的尺寸和安排会影响空位率。大多数餐厅客人的结伴人数为2～8人，餐桌最好能临时拆拼，能根据结伴人数灵活安排。有些餐厅有独自就餐的客人，使用靠墙的单桌椅可节省空间。在计算座位周转率时，还要考虑服务员撤桌摆台的时间。因而座位周转率的计算公式是：

$$座位周转率=\frac{供餐时间}{客人平均就餐时间\times（1+空位率+撤桌摆台率）}$$

例如，某快餐厅在高峰时间2个小时中，15%的座位会空闲，10%的座位需要服务员撤桌，平均每位客人就餐时间为30min，在这段时间中座位周转率为：

$$\frac{60\times 2}{30\times（1+15\%+10\%）}=3.2$$

在确定餐厅中的座位需要数时，有必要预测餐厅中的就餐人数。餐厅就餐人数的预测取决于市场区域中目标顾客外出就餐人次数，这要通过对市场和竞争者的调查来估算。如果餐厅不希望高峰时间使客人等待，在计划座位数时要采用高峰时间的就餐人数。座位需要数可通过下式计算：

$$座位需要数=\frac{预计就餐人数}{座位周转率}$$

例如，上述快餐店在高峰2个小时的时间内，预计会有280位客人光顾餐厅。那么餐厅宜设的餐座数为：

$$\frac{280}{3.2}=88（座）$$

饭店中的餐厅就餐人数的预测取决于饭店客房数、高峰期客房出租率、平均每房住客数、住店客人在本饭店餐厅就餐的比例以及外客在本饭店餐厅就餐的比例：

$$预计就餐人数=客房数\times 高峰期客房出租率\times 平均每房住客数\times 住店客人就餐比例\times（1+外客就餐比例）$$

例如，一家具有500间客房的饭店，在高峰期客房出租率为95%，平均每房住客数为1.7人次，晚餐住店就餐比例为65%，外客就餐人数为住客就餐人数的50%，晚餐供餐时间为3h，平均每位客人就餐时间为60min，空位率为20%，撤座摆台率为15%，该饭店应设餐厅的餐位数应做如下计算：

$$预计就餐人数=500\times95\%\times1.7\times65\%\times(1+50\%)=787.3$$

$$座位周转率=\frac{60\times3}{60\times(1+20\%+15\%)}=2.2$$

$$座位需要数=787.3\div2.2=358（座）$$

餐厅的座位数要有一定的灵活性。人们不愿在拥挤不堪的餐厅中就餐，也不喜欢选择生意清淡的餐厅就餐。餐厅中顾客稀少会形成一种菜肴不受欢迎的气氛。餐厅中不同餐别需要的餐座数是不同的，这是由于不同餐别的座位周转率不同，不同餐别的顾客人数也有差别。许多餐饮企业和饭店开设多个餐厅，企业可根据不同餐别座位的需要量开放餐厅，对餐座需要少的餐别关闭一些餐厅。

有的餐厅可附带一些隔间，平时隔间可关闭，只有在客人多时才用隔间。餐厅还可以带些屏风或隔板，如果客人稀少可将餐厅截开，留出服务最方便的空间经常开放，而截开的阳台、后间等其他不太理想的空间，只有在客人多的时候才开放。这样，餐厅客人稀少时也不会给人生意冷清的感觉。

宴会厅、功能厅的座位和空间应该灵活地安排，通常使用一些可折叠的隔板，根据接待活动的性质和预计就餐人数，将宴会厅或多功能厅截成合适的空间。在宴会厅和多功能厅中，使用的餐桌和餐椅的尺寸要灵活，要有多种类别，或使用可折叠桌以适应不同接待活动的需要。餐桌和餐椅的数量和安排也要根据接待活动的类别和人数作适当的计划。

四、餐位面积和餐厅面积的确定

（一）排座方式对餐厅面积的影响

不同的排座方式对餐厅使用面积有很大影响，因为不同的排座方式对应的每客所需面积不同（如表 4-3 所示）。

表 4-3　不同的排座方式对应的每客所需面积

<table>
<tr><th colspan="3">排座和服务方式</th><th>每客所需面积（m^2）</th></tr>
<tr><td rowspan="7">餐桌服务</td><td rowspan="3">成排方台</td><td>平行座位 2 人</td><td>1.7～2.0</td></tr>
<tr><td>平行座位 4 人</td><td>1.3～1.7</td></tr>
<tr><td>对角座位 4 人</td><td>1.0～1.2</td></tr>
<tr><td rowspan="2">成排长方台</td><td>4 人座位</td><td>1.3～1.5</td></tr>
<tr><td>6 人座位</td><td>1.0～1.3</td></tr>
<tr><td>成排圆台</td><td>4 人座位</td><td>0.9～1.4</td></tr>
<tr><td>服务员服务</td><td>—</td><td>0.7～1.0</td></tr>
<tr><td></td><td rowspan="2">宴会餐桌</td><td>纵横排桌</td><td>0.9～1.1</td></tr>
<tr><td></td><td>单排</td><td>1.0～1.3</td></tr>
</table>

续 表

<table>
<tr><th colspan="4">排座和服务方式</th><th>每客所需面积（m^2）</th></tr>
<tr><td rowspan="3">含柜台的自助式服务</td><td rowspan="2">柜台式座位</td><td colspan="2">长条式柜台</td><td>1.4～1.6</td></tr>
<tr><td colspan="2">独立柜台</td><td>1.7～2.0</td></tr>
<tr><td colspan="3">靠墙的独立柜台式</td><td>1.1～1.4</td></tr>
<tr><td rowspan="12">自助服务</td><td rowspan="6">成排长方桌
（小车收盘）</td><td rowspan="3">就餐区</td><td>4 人座位</td><td>1.4～1.6</td></tr>
<tr><td>6 人座位</td><td>1.1～1.3</td></tr>
<tr><td>8 人座位</td><td>1.0～1.2</td></tr>
<tr><td rowspan="3">就餐区包括
柜台区</td><td>4 人座位</td><td>1.7～2.0</td></tr>
<tr><td>6 人座位</td><td>1.3～1.8</td></tr>
<tr><td>8 人座位</td><td>1.2～1.6</td></tr>
<tr><td rowspan="6">成排长方桌
（自己收盘）</td><td rowspan="3">就餐区</td><td>4 人座位</td><td>1.3～1.5</td></tr>
<tr><td>6 人座位</td><td>1.0～1.2</td></tr>
<tr><td>8 人座位</td><td>0.9～1.1</td></tr>
<tr><td rowspan="3">就餐区包括
柜台区</td><td>4 人座位</td><td>1.5～1.9</td></tr>
<tr><td>6 人座位</td><td>1.2～1.6</td></tr>
<tr><td>8 人座位</td><td>1.0～1.5</td></tr>
</table>

（二）餐厅面积的确定方法

餐厅的面积是根据每一餐位所需要的面积和计划的餐位座数来确定的。确定方法为：

餐厅总面积＝餐位平均面积×各餐厅餐位数

五、餐厅的流动路线安排

餐厅流动路线是指顾客、服务员在餐厅内流动的方向和路线。

（一）顾客就餐的空间流向

顾客走向餐厅的过道有下列几种形式：直接的门面；通过中间过道和楼梯；通过临近的衣帽间、洗手间等设施；通过一个接待区，如酒廊、酒吧等；通过一个自助餐厅，取回食物。

直接门面的形式对沿街开设的餐厅最有价值，在这种情况下，洗手间和衣帽间等设施则要设在其他可能的地方，甚至在另一层楼上。如果餐厅设在远离旅馆入口的地方或楼层上，通道要有明显的标志，以便于顾客辨认，并尽量做到能够吸引顾客。

（二）餐厅内的客流路线

一般而言，顾客进入餐厅，应有一个过渡的空间，然后通过主要通道到达就餐区域，另外，就是顾客到卫生间的路线。顾客就餐完毕，再通过主要通道走出餐厅门口。

在餐厅内部，顾客的行走路线必须加以控制。在许多高级的餐厅中，顾客是由餐厅主管或领位员引领入座的，但也有顾客自己进入餐厅寻找座位的，这就要设计出一个客流路线引导顾客，既方便顾客进入与离开，也避免打扰其他顾客。不能让顾客在餐桌间像入迷宫般地左穿右插，与其他顾客冲撞。穿过主要就餐区域的过道必须宽敞，顾客进与出的主要循环路线不能交叉。

为了保证顾客按照预定的客流路线行走，可以采用诸如建议、指路、设障等方法，尤其是在自助餐服务当中，会有大批顾客进出餐厅和自助餐台，所有过道都要以客流最高峰为根据来设计。顾客动线应以从大门到座位之间的通道畅通无阻为基本要求。餐厅中顾客动线采用直线为好，避免迂回绕道。餐厅中顾客的流通通道要尽可能宽敞，动线以一个基点为准。

如果能用标记将不明显的通道清楚地指示给顾客，则顾客流量或流向可以得到控制，也可以使用明显的人工栅栏和障碍物控制顾客流向，这些物品清晰可见，还可以移作他用，效果明显。另外，固定或可移动的屏风、植物花卉、装饰用的柱子与栏杆以及隔板等都是控制顾客流向的常用之物，这就是所谓的非强制性路线。

（三）服务员动线

餐厅服务的空间流向主要表现为收款处、酒水柜、营业部、备餐间、工作柜等“工作点”的联结。在大部分的餐厅里收款处和酒水柜都是合二为一，设在餐厅的入口处，这样是为了纵观全局。营业部是接待顾客订席和写菜单的地方，也是点菜入单的重要“工作点”，所以营业部一般设在餐厅的入口处。备餐间是餐厅与烹调部门的“中转站”，所有的上菜都是通过备餐间来进行的。工作柜是指在餐厅里存放餐具和进行服务的“工作点”，在餐厅里自然形成的空间或人为划定的空间，都应该设有工作柜。

服务人员的动线长度对工作效益有直接的影响，原则上越短越好，避免迂回和环绕。注意一个方向的道路作业动线不要太集中，尽可能除去不必要的曲折，可以考虑设置一个“区域服务台”，既可存放餐具，又有助于服务人员缩短行走路线的动线。餐厅动线如图 4-8 所示。

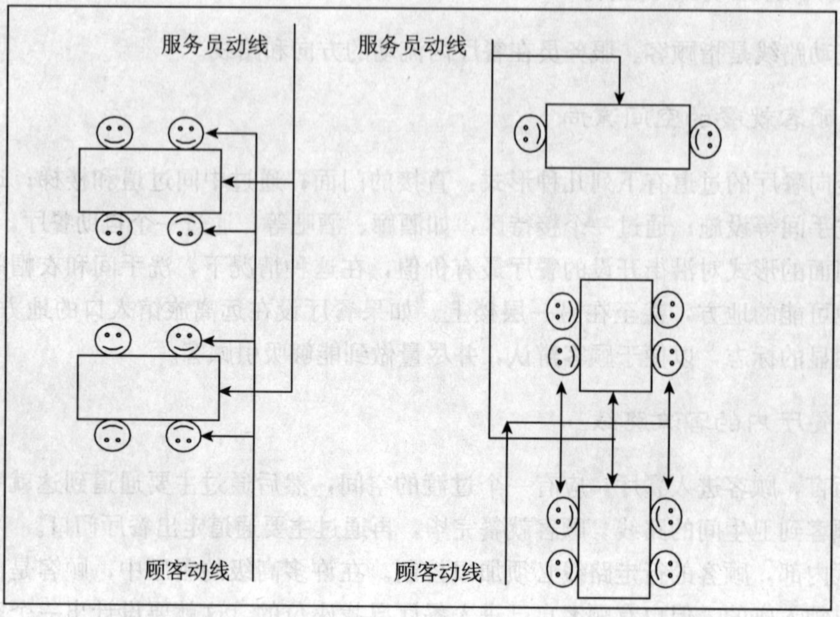

图 4-8　餐厅动线图

六、餐厅的环境设计

顾客到餐厅就餐所感受到的环境主要包括两方面内容：一是有形环境，如餐厅的位置、外观、景色、内部装潢、构造和空间布局等方面；二是无形环境，如服务人员的态度、礼节、能力以及能让顾客满意的程度等。在这里主要介绍一下有形环境。

（一）餐厅环境设计的作用

餐厅有形环境是餐厅整体设计的重要部分，有形环境设计的优劣对顾客有很大的影响，从而直接关系到餐厅经营的成败。

1. 环境设计的提示作用

繁华地段的饭店、餐厅提示消费者，其服务档次不会低；整洁的环境可以提示食品卫生的水平和严谨的服务态度；新鲜而芳香的店堂空气可以提示菜肴点心的新鲜程度；温暖宜人的气氛、柔和的灯光和音乐、舒适的座位可以提示温情、细腻的服务风格，而强烈的灯光和欢快的音乐又可以提示热情、豪爽的服务风格；醒目的指示牌和制作精良的菜单可以提示精心设计的周到服务；店堂服务人员和就餐顾客语言举止的文明可以提示饭店、餐馆格调的高雅等。

2. 环境设计的价值作用

餐饮环境设计由于具有营销作用，所以是有价值的，可以使餐饮服务增值。例如，同一罐啤酒，在超市里出售只需 2 元，在普通餐馆里出售也许要 5 元，而在五星级酒店出售则可能需要 10 元。这里差价的原因主要在于顾客感受的环境或气氛不同。

3. 环境设计起到烘托质量的作用

由于服务的无形性，餐饮质量较难被顾客识别，而餐饮环境作为一种包装，可以提示餐饮质量，增大其识别度。例如，高质量的餐饮设施和工具，如餐椅、餐桌、餐具、装修、洗手间、人气环境等，都可以向顾客提示高质量的服务。一家餐馆能注意和展示红火的人气，如餐馆将沿街的墙改成透明的大玻璃墙，在餐馆门厅内竖立大牌子，展示各个包厢被预订的火暴情况，在门厅、走廊和楼梯的墙上展示国内外社会政要、名人光顾餐馆的照片、赠画或题字，在餐馆所辖的停车场停放众多的名车等，就会给顾客带来很强的提示：人气这么旺的餐馆，其菜品的质量一定不错。

4. 环境设计的主要作用在于影响消费者的心境

所谓心境就是指顾客对组成餐厅气氛的各种因素的反映。优良的餐厅环境气氛能给顾客留下深刻印象，从而增强顾客的消费动机。

5. 环境设计是占有目标市场的良好手段

顾客的职业、种族、风俗习惯、社会背景、收入水平、就餐时间以及偏好等因素都直接影响餐厅的经营。餐厅环境气氛设计既要考虑到消费者的共性，又要考虑到目标市场消费者的特性。针对目标市场特点进行环境气氛设计，是占有目标市场的重要条件。

（二）餐厅外部环境设计

餐厅的外部环境设计即餐厅的店面、外表设计。餐厅店面的设计，在于显示餐厅这个“特殊商品”包装的格调，店面设计同样是室内设计的一部分，二者在实质上均追求美观与实用，但店面更注重招徕客人，是要让店外的大众感觉到本餐厅的存在，并能使其决定来本餐厅用餐。因此，餐厅的店面不仅具有“辨认”之功能，同时还要有美观的外表，两者不可偏废。因此，饭店餐厅前的门面、展示窗、霓虹灯、招牌等，力争让人过目不忘。独到的外表还要充分烘托出餐厅的“商品”特征，使路人一望即知本餐厅经营的是什么风味的菜品。目前的餐厅早已脱离了“守株待兔”的经营方式，很多餐厅将店面设计成开放式的，邻街的一面使用大型落地玻璃窗，剔透通明、一览无余，将餐厅内的用餐情调展现给过往行人。在风格处理上，尽量采用自然鲜明的色彩，减少过分的装饰堆砌，要有和谐的气氛，强调协调和“人情化”的餐饮空间。

另外，餐厅门面的设计要显示出卫生与清洁格调。这从颜色的运用、设备的风格、空间的安排及其本身具有的清洁程度均能反映出来。

同时，也要配合街景，食品展示柜内要有餐饮产品的陈列，注意突出重点。霓虹灯、招牌文字要简明，图案新颖而醒目，标志鲜明，还要与建筑的造型相协调，显示独特的形象，容易让匆忙过路的行人注意与记住。名称同样也很重要，好的名称朗朗上口，容易记得。

总之，餐厅外表的设计，能激发人们对餐饮产品的想象，使人们在远处一望就知道这是哪一类型的餐厅，甚至能估计出其消费水平，这些均来自餐厅外表设计的功劳。餐厅的外部环境设计如图 4－9 所示。

(a)

(b)

图 4－9　餐厅的外部环境设计

（三）餐厅内部环境设计

餐厅内部环境气氛的创造要比外部气氛具体得多，作用也更大。成功的内部气氛创造完全能控制顾客的情绪和心境。要想创造良好的内部气氛通常要考虑以下基本内容。

1. 餐厅空间分隔

餐厅空间分隔的总体原则是使顾客既能享有相当隐蔽的区域，又能感受整个餐厅的气氛。餐厅陈设的简繁以及空间曲折、大小、高低的变化，能产生出形态繁多的空间分隔。下面介绍几种空间分隔常用的形式。

（1）软隔断分隔。软隔断分隔就是用垂珠帘、帷幔、折叠垂吊帘等进行餐厅分隔。软隔断分隔富丽高档，一般在有空调的餐厅中使用。

（2）通透隔断。通透隔断表现出传统的文化气息，通常是指挂落、落地罩、屏风式博古架花窗墙隔断等。通透隔断一般在将大厅分成若干个雅座时使用。

（3）列柱、翼墙分隔。列柱、翼墙是满足特定空间的要求而虚设的。列柱、翼墙有稳定、厚重的感觉。

（4）灯具分隔。用灯具对餐厅空间进行分隔有一种隔而不断的感觉，达到一种特殊效果。灯具的布置起到了空间分区的作用。对于西餐厅和酒吧来说，灯具分隔是室内环境设计的常用手法。灯具分隔既保持了大的整体空间的气魄，又在顾客的心理上形成分隔，而且空气流通良好，视野宽广。

（5）矮墙分隔。矮墙分隔空间使就餐者在心理上产生了一种自我受到保护的感觉，人们既享受了大空间的共融性，又保持了一定心理的隐秘性。矮墙分隔同样具有灯具分隔的多种优点。

（6）升降高程分隔。升降高程分隔就是将餐厅室内的地面局部提高或局部下降，用台阶作为联系的通路。一般升高程用得较多，升高程通过突出地面，暗示出两个空间区域。

（7）植物分隔。用植物分隔不仅可以限定两个功能不同的空间，还可以阻挡视线，围合成具有相对独立的私密性空间。植物本身就成为一种充满生机的“屏”，隔而不断，使空间保持其完整性和开敞性。植物还可以调节室内空气，调节温湿度，改善小气候，增加视觉和听觉的舒适度。同时，由于人们对回归大自然的向往，对植物也有一种偏爱。

（8）装饰物分隔。装饰物的放置也可以暗示一个空间的结束和另一个空间的开始。装饰物与半部通透的隔断或柱子，具有相同的作用，不会阻碍人们的视线，却阻碍人们的行动，从而给室内带来了丰富的空间层次。按照空间构成的原理，多种类型的物体都可以在分隔空间时加以利用，如花架、水池以及铺地材质的变化等都能起到分隔空间的作用。

2. 餐厅光线

餐饮服务场所的光线首先应考虑光源的形式。因为光线系统能够决定餐厅的格调。在餐厅中大致有三种光源：自然光源（阳光）、人工光源、自然光源与人工光源混合形式。人工光源，有电灯光源和烛光光源。餐厅采用何种形式的光源，受餐厅档次、风格、经营形式与建筑结构的制约。餐饮企业要利用不同的光源形式，营造不同的就餐氛围。

烛光是餐厅传统的光线。这种光线的红色焰光能使顾客和食物都显得漂亮，比较适合于朋友聚会、恋人会餐、节日盛会等。

白炽光也是餐厅使用的一种重要光线。这种光线最容易控制，食品在这种光线下看上去最自然，由于白炽光的成本较高，一般用于较为豪华的餐厅；而日光灯则宜用在快餐厅等大众消费的场合。

荧光是餐厅使用最多的光线。这种光线经济、大方，但缺乏美感，荧光使得人的皮肤看上去显得苍白，食品看上去呈现灰色，这种色彩偏差会使就餐者的食欲大打折扣。

餐厅光线需要引起重视的另一个方面是餐厅受光照的强度。光的强、弱、明、暗，将会产生不同的效果，利用各种光线的强弱并配以色彩变化，可以炫耀各种菜肴的特色与美观，给就餐者留下深刻的印象，并产生食欲；同时光线强弱的变化，还可以引起餐厅色彩的无穷变化。另外，光线强度对顾客的就餐速度也有影响，昏暗的光线会增加顾客的就餐时间，而明亮的光线则恰恰相反。例如，餐座周转率较高的餐厅普遍使用光照度较强的配置。餐厅的不同光线如图 4-10 所示。

(a)

(b)

图 4-10　餐厅光线

3. 餐厅色彩

色彩是气氛中可视的重要因素。不同的色彩给人不同的感受。通常人们将色彩分为冷、暖两大类别。暖色调使人觉得紧凑、温暖；冷色调可使空间显得比实际要大并产生凉爽之感。因此，餐厅应根据其风格、档次、空间大小，合理地运用好色调，墙壁、天花板、地面等颜色要注意合理地搭配来产生预想的效果。

豪华餐厅，宜使用较暖或明亮的颜色，建议使用暗红或橙色，可增加富丽堂皇的感觉。正餐厅，需要有“增进食欲”的色彩，如橙黄、水红、青莲等。而快餐厅的设计特点，是以明快为基调，因此灯光、墙壁等物，以乳白色、黄色等暖色调为宜，给人一种清新、舒畅的印象。

以上几种餐厅的基本色调只是一般规律而已。在不同的时间、季节及心理状态下，人们对色彩的感受会有所变化，这时，可利用灯光来调节室内色彩气氛，以达到利于饮食的目的。另外餐厅中装饰或装饰物的合理运用，也能增加餐厅的情趣。餐桌的形状、色调，同样也是餐厅布置的一部分，其色调不宜与餐厅基色太接近，不然颜色会相互“同化”，也不能太突出，以选用中间色调为宜。色彩还能够用来表达餐厅的主题思想。例如，在北京有一家餐厅叫做“红色经典”(如图 4-11 所示)，是一家以“文革”时期为主题的文化餐厅。整个餐厅是黑灰色的基调，迎面看到的是一面红砖墙，像是被人拆过了似的，摇摇欲坠的样子，墙上还用白漆写着一行标语：“无产阶级文化大革命。”餐厅的正前面是一面深灰色的墙，故意设计成斜的，两侧的墙上分别赫然写着两条红字标语：“中国共产党万万岁!”“毛泽东思想万万岁!”。

图 4-11　红色经典主题餐厅

餐饮专家

北京丽都假日饭店得克萨斯扒房

在北京丽都假日饭店的得克萨斯扒房，恍如时空倒转，宾客仿佛置身于19世纪美国的一家小镇餐厅：古朴简约的吧台，柔和暗黄的光线，充满浓郁乡土气息的泥瓷餐具、方巾、草帽等乡间挂饰……穿梭于身边的服务生，一个个都是牛仔打扮，他们头顶宽边高帽，项系红色方巾，腰挎左轮手枪，只是手中本应摇荡着的麻绳套索被换作托盘，为你献上正宗的美式牛排。因此，有人说吃西餐不能不吃西式“大肉”——牛排。

丽都假日饭店的装修历来给人精致、豪华、大气的感觉，唯独在得克萨斯扒房，采用粗犷的设计，原木和粗糙的墙壁给这里增加了不羁的西部气质，来这里吃牛排，你肯定有种牛仔的感觉。

如果不看得克萨斯扒房大门外的招牌，你似乎很难感觉这是一间扒房，它更像一个小酒吧。可随着悠扬的音乐穿过挂着牛角装饰的拱形门，你会发现这里别有洞天：方格实木假梁、带有异域风情的地毯、简单的实木桌椅，一切布置似乎简简单单，而西班牙风格的挂毯、牛仔草帽、牛角、各种稀奇古怪的装饰画框则成了墙面的主角。为了突出西部粗犷的原始风格，整个扒房墙面看似杂乱无章，灯光下各种纹理呈现特殊的光影效果，创造出与众不同的不羁感觉。

特别是在里间的啤酒屋里，墙壁成了木栅栏，木车轮成了最好的装饰品，不加修饰的原木桌椅配上青石板地面，和着热烈的音乐节拍，晚餐就这样开始了。

你是否不喜欢西服革履、拘拘束束地吃西餐？那就来得克萨斯扒房感受一下与众不同的西餐感觉吧！你可以轻轻松松、无拘无束，甚至边唱边跳享受牛排的美味和自由自在的牛仔感觉。

4. 餐厅的家具

家具的选择和使用是形成餐厅整体气氛的一个重要部分。在选择家具之前，首先要考虑目标市场的顾客。如果目标市场是高阶层的顾客，那么传统的家具效果较好；如果目标市场是忙碌的商务客人，那么采用现代化的家具，如宽大而舒适的沙发等就可以创造出一种非常舒适的氛围；如果要使顾客频繁地流动，最好使用坚硬的塑料椅和塑料桌面。

5. 温度、湿度和气味

温度、湿度和气味是餐厅气氛的另一方面，直接影响着顾客的舒适程度。温度太高或太低，湿度过大或过小以及气味的种类等都会给顾客带来不同的反应。

温度还能影响顾客的流动性，餐厅中如能四季如春，则不仅客人愿意延长用餐时间，而且也给员工提供了一个良好的工作环境，因为较温暖的环境能给顾客以舒适、轻松的感觉。春秋季节时，室内外温度相差不大；夏冬季节时，餐厅内外反差很大。表4-4可作为全国大部分地区夏季经营时，室内外温度等对比调节的参考。

湿度会影响顾客的心情。湿度过低，过于干燥，会使顾客心绪烦躁，从而加快流动。反之，适当的湿度，能增加餐厅的舒适程度和活跃程度，减缓顾客的流动。

气味也是餐厅环境气氛中的重要组成因素，气味通常能够给顾客留下极为深刻的印象。

有时，烹饪的芳香弥漫餐厅，会引起顾客食欲。然而，如果餐厅内充满不正常的气味，必然会给顾客的饮食造成极为不良的影响。

表 4-4　　夏季餐厅内外温度的对比

室外温度（℃）	建议餐厅内的室内温度（℃）	建议餐厅内的相对湿度（%）
25	23	65
26	24	65
28	24	65
30	25	60
32	26	60
35 或以上	28～29	60

6. 餐厅的音响调节

音乐是美食不可缺少的助兴物，因此餐饮服务场所内一般均配置音乐播放系统。在客人用餐过程中播放音乐，能够增进客人的食欲。音响系统调节、控制得当，能促使客人在心理上获得满足的同时，得到精神上的享受。餐厅音响系统的调节与控制要注意如下几个方面：

（1）音量的大小。佐餐音乐是一种背景音乐，具有较强的实用性，它在有限度的空间飘荡。音乐的强度以不妨碍面对面的两人正常交谈为宜；倘若音乐声太大，就难以达到预期的目的。

（2）主题的选择。音乐专家认为，柔和轻快的音乐，能引起安静愉快的情绪，因而有利于食物的消化吸收。在许多重大的宴会上，奏的都是小夜曲和华尔兹舞曲等轻快乐曲。在我国的国宴上，奏的是国乐。

（3）节奏的快慢。在一家环境典雅、气氛宁静的餐馆内，如果由立体声音响播放缓慢舒展的音乐，就会使急于就餐的顾客平心静气，从容点菜，耐心候餐，细心品尝；相反，节奏强烈又富有刺激性的迪斯科、摇滚乐等，即使是故意寻求刺激酗酒作乐的顾客，也很难长时间忍受这种强烈刺激音乐的震撼，最终头昏脑胀，酒兴及食欲大减。

7. 非营业性设施

餐厅常设有非营业性公共设施，以便利客人。

（1）接待室。接待室的设立是为了在餐厅客满时，客人不必站立等候，可以在设备舒适的地方休息。接待室提供给客人消遣的设施，如电视机、报纸杂志等，如有可能还可设立一个小推销站，如接待室空间较宽敞，必要时还可作为小型会议场所。

（2）衣帽间和洗手间。衣帽间通常设在靠近餐厅的进口处。洗手间设置要合理，便于顾客使用，色调要体现整洁、安静、舒适；光线要柔和。评价一家餐厅的好坏往往从洗手间开始，因为任何人都可以由洗手间的整洁程度来判断该餐厅对于食物的处理是否合乎卫生，所以应引起特别重视。洗手间的设置应注意：

①洗手间应与餐厅设在同一层楼，免得客人上下不方便。

②洗手间的标记要清晰醒目（有中英文对照）。

③洗手间切忌与厨房连在一起，以免影响客人的食欲。

④洗手间的空间能容纳 3 人以上。

餐饮专家

主题餐厅设计

在市场经济高度发达的今天，主题餐厅呈快速、多样化发展的态势，以下介绍几种主题餐厅的设计。

1. 宠物餐厅的设计

有许多供应野味的餐厅和吸引儿童为主的餐厅常布置成动物园似的餐厅，顾客一进餐厅就能听到鸟、狗、青蛙等动物的叫声，还用鹦鹉招呼客人“欢迎、请进”。餐厅内还张贴各种宠物的照片，如各类狗、猫、昆虫的图片等，附有简介和宠物比赛的新闻，来吸引客人。

2. 运动餐厅

有些餐厅在一侧设小型高尔夫练习场，依照顾客打入洞穴的次数，餐厅可相应地打折扣；也有的餐厅备有握力计、背肌力测定器、飞标、扩胸器等，来吸引爱好运动的顾客。

3. 未来世界情调的餐厅

用新型太空材料装潢，让人有置身时光隧道的感觉，将未来世界的知识性、超现代感作为吸引人的推销手段。

4. 恐怖餐厅

以恐怖来标榜餐厅的特色，如“棺材酒吧”，店堂里摆着许多棺材，酒柜也由棺材充当，营业时打着阴沉的灯光，放着凄凉的哀乐，使人毛骨悚然。

5. 复古餐厅

以古老悠久为餐厅的特色，一切设施都按复古风格设计，用古老的马车接送顾客，服务人员穿上旧时的礼服，原汁原味地感受过去的风貌，使顾客怀旧的情感油然而生。

经典案例

北京富力万丽酒店

北京富力万丽酒店（Renaissance Beijing Capital Hotel）是一家由万豪酒店管理集团管理的豪华型酒店，位于朝阳区东三环双井桥附近（国贸中心）。周边高档商厦林立，毗邻国贸商圈、新中央电视台，交通十分便利。

在餐饮方面，北京富力万丽酒店的西餐厅是万丽品牌一贯青睐的意大利餐厅，简洁明快的线条，辅以中国红的色调，在设计上体现出了中外合璧的理念。而其中的代表之作是餐厅内一处名为“Cage”的景观，交织的木质线条组成中式鸟笼造型。中餐厅引入了时尚高端、以健康美味的瘦肉型鸭为原料的烤鸭品牌“发达鸭”，以便为客人提供北京特色的健康餐饮服务。中餐厅在设计时巧妙地引入了鸭子的形体曲线，整个餐厅的轮廓颇似一只憨态可掬的鸭子，而餐厅内几处斜线和曲线的搭配布置，还描绘出了鸭子翅膀和羽毛的形态。开放式厨房、挂炉被安排在餐厅正中，每桌客人都可以随时欣赏厨师烹饪时的精湛技艺。

案例分析

北京富力万丽酒店从其规划的第一刻起，每一个设计细节都是为了客户群能在这里得到最舒适的居住体验和最优质的服务水准，并能在就餐的同时，感受最纯粹的中国文化特色和最真实的京城都市氛围。

经验总结

1. 酒店的选址。酒店位于公司商号集中区，交通便利，是该城市消费水平较高的地区。
2. 融入中式主题文化元素，运用中国传统理念打造中式餐厅。

本章小结

餐厅是提供家外就餐服务的商业性企业。随着人们生活水平的提高，我国居民中存在着很大的外出就餐的需求潜力。所以，各地很快建立了各种形式、多种类型的餐厅。本章主要介绍了要设立一家能成功的餐厅在很大程度上取决于一些因素，比如餐厅地点的选择、确定餐厅的市场区域、目标顾客对象的计划以及餐厅经营宗旨等。在设立好餐厅之后，要对餐厅进行合理的设计与布局，本章主要分析了餐厅的内部空间划分、餐厅的座位安排、餐厅餐座数的确定、餐位面积和餐厅面积的确定、餐厅的流动路线安排以及餐厅的环境设计，力求使餐厅以独特鲜明的形象在激烈的市场上占有一席之地。

考考餐饮服务员

一、填空题

1. 餐厅选址的原则有________、________、________、________、________。
2. 专门化快餐店的特点是________、________、________、________、________。
3. 餐厅是顾客购买和享受餐饮产品的空间。从这一点来看餐厅空间可分为__________、__________和__________。
4. 餐厅音响系统的调节与控制要注意__________、__________、__________。
5. 在餐厅中大致有三种光源分别是__________、__________、__________。

二、选择题

1. 最适宜开快餐店的地段是（　）。

A. 公司商号集中区　　B. 重要的车站附近

C. 学生街　　D. 商业闹市区

2. 在市郊路段，如果是专供聚餐的大型餐厅，其营业重点是提供（　）餐饮产品。

A. 有特色的　　B. 高档的

C. 低档的　　D. 中档的

3. 一家新建餐厅应该设法吸引（　　），并注意第一次就让他们满足，以便靠这类顾客为餐厅作口头宣传，扩大餐厅的知名度。

A. “尝试者的朋友”群体　　B. “多数人”群体

C. “尝试者”群体　　D. “稀客”群体

4. 餐厅服务的空间流向主要表现为（　　）等“工作点”的联结。

A. 收款处、酒水柜、厨房部、备餐间、工作柜

B. 收款处、酒水柜、营业部、管事部、工作柜

C. 收款处、送餐部、营业部、备餐间、工作柜

D. 收款处、酒水柜、营业部、备餐间、工作柜

5.（　　）是餐厅传统的光线，比较适合于朋友聚会、恋人会餐、节日盛会等；（　　）是餐厅使用的一种重要光线，一般用于较为豪华的餐厅；（　　）宜用在快餐厅等大众消费的场合。

A. 烛光　白炽光　日光灯　　B. 日光灯　烛光　白炽灯

C. 白炽灯　烛光　日光灯　　D. 烛光　日光灯　白炽灯

三、简答题

1. 餐厅选址应考虑哪些因素？
2. 界定餐厅市场区域有哪些方法？
3. 如何对餐厅竞争者进行调查分析？
4. 餐厅空间分隔常用的形式有哪几种？
5. 餐厅环境设计的作用表现在哪几个方面？

走近餐厅

【实训名称】为某酒店宴会厅进行婚宴主题设计与布置

【实训内容】设计与布置

1. 整体布局。
2. 主要摆设：餐桌、餐椅、餐具及各种陈设和装饰品。
3. 音响。
4. 光线和色调。
5. 空气调节装置等。

要求 10 人为一小组进行设计与布置。考核基本时间：60min。

【实训点评】评分项目及标准

1. 布局要合理，以实用为主。
2. 摆设要突出宴会主题。
3. 色调要协调。
4. 式样要新颖。

第五章 菜单的设计

动脑筋

满意的点餐

一对美国夫妇来到广州一家宾馆的中餐厅用餐。入座后，服务员为他们端来了茶水、面巾和小菜。客人奇怪地问服务小姐，为什么没点菜就摆上小菜。服务员微笑着告诉他们，这是吃广东菜时的一种礼仪规格，为了表示餐厅对宾客的欢迎，茶水和小菜都是免费的。客人听了小姐的解释非常高兴，表示要吃一顿正宗的广东菜，并请服务员为他们点菜。服务员把菜单递给他们后，告诉他们，广东菜的进餐程序和西餐有相似之处，如先喝汤后吃菜。她还依据菜单向客人介绍，广东菜的主要特点是选料精细、花色繁多、新颖奇特。在征询了客人口味的情况下，服务员根据菜单为客人点了“鱼翅汤”“石斑鱼”“脆皮鸡”“猴头蘑”“烤牛肉”等。客人品尝后连声称赞服务员小姐为他们点菜点得好，并表示正宗广东菜的口味果然与众不同。

请思考：菜单在点菜中应发挥什么作用？应如何正确使用菜单帮助客人点菜？

第一节 菜单的基本知识

菜单，英文是“Menu”，来源于法语，或称菜谱、食单，其雏形是法国厨师为了记录菜肴的烹制方法而写的单子。它成为向客人提供的菜单是16世纪中叶的事情了。据说在1541年英国布朗斯维克公爵在私人宅第举行晚宴，宴请朋友时，要求厨师将当天准备的菜肴抄在小纸条上，使他能预先知道要上的菜。客人看到他在看桌上的单子，颇受启发，以后大家便争相仿效，菜单也就真正出现了。而我国在宋代就有了菜单，诗人陆游在《老学庵笔记》中记载了宋廷宴请金使的国宴菜单。

一、菜单的定义

菜单的含义有广义与狭义之分。广义的菜单是指餐厅中一切与该餐饮企业产品、价格及服务有关的信息资料，它不仅包括各种文字图片资料、声像资料以及模型与实物资料，甚至还包括顾客点菜后服务员所写的点菜（订餐）单。而狭义的菜单则仅指餐饮企业为便于顾客点菜订餐而准备的介绍该企业产品、服务与价格等内容的点菜菜单或介绍该宴会菜点的宴会菜单。一份良好的菜单既要能够引导客人选择食品饮料，满足顾客审美及就餐的喜好，同时又要适合餐饮企业管理人员推销某些菜品的需要，并对整个餐饮经营过程进行计划和控制。

二、菜单的作用

随着餐饮业的发展，新的餐饮经营形式不断出现，新技术在餐饮业广泛应用，从而使得菜单的种类与形式日趋丰富，其内容与作用也相应扩大。今天，菜单的作用已不局限于传统上人们立即见到的文字内容，它已成为餐饮企业与顾客进行信息交流与沟通的重要手段之一，同时也是餐饮企业对整个餐饮经营过程进行计划、控制不可缺少的管理工具之一，它在餐饮企业经营管理中的作用主要表现在以下几方面。

（一）菜单能促进餐饮销售

一份精心编制的菜单，能使顾客感到心情舒畅，赏心悦目，并能让顾客体会餐厅的用心经营，促使顾客欣然解囊，乐于多点几道菜肴；而且可以利用菜单内容引导顾客尝试高利润菜，以增加餐厅的收入。如加插精美的菜肴图片，使点菜者馋涎欲滴。

（二）菜单是宣传品也是艺术品

菜单无疑是餐厅主要的广告宣传品，一份制作精美的菜单不但可以提升用餐气氛，更能反映餐厅的格调，使客人对菜单内所列的美味佳肴留下深刻印象。有的菜单甚至可以被视为一种艺术品，让人欣赏并留作纪念，带给客人美好的用餐体验。据说大画家张大千所写的菜单，成为客人竞相索取和收藏的纪念品，张学良将军还将收藏的菜单装订成册后又请张大千题字留念。

（三）菜单可反映餐厅的经营方针

餐饮工作包罗万象，主要有原料的采购、食品的烹调制作以及餐厅服务，这些工作内容都得以菜单为依据。因此，必须根据餐厅经营方针来设计菜单，才能实现营运目标。

（四）菜单可控制餐饮成本

菜单内容一经确定，也就决定了餐饮企业食品成本的高低。毛利偏低的菜肴过多，必然导致整个餐厅食品的成本偏高；精烹细作、工艺复杂的菜品过多，也会引起劳动成本的上升。菜单上不同成本的菜品数量比例是否恰当，直接影响到餐饮企业盈利能力。所以菜单的设计是生产成本控制的重要环节。

（五）菜单是厨房购置相应餐饮设备的指南

餐饮企业必须根据菜单的菜肴种类和制作方法，选择合适的餐饮设备和工具。例如有老鸭煲就要购置砂锅，有煎牛排就要购置平板灶或平锅。一般而言，菜式种类越丰富，所需的设备种类就越多。

（六）菜单是沟通消费者与接待者之间的桥梁

消费者通过菜单来选购自己所喜爱的菜肴，而接待人员通过菜单来推荐餐厅的招牌菜，两者之间借由菜单开始交谈，使信息可以交流，形成良好的双向沟通模式。有些菜单还绘上漫画，加上菜点小常识，更拉近了与消费者的距离。

（七）菜单象征餐厅菜肴的经营特色和等级水准

每个餐厅都有自己的经营特色和等级水准。菜单上的食品项目、饮料品种、价格及质量等均能显现餐厅商品的特色和水准，以留给客人良好和深刻的印象。

（八）菜单是餐厅采购材料种类、数量、方式的依据

食品材料的采购和储藏是餐厅经营活动的必要环节，它们受到菜单内容和菜单类型的支配和影响。所以餐厅经营者必须根据菜单来决定食品材料采购的种类和数量的多寡。

（九）菜单是餐厅服务人员为顾客提供各项服务的准则

菜单决定了餐厅服务的方式和方法，服务人员必须根据菜单的内容及种类，提供各项标准的服务程序，既能让客人得到视觉、味觉、嗅觉上的满足，又能让客人享受到优质的服务。

（十）菜单是研究食品质量的资料

根据客人点菜的情况，分析餐厅菜肴销售状况，了解客人的口味以及客人对菜肴的点击率，作为改进食品质量及服务品质的依据，从而来调整口味方向，改良生产计划和烹调技术，改善菜肴的促销方式和提高菜肴毛利率。

三、菜单的种类

由于各餐饮企业的经营类型、档次及经营项目各不相同，各企业对菜单内容选择、项目编排以及外观设计均有不同要求，从而形成了千姿百态的餐厅菜单。依据不同的分类标准，可将菜单分为多种类型。按餐饮形式和内容分，有早餐（茶）菜单、正餐菜单、宴席菜单、团队菜单、冷餐自助餐菜单、宵夜点心菜单以及酒水单；按照市场特点，可分为固定菜单、循环菜单、当日菜单和限定菜单等；按照菜单的价格形式，可分为零点菜单、套餐菜单和混合菜单；根据餐饮企业经营类型，可分为餐桌服务式餐厅菜单、自助式餐厅菜单和外卖送餐式餐厅菜单等；按照中西餐就餐方式，可分为中餐菜单和西餐菜单。综合考虑各类餐饮企业的经营类型、经营项目、就餐形式及服务对象等因素，可将菜单分为以下六大类型来作介绍。

（一）零点菜单

零点菜单又称做“点菜菜单”或“散客菜单”，是餐厅中最基本、最常见，也是使用最广泛的一种菜单。它适用于大多数经营类型的餐饮企业，如传统餐桌服务式餐厅、特色餐厅、风味餐厅、火锅餐厅及咖啡厅等。“点菜”在法语中叫“A La Carte”，在日语中又称“一品料理”。零点菜单按餐别可分为中、西早餐零点菜单和中、西正餐零点菜单，总的来说，零点菜单的基本特征主要有以下几方面：

①针对流动性较大的客源市场，常使用固定性菜单，在相当一段时间内大部分菜品基本不变。

②针对的顾客群较广，为兼顾客人不同口味与层次的需求，零点菜单菜品较多，菜品价格高、中、低档搭配适度，尤其是正餐零点菜单，从而使顾客有充分的选择余地。

③每道菜品都标明价格，许多餐厅的零点菜单还将每道菜品按大、中、小份分别定价，让顾客有更大的选择余地。

④反映餐厅经营特色与等级水平，突出主菜与特色菜。

中、西早餐零点菜单相对简单，这主要是由于大多数人早上忙于上班，就餐时间相对较少，早餐菜单上较少的菜品可为客人节约点菜时间。中、西早餐零点菜单主要菜别分类和菜单示例如表5－1、表5－2、表5－3、表5－4所示。

表5－1　中式早餐零点菜单主要菜品类别

粥类	各地粥品主要以当地风味为主，如白粥、小米粥、八宝粥主要常见于北方风味的餐厅，鱼片粥、皮蛋瘦肉粥在粤菜餐厅菜单上最常见。除了白粥价格低一个档次外，其他粥品一般以相同价格供顾客选择
面食点心类	面点类主要以中式面点为主，常见品种有蒸饺、虾饺、烧麦、春卷、花卷、包子、馒头、煮面、炒面、云吞等
小菜类	以各地风味小菜为主，如泡菜、咸菜、火腿肠、咸蛋、花生等，南方地区的餐厅还提供肉类小食，如牛百叶、凤爪、猪蹄等
饮料类	饮料一般是茶或果汁，有些餐厅还设有水果或咖啡

表5－2　中式早餐零点菜单内容示例

中式早餐零点菜单 BREAKFAST MENU	
白粥 White Congee	￥5.00
鱼片粥 Congee with Sliced Fish	￥5.00
鸡茸粥 Congee with Minced Chicken	￥5.00
皮蛋瘦肉粥 Congee with Minced Pork & Preserved Egg	￥5.00
馒头（个） Steamed Bun	￥0.50
包子（个） Steamed Dumpling	￥1.00
各式面条（碗） Various Noodles	￥8.00
云吞 Wonton in Soup	￥8.00

续 表

中式早餐零点菜单 BREAKFAST MENU	
咖啡、牛奶或奶茶 Coffee，Milk or Milk Tea	￥2.00
各式小菜（任选 1） Various Picked Vegetables	￥3.00
各式香肠、咸蛋（任选 1） Various Sausages or Salted Eggs	￥3.00
水果盘 Fruit Plate	￥8.00

表 5－3　西式早餐零点菜单主要菜品类别

项目	西式早餐的常见品种
面包与黄油	面包一般是烤制而成，与果酱、黄油同时送上。早餐菜单一般选用月牙形黄油小面包（Croissant）、香甜盘肠面包（Sweet Roll）、玉米面包（Corn Muffin）等盘肠面包类主食
谷物类	这是西式早餐菜单上的常见品种，尤以燕麦片粥（Oatmeal）、玉米面包片（Corn Flakes）最为有名
禽蛋菜肴类	这也是西式早餐菜单上的常见品种，包括各种禽蛋菜肴，这类菜肴一般都加有火腿、香肠或咸肉
饮料类	饮料主要有咖啡、牛奶、可乐、红茶等饮料

表 5－4　西式早餐零点菜单内容示例

Served from 7：00am～10：00am Sundays and bank Holidays 8：00am～11：00am		
Tomato Prune or Pineapple Juice	Small	£0.50
	Large	£0.60
Fresh Orange Juice or Grapefruit Juice	Small	£0.40
	Large	£0.50
Stewed Prunes or Figs		£0.80
Chilled Seasonal Melon		£0.50
Half a Grapefruit		£0.30
Fresh Grapefruit Cocktail		£0.50
A Choice of Fruit	Per piece	£0.30

续 表

Served from 7：00am～10：00am Sundays and bank Holidays 8：00am～11：00am	
Yoghurt	£0.50
Porrige or Cereals of Your Choice	£0.50
Two Eggs as You Wish	£0.50
Bacon，Sausage，Tomato and Mushrooms	£0.60
A Three－Egg Omelette of Your Choice	£0.75
Breakfast Sirloin Steak	£2.00
A Pair of Kippers	£0.70
Smoked Haddock and poached Egg	£1.00
Pancakes with Maple Syrup or Sugar and Lemon	£0.60
Fresh Breakfast Rolls，Hot Croissants or Toast with Butter	£0.15
Marmalade，Honey or Jam	£0.15
Tea，Coffee or Milk	£0.20

中式餐厅正餐零点菜单品种丰富，但并不意味着所有的餐厅在选择菜品时，都必须将上述类别的菜品全部列在菜单上，而是要根据本餐厅的经营类别、当地原料供应情况、本餐厅技术力量、本餐厅市场定位与档次，来选择菜肴品种，同时在众多菜肴品种中，将那些最能突出本餐厅特色、反映本餐厅技术水平以及餐厅最愿意销售的菜品放在菜单上最醒目的位置。另外，中式正餐零点菜单的菜品类别，也可根据需要，加入以烹调方法为特征的品种类别，如煲仔菜、铁板类、热炒类、烧烤类等类别（如表 5－5、表 5－6 所示）。西式正餐零点菜单的菜品类别如表 5－7 所示。

表 5－5　　中式正餐零点菜单主要菜品类别

冷盘凉菜类	凉菜类包括各种拼盘、凉菜
江鲜、河鲜与海鲜类	主要包括淡水与咸水鱼、虾、蟹及甲壳类菜肴
肉类	主要是家畜类菜肴，包括家畜内脏等原料制成的菜肴
禽类	主要是家禽类菜肴
蔬菜类	主要包括蔬菜、粮食、水果等原料制作的菜肴
主食类	一般是米、面制作的品种
汤类	以各种羹汤类菜品为主
甜点类	包括各种甜食菜品
饮料类	包括酒精饮料与非酒精饮料

表 5－6　　中式正餐零点菜单内容示例

中式正餐零点菜单		
冷菜类		
品名	重量（g）	价格/单位
舟山海蜇	200	（略）
红油肚丝	200	（略）
绍兴醉鸡	250	（略）
温州鸭舌	200	（略）
五福醉缸	200	（略）
秘制排骨	200	（略）
蛋黄牛筋	200	（略）
泡椒皮蛋	200	（略）
宁波烤菜	200	（略）
糯米酥藕	200	（略）
面酱黄瓜	200	（略）
红枣百合	200	（略）
落地丁香	200	（略）
冰镇南瓜	300	（略）
金华老干	250	（略）
香菜干丝	100	（略）
……		
海鲜类		
品名	加工方法	价格/单位
苏眉鱼	广味蒸、油浸	（略）
东星斑	广味蒸、油浸	（略）
大黄鱼	清蒸、葱油、红烧、雪菜汤	（略）
小黄鱼	干炸、咸菜蒸	（略）
大鲳鱼	葱油、红烧、香炸	（略）
大龙虾	蒜蓉、椒盐、葱姜、上汤	（略）
小青龙	蒜蓉、椒盐、上汤	（略）
大虾菇	白灼、椒盐	（略）
富贵虾	白灼、椒盐、盐水	（略）
基围虾	白灼、椒盐、蒜蓉蒸	（略）

续 表

河虾	白灼、盐水、油爆、干菜蒸	（略）
白虾	白灼、盐水、油爆、干菜蒸	（略）
大对虾	干煎、椒盐	（略）
象鼻蚌	刺身、滑炒、上汤	（略）
竹管蛏	姜葱、葱油、白灼、盐焗	（略）
香螺	蒜爆、白灼	（略）
红膏蟹	葱姜炒、蛋蒸、咸蛋黄炒	（略）
湖蟹	清蒸、咸肉蒸	（略）
甲鱼	生炒、冰糖烧、清蒸、放汤	（略）
河鳗	清蒸、干菜蒸、豆豉蒸	（略）
左口鱼	清蒸、葱油、广式蒸	（略）
鳜鱼	清蒸、葱油、红烧	（略）
鲈鱼	清蒸、葱油、红烧	（略）
……		
	畜肉类	
品名	重量	价格/单位
铁板肥牛	肥牛肉350g	（略）
红烧羊肉	羊肉400g、青大蒜50g	（略）
沙茶牛肉	牛肉350g	（略）
西芹炒腊味	腊肉150g、西芹200g	（略）
回锅肉	肉片200g（青蒜、红椒、包菜、香干）	（略）
菠萝咕噜肉	猪肉200g、菠萝50g	（略）
水煮牛肉	牛肉350g	（略）
梅菜扣肉	五花肉250g、梅干菜100g	（略）
秘制蒜香骨	子排500g	（略）
椒盐排骨	子排500g	（略）
小烤野兔	野兔肉250g	（略）
咸鱼蒸肉饼	肉末250g、咸鱼35g	（略）
干菜肉夹饼	五花肉200g、干菜100g、夹饼10个	（略）
尖椒牛柳	牛柳250g、尖椒50g	（略）
钱江肉丝	猪肉250g	（略）
……		

续 表

禽蛋类		
品名	重量	价格/单位
叫化子鸡	童鸡 1000g、猪肉 50g	（略）
笋干老鸭煲	老鸭 1500g、笋干 200g、火腿 200g	（略）
鸡片炒滑菇	鸡片 100g、滑菇 150g、青椒 25g	（略）
乌鸡菌煲	乌鸡 500g、菌菇 200g	（略）
脆皮乳鸽	乳鸽 2 只（500g）	（略）
炸酱水波蛋	鸡蛋 100g、炸酱 100g	（略）
避风塘鸡翼	鸡翼 300g	（略）
掌中宝	鸡掌 200g、红椒 100g、白果 50g、松子 25g	（略）
美极鸭脸	鸭脸 5 个	（略）
……		
蔬菜类		
品名	重量	价格/单位
火腿蚕豆	蚕豆 300g、火腿 30g	（略）
油焖春笋	春笋 800g	（略）
油条丝瓜	丝瓜 400g、油条 1 根	（略）
油焖尖椒	小尖椒 300g	（略）
开洋萝卜丝	萝卜 300g、开洋 30g	（略）
尖椒茄子	茄子 300g、尖椒 50g	（略）
蒜蓉荷兰豆	荷兰豆 300g	（略）
腊肉西芹	西芹 200g、腊肉 50g	（略）
百合苦瓜	苦瓜 300g、百合 50g	（略）
火肉白菜	白菜 400g、火腿 80g	（略）
雪菜素鸡	素鸡 250g、雪菜 150g	（略）
麻婆豆腐	豆腐 1 盒	（略）
油炸臭豆腐	臭豆腐 200g	（略）
咸蛋黄炒南瓜	南瓜 300g、咸蛋黄 5 个	（略）
蚝油生菜	生菜 300g	（略）
清炒芦蒿	芦蒿 200g	（略）
香干本芹	本芹 250g、香干 2 块	（略）
……		

续 表

羹汤类		
品名	重量	价格/单位
宋嫂鱼羹	鱼肉 100g	（略）
发菜鱼肚羹	发菜 20g、鱼肚 100g	（略）
芙蓉银鱼羹	银鱼 100g、蛋清 25g	（略）
鸭血开胃羹	豆腐 1 盒、鸭血 1 块、香菜 50g	（略）
蛤蜊黄鱼羹	黄鱼 100g、蛤蜊 100g	（略）
群鲜羹	海参、干贝、虾仁、鱼肚、金针菇各 50g	（略）
杭州酸辣汤	豆腐 1 盒、猪肉 50g	（略）
西湖莼菜汤	莼菜 150g、鸡丝 25g、火腿丝 25g	（略）
清汤鱼圆	鱼圆 10 粒	（略）
开洋萝卜汤	萝卜 150g、开洋 50g	（略）
榨菜肉丝汤	榨菜 50g、肉丝 50g	（略）
鱼片皮蛋汤	鱼肉 100g、皮蛋 2 只	（略）
番茄牛肉汤	番茄 200g、牛肉 100g	（略）
……		
点心类		
品名	口味	价格/单位
风味南瓜饼	（甜）	（略）
榴莲酥	（甜）	（略）
翡翠豆沙包	（甜）	（略）
糯米素烧鹅	（甜）	（略）
葱包桧儿	（咸）	（略）
麦糊烧	（咸）	（略）
鲜肉煎饺	（咸）	（略）
葱油饼	（咸）	（略）
虾肉小笼	（咸）	（略）
酒酿圆子	（甜）	（略）
杭州猫耳朵	（咸）	（略）
片儿川	（咸）	（略）
鲜肉芋饺	（咸）	（略）
雪菜面疙瘩	（咸）	（略）
东阳沃面	（咸）	（略）
宁波汤圆	（甜）	（略）
……		

表 5－7　　西式正餐零点菜单主要菜品类别

前菜类 （Hors－d’Oeuvre）	前菜也称开胃菜（Appetizer）或头盘，一般在主菜前食用，其特点是量少、味鲜、色美，具有开胃刺激食欲的作用，通常包括三明治或饼干类开胃品、蘸汁开胃品及其他开胃小食品类，如法式鹅肝酱、苏格兰烟熏三文鱼、俄式鱼子酱、肉冻、咸菜、酸菜及开洋冷盘等
汤类 （Soup）	汤的总称在法语中是 Potage，国际上沿用。而在法国菜中，汤一般分为两大类，即浓汤（Potage Lie）和清汤（Potage Clairs）。清汤中又以清炖肉汤（Consomme）最具代表性，西餐涉及人口及国家较多，除法国的汤菜外，其他许多国家也有一些较著名的汤菜，如俄罗斯的罗宋汤（Borscht），意大利的蔬菜面条汤（Minestrone Soup）等
主菜与配菜类 （Main Courses and Garnitures）	这一类别的菜肴是西餐菜单上最重要的类别。主菜通常是菜单上烹调工艺较复杂，口味最具特色、分量最大的一类菜品，一般包括鱼、虾类、肉类、禽类及野味类菜品。按照西方人的就餐习惯，主菜一般只选一道菜品。主菜大部需要配菜，配菜一般选用各种新鲜菜，按照白、青、红等颜色组合烹制而成。其作用是既能在色、香、味、形方面美化主菜，又能刺激食欲，平衡营养
沙拉类 （Salad）	通常是在主菜上桌后不久或同时上桌。沙拉有荤、素之分。荤沙拉一般由鱼虾、蟹肉等原料制成。素沙拉主要选用新鲜质嫩的蔬菜水果制成。随着节食和素食者增多，素沙拉的需要量在大幅增加，常作为客人的一道主菜选用。沙拉类菜品有时也可作为配菜使用
甜品类 （Desserts）	甜品类菜点，并非仅仅局限于甜味食品，按照西方人的饮食习惯，广义的甜品是指正餐后食用的食物。因此甜品类菜点又称做正餐后菜点（After－Dinner Course）。甜品类菜点一般由三类菜品组成： ①由冷热布丁（Pudding）、冰激凌（Ice Cream）等组成的冷热甜食类菜品（Sweet）。②以奶酪（Cheese）为主料制成的各种咸味小食品。③水果类
面包与黄油类 （Bread & Butter）	主要品种有白面包、燕麦面包、葡萄干面包、黄油卷式面包、奶油包（Brioche）及玉米薄饼（片）
酒水饮料类 （Drinks）	酒水饮料一般放在菜单最后，包括餐前开胃酒、跟餐酒、餐后烈酒、咖啡、牛奶、茶等

有些西餐厅为迎合东方人的需要，又在菜单上安排了一定的东方特色菜品供顾客选用，如中式云吞面、饺子、春卷、日式炒面、印度咖喱饭等。有些西餐厅为突出本餐厅的特色，在菜单上专设特色菜或精选菜类别，以推销本餐厅的特色菜或畅销菜，如专门开设意式炒面和意大利薄饼系列菜品。为迎合节食者的需要，许多菜单还设有高蛋白低热量菜品专栏。另外，西餐正餐零点菜单内容丰富，一般都是按就餐顺序分类编排菜品项目的。

（二）套菜菜单

“套菜”也称“套餐”“定菜”，就是在各类菜品中选配若干菜品组合在一起，以一个包价销售的一套菜肴。套菜菜单按照餐别划分，可分为中、西早餐套餐菜单和中、西正餐套餐菜单4种；按照服务人数来分为，个人套菜菜单和多人套菜菜单。个人套菜菜单一般多见于中、西快餐厅，而多人套菜菜单常见于各类餐桌服务式餐厅（如图5－1、图5－2所示）。餐饮企业推出各种套菜菜单，一是为了迎合不同顾客的需要，二是增加餐饮企业的收入，充分利用餐厅现有资源。同零点菜单相比，套菜菜单具有以下一些基本特征：

（1）经济实惠。套菜菜单的计价是以每客、每套或每桌计价，因此每套套菜菜肴的包价通常比客人单独零点加起来便宜。

（2）品种大众化。套菜菜单上选用的菜品大都是大众习惯享用且制作较简便的品种。

（3）组合简单。每套菜肴的品种一般都较少，便于客人选择，使客人一目了然。

（4）可循环使用。无论是中西早餐套菜菜单还是中西正餐套菜菜单，除快餐厅外，每次提供给客人选择的套数不宜太多，一般保持在3～5套，但这些套菜菜单可循环使用。如每周循环一次。

（5）在节日或特殊场合，套菜菜单也可选用部分制作精细、档次较高的菜品。

海鲜双人套餐	
红袍对虾	蚝油菜心
芙蓉海胆	紫菜蛤蜊汤
宫保鲜贝	点心二道
铁板鱿鱼	水果拼盘

图5－1　中餐套餐菜单示例

奶油番茄汤	Ceamed Tomato Soup
面包粉炸鱼	French Fried Fish
煎肺脷	Tenderloin Steak
水果沙拉	Fruit Salad
	￥18.00

图5－2　西餐套餐菜单示例

（三）宴席菜单

宴席菜单是为宴席而设计的、由具有一定规格质量的一整套菜品组成的菜单。严格说来，宴席菜单也属于套菜菜单，只是由于人们举行宴席的目的、档次、规模、季节、宴请对象及地点各不相同，要求宴席菜单在规格、内容、价格方面同其他套菜菜单区别开来。因此，宴席菜单可以说是一种特殊的套菜菜单（如图 5－3、图 5－4、图 5－5 所示）。

冷菜	一帆风顺	江南八碟		
羹	蟹黄鱼翅			
热菜	苔菜白虾	火膧炖鳖	葱油鳜鱼	果仁㸆排
	太湖螃蟹	墨鱼小炒	笋干老鸭	蒜泥芦笋
主食	腊肉煲饭			
小吃	鲜肉芋饺	玉米脆烙		
水果	水果拼盘			

图 5－3　中餐宴席菜单示例

苏格兰烟熏大马哈鱼	Thinly Sliced Scottish Smoked Salmon with Traditional Accompaniments
原味鸽汤	Essence of Pigeon and Truffles Poached Quail Egg
柠汁蒸明虾	Steamed Tiger Prawn in Lilme-Butter Sauce with Broccoli Flan
美国菲利牛排酥盒	U. S. Beef Tenderloin-Baked in Flaky Puff Pastry with Mushroom and Goose Liver Stuffing Madeira Wine Sauce，Berny Potatoes Vegetable Garnish from the Morning Market
巧克力蛋糕	Gateau Poera-A Rich Chocolate Layer Cake on an Apricot Coulis
咖啡或茶	Coffee or Tea
小甜点	Pralines

图 5－4　西餐宴席菜单示例

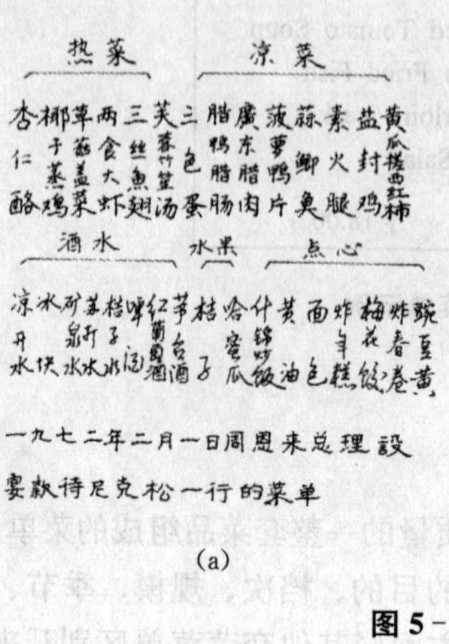

(a)

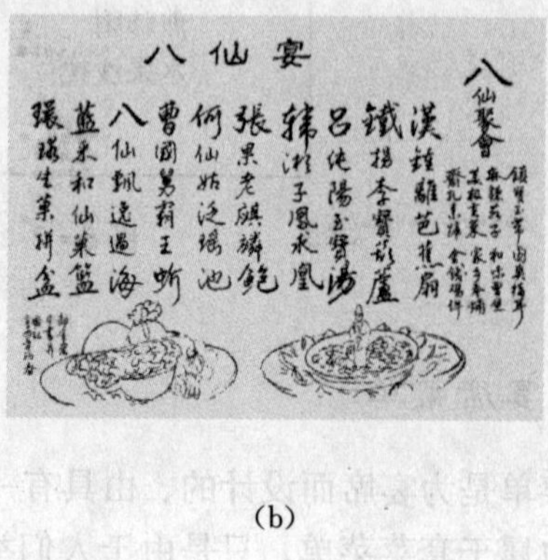

(b)

图 5－5　手写宴会菜单

宴席菜单同其他套菜菜单相比，其特殊性主要表现在以下几个方面。

(1) 设计的针对性与及时性。餐饮企业必须根据宴席预订信息或临时针对每一次宴席顾客的不同需要来进行菜单设计，即便是同一餐厅，同一时间，同一价格，菜单内容也会因不同宴席目的与宴请对象而大相径庭。如是喜庆宴席，菜单上的菜名要体现喜庆的气氛；如是商务宴会，要体现友谊及生意兴隆的特点；如是寿宴，忌点牛肉、冬瓜、豆腐等菜式；如是白事宴，通常点七道菜，忌点汤。这也是宴席菜单与套餐菜单最主要的区别之一。

(2) 内容的完整性。宴席无论是何种目的与档次，在菜单设计上都要求遵循一定的设计规则，按照就餐顺序，设计一套完整的菜品。如中式宴席菜单一般要求要有冷菜、头菜、热荤菜、热素菜、甜菜、汤、席点、随饭菜、水果、饮料等一整套菜品。

(3) 菜品编排的协调性。宴席菜单在选择菜品时，除选择做工精细、外形美观的菜品外，所有菜品还要求在色、香、味、形、器、质地等方面搭配协调，避免雷同与杂乱。菜品选择还应与宴席性质及主题协调呼应，菜单上菜品在编排时，冷热菜、荤素菜比例要合适，同时也要体现主次感、层次感和节奏感，相同原料的菜肴上席时要间隔上，相似形状的菜肴也要间隔上，使所有菜品融合为有机统一的整体。一桌宴会所安排的菜肴色彩要协调，菜与菜之间的颜色要各有不同，菜肴在摆放时注意冷热、荤素、颜色的搭配。菜肴质量的关键在于口味的调配，尤其是整体口味的配合，就是菜肴的口味分别具有酸、甜、苦、辣、咸、鲜等。在菜肴的分量、档次方面，10 人宴席一般有 8～10 道菜，下酒的菜和下饭的菜要搭配适当，药材菜最多 1～2 道。整桌菜的档次要搭配合理，如不能在鲍翅宴上配一条清蒸福寿鱼等。菜单中还应尽量避免原材料和烹调方法、调味的重复。

(4) 菜单选用的菜品集中体现餐饮企业的技术水平。一桌恰到好处的宴席应尽量推荐本店的特色菜及厨师的拿手好菜，这样既能宣传本店的特色，也是一种扬长避短的好方法。

(5) 宴席菜单本身的设计体现餐饮企业的个性特色。宴席菜单不仅要求外观漂亮，印刷精美，其色形、图案也要与餐厅装饰、宴席台面相协调，宴席菜单一般还可让客人带走留作纪念。

餐饮专家

招待会菜单

下面是美国休斯敦大学希尔顿酒店管理学院的学生在“2004 美食之夜”设计的招待会菜单。“美食之夜”是这个学院一年一度的募捐活动，出席活动的客人基本上来自大企业、大公司。虽然当晚所有的工作，从邀请到宣传，从菜单设计到菜单制作，甚至最后的清理工作都由学生自己完成，但由于它是一次非常重要的商务活动，所以菜单非常正式，而且所提供的菜肴绝不是一般餐厅里所提供的日常菜肴。

干烧羔羊肉和土豆，配甜味烤肉酱

烤鳟鱼，配菊苣和蘑菇炖肉

素食寿司卷配甜酸味佐酱

辣味兔里脊，配千层饼和金色覆盆子酱

加州精美葡萄酒，精致酿造酒

＊以上资料由美国休斯敦大学希尔顿酒店管理学院学生会提供。

世界财富全球论坛年会宴会

1999年12月，在上海国际会议中心七楼摆设120桌宴请“99财富全球论坛”的跨国企业代表，宴会厨房工作安排计划书分三个部分：第一从餐具的选购、清洗、消毒、封储、保存、保温、启封到装盘作了详细地分配安排；第二就菜肴的采购、加工、制作、储存及质量把关都作了精细安排，专人负责；第三就菜肴的分派、督导、传菜、介绍也作了严格分工，真正做到了分配有序，忙而不乱。菜谱如下：

风传萧寺香（佛跳墙）

云藤双蟠龙（菠萝明虾）

际天紫气来（中式牛排）

会府年年余（烙银鳕鱼）

财运满园春（美点小笼）

富岁积珠翠（椰汁米露）

鞠躬庆联袂（冰渍鲜果）

把这些菜名的首字连起来，则是“风云际会，财富鞠躬”。

（四）特种菜单

特种菜单同零点菜单、套菜菜单、宴席菜单相比，在服务对象、计价方式、品种编排以及适用场所等方面都有较特殊之处，因此列入特种菜单。特种菜单常见的有以下几种。

1. 自助餐菜单

自助餐菜单与套餐菜单相比，其主要区别是套餐菜单的计价无论是以人还是以桌为计价单位，总是以一定品种和数量的菜品进行包价销售，而自助餐菜单则是在一定的品种菜品中，任顾客随意选用，无论数量多少，都按规定的每位顾客价格收费。也就是说顾客选择消费套餐，是以一定价格将套菜菜单上的菜品全部购买，即使吃不完也可打包带走；而选择消费自助餐，则具有在餐厅提供的菜品中任意选择享用的权利，但不能打包带走。自助餐菜单主要运用于经营自助餐、自助餐宴席以及自助式火锅的餐厅中。由于自助餐需要将菜品提前备好，供客人自由选用，因此自助餐菜单上菜品的选择具有以下一些特点：

(1) 一般选用能大量生产、出品快速并且放置后质量下降慢的菜品。热菜要选用易于加热保温的品种。尽量选用能反复使用的食品。

(2) 无论是中式自助餐还是西式自助餐，餐饮企业一般都将菜品进行合理编排与搭配，形成多套自助餐菜单，循环使用。自助餐菜单可以创造出特色，具有一定的主题风味，如海鲜自助餐、野味自助餐、水产风味自助餐、中西合璧自助餐等。

(3) 品种风味一般要大众化。避免使用少数人群喜爱的风味菜、口味过分辛辣刺激的菜式或原料很怪异的菜式。

(4) 品种数量一定要合理预测与安排。如果盲目制备，极易形成浪费。

中式自助餐会菜点结构一般为冷盘类（Cold Items）、汤类（Soup）、热菜类（Hot Items）、甜点水果类（Desserts Fruit Plate）、饮料类（Beverage）（如表5－8所示）。

西式自助餐会菜点结构一般为冷盘类（Cold Items）、沙拉类（Salads）、汤类（Soup）、切肉类（Carving Board）、热菜类（Hot Items）、甜点水果类（Desserts Fruit Plate）、面包类（Breads）、饮料类（Beverage）（如表 5－9 所示）。

表 5－8　　中式自助餐会菜单示例

冷盘类	COLD ITEMS
明炉烤鸭	Crispy Roast Duck
玫瑰油鸡	Soya Chicken
五香牛腱	Spicy Beef Tendon
鲜虾沙拉	Fresh Shrimp Salad
红油耳丝	Pork Ear Salad
热菜类	HOT ITEMS
中式牛排	Beef Steak Chinese Style
豉椒鸡丁	Diced Chicken with Black Bean Sauce
甜豆鲜鱿	Fresh Squid Sauteed with Sweet Beans
京都子排	Pork Ribs in Brown Sauce
干烧明虾	Braised King Prawns
炸鲳鱼排	Deep fried Pomfret
草菇芥菜	Sauteed Musard Green and Sreaw Mushrooms
什锦炒面	Fried Noodles with Assorted Meats
咸鱼鸡粒炒饭	Fried Rice with Diced Chicken and Salted Fish
汤类	SOUP
西湖牛肉羹	Beef Westlake Broth
甜点水果类	DESSERTS FRUIT PLATE
三式点心	Assorted Chinese Sweets
四色水果	Fresh Fruit Platter
饮料类	BEVERAGE
中国茶	Chinese Tea

表 5－9　　西式自助餐会菜单示例

冷盘类	COLD ITEMS
烤鲑鱼	Baked Salmon
冰饰鹅肝慕司	Goose Liver Mousse on Ice Carving
日式高级生鱼片	Japanese Sashimi and Nigini Sushi with Wasabi
中式特选拼盘	Chinese Deluxe Cold Cuts
烤牛肉片	Roast Rib of Beef with Remoulade Sauce
包烟火腿	Ham Baked in a Bresd Crust with Pickles
热菜类	HOT ITEMS
炒野菇春鸡	Sauteed Spring Chicken in Woodlannd Mushroom Sauce
海鲜酥盒	Ragout of Seafood Vol Au Vent
茄汁鲤鱼块	Pomfret Filet in Tomato and Butter Sauce
茴香烟羊肉	Lamb Stew Prinaniere with Tarragon
菠菜面	Homemade Spinach Nooldes
松子饭	Oriental Rice with Pine Seeds
各式季节生蔬菜	Assorted Seaonal Vegetable
沙拉类	SALADS
茴香酸奶黄瓜	Cucumber with Dill Yoghurt Dressing
意式蔬菜沙拉	Tossed Garedn Greens Italian Style
洋菇沙拉	Mushroom Salad ‘A La Greque’
鲉鱼沙拉	Tuna Fish Salad Nicoise
苹果鸡肉沙拉	Chicken Salad with Apples
切肉类	CARVING BOARD
美国威灵顿式烤牛排（附红酒汁）	Fillet of U. S. Beef Wellington with Perigourdine Sauce
面包类	BREADS
法式餐包及牛油	French Roll and Butter
汤类	SOUP
炖牛尾清汤	Clear Oxtail with Cheese Straws
甜点水果类	DESSERTS FRUIT PLATE
水果拼盘、白巧克力慕司	Fresh Fruit Platter，Suchard Chocolate Mousse
各式法式蛋糕	Assorted Frech Pastyies
黑森林蛋糕、焦糖布丁	Black Forest Cake，Cream Caramel
特选国际名牌乳酪	Selection of International Cheese and Cracders
饮料类	BEVERAGE
咖啡或茶	Coffee or Tea

自助餐厅的冷菜台、热菜台及点心台如图 5－6、图 5－7 和图 5－8 所示。

图 5－6　自助餐厅冷菜台

图 5－7　自助餐厅热菜台

图 5-8 自助餐厅点心台

2. 冷餐会菜单

冷餐会的特点是以冷菜为主，热菜为辅，菜点丰富多样，一般都在 20 种以上。以 25 种菜点为例，冷菜可安排 15 种，占 60%；热菜安排 4 种，占 16%；点心安排 6 种，占 24%（如表 5-10 所示）。菜单设计要点如下：

（1）冷菜可安排各种沙拉、冷冻、肉批等菜肴；热菜可安排烩、焖类菜肴。

（2）选用的原料要新鲜卫生，整形菜肴要完整无损。

（3）安排的菜肴要有多种原料和不同的风格。

（4）一些大型的菜肴要让客人欣赏后，再由服务员或厨师现场为客人派菜。

表 5-10 冷餐会菜单示例

COLD DISHES	冷菜类
Prawns Aspic	大虾冻
Smoked Salmon	熏大马哈鱼
Cold Tumry Fish Tyrulienne	冷金枪鱼
Cold of Chicken Roll	冷鸡卷
Cold Stuffed Chicken	填馅鸡
Roast Leg of Venison	烤鹿腿
Roast Sirloin Beef	烤牛外脊
Roast Leg of Lamb	烤羊腿
Roast Porklon	烤猪外脊
Game Pie	野味派
Veal and Ham Pie	牛仔火腿派
Potato Mayonnaise Salad	土豆沙拉

续 表

Tomato Salad	番茄沙拉
Red Cabbage Salad	紫包菜沙拉
Chief' s Salad	厨师沙拉
Thousand Islands Dressing	千岛汁
Frech Dressing	法式汁
Worcestershire Sauce	醋油沙司
Cold Horseradish Sauce	辣根沙司
HOT ITEMS	热菜类
Seafood Stewed With Cream Sauce	烩海鲜
Fish Orly	炸鱼条
Hungarian Goulash	匈牙利烩牛肉
Chicken Curry	咖喱鸡
DESSERTS	甜点类
Chocolate Mousse	巧克力慕司
Apple Pie	苹果派
Cream Mango	奶油冻
Banana Fritters	炸香蕉
Nopoleon Cake	拿破仑蛋糕
Black Forest Cake	黑森林蛋糕
Bread and Butter	面包和黄油

3. 客房送餐菜单

这种菜单一般只在具有较高星级的酒店、宾馆才能见到。客房送餐服务是对因某种原因不能或不愿去餐厅就餐，或在供餐时间以外要求用餐的客人所提供的服务。饭店为了满足这些特殊需求，必须配备各种额外的工作人员和设备，如推车、容器等。具有这些特殊需求的客人为求方便一般对价格不敏感。因而客房送餐菜单应选用质量高，但加工不太复杂的菜。要避免选用那些放置后质量容易退化的菜，例如蛋奶酥、嫩煎牛肉等不宜采用。因为客房送餐供应时间长，品种多了会涉及较多的人工和设备，且电话订菜易出差错。客房送餐菜单的品种要搭配合适，不宜多。同样的菜品，客房送餐菜单比其他菜单的价格要贵些。

客房送餐菜单通常包括早餐菜单、全日菜单和饮品。为便于客人订菜，许多饭店将早餐菜单设计成宜于挂在门把上的卡片（如图 5－9 所示），所以客房送餐菜单又被称为门把手菜单。

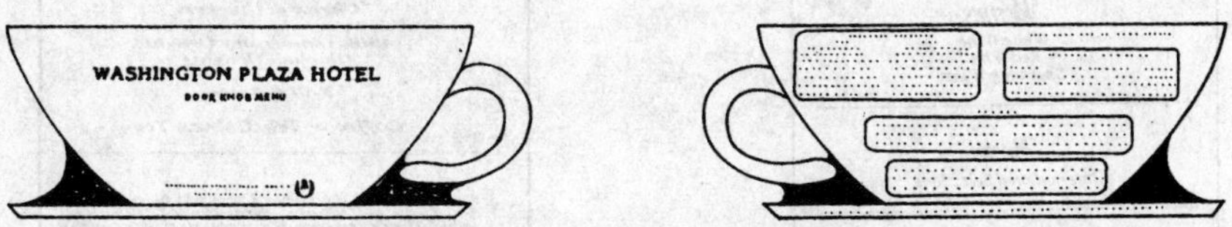

图 5－9　客房送餐菜单

说明：西雅图华盛顿广场饭店早餐客房送餐菜单，冲模成咖啡杯状，可悬挂在门把手上。

客房送餐菜单具有以下一些特征：

(1) 从菜单内容上看，客房送餐菜单仍属于零点菜单。但其品种数量明显少于零点菜单，而且酒店、宾馆一般将早餐、午餐、晚餐菜品及饮料都印在一张菜单上，或置于客房内，或挂于门把上，便于客人订菜。

(2) 将菜品从餐厅送至客房需要一段时间。因此在选用菜单菜品时，一般都选用质量高、工艺不复杂且存放一定时间后质量不易退化的菜品。

(3) 选择菜品时，应尽量少用需使用较复杂餐具的菜品。

(4) 菜单计价一般有两种方式。一是菜单上注明每款菜品的价格和服务费收取比例，二是将用餐费包含在房价之中，如有些酒店、宾馆的房价注明包含早餐送餐服务。

(5) 菜品价格略高。由于送餐服务需配备额外的工作人员和设备，如推车、保温容器等，菜品的价格则明显较零点菜单上的菜品价格高。

4. 旅行菜单

这类菜单主要用在一些大型旅行交通工具上，为旅客提供餐饮服务时使用。人们乘坐大型交通工具旅行，由于旅行时间较长，运输企业为顾客专门开设就餐场所，为人们提供简便的餐饮服务。这些交通工具主要指火车和轮船，这类菜单也属于零点菜单，只是由于受到场地、设备、原料等限制，这类菜单上的菜品品种相对较少，而且成本一般较高，因此菜品价格也较贵。

在飞机上提供餐饮服务受到更大的限制，因而飞机上使用的航空菜单品种数量最少，可供选择的套数也最少，一般1～2套，而且都是由航空食品供应商提前制好，起飞前送上飞机，由航空小姐在飞行途中分发给客人的。航空菜单的菜品一般都选用能大批量提前生产，便于包装、储存、运输的快餐食品，这些菜品都以每人一套的方式分发给顾客，其价格已包含在机票价格中，因此，航空菜单应属于套菜菜单。目前，国内航空公司的国内航线上一般很少使用菜单，而在国际航线上以及国际航空公司的客机上则使用航空菜单的机会较多。航空菜单如图5-10、图5-11、图5-12、图5-13所示。

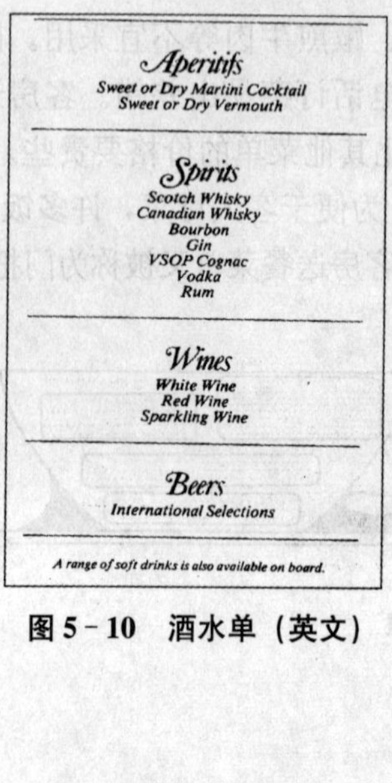
Aperitifs
Sweet or Dry Martini Cocktail
Sweet or Dry Vermouth

Spirits
Scotch Whisky
Canadian Whisky
Bourbon
Gin
VSOP Cognac
Vodka
Rum

Wines
White Wine
Red Wine
Sparkling Wine

Beers
International Selections

A range of soft drinks is also available on board.

图5-10 酒水单（英文）

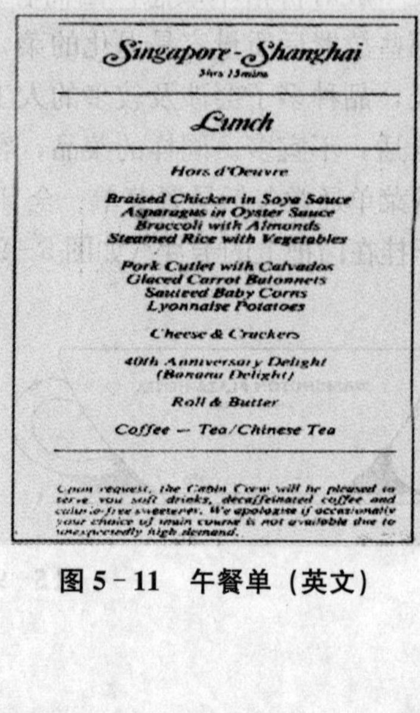
Singapore - Shanghai
5hrs 15mins

Lunch

Hors d'Oeuvre

Braised Chicken in Soya Sauce
Asparagus in Oyster Sauce
Broccoli with Almonds
Steamed Rice with Vegetables

Pork Cutlet with Calvados
Glaced Carrot Butonnets
Sauteed Baby Corns
Lyonnaise Potatoes

Cheese & Crackers

40th Anniversary Delight
(Banana Delight)

Roll & Butter

Coffee — Tea/Chinese Tea

Upon request, the Cabin Crew will be pleased to serve you soft drinks, decaffeinated coffee and calorie-free sweeteners. We apologize if occasionally your choice of main course is not available due to unexpectedly high demand.

图5-11 午餐单（英文）

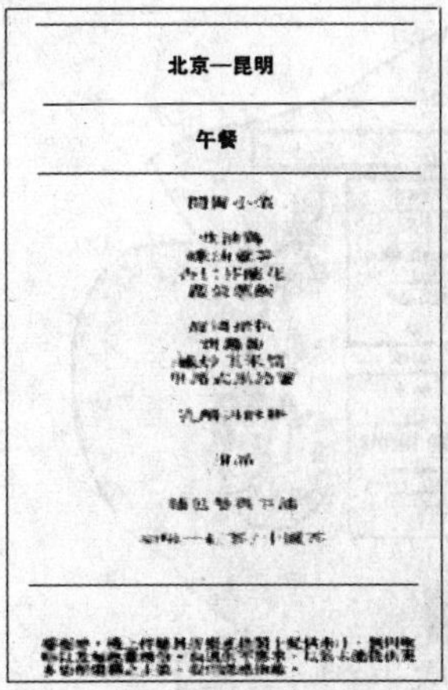
北京一昆明

午餐

图 5－12　午餐单（中文）

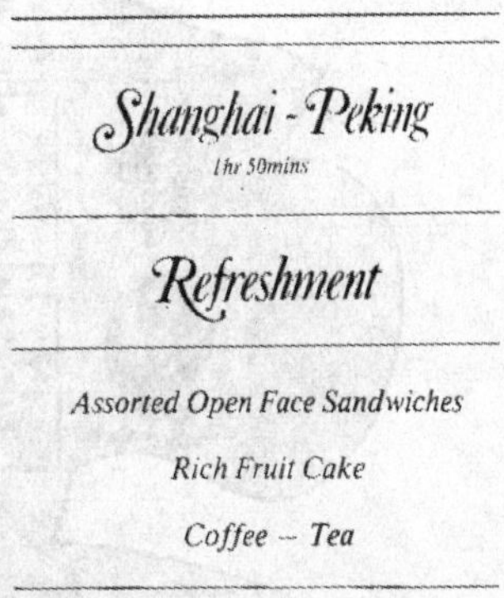
Shanghai - Peking

1hr 50mins

Refreshment

Assorted Open Face Sandwiches

Rich Fruit Cake

Coffee – Tea

图 5－13　茶点单（英文）

5. 特殊人群菜单

餐饮企业推出特殊人群菜单，主要是满足人们多种就餐方式与就餐口味的需要，以进一步提高餐厅的营业收入。餐饮企业针对特殊人群推出的菜单主要有四大类（如表 5－11 所示），即儿童菜单、病人菜单、特殊饮食菜单、营养保健菜单。

表 5－11　　特殊人群菜单

儿童菜单	尽管儿童不是家庭外出就餐的决策者，但他们对决策者有十分重要的影响，尤其是当前我国城市生活水平大幅提高，独生子女较多，年轻的父母们大都愿意为子女花钱，不少家庭因孩子的央求而外出就餐，因此许多餐饮企业，特别是西式快餐厅如“麦当劳”“肯德基”等都将目光集中在儿童这一特殊人群身上，开发了各式各样的儿童菜单（如图 5－14 所示）。其特点是菜单设计图文并茂，引起儿童兴趣，菜品上主要选择适合儿童生理特点的营养食品，计价上更灵活，使年轻父母们感到经济实惠，同时在菜单上注明可获额外小礼品，以进一步取悦小朋友
病人菜单	有些顾客因患有某些疾病在饮食上受到许多限制，如糖尿病患者与胃病患者。尽管这些人群是顾客中的极少部分，但一些餐厅还是为这些顾客准备了特别的菜单，以满足他们外出就餐的需要。当然在编制这种菜单时，应有医生、饮食学家和营养学家的指导
特殊饮食菜单	餐饮企业推出特殊饮食菜单主要是针对那些有特殊饮食习惯与嗜好的顾客，以满足他们的特殊饮食需要，如针对素食者的素菜单、针对节食者的节食菜单等
营养保健菜单	随着人们生活水平的提高，人们对饮食给健康带来的影响越来越重视，人们总是希望通过饮食来促进健康，预防疾病。在我国早就有“医食同源”，中医亦认为可通过饮食来预防和治疗某些疾病。一些餐饮企业大量开发、推出了药膳食疗菜单，满足了市场需求。目前许多药膳菜单上的品种逐渐被其他种类的菜单所引用

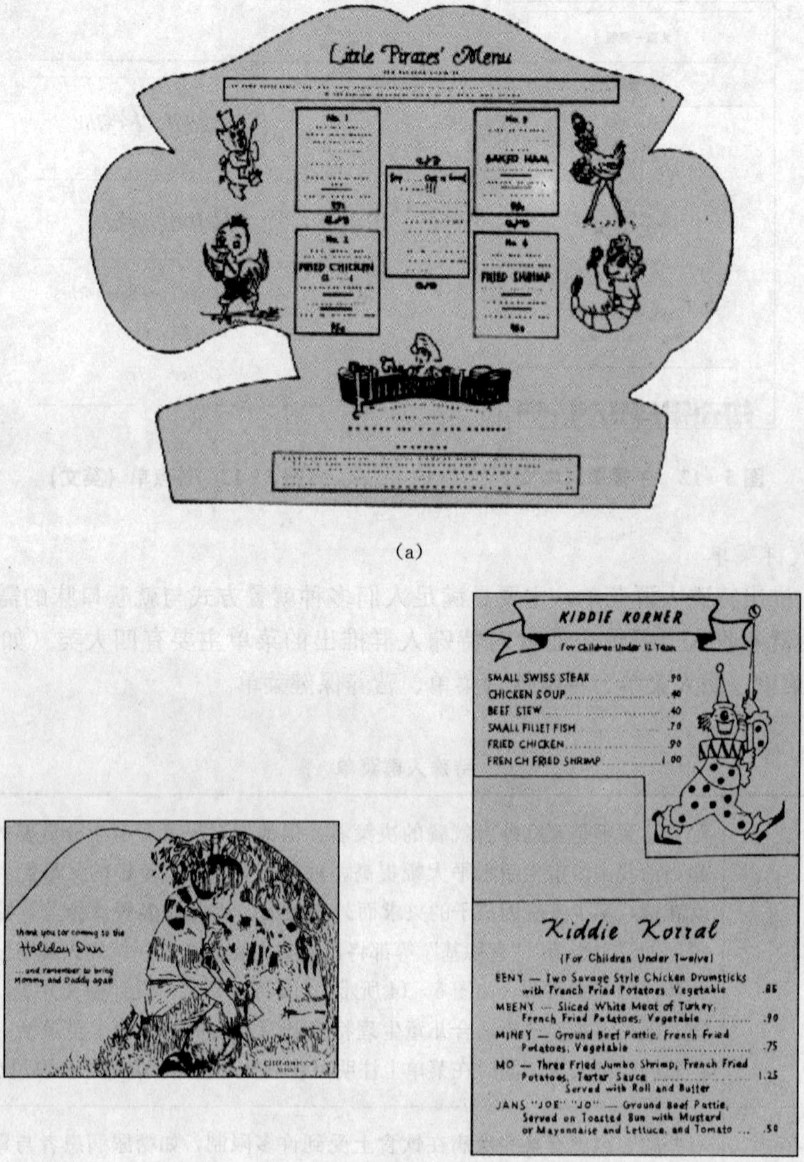

(a)

(b) (c)

图 5-14 儿童菜单

餐饮专家

儿童菜单的要求

艺术设计要吸引儿童的兴趣。菜单要图文并茂，菜单上可以注上汉语拼音。菜单最好用有名的童话故事的画作封面，配上童话式的餐厅环境会更受儿童的欢迎。有些餐厅布置成太空站、有的以白雪公主、匹诺曹故事的背景装饰餐厅环境。这样的菜单与环境相匹配定会受到儿童的喜欢。

大人菜单的缩小版。有的儿童菜品可与大人的一样，只是将菜的量和价格减半，使客人感到经济些。例如北京某饭店客房送餐菜单，欧陆式早餐套餐成人每份 32 元，儿童缩小量为每份 26 元，汉堡包成人每份 34 元，而儿童量每份 18 元。

附带赠品。儿童总是喜欢得到一些奖品，许多儿童为了得到附赠的奖品而央求父母去餐厅就餐。儿童菜单上附赠奖品必受儿童欢迎。这种赠品不需要太奢侈，只要是一份可以带走的礼品即可，如小国旗、新奇的橡皮、铅笔盒、玩具饭盒、面具等。如果不预先告诉儿童礼品的内容而让儿童抽奖，会因带有神秘感而更能取悦儿童。

妈妈可以放心的菜品。随着居民文化程度的提高，人们越来越注重菜品的营养和儿童的健康。菜单上推出“天然食品”“健康食品”，会取得父母的信任和欢迎。

（五）酒水单

酒水单主要适用于以经营酒水饮料为主的酒吧、咖啡屋、茶馆等餐饮企业。酒水单上饮品的种类选择根据餐饮企业的经营类别而有所不同。酒吧中的酒水单以含酒精饮料为主，而咖啡屋和茶馆的饮料单，则以咖啡、茶等非酒精饮料为主。

酒水单上的饮品种类较多，一般有开胃酒、烈性酒、鸡尾酒、香槟酒、葡萄酒、啤酒、汽水、果汁等类别。酒水单上的每一种饮品应分别注明价格。但计价单位因各餐饮企业的经营方法和酒水种类而有所不同。如烈性酒、鸡尾酒等饮品大多按杯计价，而香槟、葡萄酒等多数按槽计价。酒水单的基本形式与零点菜单类似。由于酒水饮料属于获利很大的产品，因此酒水单的品种选择与内容编排，会直接影响餐饮企业的饮料销售。一般经营酒水饮料的餐厅大多把酒水饮料附列在菜单最后，部分大中型高档餐厅因提供酒水饮料品种较齐全，有时也单独印刷酒水单，其内容形式与酒吧等的酒水单类似。

（六）混合式菜单

混合式菜单综合了零点菜单与套菜菜单的特点与长处，将二者有机地结合在一起。但是最初的混合式菜单则仅是简单地将一份零点菜单与一份套菜菜单印制在一起，其缺点是菜单过大过长，使用不便。后来许多餐饮企业进行了简化与改革，将零点菜单列在前，后设几组套菜或宴席菜式，形成了较简便实用的混合式菜单。西餐厅使用混合式菜单较多，有些西餐厅的混合式菜单上以套菜形式为主，同时欢迎顾客随意点用其中任何主菜，并以零点形式单独付款；而另一些西餐厅的混合式菜单则以零点形式为主，但主菜均有两种价格，一为零点价格，一为订菜价格。顾客若要选用订菜方式，则在选定主菜之后，可以在其他种类菜品中选择数量和品种控制在一定范围内的菜点作为配套菜品，最后按所选主菜的价格付款。企业用混合式菜单一定要注意避免过于复杂，同时又要避免菜单叙述不清楚而引起歧义。

餐饮专家

茶歇菜单

茶歇对于一般的大型会议而言可能不需要，中、小型会议，特别是公司或者组织高层会议，会间茶歇是很重要的。茶歇的定义就是为会间休息兼气氛调节而设置的小型简易茶话会，当然提供的饮品可能不限于中国茶，点心也不限于中国点心。

通常茶歇的准备包括点心要求、饮品要求、摆饰要求、服务及茶歇开放时间要求等，一般不同时段可以更换不同的饮品、点心组合。大致上茶歇的分类是中式与西式。中式的饮品包括矿泉水、开水、绿茶、花茶、红茶、奶茶、果茶、罐装饮料、微量酒精饮料，点心一般是各类糕点、饼干、袋装食品、时令水果、花式果盘等；西式茶歇饮品一般包括各式咖啡、矿泉水、低度酒精饮料、罐装饮料、红茶、果茶、牛奶、果汁等，点心有蛋糕、各类甜品、糕点、水果、花式果盘，有的还有中式糕点。

第二节　菜品的选择

一、菜品选择的前提

（一）了解当前菜品的销售动态

一张好的菜单应该能适应当前菜品的销售动态。在选择菜单的菜品时，要密切注意有关菜品的销售状况，阅读有关美食和各种菜谱的杂志和书刊。同时，还要访问其他餐馆，了解他们销售什么食品以及这些食品的销售情况。了解他们有哪些菜特别受顾客欢迎、哪些菜销售不佳。从而使菜单的品种反映以下特点：当时菜品流行的潮流；中国销量最大的菜品；当地人最喜欢的菜品。

老餐厅的菜单不能一成不变，除进行销售动态调查外，还要进行菜单分析，了解本餐厅各种菜品的销售情况。

（二）菜单分析

菜单分析是菜品选择的一项十分重要的工作。菜单分析就是对菜单上各种菜的销售情况进行调查，分析哪些菜品顾客最欢迎。在菜单分析时，以菜品的价格和销售额指数来表示。菜单分析的原始数据可采自于订菜单，汇总账单上各种菜的销售份数和价格，便可算出菜肴受顾客欢迎的程度。

可以把被分析的菜品划分成四类，并对各类菜品分别采取不同的产品政策（如图 5－15 所示）。

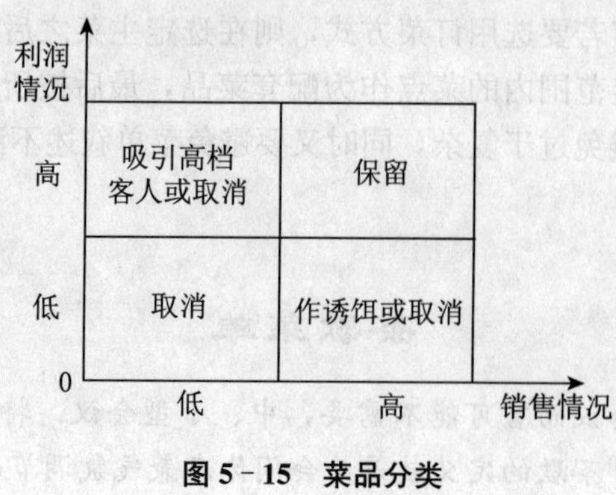

图 5－15　菜品分类

畅销、高利润菜既受顾客欢迎又有盈利，是餐厅的盈利项目，在计划菜品时应该保留。

畅销、低利润菜一般可用于薄利多销的低档餐厅中，如果价格和盈利不是太低而顾客又较欢迎，可以保留，使之起到吸引顾客来餐厅就餐的诱饵作用。顾客进了餐厅就还会订别的菜，所以这样的畅销菜有时甚至赔一点也值得。但有时盈利很低而又十分畅销的菜，也可能会转移顾客的注意力，挤掉那些盈利大的菜品。如果这些菜明显地影响盈利高的菜品的销售，就应果断地取消这些菜。

不畅销、高利润菜可用来迎合一些愿意支付高价的客人。高价菜毛利额大，如果不是太不畅销的话可以保留。但是如果销售量太小，会使菜单失去吸引力，若连续在较长时间内销售量一直很低则应该取消。

不畅销、低利润菜一般应取消。但有的菜如果顾客欢迎度和销售额都不算太低，又在营养平衡、原料平衡和价格平衡上有需要的仍可保留。

（三）确定价格范围

在选择菜品时，餐饮管理人员须对餐厅的经营情况进行分析，计算餐厅获取目标利润的就餐客人的人均消费额应该为多少。同时还要进行菜单分析和顾客调查，了解目标顾客愿意支付的人均消费额是多少。管理人员根据这些信息确定餐厅的人均消费额标准，并根据人均消费额标准定出各类菜品的价格范围。

在确定各类菜品的价格范围时，先要把菜品分成各大类别，根据竞争者餐厅或本餐厅以前的销售调查算出各类菜品占销售额的百分比以及顾客对各类菜的点菜率。

二、菜品选择的原则

菜品的选择和计划要反映出餐厅经营的风格，要能影响餐厅顾客的需求。菜单上列出的菜品是顾客就餐时购买决策的依据。菜品选择合理会促使顾客购买，吸引他们下次再来，从而提高餐厅的收入和经营利润。因此菜品的选择和计划应十分慎重，必须遵循以下八条原则。

（一）迎合目标顾客的需求

菜单上应列出多种菜品供顾客挑选，这些品种要体现餐厅的经营宗旨。而餐厅的经营宗旨是要迎合目标顾客的需求，因此菜品必须迎合这些具有某种类似需求的目标顾客的需要。如果餐厅的目标顾客是收入水平中等、喜欢吃广东菜的群体，则餐厅的经营宗旨就是中档粤菜，而不要将杂七杂八的烤鸭、涮羊肉都编进菜单，使菜单反映不出经营宗旨；以享受性就餐的高收入顾客为目标市场的餐厅，菜单应提供一些做工精细、服务讲究的高级菜品；以流动性人群为主要顾客对象的餐厅，菜单上应设计制作简单、价格适中、服务迅速的菜品；以家庭群体为目标顾客的餐厅，菜单上的品种应丰富多彩并且讲究美观和变化。

（二）与总体就餐环境相协调

菜品并非越精细越好，而是必须和总体就餐经历和其他部分相协调。一家设计美观、建筑成本高的豪华餐厅，人们指望那里提供高级的菜品，如果菜单上只是一些加工粗糙的普通菜，人们便会大失所望，产生很坏的印象。相反，一家设计简单、布置朴素的餐厅，人们指望价廉的普通菜，如果餐厅提供高价的特色菜，人们会觉得菜品的价格不值。

（三）品种不宜过多

一家好的餐厅，菜单上列出的品种应保证供应，不应缺货，否则会引起顾客的不满。但菜单所列的品种也不宜太多。品种过多意味着餐厅需要很大的原料库存量，由此会占用大量资金和高额的库存管理费用，菜品品种太多还容易在销售和烹调时出现差错；还会使顾客挑菜决策困难，延长挑菜时间，降低座位周转率，影响餐厅收入。因此菜单上的品种应该少而精，这也为将来更换菜品留有余地。

（四）选择毛利润较大的品种

菜品计划应使餐厅获取可观的毛利。因此设计菜品时要重视原料成本。原料成本不仅包括原料的进价，还包括加工和切配的折损、剩菜和其他浪费的损耗因素。如果菜品因原料成本高、价格贵而难以售出，则这类菜不宜多选。要选择一些能产生较大毛利的菜品，选择那些组合起来能使餐厅达到毛利指标的菜品。

（五）经常更换菜品

为了使顾客保持对菜单的兴趣，菜单要使顾客有新鲜感。菜单上的品种应该经常更换，防止顾客对菜单发生厌倦而易地就餐。这对长住顾客和回头顾客较多的饭店餐厅更为重要。

菜品更换应根据季节变换补充一些新鲜的时令菜，换去一些落市的菜品，使菜品能反映季节的特色。有些餐厅每年变换两次或每三月变换一次，使顾客能品尝新鲜的时令菜。有些餐厅的菜单留下一些空白之处，以便插进新鲜的时令菜。

菜品的更换要注意尽量减少浪费。在计划更换菜品时，要检查库房有哪些食品储存时间较长，哪些菜不能继续储存，要设法换上一些能用这些原料的菜品，以避免浪费。

菜品的更换还要根据菜单分析的结果，要留下盈利大、顾客欢迎的菜品，换去一些不受顾客欢迎且收入少的菜品。

菜品更换时要尽量补上新产品。所谓新产品有三种：一是过去不存在的产品；二是过去虽有但又经改进的菜；三是曾有但被遗忘而又重新出售的产品。餐饮工作人员要注意学习其他餐馆的新鲜菜，经过模仿和改进，补充到自己的菜单里去。

（六）品种要平衡

菜单，无论是零点菜单还是套餐菜单，应尽量满足不同的口味，不要使顾客的选择面太窄。因此选择品种时要考虑以下因素。

（1）每类菜品的价格平衡。菜单要针对一定档次的顾客，但是每一档次的顾客又有愿意多花钱和少花钱之分，所以每一类菜的价格应尽量在一定范围内有高、中、低之搭配。

（2）原料搭配平衡。每类菜应用不同原料的菜品组成，以适应不同口味顾客的需要。例如西餐的汤类应有以肉、鱼、蛋、家禽、蔬菜为主要原料的品种。因为顾客中会有人不吃肉或家禽等，原料搭配好可使更多的顾客能选择自己喜欢的品种。

（3）烹调法平衡。在各类菜中应有不同烹调法制作的菜，如炸、炒、煮、蒸、炖。成品的质地要生、老、嫩、脆搭配，口味要咸、甜、清淡、辛辣搭配合理。

(4) 营养平衡。选择菜品时要注意各种营养成分的菜搭配合理。例如不能只选择蛋白质丰富的菜，还应配些含有各种维生素的菜。在选择菜品时，还要注意使节食者有营养丰富的菜可选，使素食者选的菜也营养良好。

（七）品种要有独特性

如果菜单上的品种太普通，是各餐厅都供应的、不需特殊烹调方法的大众菜，餐厅是不会创出名气的。“独特”，是指某餐厅特有而其他餐厅所没有或及不上的某类、某个品种，某一种烹调方法、某种供餐服务方法等。例如某家咖啡厅由于讲究冲咖啡用的泉水而创出自己的独特性；北京全聚德因烤鸭技术出色而创出名气，丁山宾馆的餐厅因丁香排骨而闻名。

具有独特性的菜品能突出餐厅形象，使餐厅有与众不同之处而名声大噪。这需要餐饮工作者具有创造性和想象力，但是太陌生的、人们闻所未闻的菜也往往会使顾客产生不安全和畏惧心理。

（八）发挥厨师的烹调技术

在计划菜品时，必须考虑本餐厅的厨师有什么特长，要选择一些能发挥他们特长的菜而不能选他们力所不能及的菜。同时，还要考虑厨师烹调技术的适应性。对于那些烹调技术高或经过培训对新技术接受能力较强的厨师可计划安排一些烹调难度大、需要新技术的新品种。

第三节　菜单的定价及策略

菜单的定价是菜单设计的重要环节。价格是否适当，往往影响菜单的吸引力和餐厅的客源，影响整个餐厅的竞争地位和能力，对餐厅的经营利润也影响极大。

一、定价原则

（一）价格反映产品的价值

菜单上食品饮料的价格是以其价值为主要依据制订的。其价值包括三部分：一是食品饮料原材料消耗的价值、生产设备、服务设施、家具用品等消耗的价值；二是工资和资金；三是上缴的税金和利润。

（二）价格必须适应市场的需求

菜单的定价要能反映产品的价值，还要反映供求关系。档次高的餐厅的定价可适当高些；旺季时，价格可比平时、淡季略高些；地理位置好的餐厅可比地理位置差的餐厅价格略高些；牌子老、声誉好的餐厅的价格自然比一般餐厅价格要高些。但价格的制订必须适应市场的需求能力，价格不合理，定得过高，超过了消费者的承受能力，或“价非所值”必然会引起消费者的不满，减少消费量。

（三）定价要灵活性与稳定性相结合

所谓灵活性是指菜单定价应根据市场需求的变化有升有降，调节市场需求以增加销售，根据供求关系的变化而采用适当的灵活定价，如优惠价、浮动价等。但是菜单价格过于频繁地变动，会给潜在的消费者带来心理上的压力和不稳定的感觉，甚至挫伤消费者的购买积极性。因此，菜单的定价要有相对的稳定性。所谓稳定性是指：

（1）菜单价格不宜变化太频繁，更不能随意调价。

（2）每次调价幅度不能过大，最好不超过10%。

（3）降低质量低价出售以维持销量的做法是不可取的。只要保持菜点的高质量并适销对路，其价格自然能得到客人的认可和接受。

（4）定价要服从政策，接受物价部门指导。

二、定价目标

菜单的定价目标应与饭店餐饮经营的总体目标相协调，餐饮产品价格的制订须以定价目标为指导思想。

（一）以经营利润作为定价目标

菜单的定价往往要以经营利润作为目标。管理人员根据利润目标预测经营期内将涉及的经营成本和费用，然后计算出达到利润目标必须完成的收入指标。

$$要达到的收入指标=目标利润+食品原料成本+经营费用+营业税$$

例如，某餐厅要求达到的年利润为200000元，根据以前的会计统计，食品原料成本占营业收入的45%左右，营业税占5%，部门经营费用占30%，餐饮部门分摊的企业管理费占5%。预计明年这些项目占营业收入的比例相差不大，那么，明年餐饮营业的收入指标（TR）为：

$$TR=200000+45\%TR+5\%TR+30\%TR+5\%TR$$

$$TR=\frac{200000}{1-45\%-5\%-30\%-5\%}=1333333\text{（元）}$$

决定销售收入多少有两个关键指标：一是座位周转率，二是客人平均消费额。通过预测餐厅的座位周转率，就能预测出客人的平均消费额。

$$客人平均消费额指标=\frac{计划期餐饮收入指标}{座位数\times座位周转率\times每日餐数\times期内天数}$$

如果上述餐厅有100个座位，预计每个餐座的周转率为1.1，每天供应午餐和晚餐，则客人的平均消费额指标为：

$$客人平均消费额指标=\frac{1333333}{100\times1.1\times2\times365}=16.60\text{（元）}$$

根据目标利润计算出的客人平均消费额指标，还应与顾客的需求和顾客愿支付的价格水平相协调。在确定目标客人平均消费额指标后，就可以根据各类菜品占营业收入的百分比来确定各类菜的大概价格范围。

（二）注重销售的定价目标

在有些情况下，管理人员出于经营的需要，在定价时追求增加客源和菜品的销售量。例如，有些餐厅所处的地点过于僻静，或者餐厅的知名度较低，管理人员为吸引客源，增强菜单的吸引力，往往在一段时间内把价格定得很低，吸引顾客光顾而使餐厅的知名度提高。有些餐厅在遇到激烈竞争时，为了扩大和保持市场占有率，为了控制市场，也采取低价来增加客源的策略。这些饭店虽然因低价而生意兴隆，但可能会得不到应得的利润，甚至亏损。

（三）刺激其他消费的定价目标

有些餐厅为实现饭店的总体经营目标，例如，以增加客房或其他产品的客源作为餐饮定价的目标。在我国许多饭店中，餐饮部在定价时往往考虑饭店的整体利益，以较低的餐饮价格来吸引会议、旅游团体及公务客人，以此提高客房出租率，使饭店的整体利润提高。

（四）以生存为定价目标

在市场不景气或竞争激烈的情况下，有的饭店为了生存，在定价时只求保本，待市场回升或餐厅知名度提高后再提升价格。

三、定价策略

餐厅的市场指向决定了餐厅要获取利润的主要方法是提高销售额，而提高销售额的关键因素之一就是要有正确的价格策略，一般有三种定价策略。

（一）以成本为基础的定价策略

多数餐厅主要是根据成本来确定食品、饮料的销售价格，这种定价策略常使用两种不同的方法。

1. 成本加成定价法

成本加成定价法即在成本价之上再加上一定的百分比来确定定价，不同的餐厅会采用不同的百分比。这是最简单的方法。

“成本”的概念必须搞清楚。有人把“成本”理解为“原材料的价格”，这是片面的。全部成本正确的理解应该是：

$$\text{成本}=\text{每份菜的原料成本}+\text{每份菜加工人工费}+\text{每份菜服务人工费}+\text{每份菜其他经营费用}$$

2. 目标收益率定价法

目标收益率定价法即先定一个目标收益率，作为核定价格的标准，根据目标收益率计算出目标利润率，以此计算出目标利润额。在达到预计的销售量时，能实现预定的收益目标。

根据成本制订的价格是餐厅必须达到的价格，如果低于这个价格，餐厅经济效益会受损。另外，运用以成本为中心的定价策略，只考虑成本的单方面因素，忽略了市场需求和客人心理，不但不能全面反映餐厅经营效果，而且对餐厅的进一步发展也极为不利。

（二）以需求为基础的定价策略

这是根据消费者对餐饮产品价值的认识程度和需求程度来决定价格的一种策略，也有两种不同的方法。

1. 观念定价法

餐厅所提供的食品饮料及其质量、作用，以及服务、广告推销等“非价格因素”，使客人对该餐厅的产品形成一种观念，餐厅则根据这种观念制订相应的、符合消费者价值观的价格。

2. 区分需求定价法

餐厅在定价时，按照不同的客人，不同的地点、时间，不同的消费水平区别定价。这种定价策略容易取得客人的信任。

以需求为基础的定价策略是根据市场需求制订价格。如果说以成本为基础的定价策略决定了餐饮产品的最低价格，那么，以需求为基础的定价策略则决定了餐饮产品的最高价格。在实践中，根据市场情况，可分别采取以高质量高价格取胜的高价策略；也可以采取以薄利多销来扩大市场，增加市场占有率为目标的低价策略；以灵活采用的优惠价格策略，给客人以一定的优惠，来争取较高的销售额和宣传推销本饭店的餐饮产品。当然，这些策略并不是随意使用的，而是通过市场调研，根据市场需求决定的。

（三）以竞争为基础的定价策略

这种定价策略以竞争者的售价为定价依据，在制订菜单价格时，可以比竞争对手高一些，也可低于竞争对手的定价。

这种以竞争为基础的定价策略既有按同行的价格决定自己的价格，以得到合理的收益且避免风险的定价策略，又有“捞一把就走”的展销新产品的定价策略，还有因自己实力雄厚而采取的“变动成本”定价策略（即只考虑价格不小于原料成本即可）以确立自己在市场上的竞争地位。以竞争为基础的定价策略由于不以成本为出发点，也不考虑消费者的需求，因而这种策略往往是临时性的或在特殊场合下使用的。

无论采取何种策略，定价人员必须深入研究市场，充分分析竞争对手，否则，很难定出合理的菜单价格。

第四节　菜单的制作

一、菜单内容

菜单也是餐厅的推销工具，不管餐厅在电话本上、报纸上、电视上做了多少广告，都无法保证顾客看到餐厅提供的全部菜品的信息。而菜单是将餐厅产品的信息直接传递给顾客的十分有效的媒介。如果菜单的内容和设计能遵循广告的原则，必定会吸引、引导顾客的选择。

菜单的内容有菜品的名称和价格、菜品的介绍、告示性信息、机构性信息以及特色菜推销五项。

（一）菜品的名称和价格

菜品的名称会直接影响顾客的选择。顾客未曾尝试过某菜，往往会凭菜名去挑选。菜单上的品名会在就餐客人的头脑中产生一种联想。顾客对一餐饭是否满意在很大程度上取决于看了名称后对菜品产生的期望值，而更重要的是，餐厅提供的菜品能否满足顾客的期望。

1. 菜品名称的真实性

根据国际菜单法规，菜品名称和价格要具有真实性。它包括：

（1）菜品名称真实。菜品名称应该好听，但必须真实，不能太离奇。以前曾流行过充满想象力、离奇和不精确的名字。国际餐馆协会对顾客进行调查发现，故弄玄虚而离奇的名字，顾客不熟悉或不符实的名字，不容易被顾客接受，只有小型的、以常客为主的餐厅可用不寻常的名字。向大众开放的餐厅应该采用符实并为顾客熟悉的菜名。当然有些餐厅用独特名字也有成功的。

（2）菜品质量真实。菜品的质量真实包括原料的质量和规格要与菜单的介绍相一致。如菜品名为炸牛里脊，餐厅就不能供应炸牛腿肉。产品的产地必须真实。如果品名是烤新西兰牛排，那么原料必须从新西兰进口。菜品的份额必须准确。菜单上介绍份额为 300g 的烤肉必须是 300g。菜品的新鲜程度应正确，如果菜单上写的是新鲜蔬菜，就不应该提供罐头或速冻食品。

（3）菜品价格真实。菜单上的价格应该与实际供应的一样。如果餐厅加收服务费，则必须在菜单上加以注明，若有价格调动要立即改动菜单。

（4）外文名字正确。菜单是餐厅质量的一种标记。如果西餐厅菜单的英文或法文名称搞错或拼写错误，说明西餐厅对该国的烹调根本不熟悉或对质量控制不严，这样会使顾客对餐厅产生不信任感。

（5）菜单上列出的产品应保证供应。

2. 菜品命名的方法

要确定一个既能反映菜品特点，又实用且具有某种意义的菜名，不是一件简单的事情。菜品命名的基本方法有以下几种。

（1）如实反映菜品特点的命名。以烹调方法命名，目的是使顾客了解该菜品的烹调方法，如酥炸生蚝、水煮牛肉、清蒸鱼、生炒菜心等；以主要原料命名，即突出制作该菜品的主要原料，如西芹炒虾果丁、西红柿炒鸡蛋、黑椒牛肉、鲜人参炖土鸡、叉烧包等；以突出色彩为目的的命名，用菜品的颜色特点命名，可激起人们的食欲，如五彩鸡片、三色蒸水蛋、翡翠扒鲍片等；以突出菜品味道为目的命名，这种命名方法突出了菜品的味道，使顾客一目了然，对于关心菜品味道的顾客来说，意义重大，如麻辣鸡丝、酸辣汤、甜酸排骨等。

（2）以地名或区域与国家来命名。通常这种菜品以发源地或成名地来命名，突出其色彩。如北京烤鸭、无锡排骨、桂林米粉、扬州炒饭、西湖醋鱼、东江酿豆腐、西式炒饭等。

（3）以人名或官名来命名。如麻婆豆腐、宫保鸡丁、东坡肉、宋嫂鱼羹等。

（4）以历史或文化典故命名。这种命名从字面上看不出是什么菜品，也不知道其风味特点和原料构成，但蕴涵着某种历史和文化典故，如佛跳墙、叫化鸡、护国菜、过桥米线等。

（5）用反映菜品特点的形象命名。以这种方式命名的菜品很多，有的是地方名菜，而更多的是一些餐厅自己命名的，虽然形象，但应注意，要避免使顾客有失望的感觉。如八仙过海、布袋豆腐、霸王别姬、双龙戏珠、满坛香等。

(6) 寓意命名。这是指根据有关需要，结合菜品的某些特点，起一个表达某种意境的菜名。如是喜宴可将虾喻为龙，白灼虾可取名“群龙贺喜”。如红色代表“鸿运”，烤乳猪就可以起名为“鸿运金猪”，这在广东省是很注重的。有时为菜名有个好彩头，将原有菜名也改了，如将苦瓜改称为凉瓜。

(7) 谐音命名。利用谐音给菜命名是一种很常见的方法。如白灼虾取名为“哈哈齐欢笑”，是因为“虾”和“哈”的音相近；又如生菜叫“生财”，鱼块叫“愉快”等。

(8) 根据顾客需求倾向命名。当今人们喜欢减肥、喜欢天然食品，在取名时，可注意这些因素。一些餐厅的菜名取为“纤美色拉”“田园色拉”“乡间午餐盒”“农式煎蛋”等，这些都比较迎合当代人们的心理，但要注意不要牵强附会。

3. 宴会菜单的命名

很多餐厅在进行宴会设计时，为了突出宴会主题，往往会给一些现有的菜品命些和菜品的特点有联系的好听的名称。

[例 1] 情人套餐——二人世界

主要菜名有：甜甜蜜蜜——银耳果羹　　千丝万缕——拔丝苹果
清心境界——凤尾莴笋　　天长地久——银丝面
柔情似水——八宝海参　　比翼双飞——鸳鸯炖盒
爱人心——奶油菜心　　爱情曲——红葡萄酒
纯情曲——杏仁奶露　　情无价——金钱鸡

[例 2]“迎七一、庆回归”宴会

为突出“普天同庆、香港回归”主题，表达人民迎接中国香港回归的喜悦心情，设计菜单如下：

看盘：紫荆花开——由白萝卜、胡萝卜、青菜等制作。

凉菜：普天同庆——由白炖鸡、五香肘肉、酱牛肉、熟猪肚、松花蛋、咸鸭蛋拼成。

和平发展——由烤猪肚、盐水鸭脯、广式香肠、鱼糕、蛋黄糕、胡萝卜、炝黄瓜拼成和平鸽状，象征中国及世界和平发展。

风光无限——由猴头菇、黄白蛋糕、松花蛋、黄瓜、青椒、海蜇、鸡蛋等制作，色彩鲜明，意为祖国山河无限美好。

根——由山药、白糖等排成“根”字形状，意为华夏儿女同根相连。

热菜：唇齿相依——鱼唇、鱼翅针、冬菇、菜花、豌豆苗、奶汁、冬菇和菜花等配炖。汤汁乳白、香鲜醇厚，鱼唇莹润软滑，鱼翅滑软，意为祖国内地和香港的亲密关系。

血脉相连——山药、京糕、蜜饯青梅、红白绿三色相间，脉络清晰，故取名为血脉相连。

明珠托翠——鸭掌、对虾肉、鸡蓉、鸽蛋、油菜，用鸭掌贴以鸽蛋，取油菜叶包鸡蓉成“翠珠”，意香港为中国的东方之珠。

水乳交融——银耳、牛奶、菱角粉，晶莹透亮、洁白如玉，意为香港与内地人民水乳交融。

香江水长——豌豆、白菜、银耳、清汁薄蒙其上，晶亮滑润，线条流畅，酷似流水，故取名“香江水长”。

东方之珠——猪肚、臀尖肉、红樱桃，樱桃晶莹剔透，意指香港。

百年沧桑——鱼翅、白人参、鸡胸肉、肘子、火腿，此菜为药膳，有安神定魂之效，增补气血，意指香港历史道路曲折。

九龙腾飞——龙虾九只、鲤鱼、冬菇、火腿、黄瓜、粉丝，造型生动，九只龙虾象征着香港九龙，借喻回归后的香港更加繁荣昌盛。

面点：一国两制——银耳杏仁和龙须面。

汤：庆回归——西瓜雕成龙舟状，汤盛在其中，扬帆驶向祖国怀抱。

（二）菜品的介绍

菜单上要对一些产品进行介绍。这种介绍可代替服务员站立向顾客介绍，减少顾客选菜的时间。菜品介绍的内容有以下几点。

1. 主要配料以及一些独特的浇汁和调料

有些配料要注明规格，如肉类要注明是里脊、还是腿肉等，有些配料需注明质量如新鲜橘子的汁、活鱼等。

2. 菜品的烹调和服务方法

某些菜品具有独特的烹调方法和服务方法必须介绍，而普通的方法则不需介绍。

3. 菜品的份额

有些菜品要注上每份的量。如果以重量表示是指烹调后菜品的重量，有的菜品注上数量，如美式早餐套餐注明有两个农式煎蛋。

菜品的介绍要便于推销菜品。菜单上的介绍要注意引诱顾客去订那些餐厅希望销售的菜肴，因此要着重介绍高价菜、名牌菜。同时，还要介绍一些名字不清楚的菜。

餐厅的菜单中，往往有许多菜仅凭名称客人难明白是什么样的菜，难以作出菜品的选择决策。例如西餐菜单上有一个品名是“Any Pork in a Storm”译成中文是“暴风雨猪肉”。它是某餐厅的特色菜。如不加介绍，客人难以知道它是什么样的菜。餐厅在菜单上作了如下介绍：“山核桃熏咸肉、维也纳咸牛肉、瑞士奶酪、海甘蓝沙拉，配合法式面包趁热上菜”。这样介绍菜令人明白并能吸引客人。又如中餐菜单上有一个名为“叫化鸡”的菜，译成英文为“Beggar' s Chicken”。若不作介绍，会给客人一种不好的印象而不去点这个菜，应该加上一段英文和中文说明：“镶有肉丁、火腿、海鲜、香料的童鸡，外裹荷叶和特殊焙泥等烤制而成。(Chicken stuffed with diced pork，ham，fine herbs and seafood wrapped in lotus leaves and special mud；and roast.)，这样，客人不仅会清楚是什么菜，并且会产生兴趣，愿意去尝试而点此菜。

菜品的介绍不宜过多，非信息性介绍会使顾客感到厌烦，使顾客拒绝菜单而不产生购买行为或不再光顾餐厅。但如果一张菜单就像产品、目录那样平板地列出菜名和价格，这张菜单就显得过于枯燥。

（三）告示性信息

每张菜单都应提供一些告示性信息。告示性信息必须十分简洁，一般有以下内容。

1. 餐厅的名字

通常安排在封面。

2. 餐厅的特色风味

如果餐厅具有某些特色风味而餐厅名又反映不出来，就要在菜单封面的餐厅名下列出其风味。例如：

凤凰酒楼

（沪菜）

3. 餐厅的地址、电话和商标记号

一般列在菜单的封底下方。有的菜单还列出餐厅在城市中的位置。

4. 餐厅经营的时间

列在封面或封底。

5. 餐厅加收的费用

如果餐厅加收服务费要在菜单的内页上注明，如果餐厅只收外汇必须注上。例如在菜单上注上这样一句话："所有价目均加10%服务费，请用外汇券结账。"

（四）机构性信息

有的菜单上还介绍餐厅的质量、历史背景和餐厅的特点。许多餐厅需要推销自己的特色，而菜单是推销的最佳途径。例如肯德基的菜单介绍了这个国际集团的规模、这种炸鸡的烹调特色以及肯德基餐厅的产生和历史背景。

（五）特色菜推销

一家成功的餐厅很少将菜单上的菜品"同样处理"。无论哪一类冷菜、热菜、汤类、主食，如果每个菜品与其他菜品作同样处理就显不出重点。一张好的菜单应有一些菜得到"特殊处理"，以引起顾客的特别注意。

1. 需要特殊推销的菜品

从餐厅经营的角度出发，有两类菜品应得到特殊处理：

(1) 使餐厅扬名的菜品。一家餐厅总要有意识地计划几种菜品使餐厅出名，这些菜应有特色且价格不能贵。这些能使餐厅出名的菜品应该得到特殊处理。

(2) 愿意多销售的菜。价格高、毛利大、容易烹调的菜是管理人员最愿意销售的菜。西餐中的开胃品、主菜、甜品一般盈利较大并容易制作，应列在醒目的位置。

特殊菜品的推销主要有两大作用：为畅销菜、名牌菜作宣传；对高利润但不太畅销的菜作推销，使它们成为既畅销、利润又高的菜。

2. 特殊推销菜品的类别

特殊推销菜品有以下四类：

(1) 特殊的菜品。这里指一种畅销或高利润的菜。这种特殊菜品可以是经常服务的某种菜品，也可以是时令菜。时令菜容易吸引客人，能获取高利润。

(2) 特殊套餐。推销一些特殊套餐能提高销售额，增强推销效果。例如北京丽都饭店在各国国庆节推出各国的风味套餐，如印度国庆节时推出印度套餐，并配合演出各国的文娱节目，吸引了驻京的各国朋友。

（3）每日时菜。有的菜单上留出空间来上每日的特色菜和时令菜，以增加菜单的新鲜感。

（4）特色烹调菜。有些餐厅以独特的烹调方法来推销一些特殊菜。例如有的餐厅推出主厨特色菜，如主厨特色汤、主厨特色沙拉、主厨特色主菜等。

3. 进行特殊推销的方法

在菜单上对重点推销的菜作特殊处理的方法有多种：用粗字体、大号字体或特殊字体列出菜名；增加对特殊菜品介绍的内容，对特殊菜进行较为详细的推销性介绍；采用框框、线条或其他图型使特色菜比其他菜更为令人注目；放在菜单的引人注目的位置；列上菜品漂亮的彩色照片。

二、菜单内容的安排

中餐有餐前、餐间和餐后顺序之分，西餐更是如此。这“先后顺序”是菜单设计必须遵循的原则。菜肴顺序的安排应当按照上菜的先后顺序。同时，菜单是按照先外页后内页、先上端后下端、先左侧后右侧的顺序读的，所以，以一张长方形的纸为例，左上角就是写第一个字的落笔点。

菜单的内容一般按就餐顺序排列，因为顾客一般按就餐顺序点菜，也希望菜单按就餐顺序编排，以便能很快找到菜品的类别不致漏点基本食品。中餐菜单的排列顺序一般是冷菜、热菜、汤、主食、饮料；西餐菜单的顺序一般是开胃品、汤、沙拉、主菜、三明治、甜点、饮品。

但是，菜单的编排也要注意眼光集中点的推销效应，要将重点推销的菜列在醒目之处。菜品在菜单上的位置对于菜品的推销有很大的影响。要使推销效果显著必须遵循两大原则，即最早和最晚原则。列在第一项和最后一项的菜品最能吸引人们注意，并能在人们头脑中留下最深刻的印象。因此，应将盈利最大的菜品放在顾客第一眼和最后一眼注意的地方。经过调查，顾客几乎总是能注意到同类产品的第一个和最后一个菜品。

作为主菜，不论在什么情况下，始终应排在最醒目的位置，用粗大的字体和最详尽的文字介绍。主菜类中每种菜肴的排列也有个先后顺序问题，排在最前面的，顾客点叫的机会最多，所以，餐厅希望多销售哪些主菜，就应将它们挑出来安排在最醒目的位置上。

菜单上有些重点推销的菜、名牌菜、高价菜和特色菜或套菜可以单独进行推销。这些菜不要列在各类菜通常的位置，应该放在菜单显眼的位置。不同大小的菜单其令人注目的重点推销区是不同的。

经营食品服务又同时经营酒水服务时，那又有一个编排问题。上酒也是讲究顺序的（以西餐为例）：餐前酒，如鸡尾酒；餐间酒，如葡萄酒、啤酒等；餐后酒，如白兰地、甜酒和某些鸡尾酒。这些酒类必须按适当顺序编排，以便适时销售。

三、菜单的设计

菜单要请艺术家设计，一张漂亮的菜单会增加人们的就餐情绪，制造合适的就餐气氛。菜单的设计要与餐厅的经营宗旨相匹配。上海锦江集团接待 APEC 会议的宴会菜单独具匠心，将英文菜单雕刻在玻璃工艺品上，与中国画轴连在一起，画轴拉开又是一副中国书法菜单，每款菜第一个字连接称为“相互依存，共同繁荣”，这是 APEC 会议的主题，令贵宾叹为观止，江泽民同志特地把具有中国文化底蕴的宴会菜单作为礼品赠送给各国贵宾。

（一）封面设计要美观

封面设计需注意以下几点。

1. 颜色

套印在菜单封面上的颜色要与饭店与餐厅整体装饰和情调相和谐。可印一色封面，也可套印两色、三色或四色。通常情况下，在白色或其他有色底纸上套印两色也就足够了。

2. 材料

制作封面的材料要与饭店与餐厅整体装饰和情调相和谐。可以选用一般质量的一次性纸，也可选用经久耐用且又不易沾油污的重磅纸，还可选用高级塑料和优质皮革做封面。

3. 艺术装饰

封面的艺术装饰要与饭店与餐厅整体装饰和情调相和谐。既可采用古典的版画、木刻画、工笔画，也可采用一张当地风光照、一张菜肴静物照，还可以采用体现时代色彩的抽象艺术，甚至于流行的通俗艺术画，如图 5－16（a）所示。

如图 5－16（b）所示，餐馆名称经加工用于封面装潢，看上去漂亮有趣。“A”字母变形得又大又花哨，其余字母是朴实无华的手写体。深红底纸，白色字，分外醒目。

如图 5－16（c）所示，菜单为红黑两色，用得是黄褐色纸基，设计得很有吸引力，文字简明，马车的形象可爱，饭店名称（马车夫旅馆）醒目。这种菜单纸张美观、耐用，还不怕油污。

如图 5－16（d）所示，这家餐馆专营剧院开演以前和剧院散场以后的就餐服务，封面采用了戏剧和纪念性题材。封面是一张“时报广场”照片，摄于 1899 年，该年又适逢餐馆开张营业。封面下方排列的是著名的男女演员饰演最著名角色时的剧照。与餐馆的风格和气氛有关的历史照，是制作高级封面的理想素材。该封面用了两色：白底纸套印黑色和蓝色。

如图 5－16（e）所示，菜单封面由在白底色上的黑色和棕色两色组成。其特色是将餐馆内五大餐厅的名称及特点以艺术手法形象地加以突出。

如图 5－16（f）所示，封面采用乳白色底纸套印黑棕两色。篱式门设计，门沿中间折缝掀合。顶部印有餐馆名，沿篱式门用冲模冲断，菜单打开时，餐馆名依旧完整醒目。

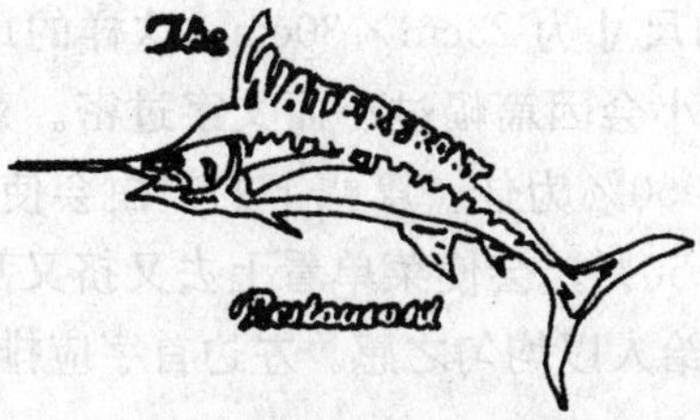

(a)

(b)

(c)

(d)

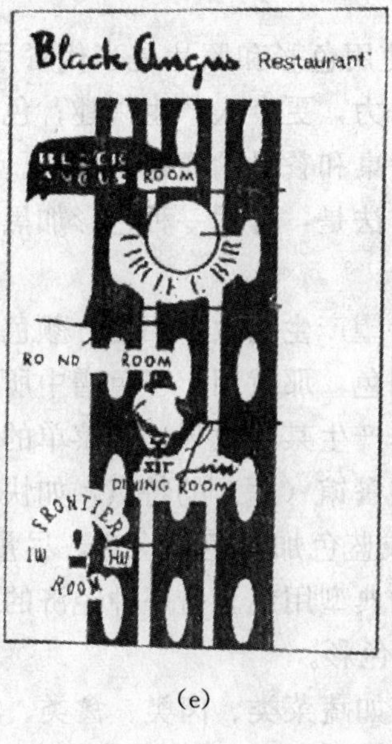

(e)

(f)

图 5－16 菜单封面

（二）尺寸应合适

美国餐馆协会对顾客调查证明，菜单最理想的尺寸为23cm×30cm，这样的尺寸顾客拿起来舒服。尺寸太大，顾客拿起来不方便，尺寸太小会因篇幅过小而文字过密。菜单的篇幅上应保持一定的空白，一页纸上的字与空白应各占50%为佳。篇幅上的空白会使字体突出，易读，并避免杂乱。如果菜单的文字所占篇幅多于50%，会使菜单看上去又挤又乱，妨碍顾客阅读和挑选菜品。菜单四边的空白应宽度相等，给人以均匀之感。左边首字应排齐。

（三）菜单字体的选择

菜单的字体要为餐厅制造气氛，反映餐厅的环境。它与餐厅的商标标记一样，是餐厅形象的一个重要组成部分。菜单的颜色、标记、字体可作为鉴别餐厅的特征。一旦选定了字体和标记图案后，这种图案和标记就不仅用在菜单上，还用在火柴盒上、餐巾纸上、餐垫上、餐桌广告牌上及其他推销品上。使用令人容易辨认的字体和标记，能使顾客感到餐厅的食品和饮料、服务质量具有一定的标准而留下深刻印象。为使菜单的字体易于辨认，字体不宜过小。要使顾客在餐厅的光线下特别在晚间的灯光下能清楚地阅读。菜单设计的一个要点是尽可能提高字体的易读性和清晰度。这要靠对字体和字号大小的选择来决定。

菜单上的菜名一般用中英文对照，以阿拉伯数字排列编号和标明价格。字体要端正；分类标准题和小标题要突出、美观，大一至二号，食品饮料要小一至二号；字体要与餐厅整体气氛相吻合；慎用古怪字体；慎用“翻白”，即黑底白字印刷；“价高的菜品”需用粗大字体排印，“价低的菜品”采用小字体排印。

（四）运用色彩和照片

1. 色彩

菜单的色彩能起到推销菜品的作用。在菜单上使用色彩和照片是当代餐厅的一种潮流。菜单色彩的作用是：具有装饰作用，使菜单更具吸引力，更令人产生兴趣；色彩能显示餐厅的风格和气氛，因此菜单的色彩要与餐厅的环境，餐桌和餐具的颜色相协调。菜单上使用色彩，能增加美观和推销效果。运用色彩设计菜单的方法是：可用一种色彩加黑色；也可将七色全部用上；也可以利用色纸。

色彩选用究竟以几色为好，这要视成本与餐厅希望产生的效果而定。颜色种类越多，印制成本就越高。色纸套上一色，成本最低，如套上四色，那就用上了色谱中所有七色，成本也就最高。制作食品彩照需要四色。色彩还会使菜单产生某种效果，如菜单的折页、类别标题、食品实例照用上了许多鲜艳色，那便体现了某些餐馆（厅）的特点，如快餐店。采用柔和轻淡的色彩，如淡棕色、浅黄色、象牙色、灰色或蓝色加黑色加金色，尽量少用鲜艳色，这样菜单就会显得典雅，这便是一些高级酒店餐厅的典型用色。另一种经济的办法是在菜单上使用一条宽的彩色带，彩色带能改善菜单的外观和色彩。

菜单设计中如果使用两色，最好是将类别标题，如蔬菜类、肉类、禽类、海鲜类等字印成彩色——红色、蓝色、棕色、绿色或金色，具体菜肴名称用黑色印刷。

总之，一般原则是：只能让少量文字印成彩色，因为让大量的文字印成彩色，读来既费眼神又费精力。人眼最容易辨读的是黑白对比色。

2. 照片

彩色照片也能对食品饮料起推销作用。彩色照片能直接展示餐厅所提供的食品和饮料。一张菜品的彩色照片胜于千字说明，它是真实菜品的证据。许多食品只有以色彩和照片才能显示质量，如描绘新鲜牛排、对虾的质量只有用颜色来反映。许多图型漂亮的菜肴和饮料也只有用照片才能显示出来（如图 5－17 所示）。

彩色照片能为菜单增加色彩，增加美观度。人们由于经常观看彩色电视，会觉得黑白菜单太乏味。彩色照片的图型使菜单显得活泼而吸引人。

(a)

(b)

(c)

(d)

(e)

(f)

图 5－17　菜品照片

彩色照片能使顾客加快订菜的速度，它是菜品有效的推销工具。顾客看到菜品诱人的照片很快就能决定选择的菜品，这样能提高座位周转率。

印上彩色照片的菜肴应该是餐厅最愿意销售的、并希望顾客最能注意并决定购买的菜品。餐厅常把高价菜、名牌菜和受顾客欢迎的菜用彩照印在菜单上。另一类常有彩照的菜是形状美观、色彩丰富的菜。这种照片会使菜单和餐厅增加光辉。

彩色照片的印制要注意质量。如果印刷质量差反而会使顾客倒胃口，如果一块牛排被印成绿色，苹果馅饼印成灰色，那还不如不要彩色照片。彩色照片旁边要印上菜名，注明配料和价格，以便于顾客点菜。为增添彩照的吸引力，常在旁边配上些水果和蔬菜作背景。

（五）图案设计

多数餐饮经营管理人员都承认，餐饮服务行业的成功在于不断创新。不仅在食品饮料的选定、烹调方法，以至品尝方面需要有所创意，就是餐厅的装潢、外观及经营方式也需要一点儿别出心裁。菜单也是一样，其外表、设计和风格都要标新立异，因为只有这样才能吸引顾客。2001 年 6 月在上海金茂凯悦大酒店举行的 APEC 贸易部长会议晚宴，其菜单颇具特色，中英文对照文字印在一把把做工精细的中国折扇扇面上，中文是竖写的毛笔字。不少宾客细细端详，继而轻轻摇动，并收藏起来。

1. 图形类

如图 5-18（a）所示，牛排馆或专营野味的餐馆将菜单印在兽皮上，冲模成野兽形状，十分贴切自然。

如图 5-18（b）所示，这份菜单包括四页封面，四页内页和四页小插页，如能再采用三张大小不同、颜色不同、质地不同的纸，其效果无疑是既有趣又富有独创性。

如图 5-18（c）所示，将一张长方形的纸折叠三次而成的立体三角形状菜单，中间放置餐巾以固定形状。

如图 5-18（d）所示，将纸折成大小不一的折页而成的菜单。第三折页最宽，第二、四折页次之，第一、五折页最窄，竖放起来有如手风琴的折箱。

如图 5-18（e）所示，将菜单折成正方形、金字塔形。

如图 5-18（f）所示，立体状菜单，中间放个酒瓶。

如图 5-18（g）所示，这是一份“赌徒菜单”。这并不是鼓励顾客去赌钱，而是让某种偶然性来决定点叫的主菜。菜单上有根指针，指针停住时所指的号码，正是某道主菜的编号。

在实践中，还有餐厅将菜单印在布面上、印在塑料面上、印在木板上，更有甚者，印在服务员所穿服装的前后面。

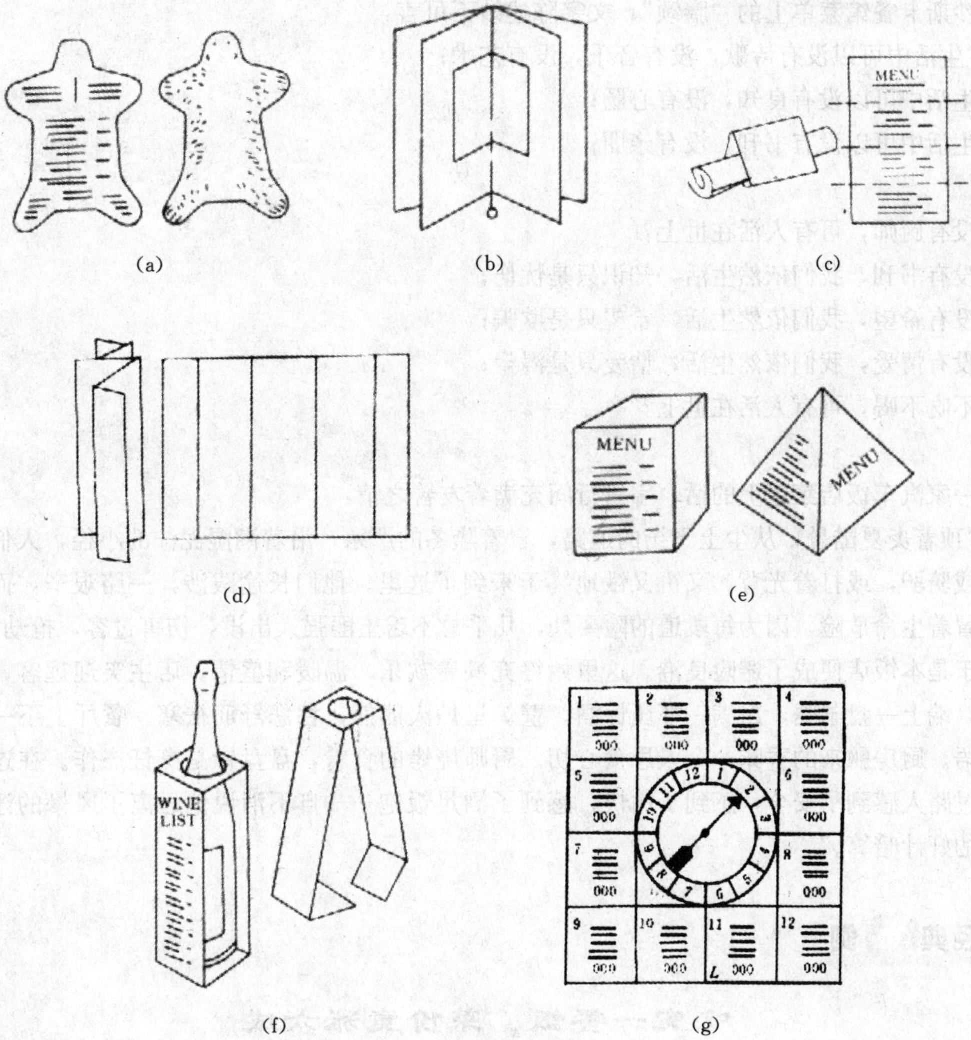

图 5-18　图形类菜单图案设计

2. 文字类

菜单上写几句精彩的话语能为菜单平添几分特色，从而获得顾客好感。精彩的文字无须冗长烦琐。下面是从美国几家餐厅的菜单上选出的几段精彩文字，供欣赏和参考。

爱荷华州哈兰市的米歇尔餐馆菜单上的话：

“当然，您来了，我们感到非常高兴。谢谢您的光临！我们既高兴，又感谢，更感荣幸至极。

我们高兴，因为我们能为您烹制全市最可口的美食；

我们感谢，因为您赐予我们机会，让我们展示我们的服务和好客；

我们荣幸，因为您挑选我们来满足您的好胃口；

感谢您对我们的信赖，我们将永远竭尽努力，不负您的友谊和惠顾。”

沙斯卡餐馆菜单上的“膳颂”，文字陈述妙不可言：

“生活中可以没有诗歌，没有音乐，没有艺术；
生活中可以没有良知，没有心肠；
生活中可以没有书刊，没有亲朋；

没有厨师，可有人活在世上？
没有书刊，我们依然生活，知识只是忧伤；
没有希望，我们依然生活，希望只是欺骗；
没有情爱，我们依然生活，情爱只是渴望；
不吃不喝，可有人活在世上？”

一家汽车饭店菜单上的话，字里行间充满着友善之情：

“顶着炎夏酷暑，从尘土飞扬的道路，冒着隆冬的严寒，沿着潮湿泥泞的小径，人们或乘车，或骑驴，或打着光背，又饥又饿地终于来到了这里。他们长途跋涉，一路艰辛，而且还常常冒着生命危险，因为每段道的险要处，几乎总不乏土匪强人出没，伤害过客，抢劫钱财。

于是本饭店便成了避险良港。这里始终充满着欢乐、温暖和盛情。店主笑迎远客，一片真诚，端上一盘羊腿，斟满一杯压惊酒。壁炉里炉火熊熊，替您舒筋祛寒。餐厅上下一片欢声笑语。厨房飘来的香味，令人思食心切。厨师烧烤的食肴，盘盘皆是烹饪杰作。在这里歇脚的过路人感到了安全，感到了愉快，感到了酒足饭饱——自不消说他远离了风暴的淫威和强人的奸计暗算。”

经典案例

吃完一餐饭，菜价竟涨六成

2001年2月中旬，中国澳门张女士回家乡某市探亲，其与亲友相约到某星级酒店共进晚餐。他们照着酒店提供的明码标价的菜单点了一桌丰盛的菜肴。席间，久别重逢的亲朋好友谈笑风生，暖暖亲情洋溢其间。然而，这温馨的氛围却在结账时被打消得干干净净。该酒店明码标价15元一份的排骨和30元一斤的河虾，竟一下涨至25元和50元，张女士及其亲友因此拒付酒店多收的菜钱，并与酒店方理论。酒店方称：菜单是以前印制的，现在要按照时价来收费。张女士及其亲友认为酒店方的解释毫无说服力，他们认为，既然酒店提供给消费者的是明码标价的菜单，而且在餐前又未向消费者作任何说明，理应按照菜单的价格收取费用，而不应该在结算时提高菜价。但酒店坚持不交清款不让张女士等离开。双方因此发生了争执。

如你是工商行政管理部门的工作人员，应该对这种情况如何处理？

案例分析

应向酒店负责人申明国家有关明码标价的规定，指出酒店的行为已违规，侵犯了消费者的合法权益。酒店应承认错误，向张女士道歉。

经验总结

旅游质量监督管理部门提示：

1. 经营者应按照《中华人民共和国消费者权益保护法》第十九条第三款和第二十条第一款的规定，对所经营的产品应当标明其真实名称、标记及价格，不得以任何形式作出对消费者不公平、不合理的规定，损害消费者的权益。

2. 消费者享有知悉其购买、使用的商品或者接受的服务真实情况的权利和公平交易的权利。对经营者违反约定或消费者权益受到侵害的，消费者可以向行政主管部门对违反规定的经营者予以惩处，并要求其经济赔偿。

3. 如经营者侵犯消费者权益的，根据《中华人民共和国消费者权益保护法》第二十四条、第四十九条的规定，经营者应当承担民事责任并向消费者给予双倍的经济赔偿。

本章小结

菜单设计是一门艺术也是一门科学。说其是科学是因为它是搞好餐厅经营的一个凭借，需要周密的筹划和计划；说其是艺术是因为它是吸引顾客的一种手段。本章首先介绍了菜单的定义、作用和类型。在了解了菜单的基本知识之后，详细说明了菜单上菜品选择的前提和原则。餐饮企业对产品必须做到正确定价，定价时要制订正确的策略和了解不同的定价方法。定价要尽可能精确，能够抵消所有成本并创造利润。菜单在具体设计时应从内容的选择和安排到封面、字体、色彩、照片和图案设计等方面进行周密考虑。

考考餐饮服务员

一、填空题

1. 中式自助餐会菜点结构一般为______、______、______、______和______。

2. 冷餐酒会的特点是以______为主，______为辅，菜点的品种丰富多样。

3. 客房送餐菜单通常包括______、______和______。

4. 餐厅的定价策略主要有以______为基础的定价策略、以______为基础的定价策略和以______为基础的定价策略。

5. 中餐菜单的排列顺序一般是______、______、______、______、______。

二、选择题

1. 餐厅中最基本的菜单是(　　)

A. 零点菜单　　B. 宴会菜单

C. 冷餐会菜单　　D. 鸡尾酒会菜单

2. (　　)菜单一般选用能大量生产、出品快速并且放置后质量下降慢的菜品

A. 套菜菜单　　B. 中餐宴会菜单

C. 自助餐菜单　　D. 客房送餐菜单

3. 许多饭店将菜单设计成易于挂在门把上的卡片，所以（　　）又被称为门把手菜单

A. 自助餐菜单　　B. 客房送餐菜单

C. 冷餐会菜单　　D. 鸡尾酒会菜单

4. 要使推销效果显著必须遵循的原则是（　　）

A. 最早原则　　B. 最晚原则

C. 最大原则　　D. 中间原则

5. 每页菜单的篇幅上应保持大约（　　）的空白为佳

A. 20%　　B. 30%　　C. 40%　　D. 50%

三、简答题

1. 菜单的基本类型有哪些？各类菜单具有什么特点？
2. 如何进行宴会菜单设计？
3. 特殊菜单主要有哪些种类？客房送餐菜单和儿童菜单主要有哪些特点？
4. 如何进行菜单分析？菜单分析结果有何用途？
5. 选择菜单上的菜品应遵循哪些原则？
6. 菜单的定价目标和定价策略分别是什么？
7. 详细说明菜单应包括的内容及其注意事项。
8. 菜单在设计时应注意哪几个方面的内容？
9. 菜单图案设计应注意哪些问题？

走近餐厅

【实训名称】拟订一份10人用中餐宴会菜单

【实训内容】独立完成10人用菜单的拟订

1. 字迹工整、清楚。
2. 菜肴内容搭配合理。
3. 烹调方法多样。
4. 符合营养配餐要求。
5. 突出宴会主题。

考核基本时间：15min。

【实训点评】评分项目及标准

字迹：工整、清楚。

风味特点：菜单内容突出风味。

开单格式：填写菜单格式要求规范。

饮食禁忌：尊重客人的饮食习惯与禁忌。

菜单内容搭配合理：原料、烹调方法、色泽等符合客人的消费档次。

开菜单的意图：菜单内容的设计符合宴会主题。

菜肴毛利率：菜单价格符合规定的毛利率。

第六章 餐饮营销管理

动脑筋

诱人的促销

一天中午，小杨和同事来到公司附近的一家饭店用餐，小杨翻开菜谱准备点菜，服务员便递上了两张宣传单，介绍饭店从2月份起新推出了公司特惠的团餐：只要顾客签署一份协议，就可以在指定期限内多次以98元的价格，享受原价188元每桌的超值特惠餐，且消费10餐之后，还能免费获赠1餐。98元每桌的餐食，可供5人享用，一共包括6道饭店的特色美食。特惠时段限于周一到周五工作日的午餐，周末、节假日则恢复到188元每桌的原价。

小杨一行人当即被如此大幅的优惠力度所吸引。但要享受特惠的价格，必须先签署一份特惠团餐的协议。该协议上，提出了每餐的上限桌数及协议的有效期限等内容。同时，作为促销手段，协议中也提到，如果顾客在这段期限内消费满10餐，就可以免费获赠1餐。确认该协议没有“问题”之后，小杨便在协议上签了字，最终，一行人也以98元每桌的价格享受了这套特惠团餐。

请思考：这家饭店都运用了哪些促销手段?

第一节 餐饮营销概述

一、餐饮营销的含义

营销是现代市场经济中最常被提到的一个词，也是最难驾驭和最具有创造力的一个词汇。说到餐饮营销，人们往往会想到推销，认为营销就是推销，就是餐饮企业向宾客推销产品，进行广告宣传工作而已。其实，这是对营销片面化、简单化的理解。正确理解餐饮营销的内涵是餐饮企业开展有效营销活动的前提。

（一）餐饮营销的概念

宾客在购买餐饮产品或服务时，既不是被动的，也不是随意的，而是因为该产品或服务能够满足顾客某些方面的需要，使顾客获得实实在在的使用价值。因而，营销从某种意义上来看，就是餐饮企业向它所选定的顾客提供某种利益。对宾客而言，产品的效用既包括产品的实用价值，又包括精神价值，产品或服务所蕴涵的价值是诱导并驱使宾客发生购买行为的关键之所在。

可见，餐饮营销是指餐饮经营者为了使宾客满意，并在宾客满意的基础上实现经营目标而开展的一系列有计划、有组织的活动。它是一个贯穿餐饮企业发展全过程的活动，而不能简单等同于一些零碎的推销活动或广告宣传。在营销活动中，要求餐饮企业在提供产品或服务之前，首先明确目标顾客的需求和心理，然后根据其需要设计或调整餐饮经营内容，以获得信赖，再通过一系列的促销手段吸引顾客购买或使用餐饮产品和服务，在顾客购买或使用餐饮产品的基础上，获得收入和利润，实现餐饮经营目标，从而达到消费者利益和餐厅利益的一致。

推销活动则是根据餐饮企业现有的产品研究怎样利用广告、公关、实物展示等手段来增加销售量，并在此基础上实现餐厅的目标。可见，推销仅仅是营销活动的一个环节，从内涵上看，营销远远比推销丰富。

（二）餐饮营销的要素

通过餐饮营销的概念可以看出，有效的餐饮营销必须要考虑以下几方面的因素。

1. 满足宾客需要

餐饮营销活动的首要任务是以顾客为中心，发现并满足顾客的需要。它要求餐饮企业对市场进行详尽的调研，选择适当的目标市场，并根据目标市场中顾客的需求，来设计和提供服务产品。顾客需要什么，他们对自己的需要是否已经意识到，这些都是餐饮营销人员必须努力了解的。

2. 餐饮营销活动具有连续性

餐饮营销是一种连续不断的管理活动，不是一次性的餐饮推销或广告宣传，而是一个完整的、连续的过程。餐饮经营者不仅要选择好进货渠道、销售渠道，策划好促销方式和手段，还要从市场出发，以消费者的需求为导向来设计、生产产品，并满足消费者对产品的各种服务要求，甚至要创造需求，引导和开拓消费。因此，营销不仅局限于流通领域，还包括生产领域的产前开发活动和消费领域的售后服务活动；不仅以消费者为全过程的终点，更重要的是还以消费者为全过程的起点。

3. 餐饮营销应按部就班

良好的餐饮营销活动是一个过程，应有步骤、有计划地进行，而不是突发性行为。

4. 餐饮营销调研

餐饮营销活动要有效地进行，必须要进行营销调研。餐饮营销活动是以满足宾客的需要为前提的。因此，营销活动的任务就是通过对市场进行周密的调查研究，了解宾客的各种需要和欲望，在此基础上设计适销对路的餐饮产品来满足宾客的需要。营销调研是餐饮企业开展营销活动的起点，也是关键点。

5. 餐饮营销需要各部门之间发挥团队合作精神

餐饮营销是一系列有计划、有组织的活动。因此，餐饮企业的任何一个部门都不可能独立承担起营销的全部活动。没有各个部门的精诚合作，营销便不能成功。所以，各部门工作人员必须发挥团队精神，相互配合，部门之间应保持强烈的补位意识，真正使服务和营销成为一门艺术，从而提升餐饮企业的营销绩效。

6. 与同行或相关行业进行合作

同行或相关行业中的竞争者，在营销时有许多合作机会，各餐饮企业要能通过竞争和合作来促使整个行业良性、健康发展。

二、餐饮营销观念的演变和新发展

（一）餐饮营销观念的演变

营销观念是贯穿于整个营销工作的指导思想，它也反映出一个企业的经营态度和经营方式。企业的市场营销活动可以在不同的指导思想下进行，即不同的营销观念决定着企业从事何种营销活动。一般认为，餐饮营销观念的转变大致经历了五个阶段，即生产导向观念、产品导向观念、推销导向观念、市场营销导向观念和社会营销导向观念。决定这一演变过程的主要因素有技术进步、生产效率提高、竞争加剧、市场需求增加、管理现代化及社会价值观念的变化等。

1. 生产导向观念

在餐饮企业，这种观念主要表现为餐饮企业能生产什么产品，就销售什么产品。

餐饮业发展初期，由于社会生产力水平还比较低，产品与服务供不应求是比较普遍的现象，市场经济呈卖方市场状态。改革开放以前，餐饮业以国营为主，服务人员的收入与餐饮企业的经营绩效不挂钩，服务质量较低，餐厅也不考虑市场需求。而且，由于餐饮原料供应紧张，顾客的选择余地不大，正是这种市场状态，导致了生产导向观念的流行。在这种营销观念指导下，餐饮经营者主要考虑的是如何提供更多的产品来获取利润；如何降低产品的生产成本；如何不断采用新技术来提高饭店员工的工作效率等问题。因此，生产导向观念也称为“生产中心论”。

生产导向观念是指导企业营销活动最古老的观念。由于它过分强调生产而忽视顾客需求和市场行情的变化，从而严重地阻碍了餐饮企业的长远经营和发展。

2. 产品导向观念

这种经营思想与生产导向观念并行。如果说生产导向观念注重“以量取胜”的话，那么产品导向观念则是强调“以质取胜”。

随着社会生产规模的扩大，餐饮产品的供给数量增加，供求关系得到一定程度的缓和。消费者对餐饮产品的选择要求逐渐增强，不再仅仅追求数量的满足，而开始以质量和价格作为选择产品的基础。在这一背景下，企业的经营理念也随之发生变化，产生了产品导向观念。

产品导向观念认为，产品销售情况不好是因为产品不好，消费者喜欢质量优、性能好、有特色的产品和优质的服务。只要企业致力于制造出好的产品，就不愁挣不到钱。因此，对于餐饮企业而言，工作的核心就是提供良好的设施和优质的产品及服务。“酒香不怕巷子深”就是这种观念的形象说明。

持这种观念的经营者，会致力于为顾客提供所谓物美价廉的餐饮产品，如注重菜品、服务、设施、环境等方面的改进和提高等。但是，产品导向观念最为明显的不足之处在于：餐饮经营者总是在生产更好的产品上下工夫，却忽视了对顾客需求的了解与研究，而顾客的需求是千差万别、不断发展的，于是常常出现顾客“不识货”“不买账”的情况。这种观念仍是从自我出发，使产品改良和创新处于“闭门造车”的状态。随着竞争的出现，产品供不应求的情况逐渐发生变化，产品导向的观念已不再适应时代的发展。

3. 推销导向观念

这种观点主要认为，餐饮企业一方面要完善设施设备、改进产品和服务，另一方面要组织人员外出进行推销，这样顾客才可以更多地了解产品。

随着社会经济的不断发展，餐饮业也得到高速发展，并面临着竞争日趋激烈的局面。餐饮产品日益增多，开始供过于求，市场形势逐步由原来的卖方市场转向买方市场。宾客可随意支配的收入及闲暇时间有了很大的增加，对餐饮产品和服务的需求也发生了较大的改变，宾客开始有了选择饭店的机会。这种形势的变化，迫使餐饮经营者不能坐等顾客上门，而是采取积极主动的推销手段来招徕客人。餐饮经营观念正是在这种形势下由生产导向阶段步入了销售导向阶段。

在销售导向阶段，餐饮企业以推销导向观念作为经营指导思想，奉行“我们会做什么，就努力推销什么”的经营思想。在这种观念的指导下，餐饮经营者会致力于组织销售队伍，使用各种强有力的推销手段，进行产品的销售。推销导向观念强调餐厅的推销工作，这较之生产导向观念、产品导向观念是一个进步。它认识到了餐厅除了提供数量更多、质量更好的产品和服务外，还应组织人员去积极推销餐饮产品，因为顾客往往缺少对产品的了解，特别是在饭店供大于求的时期。这种观念对产品的销售和餐饮企业经营起到了很大的作用，近些年来得到了较快发展，并已成为餐饮业竞争的一种手段。

但是销售导向指导下的一切推销活动并没有把顾客的需求放在最重要的位置来考虑。销售人员努力推销产品，但往往忽视市场分析，并没有研究顾客的真正需求，忽视顾客需求不断变化的事实，从而使其推销带有一定的盲目性，并且不能够保证一定给餐饮企业带来更多的客源和利润。因此，销售观念还不能保证饭店在越来越复杂而激烈的市场竞争中长期生存下去。

4. 市场营销导向观念

这是买方市场条件下以消费者为中心的营销观念。这种观念认为，实现餐饮企业目标的关键是切实掌握目标顾客的需要和愿望，满足顾客需要是餐厅必须最优先考虑的事，并以顾客需求为中心，集中餐饮企业的一切资源和力量，设计、生产适销对路的产品，选择适当的营销组合，饭店才能创造利润，在激烈的市场竞争中获得发展。

在营销观念的演变过程中，市场营销导向的出现是一场真正的革命。它与推销观念的根本不同在于：推销观念以现有产品为中心，以推销和促进销售为手段，刺激消费，从而达到扩大销售、取得利润的目的。换言之，生产第一，以产定销。市场营销导向观念是从市场需求出发，按照目标市场的顾客需求去组织生产和销售产品，从长久的目标去占领市场。从“生产什么就销售什么”，转化为“市场需要什么就生产什么”。这种观念的中心是“顾客至上”，顾客的需求才是企业生存和发展的唯一机会。它产生于市场竞争激烈的形势下，奉行“顾客需要什么，饭店就提供什么”的思想，是餐饮企业经营思想的一次重大飞跃。

概括地讲，营销观念作为一种现代经营思想，主要包括三方面的内容：

（1）以顾客为导向。它是指餐饮企业所有营销活动以顾客为中心，围绕顾客全面展开。它要求餐饮企业要对市场进行详尽的需求调研，选择适当的目标市场，并根据目标市场中顾客的需求，来设计和提供服务产品。

(2) 不断地满足顾客。顾客的需求会随市场因素的变化而不断变化。当餐饮企业原有的产品不能满足顾客需求时，就要根据顾客的需求变化来进行调整、改进和完善。这是因为在现代市场条件下，企业经营的成败取决于顾客。

(3) 实现餐饮企业营销目标。市场营销观念强调在满足顾客需要的前提下，实现餐饮企业营销目标。因此饭店既要重视顾客需求的满足，又要保证自己营销目标的实现，两者不可分割。

5. 社会营销导向观念

这种经营思想是对市场营销观念的重要补充和完善。这种经营思想的基本内容是：企业提供的产品不仅要满足消费者的需要与欲望，而且要符合消费者和社会的长远利益。强调要将企业利润、消费需要、社会利益和生态环境四个方面统一起来。

社会营销导向观念出现于 20 世纪 70 年代，它的提出一方面是基于“在一个环境恶化、爆炸性人口增长、全球性通货膨胀和忽视社会服务的时候，单纯的市场营销观念是否合适”这样的认识，另一方面也是基于对广泛兴起的以保护消费者利益为宗旨的消费主义运动的反思。这种观念认为，单纯的市场营销观念提高了人们对需求满足的期望，却导致了满足眼前消费需要与长远的社会利益之间的矛盾，导致产品过早陈旧，环境污染更加严重，也损害和浪费了一部分物质资源。正是在这种背景下，人们又提出了社会营销观念。这种营销观念是社会经济、文化和社会运动发展的必然结果，是市场经营中先进的指导思想。

社会营销导向观念在饭店市场上的提出是 20 世纪 80 年代以后，人们提出餐饮业的发展也不能只顾消费者的眼前利益，而必须符合社会发展的长远利益。例如过度使用一次性餐具，对环境造成巨大污染；饭店以保护性动物作为菜肴材料等，都曾引起人们的广泛不满。因此，置身于社会这个整体中的饭店，不能孤立地追求自身利益，而必须使自身的行为符合整个社会与经济发展的需要，力求在创造饭店经济效益的同时，能为整个社会的发展作出贡献，创造社会效益。

(二) 餐饮营销观念的新发展

随着饭店市场的日益成熟，竞争日趋国际化、全球化。在这种新形势下，出现了一些新型的营销观念。这些营销观念丰富了餐饮营销管理的内容，推动餐饮营销活动走上了一条全新的发展之路。

1. 主题营销观念

主题营销就是餐饮企业在组织开展各种营销活动时，根据消费时尚、饭店特色、时令季节、客源需求、社会热点等因素，选定一个或多个历史或其他主题为吸引标志，向宾客宣传餐饮企业形象，吸引公众的关注并令其产生购买行为。主题营销具有以下特征：

(1) 它赋予一般的营销活动以某种主题，围绕既定的主题来营造餐厅的经营气氛，这也是其最大的特点。

(2) 餐厅服务不仅要满足客人用餐的需要，更要满足客人为追求某种特殊情调或感受文化氛围和环境享受的需要。

(3) 通过室内外装饰装修的独特性和别具风韵的活动来创造一种特殊情调和风格。

(4) 主题餐饮的菜品、服务、员工服装、饰物、装饰装修等应与其文化主题保持高度一致。

文化是主题营销的源泉和根本，是餐饮企业的竞争力所在。主题应当是富有文化内涵的商业卖点，蕴涵丰富的文化特色。一个好的主题，能使传统文化、现代文化和餐厅的精神气质相得益彰，同时又进一步形成不断的文化创新。以主题为生命的主题营销的兴起，在餐饮行业中刮起了一股强劲的寻找文化、继承文化、发扬文化、创新文化的热潮，并由此形成了一个文化创新基地，推动餐饮业高质高速发展（如图 6－1、图 6－2、图 6－3、图 6－4 所示）。

(a)

(b)

图 6－1　战争主题餐厅

(a)

(b)

图 6－2　红色经典主题餐厅

图 6－3　拉丁鸽巢主题餐厅

图 6－4　台北厕所主题餐厅

餐饮专家

千家餐饮企业推出主题美食月

从 2009 年 3 月开始到 2009 年年底，京城餐饮业每月会推出一个美食主题月活动。北京晨报记者从中国餐饮经济人物前沿报告发布暨拉动京城餐饮消费大行动启动仪式上获悉，京城数千家餐饮企业参与此次行动。

此次行动由北京晚报、美食联盟发起，3 月活动主题为“京城特色风味美食节”，主要是全国各地在京特色风味餐馆参加；4 月是“国际食尚风情节”，活动围绕全球各国在京风味美食展开；5 月是“农家风味美食节”，重点推出京郊农家饭；6 月是“冰凉夏日畅饮节”，活动主要有啤酒节和饮料节；7 月是“火热麻辣美食节”；8 月是“锦衣素食美食节”；9 月是“校园美食文化节”，餐饮供货商交流洽谈会也在 9 月举行；10 月是“炫彩海鲜美食节”；11 月是“水煮江湖火锅节”。据主办方介绍，在这一系列活动中，京城千家餐饮企业将推出一系列内容丰富的活动。北京市商务局副局长王卫平在发言中建议餐饮企业多开发创新菜品，降低消费门槛。

我国首次餐饮经济人物报告同时在会上发布。入选的 30 余位餐饮人物及其所在的企业是美食联盟历时 5 年对国内 200 家知名餐饮企业进行经营考察和跟踪采访，逐年筛选确定的。全聚德集团董事长姜俊贤、华天饮食集团总经理朱玉岭、便宜坊集团董事长雷国秀、蜀国演义董事长瞿传刚、俏江南董事长张兰、顺峰总经理林锐等均入选。

2. 机会营销观念

餐饮企业的成长和发育除了依靠自身的努力外，还极大地受制于当地的政治、经济、文化、治安等因素，因而人们将其称为机会行业。对餐厅而言，要善于开展机会营销，寻找机会、把握机会、创造机会、利用机会，才能在市场经济条件下取得市场营销的成功。

机会营销是以“尚未得到的满足或尚未得到完全满足的消费需求”为研究对象。餐饮企业应精于捕捉和利用机会，一条微不足道的信息中有可能蕴藏着巨大的营销机会。餐饮企业可从信息中判断机会的有无，要有目的、有计划地通过报纸、杂志、网络等途径收集各种信息，尤其是跟本行业相关的信息，并加以分析、筛选、分类、利用。社会潮流也往往预示着巨大的营销机会。餐饮企业应注重观察各种消费潮流，并准确预测未来的消费潮流，如环保潮流、休闲潮流、科技潮流、健康潮流、社交潮流、文化潮流等。

餐饮企业还可借助外力开展机会营销，包括借活动之力、借名人之力、借媒介之力、借关键人物之力等。在运用借力术时，要遵循可能性原则、时机性原则和创新性原则，关键在于在借的基础上有所创新和发展。

3. 形象营销观念

形象营销就是企业通过强化整体形象意识，以自身美好形象与消费者进行沟通，把有关企业、产品以及服务的特色信息传递给消费者，让消费者对本企业、产品和服务有更多的了解、认识和喜爱，以形象力来全面提升企业的竞争力。

餐厅的形象营销，以对餐厅的形象进行设计策划为例，比如在店徽的设计、餐厅主题的选择、餐厅的装饰格调、家具、布局、色彩灯饰等方面下工夫，使之有促销的功用。如可营造出20世纪30年代旧上海情调的上海餐厅，越南风情的芭蕉别墅，傣族风格的竹楼餐厅；富有浪漫、高雅艺术气息的西餐扒房；以红木（或仿红木）家具的太师椅、清宫服饰等面貌出现的高档中餐厅；以蒙古包、小方桌、花地毯作为主题形象，散发着粗犷、野味气息的蒙古餐厅；在餐厅门口的小黑板上手写菜单以示古韵招徕顾客的仿古餐厅；餐厅内到处可见的红、白、绿三种鲜艳国旗色的意式餐厅；手提小红灯笼，身着红花绿叶小袄的迎宾员，操着清亮的川腔迎候宾客，着中式大褂的后生，则手提一把有着长长壶嘴的大铜壶，犹如飞瀑一般隔人冲茶的川味餐厅，都属于餐厅形象营销成功的例子。

企业形象力是企业综合的竞争力的体现。这种力量在于能征服消费者的情感，获得消费者的偏爱。企业的良好形象是企业的产品质量、商标品牌、优质服务、营销战略和策略的综合体现，集中反映了企业的经营水平和整体素质。因此，企业形象是企业重要的无形资产，而且在企业营销战略中，这一无形资产随着时间的推移会不断升值，这也是很多餐饮企业开始注重自身形象并实行形象营销策略的主要动因（如图6-5、图6-6所示）。

图6-5　韩式烧烤餐厅

图6-6　川香楼火锅餐厅

4. 网络营销观念

随着计算机技术和网络通信技术的迅速发展和广泛应用，网络正以革命性的力量改变着人们的生活方式。对于餐饮企业而言，网络营销蕴藏着无限的潜力，它将为餐饮营销带来新的思路。积极建设信息网络，重视网络营销，利用信息网络来开展营销工作，将是餐饮业面临的新课题。

网络营销的英文为 cyber marketing 或 online marketing。它是指以互联网为传播手段，通过对市场的循环营销传播，达到满足消费者需求和商家需求的过程。网络营销的价值在于可使生产者与消费者之间的价值交换更便利、更充分、更有效率。

网络营销，习惯上也称电子商务，近些年来在餐饮业的应用开始兴起。餐饮业的网络营销就是通过互联网接触顾客进行交易，确切地说，就是通过网络（或电子）渠道商向顾客提供餐饮服务。例如，“网上餐厅”和“送餐服务”便体现了这种新时尚。中国现已有一批餐饮网络公司或有餐饮业务的网站公司，可供餐饮企业开展网络营销：如食神网（cookgod）、中国美食网（8816）、中华美食网（5eat）、食在中国（food-a.）、中国餐馆（china-sales.org）等。另外，新浪（sina）、搜狐（sohu）、网易（163）、携程（ctrip）、e龙（elong）等著名网站公司，辟有专门的餐饮网站。随着餐饮业网络营销的发展，餐饮业将进入所谓“数字化餐饮”时代。餐饮网络营销的作用主要有：

（1）扩大市场。网络营销不受时间和空间的限制，可以大大便利顾客，使顾客随时随地获得服务。因此，一家拥有网络渠道的餐饮企业，它的市场就可以不受地理和时间因素的限制而大大扩展。

（2）了解顾客。通过网络，餐饮企业可以很方便地进行顾客调研，了解顾客需求、欲望和消费心理。网站上的顾客留言板、调查问卷和聊天室等都是有效的调研工具。没有网络，餐饮企业要了解那么多消费者是很困难的，所以只能凭感觉猜想消费者需求，这就难以保证营销决策的正确性。另外，利用网络还可以加快顾客信息反馈的速度。

（3）满足个性化需要。网络可以方便地接受顾客个性化的订单，并迅速将信息通知餐饮企业的生产部门和服务部门，由此使餐饮产品和服务更好地满足顾客的个性化需要。

（4）了解竞争对手。餐饮企业可以通过网络更多、更快地捕捉对手的信息并由此制订更有效的营销对策。同时，餐饮企业也可以通过网络与竞争对手进行信息交流与合作。

（5）加强促销。在网上做广告有很多优点，可以根据网民的点击率来及时了解广告的传播效果；网络广告不受时间和空间的限制等，这些都有利于广告的改进，提高促销效果。

（6）便于顾客决策。餐饮企业上网，便于顾客了解餐饮企业的情况。例如，品牌、商誉、特色、价格、创新，甚至餐厅场景等信息，这有助于提高顾客决策的效率。

（7）降低成本。网络营销必然伴随“无店铺”餐饮业态或上门送餐业务的发展。“无店铺”业态的最大优势是可以大大节省店铺的房地产租金。

5. 关系营销观念

所谓关系营销，是把营销活动看成是一个企业与消费者、供应商、分销商、竞争者、政府机构及其他公众发生互动作用的过程，其核心是建立和发展与这些公众的良好关系。这一概念是1985年美国著名学者营销学专家巴巴拉·本德·杰克逊提出的。关系营销理论一经提出，迅速风靡全球，杰克逊也因此成了美国营销界备受瞩目的人物。它使人们对市场营销理论的研究，又迈上了一个新的台阶。

对于餐饮企业而言，主要依靠员工改善与顾客的关系，所以，餐饮企业还要改善与员工的关系，即关系营销还包括内部营销在内。

关系营销首先是角色营销。角色营销是指餐饮企业让全体员工，包括经理、厨师和服务人员等，在餐饮服务的过程中忘我地进入角色，将服务过程变成“演戏”过程，将服务中的人际关系变成角色关系，用角色服务吸引顾客和满足顾客的需求。这就要求人员的仪表、语言和行为等形象符合餐饮企业所设计的角色规范；服务人员在餐饮服务中必须彻底忘掉自我和排除自我干扰；尽可能地引导顾客也进入角色。

关系营销其次是细微营销。细微营销是指餐饮企业及其人员从细微处来关心和贴近顾客，使服务关系进入更深的层次。正如肯德基公司所说，服务行业无小事，无论是食物质量、服务态度还是餐厅气氛对餐厅来说都很重要。在餐饮业的营销中，细微服务是情感服务、技巧服务、特色服务、周到服务和超值服务，它以情感、技巧、特色、周到和超值等来吸引顾客。

关系营销又是倾斜营销。倾斜营销是指餐饮企业营销的重点放在现有顾客身上，营销政策向现有顾客，尤其是忠实顾客倾斜。这是一项重要的营销策略。回头客的多少是衡量一家餐饮企业营销业绩的重要尺度之一。回头客对现代餐饮企业有着重要的意义：回头客是经济效益的主要来源；回头客的多少决定着餐饮企业的规模；回头客容易接受创新；回头客是最好的义务宣传员；既然回头客是餐饮企业的一种资源，还应该对他们进行管理，包括顾客调研、顾客关系的协调和顾客档案的管理。

关系营销也是合作营销。合作营销是指餐饮企业与其他行业之间通过渠道合作来接近顾客。例如，餐饮与商厦、大卖场为伴——餐桌与商柜并存，饮食与购物同行。其管理主要是根据合作营销的协议，协调双方关系，使合作营销所涉及的“共同市场”受益和达到双赢的目标。

关系营销还包括内部营销。内部营销是指餐饮企业对内部员工的营销，就是向内部人员提供良好的服务，满足内部人员的需要和改善与内部人员的关系，以便齐心协力地对顾客开展外部营销。内部营销是关系营销在企业内部的延伸，企业要改善与顾客的关系，首先要改善与员工的关系，因为员工是连接企业与顾客的中介。餐饮企业内部营销的运作，包括员工招聘、培训、沟通、内部支持、激励、团队建设、考核和稳定队伍等一些主要环节。

由此可见，餐饮的营销不应局限在一个阶段，拘泥于一种模式，沉迷于一种状态，它必须以最敏锐、最超前、最独到的感官去创造和设计适宜于餐厅经营发展的最佳经营模式，使餐饮企业经营更趋完善，先进和独特，从而可以在激烈的餐饮业竞争中获得长足的发展。

三、餐饮产品与服务的营销组合

考夫曼（C. Dewitt Coffman）是美国著名的饭店市场营销学家。他经过多年悉心研究，提出了组成饭店市场营销的十二个因素。这十二个因素分别是产品计划、订价、牌号、销售渠道、人员推销、广告、促销、组合、陈列展示、服务、储存和市场调查。后来，他在《饭店营销学》一书中，又将上述因素简化为六个 P，即人（People）、产品（Product）、价格（Price）、促销（Promotion）、实绩（Performance）和包装（Package）。所谓餐饮产品与服务的营销组合，就是指以目标市场为中心，通过综合运用这六个因素，达到餐饮企业的营销目标，并获得最佳效益。

（一）人

在这里，人主要是指顾客或需求市场。餐饮企业的任务是通过市场调研确定目标市场和消费者，然后详尽地了解他们的需求和愿望，即了解服务对象。

在餐饮营销活动中，特别要注意“人”的作用。无论是餐厅，还是酒吧经营者，都是在跟人打交道，而人们的需求是千变万化的。就菜单和酒水单而言，无论品种多么丰富，都不可能完全满足所有顾客的需要。而营销工作就是要尽可能地去满足大部分顾客的需求。

（二）产品

所谓产品，是指饭店或餐饮企业所提供的用来满足顾客某种需要或欲望的任何东西，通常用产品和服务来区分实体产品和无形产品。实体产品的重要性不仅在于拥有它们，更在于使用它们来满足人们的欲望。而人们不仅是为了实体产品而购买产品，还因为实体产品是服务的外壳，即通过购买某种产品实体能够获得自己所需要的服务，实体产品实际上是向人们传送服务的工具。因此，饭店应根据顾客的需要提供产品和服务。因为这是消费者进行购买的根本原因，也是消费者需求的中心内容。

餐饮产品的营销组合中，最重要的就是把“人”和“产品”结合起来，把生产和创新作为日常的工作任务，以不断满足顾客的需要。在产品创新方面，要时刻注意地方特色、时间特色和餐饮消费风尚，使顾客感到不断有新产品出现。

（三）价格

价格，是营销组合中最灵活、最易调整的因素。当饭店外界市场营销环境发生变化时，管理人员难以立即重新组合饭店产品或改进饭店设施，建立新的销售渠道也需要一段时间，但是价格能够立即调整去适应这种变化。

饭店营销学所研究的产品价格，是指饭店顾客为了得到产品的各种利益而付出的各种代价之和，即产品价格包含了顾客支付的费用和其他方面的支出，如时间和精力的支出等。

价格，一方面要适应顾客的需要，另一方面也要满足饭店对利润的要求。价格如果得不到顾客的认可，那么营销组合的各种努力就是徒劳。所以餐饮企业在研究产品价格时，应全面考虑产品的实际成本和价值，还要考虑目标市场的竞争态势、顾客对价格的可能反应；同时还要考虑折扣、折让、付款期限、信用条件等相关问题，也要考虑顾客在购买产品时所付出的时间和精力，让顾客感到购买产品是值得的，从而作出购买决定。

（四）促销

在整个餐饮市场上，同类产品或服务都存在诸多的生产者，在产品供给的现实和潜在生产能力大于市场需求的情况下，生产者都面临着由于消费者可能购买别人的同类产品而使自己的产品无法卖出的威胁，并且这种威胁日趋严重。而促销就是消除这一威胁的有力手段。

促销，就是餐饮企业将有关企业或产品的信息，通过各种宣传、吸引和说服的方法，传递给目标消费者，促使其了解并信赖产品所蕴涵的丰富效用，引导他们购买，达到扩大销售的目的。其实质就是宣传、沟通产品信息。其方式有广告活动、公共关系、营业推广、内部促销、人员推销、形象促销等。

在设计促销组合战略时，为了保证促销活动的有效性，餐饮企业应周密考虑各种不可控因素或不确定因素对促销活动可能产生的影响以及相应的对策。当然，在分析限制因素时，餐饮企业应本着抓住重点、照顾一般的原则，合理分配精力，防止主要精力被众多的小事所牵扯。

（五）实绩

实绩也称为绩效因素，通常指产品或服务为顾客所提供的效用的总和。在饭店营销因素组合中，它是一个十分重要也受到了广泛重视的因素。

顾客在购买餐饮产品之前，会对产品的绩效，即产品将会提供的各种利益和效用，形成“期望”。顾客进行购买以后，则会将消费产品所获得的真实绩效水平与购买前的期望进行比较，由此形成两者之间的差距或称为“不一致”。顾客由“不一致”的不同情况作出不同的“满意”反应：当实际绩效与期望相同时，顾客产生“适度的满意”（Moderate Satisfaction）；当实际绩效超过期望即“不一致”为正时，导致“满意”（Satisfaction）；而当实际绩效达不到期望即“不一致”为负时，顾客产生“不满意”（Dissatisfaction）。可见，产品的属性为顾客带来的利益，即满足顾客需要的程度，直接决定了顾客的满意水平。因此，产品绩效越高，顾客就越满意，反之顾客则越不满意。

（六）包装

饭店的“包装”与一般商品的包装不同。饭店的“包装”是指把产品和服务结合起来，在顾客心目中形成本饭店的独特形象。饭店的“包装”包括外观、外景、内部装修布置、维修保养、清洁卫生、服务人员的态度和仪表、广告和促销印刷品的设计等。

第二节　影响餐饮营销的因素

一、顾客对餐饮的需求

现代餐饮市场是不断发展的，顾客对餐饮的需求也越来越多。餐厅所面临的并非是由需求基本相同的顾客所组成的一个简单的同质市场，相反，它是一个由许多具有不同需求的顾客所组成的“异质”市场。

顾客对餐厅食品和饮料的需求大致出于两方面原因：一是为了替代家中日常的进餐活动；二是把在餐厅进餐看做是消遣享受和娱乐活动。客人对餐厅的需求实际上隐含了客人对情感、社交、自我实现等高层次需求。餐饮企业要想使顾客满意，就必须满足顾客这些高层次的需要。

因此，餐饮市场的消费者需求一般可分为两大类：一是生理方面的基本需求，二是由于受到社会影响产生的各种心理方面的需求。

（一）生理需求

1. 安全

安全是顾客最基本的生理需求之一。餐厅发生的安全事故，原因一般有以下几种。一是饭店食品、菜肴卫生清洁度不符合标准，无法满足顾客的安全需求；二是饭店餐厅本身设计不合理，餐厅装修粗糙，装修技术落后，如该封闭的部位未作封闭处理，因而室外尘土灌入，蚊蝇、老鼠、蟑螂等得以乘隙而入威胁食品卫生安全；三是餐厅在防火、防盗方面缺乏完善的管理，使顾客在就餐时缺乏安全感。凡此种种，造成的后果都是难以挽回的。所以要经常进行安全检查，采取必要的安全防范措施。

2. 卫生

食品、餐具及餐饮环境的卫生，是宾客关注的重点。餐厅必须提供给客人安全、卫生的饮食，它不仅关系到餐饮服务的好坏和餐饮企业的声誉，更重要的是直接关系到顾客和自身的健康。特别是2003年"非典"，这场疫情促使餐饮行业重新洗牌，科学、规范、卫生的用餐方式将是餐饮企业占领市场的重要举措，而无法提供卫生、舒适就餐环境和就餐方式的企业将被淘汰出局。这是一次危机，也是一次推动餐饮卫生革命的好机会。

从某种意义上说，清洁卫生是餐厅出售的商品之一。卫生是顾客基本的生理需求，餐饮企业在追求食品色、香、味、形的同时，绝对不能忽视食品的卫生问题。

3. 营养

在现代生活中，人们的饮食观念随着生活水平的提高和饮食科学的发展而不断更新，对膳食的要求不再满足于吃饱、吃好，健康营养正逐渐成为人们餐饮消费的价值取向。在追求食物美味的同时，更注重食物的合理选择和搭配，以达到营养和健康的要求。因此，顾客希望饭店提供的饮食能够符合他们的营养要求，并希望标明饮食的营养成分及含量。餐饮经营管理人员，有责任提供营养成分合理的饮食，以供顾客挑选，并保证食物质量优良。

4. 风味

人们光临餐厅的主要目的，就是为了品尝菜肴的风味。风味是指客人用餐时，对菜肴或其他食品产生的总的感觉印象，它是对食物进行挑选的最重要的依据，人们凭借味觉、嗅觉、触觉等感觉器官体验菜肴的风味。

顾客对风味的期望和要求各不相同。有的喜爱色浓味重，有的喜爱清淡爽口，还有的喜爱原汁原味，餐厅应尽量针对顾客的不同需求，提供各种风味的菜肴。

（二）心理需求

消费者的消费需求表现在生理和心理两个方面，而从现代餐饮消费市场来看，满足消费者的心理需求比满足其生理需求更重要。

心理需求是指客人就餐过程中的各种精神方面的需求。随着文化和科技的进步，精神享受的需求也反映到了餐厅服务中，客人的精神享受欲望越高，他们对餐厅的环境、气氛和服务的要求越严，或者说，他们的心理需求更为复杂和苛刻。消费者的心理需求主要包括以下几个方面。

1. 求方便的需求

所有宾客都希望饭店能够提供种种方便，希望起居饮食和在家一样便利，这就要求服务人员提供周到的服务，处处为宾客着想，如餐厅为出入口、洗手间、安全门等设置明显的指示牌；一些餐厅在洗手间分别为成人和儿童设置高度不等的面台，以方便各类型顾客使用等。客人在饭店内就餐方便，就会产生舒适和愉快的感觉，从而消除种种不安和烦躁情绪。

当然，随着社会的发展，客人对"方便"的要求会越来越多，涉及的面也会越来越广。饭店应对客人的需求变化加以预测，以便为客人提供更多的便利服务。

2. 受欢迎的需求

它主要包括三个方面的内容：一是受到礼遇，即在服务过程中能得到服务员礼貌的招呼和接待；二是得到一视同仁的服务，在餐饮服务中，不能因为优先照顾熟客、关系户或重要客人而忽视、冷落了其他客人，在做好重点客人服务的同时，应兼顾到餐厅里所有的客人，任何的顾此失彼都会引起部分客人不满甚至尖锐的批评，不能让任何一位客人感觉受到了冷淡和怠慢；三是愿意被认知，客人愿意被认识、被了解，当客人听到服务员能称呼他的姓名时，他会很高兴，特别是发现服务员记住了他喜欢的菜肴、习惯的座位甚至特别嗜好时，客人更会感到已受到了重视和无微不至的关怀。

3. 受尊重的需求

尊重客人，是服务人员必须做到的。顾客到饭店用餐，除了满足自身的生理需求之外，也希望自己得到尊重，这也是餐饮服务的必要组成。然而，我国的部分饭店，员工的服务意识较差，对顾客缺少微笑服务，文明礼貌不够；不注意语言修养，冲撞客人；对顾客服务不够积极主动，缺乏热情和耐心；不尊重宾客的风俗习惯；在餐厅里大声喧哗，高声谈笑、打电话，影响客人就餐等，这些都严重影响到饭店餐饮服务的整体质量。

4. 物有所值的需求

餐饮市场已进入了家庭消费和个人消费的时期，因此消费者追求物美价廉、经济实惠的需求越发明显，更多的消费者在消费过程中对产品价格和服务员的服务质量特别敏感，希望物有所值。客人只有相信他们所得到的利益比他们所牺牲的东西多时才会觉得“物有所值”。所以，如何让客人们觉得他们得到了最大的利益就是关键所在。在这里，客人们所牺牲的东西包括金钱以及花在消费上的时间。为了最大限度保证顾客物有所值，就必须有一种能够满足乃至超出顾客期望的服务体系，只有这样，才能满足客人的需求。

5. 显示气派、讲究身份的需求

客人在享受服务时，希望服务人员能够尊重他们，关心和重视他们，特别是涉及宾主关系时，主人要显示自己的身份，显示自己款待宾客的气派，服务员此时应使用恰当的语言和恰如其分的服务来帮助主人满足其自信心的需求。除此之外，饭店应该有足够显示气派的专用餐厅及宴会厅，配以高标准、高消费的美味佳肴，环境布置高雅，气氛热烈，餐具用品讲究，以此来显示来宾的非凡身份。

综上所述，消费者这些心理需求不但复杂多样，而且也不是一成不变的，它们常常相互交叉，更替出现，这无疑给服务和经营工作增加了难度。因此，我们在未来的工作中，必须以提高服务质量为核心，以满足顾客需求为出发点，绝不能只强调某一点而忽视其他内容，只有这样才能赢得更多顾客的青睐。

二、影响宾客饮食爱好的因素

（一）内在因素

内在因素指与食品的色、香、味、形、温度、质量等直接联系在一起的因素，如装盘的方式、食品供应时的温度、服务方式等都会对顾客的消费产生影响。

（二）外在因素

影响宾客选择食品的外在因素很多，其中主要有以下几点。

1. 环境

环境在销售活动中的作用和商品包装在销售中的作用类似。餐饮企业的销售环境，包括餐厅地段、建筑外观、停车场、周边环境、内部装修、布局、气温、气味、灯光、音响、餐桌、餐椅、餐具、指示牌、菜单、厨房、卫生间、气氛等。这些环境因素构成服务的“包装”，向顾客表明餐厅能提供什么样的服务，并对人们的饮食爱好产生一定的影响。

2. 情境

人们对食品质量的期望与用餐时的情境有关。如人们在社交、典礼等场合希望食品质量高，服务质量好，而在一般的朋友聚会时的要求则要低得多。

3. 广告

广告是任何一家餐饮企业必不可少的重要营销手段，广告对宾客起宣传与导向作用，能对人们的消费态度产生影响。

4. 季节性变化

某些季节性食品特别是蔬菜和水果，对人们选择食品的方式有很大影响。此外，餐饮营业时间、就餐时间的长短等都能影响宾客对食品的选择。因此，餐饮企业应根据宾客在不同季节的就餐习惯和时令性的新鲜原料来设计满足顾客需求的产品。

（三）生理和心理的因素

生理机能是否良好，也在一定程度上影响着人们的饮食。生理机能失调会引起食欲变化，对人们的饮食爱好产生极大的影响，而这些变化常常与心理因素的影响有关。例如，现代生活节奏增快，人际关系复杂，工作压力沉重，使很多人在社会生活和家庭生活的各种纠纷中，较长时期忍受煎熬，从而产生紧张、抑郁和愤懑等情绪。

（四）个人因素

1. 期望标准

人们对食品或餐饮服务的期望，会影响饮食爱好和食品选择。到餐厅就餐，一般来讲，客人的期望标准比较高，如果食品及服务的质量比预期的好，客人会产生“物有所值”甚至“物超所值”的感受；如果实际比预期的要差，客人则有得不偿失的感觉，由此会影响人们对食品的爱好程度。

2. 考虑的重点

这个因素和期望标准有直接关系。如人们在乘车或乘机旅行时，同样也需要餐饮服务，但他们优先考虑的事情可能是何时能抵达旅游目的地。这时，在哪里就餐、何时就餐就不是考虑的重点了，其他因素可能比食品更重要。

3. 熟悉程度

服务员在描述菜单上的菜品时，要使用顾客熟悉的术语，这样能使顾客更容易接受菜单上的食品，另外，描述性的菜单也能增强食物的吸引力。

4. 食欲和心情

人的心情对食欲有很大的影响。如果顾客带着好心情来餐厅就餐，那他对食物的欲望就强，同时，对服务人员的一些小的过错就能够谅解。反之，如果顾客心情欠佳，他会对什么都看不顺眼，对食物也会格外挑剔。

5. 家庭结构

年轻的家庭负担较小，业余时间较多，购买力相对较强，因此注重消费水平。而 45 岁以上的中老年夫妇家庭外出就餐则注重健康饮食和养生，偏好低热量和低胆固醇的食品。

6. 文化水平

在餐饮过程中，文化水平也影响着人们的饮食爱好和对食品的选择。接受过营养学方面教育的顾客，受他人影响较小，在选择食物时，更注重营养成分的搭配。而不具备营养学知识的顾客，可能更注重食品的口味，并且易于接受他人对食品的推荐。

（五）社会经济因素

社会经济因素决定了人们的消费能力，人们选择的菜肴食品与其经济收入有密切的联系。

（六）文化和宗教因素

了解文化传统和宗教信仰对人们的饮食爱好的影响，是餐饮营销活动中的一项极其重要的工作，餐厅提供的食品和服务要尊重传统习俗和宗教信仰对人们饮食的制约。

三、环境气氛在餐饮营销中的作用

现代社会的消费者，在进行消费时往往带有许多感性的成分，容易受到环境氛围的影响。在饮食上他们不但注重食物的味道，更注重就餐时的环境与氛围。要求进食环境“场景化”“情绪化”，从而能更好地满足他们的感性需求。因此，相当多的餐厅，在布置环境、营造氛围上下了很大工夫，力图营造出各具特色、吸引人的种种情调。

客人对餐饮产品的看法，在他们品尝食品饮料之前就已产生了。因为餐厅外部的建筑装饰、广告、招牌已经使他们产生印象，在进入餐厅之后，餐厅的内部气氛、食品饮料的质量、服务的技巧和态度等也给他们留下印象，这些因素综合起来就提供给客人一段完整的就餐经历。如果这段经历中有一个部分不能满足客人的要求，客人下次将不会再来，而且也许还会告诉朋友，这样将起到消极的口头宣传作用。因而餐饮就餐经历质量的好坏，不仅包括食品饮料的质量，餐厅的总气氛也是影响就餐经历的一个十分重要的因素。

第三节　餐饮内部营销策略与技巧

餐饮营销在大体上可以分为内部营销和外部营销两大类。内部营销是指采取一切措施使现有的客人最大限度地消费，同时使他们不断光顾，并为饭店作宣传；外部营销是指为招徕客人所做的一切工作。

一、员工推销

餐厅的每一个员工都是推销员，适时地推销餐饮产品，餐饮员工责无旁贷。他们的形象、服务技能和态度都是对餐饮产品的无形推销。

（一）着装

餐饮服务员穿着统一的制服，可以给人清洁感和统一感，也便于顾客辨认。而且制服有广告宣传的作用，设计特别的制服，对顾客可产生促销的效果，不失为吸引顾客的一种方法。

（二）个人卫生与外表

宾客对为其服务的员工的个人卫生和外表要求很高。一个餐厅，服务人员仪容端庄、大方，着装整齐清洁、美观，可使前来就餐的客人见而生喜，望而生悦，心理上产生一种信任感、愉快感，有助于创造一个好的就餐环境。因此，服务人员应该严格遵守卫生条例，保持良好的精神状态。

（三）言谈和举止

言谈和举止主要包括走姿、站姿、蹲姿、手势、目光、鞠躬、言谈和微笑等方面内容，这些集中体现了员工的内在素质、精神面貌和职业技能。

（四）语言运用原则

在对客服务过程中，服务员要达到语言美，必须注意从以下几个方面做起：

（1）说话要有尊称，声调要平稳。凡对就餐的客人说话，都应用“您”等尊称，言辞要加上“请”字。对客人的要求，无法满足，应加“对不起”等抱歉的话。说话声调要平稳、和蔼。

（2）说话要文雅、简练、明确，不要含糊、啰唆。文雅即彬彬有礼；简练就是简洁、明了，一句话能说清楚，不用两句话；明确是要交代清楚，使人能一听就懂。

（3）说话要委婉、热情，不要生硬、冰冷。

（4）讲究语言艺术，说话力求语意完整、合乎语法。有时服务员本出于好意，但因为语言艺术运用得不好，反而使客人误解。如，看到客人的米饭吃完了，想给客人添点饭，便问：“您还要饭吗？”这样的话就容易引起客人的反感。

（五）服务质量

餐饮服务质量，主要体现在服务态度和服务技能等方面。服务质量高，会使客人心情舒畅，经常光顾；反之，则会使客人产生不满或投诉，从此不再光顾。因此，餐饮企业要注意服务质量的提高和员工素质的培养，以优质的服务吸引更多的客人。

二、餐厅推销

餐厅服务人员要做好推销工作，必须乐于为顾客服务，具有爱岗敬业、乐于奉献的精神，在做好服务工作的同时，适时推销，寓推销于服务中，这是餐厅推销的有效方法。

（一）根据宾客的不同情况适时推销

宾客来自四面八方，地区不同、信仰不同、目的不同，他们的要求总会有所差别。因此，服务员应当在了解宾客情况的基础上，适时、有针对性地推荐菜肴和饮品。如宾客是慕名而来，应重点推荐本餐厅的风味菜、特色菜；如宾客有一定的用餐标准，可推荐一些味道可口而价格合适的菜肴；对餐厅的常客应主动介绍当天的特色菜，使宾客有新鲜感。

又如向南方和北方的宾客推荐的菜肴应有所区别，北方宾客一般喜欢油多色深的菜肴，南方宾客较喜欢清淡生鲜的菜肴；对不同年龄段的客人推荐菜肴也要注意，老年人追求营养，健康，易消化，口味清淡，而年轻人推崇时尚菜肴，多爱吃新潮风味菜；再如欧美宾客一般喜欢用肉类、禽类等菜肴，阿拉伯地区的宾客，更喜欢牛、羊肉类的菜肴。分清对象再介绍菜肴，往往易打动食客，使其愉快地就餐，从而达到促销的目的。

（二）主动、及时询问宾客并提出合理建议

在宾客点菜时犹豫不决、互相推托时，服务员要见机行事，主动上前征求客人意见，根据客人的需要和饭店的菜肴特色，主动推销。当客人要求服务员帮助点菜时，服务人员应热情根据客人的需要进行推销。当客人所点的菜肴在原料、口味等方面出现雷同时，服务人员应用婉转的语言提醒客人加以调换，并主动推销其他品种。当客人所点的菜已经卖完时，服务人员应诚恳地向客人表示歉意，并推销一些类似的品种供客人选择。

宾客进餐过程中，服务员要根据宾客用餐情况主动询问，要善于利用各种推销机会。例如当宾客的菜肴已经用完，但酒水还有许多时，应主动询问，建议宾客添加几样菜。若宾客在西餐厅用餐时，主菜过后要向宾客递上甜品菜单，征询客人的意见。主动询问，及时关心，一方面使宾客感到自己受重视，另一方面也可达到推销的目的。

（三）结合菜肴加强酒水的推销

酒品饮料的销售可为餐厅带来相当可观的经济效益。酒水最有利的推销时机是客人点菜期间。如当客人在西餐厅点了海鲜类菜肴时，服务员可介绍一两种白葡萄酒供他们选择；在西餐厅，特别是扒房一类的高级西餐厅，宾客入座后，服务员应首先向他们推荐鸡尾酒或开胃饮料。中餐厅可以根据宾客的不同国籍推销酒水。对于欧美宾客可推荐红、白葡萄酒；对于日本、外籍华人或港澳同胞可以推荐黄酒；对于国内宾客可较全面介绍餐厅所经营的各种名牌白酒和饮料。

（四）现场演示

在餐厅进行现场烹制表演是一种有效的现场推销形式，还能起到渲染气氛的作用。一般由厨师在餐厅制作菜肴，客人对厨师的烹饪技艺及菜肴的色、香、味、形可以一目了然，从而产生消费冲动。还有一种推销形式是当宾客用过主菜之后，服务员推来带甜品的餐车询问宾客。现场演示推销要求餐厅有良好的排气装置，以免油烟污染餐厅，影响就餐环境。还应注意特色菜或甜品的制作必须精致美观。

(五) 推销语言的选择和推销注意事项

(1) 服务员在推销过程中，要多采用建议性和描述性的语言。尽量使用选择问句，而不是简单的“要吗”或“要不要”等的提问句。建议性推销应多采用描述性的语言，如“新鲜的”“鲜嫩的”等，以引起客人的兴趣和食欲。

(2) 餐厅人员的推销活动应在使宾客满意的前提下进行，严禁强迫推销。强迫推销的做法，有损于餐厅形象，违背职业道德，会引起客人的强烈不满，并对餐厅产生极为不良的影响。因此，服务员绝不允许利用宾客爱面子的心理或不懂菜肴的时机，推销他们不喜欢的高档菜。推销时应注意，不允许采用命令式的语言，以免损伤宾客的自尊心。还应注意，如果客人没有主动提出，餐厅服务人员一般不应将酒类名称表主动递向客人，以免有的客人因不知该点何种酒而感到尴尬。客人没主动要酒类表，服务员可建议客人喝点什么酒。

三、特殊活动推销

“特殊活动”在餐饮推销学上被称为“Event”，餐厅出于销售上的需要，根据目标顾客的特点和爱好，在不同的时间，举办多种类型的推销活动。特殊活动推销，是推销的有效方法之一。

(一) 特殊活动推销的时机

1. 节日特殊推销活动

节日是人们愿意庆贺和娱乐的时光，是餐饮工作人员举办特殊推销活动的大好时机。在节日搞餐饮推销，需要将餐厅装饰起来，烘托节日的气氛。并且，餐饮管理人员要结合各地区民族风俗的节庆传统组织推销活动，使活动多姿多彩，令顾客感到新鲜有趣。例如，2月14日情人节，这是西方一个较浪漫的节日。在这一天，餐厅可推出情人节套餐，推销“心”形高级巧克力，展销各式情人节糕饼，酒吧也特制情人鸡尾酒，一根双头心形吸管可增添许多乐趣。餐厅还可增加一个卖花女，鲜花也可创造一笔可观的收入。同时，举办情人节舞会或化装舞会，举行各种文艺活动，抒情音乐会及舞蹈如“梁山伯与祝英台”“罗密欧与朱丽叶”等。

在一年的中外各种节日里，如元旦、春节、情人节、中秋节、国庆节、圣诞节等都可以举办各种活动（如图6-7所示）。

(a) (b)

图6-7 圣诞节餐台布置

餐饮专家

二月二“龙抬头”老字号端出食俗

二月初二“龙抬头”，吃龙耳、品龙胆、食龙鳞，京城老字号纷纷推出民俗美食。为了丰富民俗节日内容，在京拥有众多老字号的聚德华天集团旗下厚德福、新路春、曲园酒楼、峨嵋酒家、惠丰饺子楼、护国寺小吃连锁店、合义斋等老字号名店不仅推出食俗菜品，而且为民俗节日增添了新口味。

据了解，民俗中“龙耳”指的是饺子，西四惠丰饺子楼不仅准备了传统口味的纯手工水饺，还为节日推出了酱肉香菇、酱肉香菜等酱肉系列纯手工水饺；而“龙胆”，指的是炸油糕，今年护国寺小吃连锁店在二月二当天推出豆沙果仁口味的炸油糕，不但增添了传统小吃，更是为节日带来了新口味。

二月二又名“春龙节”，“龙鳞”其实就是人们熟悉的春饼，今年京城老字号则为京城百姓带来了多种新口味的“龙鳞”套餐。以官府豫菜闻名京城的厚德福酒楼，将创新菜融入民俗，推出了“海鲜酱爆鱿鱼卷春饼套餐”；而老字号名店峨嵋酒家翻新“盒子菜”，推出了菜汁春饼，包括川味牛肚、风吹肉、去骨酱猪手、炒豆芽和峨嵋酒家独创的樟茶烤鸭等在内的新口味“盒子菜”，顾客可以根据自己的口味全部点齐，或者择其一二；位于护国寺街的护国寺小吃店则推出了韭菜豆芽、鸡蛋粉丝等不同口味的“春饼套餐”。此外，新路春、曲园酒楼、同春园、惠丰饺子楼、马凯餐厅长椿街店、合义斋等老字号都推出了各具风味的“龙鳞”餐。

按照老讲究，“龙抬头”这一天，不仅要吃春饼，食龙耳、龙胆，还要在菜肴上讨个好口彩。曲园酒楼在二月二当天推出了传统的“包财”，讲究用生菜叶包着镇店名菜东安鸡、特色风味酸豆角和米饭食用，吃着“包财”千万别说散喽，使劲捧着吃图个好说头儿。而以门钉肉饼、炸灌肠等小吃闻名京城的老字号名店合义斋，则根据“龙抬头”食“金豆”的食俗，推出芥菜炒黄豆嘴儿，寓意“借财”。厚德福酒楼在“海鲜酱爆鱿鱼卷春饼套餐”中赠送咸鸭蛋，切开流油儿，这叫“财源滚滚来”。而峨嵋酒家的三珍跳水豆腐、同春园的三鲜烩豆腐、新路春百宝豆腐、曲园酒楼祖庵豆腐、马凯餐厅长椿街店口袋豆腐等豆腐菜肴，在这天要称之为“兜福”，更是节日餐桌上必点之菜。

同时，护国寺小吃连锁店为二月二“龙抬头”准备了充足的“驴打滚”，以满足京城百姓民俗节日的需要。

2. 清淡时段推销活动

餐厅为增加清淡时段的客源和提高座位周转率，可在这段时间举办各种推销活动。有些餐厅将清淡时间段的推销活动称为“快乐时光”活动，在快乐时光里，每隔半小时转一次幸运轮盘来决定饮料的价格，价格可以上下浮动；或者，在这段时间中对饮料进行“买一赠一”的销售活动等。

3. 季节性推销活动

餐厅在不同的季节中进行多种推销，这种推销可根据顾客在不同的季节中的就餐习惯和在不同季节上市的新鲜原料来计划，最常见的季节性推销是时令菜的推销。同时，许多餐厅根据人们在不同季节的气候条件下产生的不同就餐偏好和习惯进行推销，如在炎热的夏天推出清凉菜，在严冬推出火锅系列等。

（二）特殊推销活动的类型

特殊推销活动的类型要多样化，才能吸引人。常见的有以下几种。

1. 演出型

为娱乐顾客，餐厅往往聘请专业文艺团体和艺员来演出。演出的内容多种多样，如卡拉OK、爵士音乐、轻音乐、钢琴演奏、民歌等。

2. 娱乐型

为活跃餐厅气氛，并吸引客人，餐厅常举办一些娱乐活动，如猜谜、抽奖、游戏等，有的餐厅甚至还配备游乐器械等。

3. 实惠型

餐厅利用顾客追求实惠的心理进行折价推销、奉送免费礼品等活动。给客人以实惠的推销措施通常是很有吸引力的。

（三）举办特殊活动的要点

举办活动时，要注意活动必须具备以下特征。

1. 话题性

举办的活动具有新闻性，能产生话题，引起大众传播的兴趣，间接带给更多的顾客。

2. 新潮性

新潮性即要有现代感，追求时髦是许多现代人的重要心理需求，时髦的东西往往能够调动起人们的消费欲望。例如有的酒吧开通了与一些本地实况转播的电视节目相连的业务，顾客甚至可以在酒吧中欣赏摇滚歌星火暴的现场演出，这些做法颇能满足现代顾客的心理。

3. 简单化

有时一项极富创意的计划，却由于过分的拘泥而变得复杂化，失去了效果。例如餐饮积分券的赠送，与其按照总消费额的一成开立积分券，不如简化手续按照顾客消费额分等级，即刻发送，比较能让顾客接受。

4. 参与性

在餐饮特殊活动中，只有顾客积极参与进来，才使得活动变得更有意义，从而吸引更多的顾客。从顾客参与的角度讲，歌星助唱、钢琴演奏的音乐餐饮店，不如卡拉 OK 的餐饮店参与性高。同样，画廊餐饮店也比不上涂鸦餐饮店参与性高。

四、赠品推销

赠品推销是指顾客购买产品时，另外以有价物质或服务等方式来直接提高产品价值的推销活动，其目的是通过直接的利益刺激达到短期内的销售增加。赠品能直接给顾客实惠：一是物质实惠，一定面值的货币能换取更多的同质产品，消费者自然乐意；二是精神实惠，也就是购买后的顾客心理反映，产生愉快的购后美感。这两种实惠加深了顾客对该产品的印象，有利于加强产品的竞争力，灵活运用于推销活动当中能够产生良好的效果。

赠品，是争取消费者购买产品，促使业绩增长的法宝，它也是品牌之车提速的动力所在。此策略运用得当，很有可能吸引消费者舍弃竞争品牌，能换取长远的销售业绩。

（一）赠品的种类

1. 商业赠品

餐饮推销人员为鼓励大主顾企业或公司经常光顾，可以赠送商业礼品给一些大主顾。

2. 个人礼品

为鼓励顾客光顾餐厅，在就餐时间可免费向客人赠送礼品。如为过生日当天前来就餐的顾客赠送生日蛋糕或长寿面等。

3. 广告性赠品

这种赠品主要起到宣传餐厅、提高餐厅知名度的作用。管理人员应选择价格便宜、可大量分送的赠品，如一次性打火机、火柴、菜单、购物提包等。礼品上要印上餐厅的名称、位置及电话号码等。广告赠品对过路的行人和光顾餐厅的客人均可赠送。

4. 奖励性赠品

奖励性赠品的主要目的是刺激顾客在餐厅中多购买菜品和再次光临，这种礼品是有选择性地赠送。例如，根据顾客光临餐厅的次数、在餐厅中消费的额度分别赠送礼品，有的则根据抽奖结果给幸运者赠送礼品。管理人员要选择价值较高的物品作为这种礼品。

（二）赠品的要求

1. 礼品的档次要与餐厅档次相符

一家高级餐厅绝不能送低档次的礼品，若经费不足，宁可不送或只送极少数客人。与其大量赠送廉价礼品，不如用同等价钱买少量精致的商品。赠品是沟通餐厅与顾客关系的重要渠道，餐饮推销员要注意赠送符合餐厅形象的独特礼品以招徕客人。

2. 赠品要和餐厅出售的产品具有关联性

这是赠品设计中一个最基本的原则。餐厅必须要从产品的特征和品牌的属性、内涵等多方面进行斟酌，找出与产品本身、品牌诉求有关联性的赠品。同时更要注重赠品带给顾客的价值感和实用性。因此，在促销现场，餐饮企业需要在活动中反复提及产品的功能利益、消费者利益和情感利益，还要反复强调赠品与产品的内在关联性，以强化消费者的印象。这样，消费者使用或者看到赠品，就会产生对产品利益的联想。只有这样，才能够使赠品赠得有效，赠得有“理”，而不相关的赠品等于白送。

3. 赠品要符合不同年龄顾客的心理需要

为使礼品达到最佳效果，有必要针对不同的赠送对象和不同的场合选择不同的礼品。例如，餐厅祝贺新婚夫妇可赠送有情调的礼品，儿童过生日或儿童节，则可赠送玩具类礼品。

4. 赠品包装要精致

漂亮的包装能够提高人们对商品价值的评价。最初，包装主要是防止商品污染起保护的作用，现代社会利用包装点缀商品起到了推销的作用。赠品包装一定要精致、漂亮、独特，这样能使顾客产生物超所值的心理感受。

（三）餐厅常用赠品

1. 定期活动节目单

餐厅将本周、本月的各种餐饮活动、文娱活动印刷后放在餐厅门口、电梯口或总台发送、传递信息。这种节目单要注意，一是印刷质量，要与餐厅的等级相一致，不能太差或过于奢侈；二是一旦确定了的活动，不能随意更改和变动。在节目单上一定要写清时间、地点、餐厅的电话号码，印上餐厅的标志，以强化推销效果。

2. 火柴

餐厅每张餐桌上都可放上印有餐厅名称、地址、标志、电话等信息的火柴，送给客人带出去作宣传。火柴可定制成各种规格、形状、档次，以供不同餐厅使用。

3. 小礼品

餐厅常常在一些特别的节日和活动时间，甚至在日常经营中送一些小礼品（如图 6-8、图 6-9 所示）给用餐的客人，这些小礼品要精心设计，根据不同的对象分别赠送，其效果会更为理想。常见的小礼品有印有餐厅广告和菜单的折扇、小盒茶叶、闪光啤酒杯、T 形 LED 开瓶器、精制的筷子等，值得注意的是，小礼品要和餐厅的形象、档次相统一，要能起到积极的推销、宣传效果。

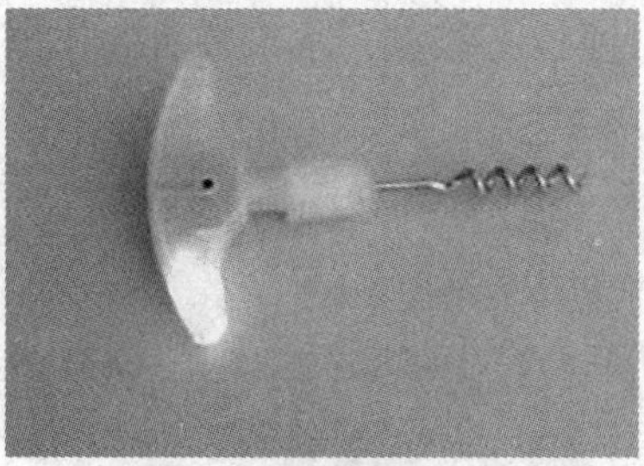

图 6-8　T 形 LED 开瓶器

图 6-9　开瓶器

五、展示推销

餐饮推销除了饭店营销人员、餐厅服务员面对面地向客人提供信息之外，还可以通过实物形式进行推销。食品展示就是这样一种有效的餐厅内部推销形式。这种方法利用视觉效应，激起顾客的购买欲望，吸引客人进餐厅就餐。展示推销主要有以下几种形式。

（一）原料展示推销

原材料展示的基本要求是强调“鲜”“活”，要使客人相信本餐厅所使用的原材料都是新鲜、卫生的。如有些餐厅一进门就有一个巨大的海鲜池，养有澳龙、小鲨鱼、皇帝蟹、老鼠斑、青斑点、基围虾等。首先这些具有很强的观赏性，客人能见到一些平时较少见到的海鲜；更重要的是客人直接目睹原料的鲜活，容易对菜肴质量产生满意感；再者，服务员当着客人的面称取海鲜，客人对海鲜重量也放心。餐厅还可以用陈列架摆放些色泽鲜艳透亮的蔬菜、水果供客人挑选，有些客人对一些河鲜、海鲜或特殊蔬菜的名字不太清楚，而根据实物来点菜就十分方便（如图 6-10 所示）。

图 6-10　原料展示

（二）成品陈列推销

成品陈列推销实物的展示往往胜于很多文字的描绘。一些餐厅将烹调好的菜肴展示在陈列柜中，客人通过对产品的直接观察来选择，但大多数菜肴烹调后经过放置质量会下降，失去新鲜的颜色，这样的陈列会起到反作用。因此，很多餐厅将一些菜肴原料切配好，经初加工装盘陈列，但不加以烹调，这样可以两全其美。自助餐厅就是运用成品陈列推销的典型代表，客人往往在看过烹调好的、已陈列有序的菜肴、沙拉、糕点、水果等后才作出是否在餐厅用餐的决定（如图 6-11、图 6-12 所示）。

图 6-11　菜品展示

图 6-12　水果展示

（三）推车服务推销

推车服务推销的菜品多半是价格不贵且放置后质量不易下降的凉菜、沙拉、点心。推车上的菜不一定是客人非买不可的。客人若看不见这些菜品不太可能购买，但看见便可能产生购买动机和行为，因而这种推销形式是增加餐厅额外收入的有效措施。有时客人点的菜不够充足，又担心再点菜等待时间过长，这时推车上的菜品就方便了客人，粤式早茶、夜宵是这种推销形式的代表。如有的酒店餐饮部使用推车，陈列一些高档酒水，推到客人面前按杯零售。从实施效果来看，推车服务推销情况良好，以前少有问津的酒水现在也销出去了。（如图 6-13

所示)。

(a)

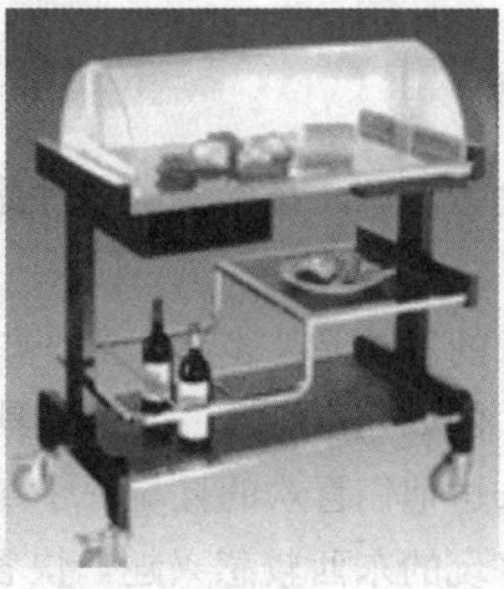

(b)

(c)

图 6-13 推车服务推销

(四)现场烹调表演推销

无论在中餐还是西餐中，都有许多菜肴和饮料可以用来在餐厅切割、烧烤、调制或燃焰等来渲染气氛。如中餐中的片鸭皮、片乳猪、醉虾、三鲜锅巴、铁板豆腐等，西餐中的生煎牛排、煎蛋、印度手抛饼等。现场烹制表演（如图 6-14、图 6-15、图 6-16 所示）往往是在座客人关注的焦点，制作过程中散发出的声音和香味可以刺激客人的食欲，促使客人产生冲动性消费，大大增加食品的销售机会，同时减少了食品烹调后的放置时间。客人当场品尝，味道会更加鲜美，服务员也愿意运用现场烹调方式，因为这是一项富有创意性的工作。

进行现场烹调推销时，主要选择半成品，要求外观漂亮新鲜，烹调速度快而且简单，烹调时无难闻的气味和弥漫的烟雾，烹调的器具一定要清洁光亮，同时要注意操作安全，避免火灾等。

图 6-14 红酒鳄鱼扒

图 6-15 老火靓汤

图 6-16 烤肉类

六、其他推销

（一）针对儿童的推销活动

儿童是许多家庭出外就餐的决策者。儿童常去的餐厅是快餐店，针对他们的推销有以下几点：

（1）提供儿童菜单和儿童份额的餐饮品，多给儿童一些特别关照。

（2）提供为儿童服务的设施。例如儿童座椅、儿童餐具、围兜，一视同仁地接待小客人。

（3）赠送儿童小礼物，尤其选送他们喜欢的且与餐厅宣传密切联系的礼品。

（4）娱乐活动。儿童对新奇好玩的东西较感兴趣，快餐厅常在一角设有儿童游戏场，放置一些木马、积木、跷跷板之类的玩具，还有的餐厅专门为儿童开设专场木偶戏表演、魔术和小丑表演，或放映卡通片、讲故事等。尤其在周六、周日，儿童节日，这些是吸引全家用餐的好方法。

（5）儿童生日推销。餐厅可以印制生日菜单进行宣传，给予一定的优惠。例如日本麦当劳餐厅记载了约 60 万名小朋友的出生日期，每个小朋友在生日前几天，会收到麦当劳汉堡店寄来的生日卡，到了生日那天，小朋友便持卡到麦当劳来。这时，店里的工作人员除了对小寿星说“生日快乐”以外，还鼓掌欢迎他们的光临。有些餐厅还推销生日宴，有“宝宝满月”“周岁宴会”等，从长远看，这些小朋友是餐厅的潜在顾客。

（6）趣味竞赛。常见的做法是发给每位儿童一张动物画，让儿童用蜡笔涂上颜色，进行比赛，给获奖者颁发奖品，增加了儿童的不少乐趣。

（7）赞助儿童事业，树立餐厅形象。餐厅可以为孤儿院等儿童慈善机构募捐，设立奖学金，赞助儿童体育比赛，绘画、音乐比赛等，有望成为新闻焦点，树立企业在公众中的形象。

（二）试吃推销法

对于一些需特别推销的菜肴，如各种名点、名菜可以采用客人试吃的方法推销。服务员用餐车将菜点推到客人的桌边，让客人先品尝，如喜欢就现买，不合口味的再点其他菜肴，这既是一种良好的服务，又是一种很好的推销手段。

（三）组织俱乐部进行推销

各种餐厅、酒吧都可以吸引不同的俱乐部成员，酒店是俱乐部活动的理想场所。餐饮部门一方面可以自己组织一些俱乐部，如常客俱乐部、美食家俱乐部、常驻外商俱乐部等，让他们享有一些特别的优惠；另一方面也可以和当地的一些俱乐部、协会联系，提供场所，供这些协会活动，如当地的企业家协会、艺术家协会等。酒店可发给他们会员卡、贵宾卡，享受一些娱乐活动和服务的门票免费优惠，赊账优惠和优先接待的优惠等。酒吧还可以免费替他们保管瓶装酒。酒店通过组织这样的活动，既可以吸引更多的客人，又可以扩大自己的影响，成为许多当地新闻的焦点，起到间接的推销作用。

(四) 名人效应

餐厅邀请当地的知名人士或新闻人物来餐厅就餐，并充分抓住这一时机，向新闻机构大力宣传，并为名人们拍照、请他们签名留念。然后把这些相片、签名挂在餐厅里，来增加餐厅知名度，树立餐厅形象。

(五) 知识性服务

在餐厅里备有报纸、杂志、书籍等以便客人阅读，或者播放外语新闻、英文会话等节目，或者将餐厅布置成有图书馆意义的餐厅。

(六) 情调服务

白天是正统的餐厅，晚间则改为俱乐部、酒廊、卡拉 OK 歌舞厅等，能够充分利用场地。这些服务上的名堂，在推销时要有一定的新奇性，不落俗套；有话题性，能吸引人们的注意，并产生影响；具有幽默性，生动活泼。

第四节 餐饮外部营销策略与技巧

所谓餐饮外部营销，是相对于餐饮内部营销而言的，即营销地点可能在店外的任何地方，营销对象更加广泛。

一、餐饮人员推销

在餐厅中的每一个人都是潜在的推销员。这包括餐厅经理、厨师、服务人员以及顾客。有效地发挥这些潜在推销员的作用同样会给餐厅带来利润。

(一) 餐厅经理

传统饭店总裁比尔·伯恩斯说过："我们饭店的总经理、销售部经理和我，每天从中午12 点到下午 1 点都站在饭店的大厅和餐厅的门口，问候每一位客人，同他们握手。当然我们希望以此赢得更多的生意。"

如果餐厅经理也采用此法，就会让客人感到自己被重视、被尊重了，就乐意来就餐，并有利于刺激消费。

同时不要轻视经理的名片。经理不管在什么地方，甚至在社交场合，一边向潜在顾客作自我介绍，一边递上名片。这样，潜在顾客就能清楚地知道你的名字和你所属的餐厅。在下次选择餐厅就餐时，你的餐厅可能会被作为首选。

(二) 厨师

利用厨师的名气来进行宣传推销，也会吸引来一批客人。对重要客人，厨师可以亲自端送自己的特色菜肴，并对原料及烹制过程作简短介绍。

（三）服务人员

鼓励登门的顾客最大限度地消费，这重担主要落在服务员身上。服务员除了提供优质服务外，还得引导客人进行消费。其中，服务人员对顾客口头建议式推销是最有效的。当然，建议式推销要掌握好时机，根据客人的用餐顺序和习惯推销，才会收到更好的效果。

（四）顾客

“顾客是餐厅的上帝”。对于餐厅经营者来说，一位顾客就是一个“活广告”，客人对餐厅评价如何，会直接影响到餐厅的潜在客源。在餐厅服务员与顾客之间，潜在的客人更愿意相信顾客的话。餐厅经营者对一些常客在服务和价格上应给予更多的关照和优惠，让客人留下较深的印象，会起到意想不到的推销效果。

二、电话推销

电话推销，即餐饮营销人员与宾客通过电话所进行的双向沟通，包括餐饮推销人员打电话给顾客进行推销和推销人员接到顾客来电进行推销两种。

电话推销方式是通过声音进行沟通，但不要以为有一位声音甜美的服务员接电话就可以了，还需要特别注意运用自己的听觉，在很短的时间内对宾客的要求、意图、情绪等方面作出大致的了解和判断。在推销自己的餐饮产品和服务时力求精确，突出重点，同时准确做好电话记录。对话时语音语调应委婉、悦耳、礼貌，同时不要忘记商定面谈以及进一步确认时间、地点等细节，最后向宾客致谢。

电话推销费用小、费时少，但是局限性也比较大，一般细节性的内容不易敲定。

三、全员推销

全员推销，即餐厅所有员工均为现实的或潜在的推销人员，在同顾客接触中，通过热情、礼貌的言谈、举止，树立餐厅形象，扩大餐厅知名度，使更多的顾客购买餐厅的菜品和服务。

被誉为美国现代饭店之父的斯塔特勒曾说：“谁是饭店的销售人员？是全体员工。”这句至理名言影响着一代又一代的饭店经营管理者。餐饮业的全员推销具有以下几方面含义：

(1) 将推销作为餐饮经营的哲学和理念，而不是将它视为某一个部门或某几个人的工作。它贯穿于餐饮经营和餐饮服务的始终。

(2) 树立“服务即推销、推销即服务”的思想，将餐厅的迎宾员、服务员、订餐员、酒水员、领班、主管等，都纳入到餐厅整个销售环节中。

(3) 全员推销强调的是持续和日常性的工作，而不是某个部门或某些人在淡季或经营不景气时接受的临时和突击性的任务。

(4) 全员推销要求餐厅所有人员都能够树立全局观念，顾全大局，相互协作与支持，通过各自不同的工作共同创造企业的形象，为共同的推销目标而努力。

四、餐饮广告推销

餐饮广告有多种形式，包括电视广告、电台广告、报纸、杂志刊物广告、餐厅内部宣传品、邮寄广告及户外广告等。餐饮广告的目的就是向公众或特定市场中的潜在顾客宣传其餐饮产品和服务，吸引顾客到餐厅用餐，通过广告在生产者、经营者和消费者之间架起沟通的桥梁。

（一）电视广告

电视广告的优点是传播速度快，覆盖面广，表现手段和形式丰富多彩，可声像、文字、色彩、动感并用，可谓感染力很强的一种广告形式。但此种方法成本昂贵，制作起来费工费时，同时还受时间、播放频道、储存等因素的限制和影响，信息只能被动地单向沟通。一般晚上七点半至十点半，被认为是广告的最佳时间，费用也相当地高。而且观众们由于过频地被动接受视觉上的广告刺激，对产品的期望过高，一旦在现实消费中“按图索骥”之后，却深受某些虚假广告之苦，反而对那些大做广告的餐饮产品产生不信任感。也有的因为不合时宜或者粗制滥造的广告的插播，引起人们的厌倦和逆反心理，与广告的初衷背道而驰。

（二）电台广告

电台广告是适于对本地或者周边地区消费群体的一种餐饮广告形式。其特点是成本较低、效率较高、大众性强。一般可以通过热线点播、邀请佳宾对话、点歌台等形式，来刺激听众参与，从而增强广告效果。但是这种方式同样也存在着不少缺陷，如传播手段受技术的限制；不具备资料性、可视性；表现手法单一；被动接受性等。

（三）报纸、杂志刊物广告

报纸广告适于做食品节、特别活动、小包价等餐饮广告，也可以登载一些优惠券，让读者剪下来凭券享受餐饮优惠服务。此种方法具有资料性的优点，成本也较低，但是形象性差、传播速度慢、广告范围也较小。

相对于报纸广告，能够用来做餐饮广告的杂志一般都是行业性杂志，如《中国烹饪》《中国旅游饭店》《饭店世界》等。其目的并不是给顾客看，而是由阅读这些杂志的行业人员、科研人员、教师以及学生通过口碑对餐厅进行宣传，树立餐厅形象，培养潜在顾客。杂志广告具有针对性强、资料性强以及印刷质量高等特点，但出版周期较长，成本也较高。

（四）餐厅内部宣传品

餐厅可以印制一些精美的定期餐饮活动目录单，介绍本周或本月的各种餐饮娱乐活动；还可以印制有餐厅的种类、级别、位置、电话号码、餐厅餐位数、餐厅服务方式、开餐时间、各式特色菜点的介绍等内容的精美宣传册；或者特制一些可让宾客带走作留念的“迷你菜单”；以及各种图文并茂、小巧玲珑的“周末香槟午餐”“儿童套餐”的介绍等，将它们放置于餐厅的电梯旁、餐厅的门口，或者前厅服务台等处，供宾客取阅。（如图 6－17、图 6－18、图6－19所示）。

图 6－17　咖啡馆宣传品

图 6－18　酒店宣传品

图 6－19　餐厅宣传品

（五）邮寄广告

邮寄广告即将饭店餐厅商业性的信件、宣传小册子、餐厅新闻稿件、明信片等直接邮寄给消费者的广告形式。它比较适合于一些特殊餐饮活动、新产品的推出、新餐厅的开张以及吸引本地的一些大公司、企事业单位、常驻饭店机构以及老客户等活动。这种方式较为灵活，竞争较少，给人感觉亲切，也便于衡量工作绩效；但是费用较高，且费时费工。

（六）户外广告

户外广告即通过户外的道路指示牌、建筑物、交通工具、灯箱等所做的餐饮广告。例如：

（1）在商业中心区、主要交通路线两旁、车站、码头、机场、广场等行人聚集较多的地带所做的各种霓虹灯牌、灯箱广告、屋顶标牌、墙体广告、布告栏等；

（2）在高速公路等道路两旁的广告标牌；

（3）汽车、火车等交通工具内外车身上的广告；

（4）设置在餐饮设施现场的广告等；

（5）广告衫、打火机等也可以成为广告的载体。

户外广告费用低、广告持续时间长。这种方式很适合餐饮设施等做形象广告，只是应注意其广告的侧重点应突出餐饮产品的特色，广告载体的地理位置以及形象，应给人以新奇独特的感觉。

五、其他促销方式

（一）免费品尝

推出新品种最有效的方法之一就是免费赠送食品给顾客品尝。让顾客在不花钱的情况下品尝产品，顾客会十分乐意给出中肯的意见。免费品尝产生的感情联系，使顾客愿意对美味的新产品进行无偿的宣传。

（二）折扣赠送

很多餐厅采用向顾客赠送优惠卡的做法，顾客凭卡进餐可享受一定的优惠，这实质上也是一种让利赠送的办法。有些顾客前来就餐也许并不在乎折扣，他们只是寻求了一种心理上的平衡。

因此，顾客结账时如果向管理人员提出希望打折，餐厅可以适当满足客人的要求，主动找个适当优惠的理由，给顾客一个台阶下。这样，顾客能在这里得到满足，面子得到维护，下次他一定会再次光顾该餐厅。

（三）宣传小册子

设计制作宣传小册子的主要目的，是向顾客提供有关饭店餐饮设施和服务方面的信息，使尚未确定就餐地点的顾客将本餐厅作为他们的首选。宣传小册子一般应包括以下内容：餐厅名称和相关标识符号；餐厅简介；餐厅地址及到达该餐厅的交通路线图；联系电话及餐厅附近的旅游景点等。宣传小册子一般是彩色印刷，以吸引顾客。

另外，定期制作宣传册，内附奖券和优惠条件说明，直接邮寄或分发给老客户、大企业、公司，使这些人感受到 VIP 的待遇并将宴请活动安排在此。

六、餐饮推销注意事项

（一）推销注意要点

（1）要表现出对营销工作的真正热情。

（2）推销要有针对性。顾客只对自身利益感兴趣，只关心他来到餐厅能得到什么好处，所以在推销过程中，一定要投其所好。

（3）把“对”让给客人。永远赞同顾客的观点，即使顾客提出的某些观点有错误，也要婉转地表达你的意思，千万不可与顾客争吵。

（4）学会使用借鉴和参考。告诉客人某位要人或某重要组织曾在此举办过宴会，并给予高度评价，这样也会吸引顾客前来就餐。

（二）推销对话过程中常见的错误

（1）故意模仿某种语调，如港腔，令人厌烦。说话应该自然大方。

（2）推销时滔滔不绝，试图指导和控制对方的方向，不给客人留有说话的机会。

（3）顾客说话时不注意听，走神或东张西望。

（4）说话速度太快，语言表述不够清晰。

经典案例

“海底捞”的成功之道

在京城，尽管海底捞 3000m^2 的望京店特别开辟了 1/10 的面积给等位的客人休息，但大多数时候仍然座无虚席。在大众点评网、饭桶网等网站上，海底捞则一直牢牢占据着几大城市“服务最佳”榜单的前列。从四川街头的麻辣小摊，到今天全国的二十多家店，海底捞只用了 15 年的时间。

擦皮鞋、美甲、发圈、眼镜布……众多看似微不足道的创新赢来了顾客心甘情愿的等待。通常而言，就餐排队是一个极其枯燥的过程，但海底捞却反其道而行之。当在海底捞等待区等待的时候，热心的服务人员立即为客人送上炸虾片、水果以及豆浆、柠檬水、薄荷水等饮料。此外，还提醒客人可以在此打牌下棋和免费上网冲浪。但是更令人意想不到的是，在这里可以享受免费修指甲和擦皮鞋的服务。

任何时候顾客的需要都能轻易得到满足。从停车泊位、等位、点菜、中途上洗手间、结账走人等全流程的各个环节，顾客都能够感受到这种细微的服务。当客人吃饭的时候，服务员会帮客人把手机装到小塑料袋以防进水；会给长头发的女士提供橡皮筋和小发圈；为戴眼镜的朋友送来擦镜布。

把服务作为海底捞的招牌，需要的是海底捞人的共同努力。在海底捞，你会经常看见员工端着菜盆跑步前进，用极快的速度抹桌子，铺桌。作为海底捞的常客，有顾客甚至用“刘姥姥进大观园”来形容自己初次去海底捞用餐的感受。老顾客，占据了海底捞的很大比例。

他们都有自己熟悉的服务员，这些服务员不仅熟悉他们的名字，甚至记得一些人的生日、结婚纪念日。

很多人都在问同一个问题：这些海底捞人的笑容和激情是如何培训出来的？海底捞副总经理袁华强给出的答案发人深思：无法培训，只需要提供他们想要的。

在人们的理解中，餐饮服务业的员工往往住在潮湿的地下室里，油头垢面。但是海底捞的员工都住在公司附近正式的公寓楼里，可以享受到24小时的热水和空调，且每套房子都安装了可以上网的计算机。

海底捞在简阳建了一所私立寄宿制学校，海底捞员工的孩子可以免费在那里上学，只需要交书本费。2007年春节，海底捞北京地区的两千多名员工坐上公司租借的豪华大巴，一同去郊区享受温泉浴。

与这些福利相比，一些员工更为看重的是公司给予他们提供的平台。在海底捞，员工可以享受一个特权：一个普通的服务员不仅有权给自己的老客户免费送上一盘菜或者果盘，还可以给不满意的顾客打折乃至免单的优惠。但是权力不能滥用，每个员工都有一张卡，他们在店里的所有服务行为，都需要刷卡，记录在案。一旦发现被滥用，信任和放权就不会再出现在这个人的身上了。

关于海底捞被人广为称道的细节服务，发圈、眼镜布等，最初只是一个自发的想法。袁华强说："员工提出新建议，大家讨论后觉得可行就会去实施。'包丹袋'就是这个想法的代表，这是一个防止顾客手机被溅湿的塑封袋子。由于是一名叫包丹的员工提出这个创意的，即用员工的名字命名。当包丹袋在其他店也开始使用时，这些店会给这位员工交纳一定的费用。"在袁华强看来，管理者一个人的智慧是不够的，在海底捞很多富有创意的服务都是由员工创意出来的，因为他们离顾客最近。

案例分析

从上述实例中，可以看出海底捞对于关系营销的充分应用。

(1) 海底捞对外的关系营销体现在对顾客的服务上。他们从细节入手，使得顾客无论在就餐过程中还是在等候中，都能得到无微不至的关怀，因此赢得了无数的回头客。

(2) 在对内的关系营销方面尊重和信任员工。海底捞不但为员工及其家人提供了良好的物质环境，还为员工提供了发展的平台，从而创造出让员工愿意留下的工作环境。

经验总结

显然，在海底捞，吸引顾客到来的不仅仅是味道。在酣战激烈的餐饮业，味道可口的餐馆不计其数。这家人均消费六七十元的中国连锁餐饮民营企业，被广泛称道的是细致新颖的服务，服务人员从细微处来关心和贴近顾客，使服务关系进入更深的层次。

同时，这种细致入微的服务也充分满足了顾客对餐饮的心理需求，顾客感受到的不仅仅是受欢迎和受尊重，还有上帝般的"物超所值"的感受。正是这些使得大部分顾客心甘情愿地成为忠实的"回头客"。

而服务员对职业有如此高的认同感，则是来源于海底捞对员工的人性化管理。员工所感受到的平等主义、开放平台以及关怀、尊重和信任，使其真正实现了自身的价值。这正是关系营销中内部营销的体现。

本章小结

营销活动是现代餐饮企业经营管理的重要组成部分，是连接餐饮企业和市场、消费者的桥梁。因此餐饮企业要加强对营销活动的管理，确保其日常经营的正常开展。本章首先介绍了餐饮营销概述和影响餐饮营销的因素，包括餐饮营销的含义、餐饮营销观念的演变和发展、餐饮产品与服务的营销组合、顾客对餐饮的需求、影响宾客饮食爱好的因素及环境气氛在餐饮营销中的作用，要求重点掌握餐饮营销的含义和环境气氛在餐饮营销中的作用等内容。在了解了餐饮营销概述之后，详细介绍了餐饮内、外部营销策略与技巧，要求掌握各种推销技巧及餐饮推销注意事项等知识。

考考餐饮服务员

一、填空题

1. 一般认为，餐饮营销观念的转变大致经历了五个阶段，即________、________、________、________和________。

2. ________就是餐饮企业在组织开展各种营销活动时，根据消费时尚、饭店特色、时令季节、客源需求、社会热点等因素，选定一个或多个历史或其他主题为吸引标志，向宾客宣传餐饮企业形象，吸引公众的关注并令其产生购买行为。

3. 所谓餐饮产品与服务的营销组合，就是指以______为中心，通过综合运用________、________、________、________、________和________这六个因素，达到餐饮企业的营销目标，并获得最佳效益。

4. 餐饮市场的消费者需求一般可分为两大类：一是________的基本需求，二是________的需求。

5. 餐饮企业赠品的种类有________、________、________和________。

6. 传播速度快，覆盖面广，表现手段和形式丰富多彩，但成本昂贵，制作起来费工费时的餐饮广告推销方式是________。

二、选择题

1. 餐饮网络营销的作用主要有（　　）。

A. 扩大市场　　　　B. 满足个性化需要

C. 加强促销　　　　D. 降低成本

2.（　　）的基本内容是：企业提供的产品不仅要符合消费者的需要与欲望，而且要符合消费者和社会的长远利益。强调要将企业利润、消费需要、社会利益和生态环境四个方面统一起来。

A. 产品导向观念　　　　B. 推销导向观念

C. 市场营销导向观念　　　　D. 社会营销导向观念

3. 消费者的心理需求不包括（　　）。

A. 食品的卫生　　　　B. 受欢迎的需求

C. 受尊重的需求　　　　D. 物有所值的需求

4. 许多餐厅在炎热的夏天推出清凉菜，在严冬推出火锅系列等推销活动属于（　　）。

A. 节日特殊推销活动　　　　B. 季节性推销活动

C. 清淡时段的推销活动

5. 关系营销强调将餐饮企业营销的重点放在现有顾客身上，营销政策向现有顾客尤其是忠实顾客倾斜。这体现出关系营销也是（　　）。

A. 倾斜营销　　B. 角色营销　　C. 细微营销　　D. 合作营销

三、简答题

1. 什么是餐饮营销？它包含哪些要素？
2. 什么是主题营销？它具有哪些特征？
3. 餐饮企业怎样有效实践机会营销理念？
4. 什么是形象营销？餐饮企业如何利用网络提升形象、拓展市场？
5. 餐饮产品与服务的营销组合主要包括哪些方面？
6. 餐厅的气氛包括哪两个方面？在餐饮营销中有哪些作用？
7. 餐饮内部营销策略与技巧有哪些？请举例说明。
8. 试述餐饮推销的注意事项。

走近餐厅

【实训名称】拟订一份赠品推销的方案

【实训内容】独立完成赠品推销方案的拟订

1. 确定赠品的种类。
2. 确定赠品的价格定位。
3. 符合赠品的要求。
4. 赠品是否有个性、与众不同。

考核基本时间：20min。

【实训点评】评分项目及标准

1. 种类：属于商业赠品、个人礼品、广告性赠品或奖励性赠品范围内的任意一种。
2. 价格定位：不可太过廉价或昂贵，应符合餐厅档次。
3. 要求：符合餐厅档次、与餐厅出售的产品有关联性、符合不同年龄段、包装要精致，赠品选择新颖、有特点、易得到消费者的喜爱。

第七章　餐饮成本管理

动脑筋

餐厅成本控制

东盛餐厅的李经理对上个月的财务报表感到不满。因为上个月的营业收入虽然达到预期的水平，但经营毛利率却令人不满意，只有18%，而他的期望值是20%以上。于是李经理叫来了财务小王，经了解发现主要是高费用带来了低毛利。如工资比去年同期上升了许多，电费也很高，餐具、布件支出也偏高，办公费用也存在问题。于是李经理暗下决心要加强企业费用管理。

请思考：对经营管理者来说，企业经营中哪些费用是可控的，哪些费用是不可控的？对管理者进行考核时应对哪些费用进行考核？为什么？

第一节　餐饮成本的构成

一、成本概念

餐饮产品的成本是指餐饮企业在生产餐饮产品时所占用和耗费的资金。按其性质分类，可分为固定成本和变动成本；从成本管理角度分类，又可分为可控成本和不可控成本、标准成本和实际成本；若按成本和决策的关系划分，则可分为边际成本和机会成本。

（一）固定成本和变动成本

固定成本（Fixed Costs）是指在一定的业务范围内，其总量不随产量或销售量的增减而相应变动的成本。换言之，即使产量为零时也必须支出的费用。例如餐厅的折旧费、大修理费、企业管理费等。但固定成本也并不是绝对不随生产量的变化而变化，当生产量增加到超出现有生产能力、需要配置新设备时，某些固定成本会随产量的增加而变化。

正因为固定成本对销售量的变化保持相对不变，故当销售量增加到一定程度时单位产品所负担的固定成本会相对减少。

变动成本（Variable Costs）是指总量随产量或销售量的变化而按比例增减的成本，如食品饮料原料、洗涤费、餐巾纸等费用。产量增加、变动成本总额增加时，单位产品的变动成本保持相对不变。

混合成本是随着生产量或销售量的增减而增减的成本，但它的增减量不完全是按比例变化的，如餐具、灶具费用及水、电费等。混合成本可分为两部分，一部分是产量虽然变化，而成本相对不变的固定成本，如正式职工领取的固定工资；另一部分是随产量变化而成正比例变化的变动成本，如餐厅在营业量较大时雇用临时工或季节工的费用。

在管理上，将成本分为固定成本与变动成本，对餐饮成本预算、价格决策和其他管理决策是十分有用的。

（二）可控成本和不可控成本

可控成本（Controllable Costs）是指在短期内管理人员能够改变或控制的成本。对餐饮管理人员来说，变动成本，如食品饮料的原料成本等，一般为可控成本。管理人员若变换每份菜的份额，或在原料的采购、验收、储存、生产等环节加强控制，则食品饮料的原料成本数额发生变化。大多数变动成本都可以控制。某些固定成本也属于可控成本，如办公费、差旅费、推销广告费等。

不可控成本（Uncontrollable Costs）是指管理人员在短期内无法改变的成本，如折旧费、大修理费、利息以及在大多数企业中正式职工的固定工资费用等。

划分可控成本和不可控成本，对于计划成本控制的方法和环节以及考核管理人员的经营业绩有很大的作用。

（三）标准成本和实际成本

标准成本（Standard Costs）是指在正常和高效率经营情况下，餐饮生产和服务应占用的成本指标。为了更好地控制成本，餐饮企业通常要确定单位标准成本，例如每份菜的标准成本，分摊到每位客人的平均标准成本、标准成本率、标准成本总额等。

实际成本（Actual Costs）是指餐饮经营过程中实际消耗的成本。标准成本和实际成本之间的差额称为成本差异。实际成本超过标准成本的差额为逆差，反之为顺差。

1. 确定标准成本的作用

（1）用于控制实际成本。标准成本可用于控制实际成本消耗，将实际消耗的成本与标准成本相比较，能评估管理人员控制成本的好坏，在营业收入不变或有所提高以及翻台率不受影响的前提下，顺差表示经营成绩优于计划，逆差表示成本控制有问题。这种差额的计算对分析和控制成本是很重要的。

（2）用于决策。标准成本是餐饮成本计划和经营预算的基础。每份菜的标准成本也是其定价的依据。同时，标准成本的计算也有助于选择菜品和开发新服务项目的决策等。

标准成本的实用价值取决于所制订的标准符合实际的程度。建立成本标准最常用的方法，是从企业以往的实际成本中抽取平均值或者平均百分比率作为标准成本额或标准成本率。标准成本制度还应显示其先进性，应在经营效率高的前提下总结出实际成本数据，它要比一般实际成本有节余。

2. 标准成本的分类

标准成本用得最多的是直接材料标准成本，包括餐饮原料标准成本和标准直接人工费用。

（1）餐饮原料标准成本。在餐饮业中，通常需要确定每份菜的标准成本、每份饮料的标准成本，以此来进行成本控制。在确定这两种成本时，都要考虑到食品的加工切配折损率和烧煮切割折损率以及饮料配制时的流失量等。另外，在原料进价发生变化时，要及时调整标准成本。

由于餐饮原料成本是变动成本，与销售量的大小成正比例变化，故这部分成本控制需要用标准成本率来进行计算。常用的标准成本率有每份菜的标准成本率和食品、饮料的综合标准成本率。

标准成本总额是用于与实际成本额作比较进行成本控制的有用数据，它是将实际销售额乘以标准成本率而得到的。

（2）标准直接人工费用。确定标准人工费用的基础是规定标准的劳动定额和标准的职工配备数。标准直接人工费用的计算是将直接人工工时数乘以每小时人工费用而得。直接人工费用不仅包括工资，而且还包括各项福利费用，如住房补贴、伙食补贴、带薪休假费用、交通补贴、工作餐和工作服等。职工每月的工时数是职工平均每月的工作天数、每日的工作时数与平均出勤率相乘而得。如今我国职工全年法定休息日为104天，加上元旦、清明节、五一节、端午节、中秋节、国庆节和春节等法定休假日共11天节日，因而平均每月工作日为（365－104－11）/12≈21天。

标准直接人工费用的计算举例如下：

①餐饮部标准职工配备数	120名
②平均每人每月人工工时数	21×8×90%＝151.2小时
③每月总工时数	151.2×120＝18144小时
④每月职工工资	23979元
⑤福利及其他相关费用	5787元
⑥工作餐与工作服	2345＋6630元
⑦每小时人工费用	38741÷18144≈2.14元

（四）边际成本和机会成本

边际成本是指增加一定产销量所追加的成本。在餐饮管理中，经营者一方面要增加餐饮产品的产销量，以增加收入，但同时，其成本也会相对增加。当固定成本得到全部补偿时，成本的增加又会相对减少，从而增加利润。但产销量的增加不是没有限制的，当超过一定限度时，市场供求关系变化，成本份额也会发生变化，从而使利润减少。从经济决策来看，当边际成本和边际收入相等时，利润最大。所以，边际成本是确定餐饮产品产销量的重要决策依据。

机会成本是指从多种方案中选择一种最佳方案时，放弃次优方案所丧失的潜在利益。如餐饮经营中要购买某种设备，现有两种设备可供选择。购买A种设备，预计增收为1万元，成本0.8万元，利润0.2万元；购买B种设备，预计增收1.15万元，成本0.94万元，利润为0.21万元。当然以选择B种设备为好。但选择B种设备时要考虑放弃A种设备所失去的0.2万元利润，这0.2万元就是机会成本。所以，机会成本并不是实际发生的成本，它仅仅是选择决策方案时所放弃的方案的可能带来的收益。如果所放弃的方案的机会成本高于决策方案时，决策方案就应重新选择。因此，机会成本虽然并没有实际发生，但它仍然可以为企业决策提供参考。

二、餐饮成本和费用结构

各类餐厅的设施不同，提供的餐饮服务不同，因此所涉及的成本和费用结构也不同。一般来说，其主要的成本和费用包括以下几个方面。

（一）食品饮料的原料成本

食品饮料的原料成本是餐饮部的主要开支，占餐饮收入的比例最大。一般情况下，档次越高的餐厅原料成本率越低。宴会的原料成本率一般低于普通餐饮的成本率。饮料原料的成本率低于仪器原料的成本率。国际上饭店业的食品饮料成本率一般为30%～35%，在我国饭店业中餐饮原料的成本率要高一些。

（二）营业费用

营业费用包括餐饮部门经营中所耗费的一切费用，如人工费用、经营用品费用、水电燃料费、折旧和维修费用以及其他费用。营业税不属于费用，但它是餐饮部门的一项重要支出，一般占营业收入的5%。

以下是我国一家合资三星级旅游饭店餐饮部门某年的成本和费用结构明细（如表7－1所示）。

表7－1　某合资三星级旅游饭店餐饮部门成本费用明细

项目	总额（元）	比例（%）	中餐（元）	比例（%）	西餐（元）	比例（%）	其他（元）	比例（%）
营业收入	3391396.64	100	1768618.54	100	981874.70	100	640904.40	100
营业成本	1166408.41	34.39	795017.74	44.95	323451.45	32.94	47939.22	7.47
毛利	2224988.23	65.61						
营业税	170843.78	5						
营业费用	1424540.49	42						
部门利润	629603.96	18.6						

营业费用明细情况如表7－2所示。

表7－2　该合资饭店餐饮部营业费用明细

项　目	总额（元）	占营业费用百分比（%）	占营业收入百分比（%）
营业费用总额	1424540.49	100	42
职工工资	597973.08	41.97	17.63
职工福利	81855.78	5.75	2.4
瓷器、下班器皿、银器	71286.38	5	2.1
棉织品	13638.02	0.95	0.4
印刷及文具	34188.72	2.4	1
职工服装及洗涤费	63672.99	4.47	1.88

续 表

项　目	总额（元）	占营业费用百分比（%）	占营业收入百分比（%）
低值易耗品摊销	30480.06	2.14	0.9
折旧费	207124.68	14.54	6.1
燃料	67724.18	4.75	2
职工伙食	67662.43	4.74	2
其他	189434.17	13.3	5.95

备注：修理费、水电费及旅游宣传费用等归在企业管理费用中。

与此同时，一家内资三星级饭店餐饮部成本费用结构情况如表 7－3 所示。

表 7－3　　某内资三星级餐饮部成本费用明细

项　目	总额（元）	比例（%）
营业收入	4997368.07	100
餐饮成本	2640013.55	52.83
营业费用	1022343.51	20.46
营业税	189899.98	3.8
部门利润	1145111.03	22.91

营业费用明细情况如表 7－4 所示：

表 7－4　　该内资饭店餐饮部营业费用明细

项目	总额（元）	占营业费用百分比（%）	占营业收入百分比（%）	备注
营业费用总额	1022343.51	100	20	
工资	194012.92	18.98	3.88	
福利费	52374.34	5.12	1.04	
燃料费	81202.86	7.94	1.62	
折旧费	151200.00	14.79	3.03	
大修理费	48750.00	4.77	0.97	
修理费	19425.45	1.9	0.39	
低值易耗品摊销	6838.02	6.83	0.14	
洗涤费	69818.89	6.83	1.4	
旅游公务费	16500.31	1.61	0.33	
旅游宣传费	－2881.86	－0.28	－0.06	为其他单位做广告、培训获得收益
旅游教育费	－25890.04	－2.53	－0.52	
水电费	111290.66	10.89	2.2	
邮电费	895.51	0.08	0.02	
服装及劳保	33741.07	3.3	0.67	
物料消耗	124181.75	12.15	2.48	

续 表

项目	总额（元）	占营业费用百分比（%）	占营业收入百分比（%）	备注
工作餐	59314.80	5.8	1.18	
包装及运杂费	8898.31	0.87	0.18	
其他费用	72670.52	7.1	1.45	

上述两个企业的餐饮成本都占收入的主要部分，分别为34.39%和52.83%。营业费用中主要是人工费用差别较大。那家聘用外方管理人员的合资饭店的人工费用（包括工资、福利费、劳保及服装费和职工用餐）占收入的23.91%，内资饭店的人工费用占收入的6.77%。以上两项开支分别占两个企业收入的58.3%和59.6%，为餐饮部门的主要开支。餐饮部门的成本和费用结构具有以下特点：

1. 变动成本比例大

餐饮部门的成本费用中，除食品饮料的成本以外，在营业费用中还有物料消耗等一部分变动成本。这些成本和费用随销售数量的增加而正比例地增加。这个特点意味着餐饮价格折扣的幅度不能像客房价格那么大。

2. 可控制的成本比例大

除营业费用中的折旧费、大修理费、维修费等是餐饮管理人员不可控制的费用外，其他大部分费用以及食品饮料原料成本都是餐饮管理人员能控制的。这些成本和费用的多少与管理人员对成本控制的好坏直接相关，并且这些成本和费用占营业收入的很大比例。这个特点说明餐饮成本和费用的控制十分重要。

3. 成本泄漏点多

餐饮成本和费用的大小受经营管理的影响很大。在菜单计划、食品饮料的成本控制、餐饮的推销和销售控制以及成本核算的过程中涉及许多环节，即菜单计划—采购—验收—储存—发料—加工切配和烹调—餐饮服务—餐饮推销—销售控制—成本核算。

菜单计划和菜品的定价决定菜品的成本率，也影响顾客对菜品的选择。对食品饮料的采购、验收控制不严，或采购的价格过高，数量过多造成浪费，采购原料不能如数入库，采购的原料质量不好等都会引起成本提高。而储存和发料控制不好，会引起原料变质或被盗、丢失和私用。对加工、烹调控制不严不仅会影响食品的质量，还会提高食品饮料的折损和流失量，对加工和烹调的数量计划不好也会造成浪费。同时餐饮服务的好坏不仅影响顾客的满意度，也会影响顾客对高价菜的挑选，从而影响成本率。此外，餐饮推销搞得好不好不仅影响收入，也影响成本率，例如，加强宴会和饮料的推销会降低成本率。而且销售控制不严，售出的食品饮料得不到收入也会使成本比例增大。最后企业若不加强对成本的核算和分析就会放松对各个环节的成本控制。对上述任一环节控制不严都会产生成本泄漏。

总之，成本控制的每一环节都可能产生成本泄漏，主要表现为工作效率低和不负责任，从而造成原料的丢失和浪费。比如食品冷藏温度不够低、饮料储存的瓶盖没盖紧等，都会造成原料变质，使成本增加。

餐饮成本和费用控制的总体责任是由餐饮经理承担，每个管理人员对成本控制都有各自的责任。同时，企业还应设一个食品饮料成本控制员，通常隶属于财务部门，有的饭店中这类人员归餐饮部门管理。餐饮成本控制员不仅负责餐饮成本的核算，还负责监督各环节成本的控制。

第二节　餐饮成本核算内容与成本报表

食品饮料的成本核算，能及时帮助管理人员掌握食品饮料的成本消耗额，核实仓库存货，杜绝食品饮料成本的泄漏点，这是控制食品饮料成本、提高经济效益的必要手段。

企业的餐饮成本控制员每天早上要将核算好的上一日的成本情况及时向管理人员反映，这样就能及时发现问题，查明原因，立即采取改进措施。

一、成本核算的组织形式

根据企业管理体制不同，餐饮产品成本核算组织形式主要有两种：一是餐饮成本核算归餐饮部门负责。餐饮部门设餐饮成本会计，厨房设成本核算员。成本会计直接为财务部提供成本核算报表。二是餐饮成本核算由财务部负责。财务部设餐饮成本会计，厨房设成本核算员。成本核算员归财务部餐饮成本会计管理，直接为成本会计提供核算资料。前者主要在部分国营企业中采用，后者在大多数企业中采用。其成本核算的组织形式如图 7－1 和图 7－2 所示。

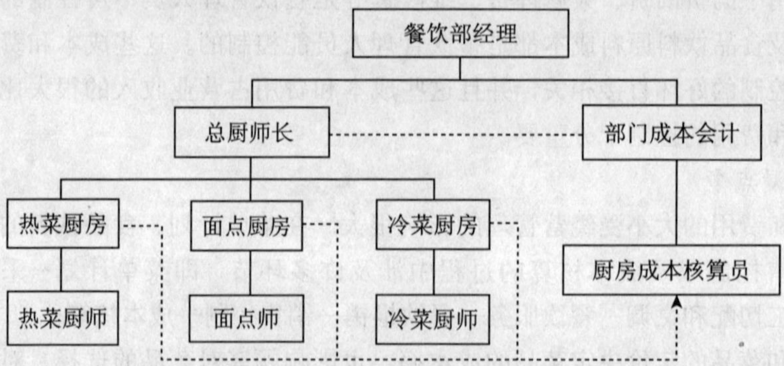

图 7－1　餐饮部门餐饮成本核算组织形式

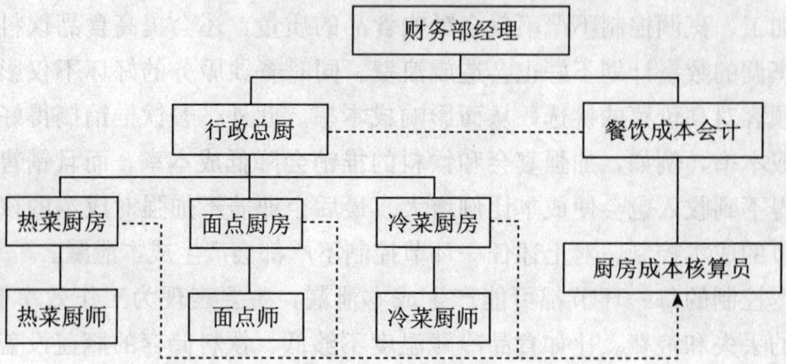

图 7－2　财务部餐饮成本核算组织形式

二、成本核算的基础工作

餐饮成本核算分厨房成本核算和会计成本核算两个方面。前者主要为厨房生产和产品定价服务，控制厨房实际成本消耗，同时为会计成本核算提供基础数据；后者主要从会计专业化管理角度核算各餐厅和企业餐饮成本消耗及成本率，控制餐厅和企业成本，同时为企业餐饮经营者和高层领导提供决策依据。两者都必须做好成本核算的基础工作。其工作内容主要包括三个方面。

（一）成本核算档案记录

原始档案记录是成本核算的依据。正确进行成本核算，必须建立档案记录制度。采购、验收、储存、发货、生产、销售等各个环节都要做好原始档案记录。其内容主要包括原料进货发票、领料单、转账单、盘存单、原料耗损报告单、生产成本记录册、食品成本日报表等。其中，食品成本日报表在成本核算工作中起到很大作用，下面会作具体分析。

（二）成本核算衡器使用

衡器是餐饮成本核算的必备计算工具。厨房为准确计量各种食品原材料的消耗，必须配备必要的衡器。衡器种类根据食品原材料计量要求的不同来确定，主要有四种：天秤，用于大宗食品原料计量；天平秤或电子秤，用于贵重食品原料计量；案秤，用于一般食品原料计量；量杯，用于调味品原料计量。厨房衡器根据食品原料计量要求的不同，有各种不同的规格，以适应成本核算的需要。

衡器在使用过程中，要掌握标明的量度和灵敏度，长期使用的衡器要定期检查其精确度，应加强衡器的保养，以做到计量准确，防止误差发生。

（三）成本核算数据处理

餐饮成本核算是通过原料计量、计价和单位成本来计算实际成本。其数据处理要正确，以便为成本控制提供客观依据。在餐饮产品成本核算过程中，其数据处理有三种形式。

1. 有效数据

有效数据是以实测或原始记录为依据所提供的数据，比较准确。在餐饮成本核算中，一般不得采用估计数据。如果必须用估计数据时，也应以过去的实测为准，以保证成本核算数据的准确性和有效性。

2. 尾数处理

尾数有重量尾数和价值量尾数两种。重量的尾数处理一般到 g 为止。g 以下的重量单位采用四舍五入法，进到 g 为止，然后按原料单价核算成本。如果是特别贵重的食品原材料，也可以 mg 为尾数单位。价值量的尾数处理一般到分为止，分以下的成本尾数采用四舍五入，进到分为止。在产品定价时，如果价格较高，其尾数也可到角为止，角以下的价值量单位采用四舍五入法。

3. 成本误差

成本误差分为绝对误差和相对误差两种。绝对误差是实际值和标准值之间的额，用绝对数表示；相对误差是绝对误差和标准值之间的比率，用相对数表示。

三、成本核算的工作步骤

（一）收集成本资料

收集成本资料是成本核算的前提和基础。成本资料包括食品原材料采购、入库验收、入库单、出库单、领料单、转账单、耗损率、加工单等各种资料。根据成本核算的内容和目的不同，这些资料还要从不同的角度分类，使成本资料为不同的成本核算目的服务。如采购成本核算和厨房成本核算、库房盘点核算和菜单成本核算等所需要的资料就不完全相同。在收集成本资料时，要以原始记录和实测数据为准。不能用估计毛值，以保证成本核算的准确性。

（二）核算餐饮成本

餐饮产品的成本核算分为采购成本核算、库房成本核算、厨房成本核算、餐厅成本核算和会计成本核算等多种。上述各种核算互相联系、互相依存，往往前一步的成本数须与下一步相衔接。就厨房成本核算而言，又包括原料加工成本核算、成品生产品成本核算、餐厅每日成本核算等多种。虽然分类不同，核算方法不完全相同，但核算出来的数据又必须是互相联系和互相衔接的。因此，成本分类核算是餐饮产品成本核算的主要环节，必须认真做好。

（三）做好成本分析

成本核算的目的一是准确掌握成本消耗，形成成本报表，考核经营效果；二是为餐饮产品的生产经营活动提供决策参考，引导管理人员降低成本消耗。因此，在成本核算的基础上，应定期对成本核算的结果及其核算资料进行成本分析，提出分析报告。一般说来每周、每月都应进行一次成本分析，以指导餐饮生产经营活动的顺利开展。

（四）提出改进建议

在成本核算和成本分析的基础上，对采购、库房、厨房、餐厅等各部门、各环节成本管理中存在的问题，应分析具体原因，找出漏洞和偏差，提出改进建议，以便为高中层管理人员加强成本控制、降低成本消耗提供客观依据。

四、食品的成本核算

（一）食品的日成本核算与成本日报表

编制食品成本日报表是做好餐饮成本核算的基础性工作，如果餐饮部能每天编制食品成本日报表，那么核算成本就非常容易了。食品的日成本主要由直接采购原料成本和库房发料成本两部分组成。直接采购的原料购进后直接发送至厨房，应在购进时就算作成本，因而有必要算出每日直接采购原料的总额。这个数据可以从验收日报表的直接采购原料总额中获得。采购后送入库房的原料是在发料时才记入成本，成本控制员要每日计算原料的发料金额。由于所有发出的原料都必须凭领料单，所领原料都必须列在领料单上，所以将各领料单总额相加就能得出每日发料总额。许多企业的食品和饮料的成本额都会有所转移和调整。例如在食品成本中要减去填在食品饮料调整单上转到饮料成本中的橘子、柠檬、花生等成本，并加上厨房调味等用的饮料成本。此外，职工用餐、招待用餐、食品饮料质量试验用料、员工关系消耗、客房赠客水果等成本都应该减去。

食品日成本计算方法如下：

	直拨原料采购额	（取自验收日报表）
＋	库房发料成本额	（汇总领料单数据）
＋	转食品的饮料成本额	（汇总调拨单数据）
－	转饮料的食品成本额	（汇总调拨单数据）
－	职工用餐成本额	（转经营费用及企业管理费）
－	招待用餐成本额	（转经营费用及企业管理费）
－	其他杂项扣除额	（转经营费用及企业管理费）
	净食品日成本额	

计算出食品日成本后，还要从会计记录中获取日销售额数据，这样就可以计算成本对销售额的比率——成本率。

日成本的计算并不是十分精确的，有的原料不一定每日采购，也许隔日采购；当日从库房里发出的原料也不会每日都正好用完；有些原料在使用日之前就领出来，例如盐及其他调料，也许一周领一次，免得天天去领；有些大块肉领来可用几天……上述情况都会使计算的日成本额偏离真实的消耗情况。

为了减少由于人为的原因使成本额的计算出现高低波动的情况，有必要统计成本的累积值数据，即从本月 1 日到当日累积值，数日后的累积值就比较精确了。因为，某日多领料或多购了原料，当日积存较多，次日就不必要多领或多购，累积日子越长，数据的精确度就越高。

为了更好地搞好控制和管理，有必要将食品成本日报表和销售日报表合并一起，编制成餐饮营业日报表。许多企业将饮料的成本和销售情况也列在一起。

餐饮营业日报表的内容包括：整个企业成本耗用情况；各餐厅成本耗用情况；成本调整情况；各餐厅就餐客人数、营业额和平均消费额。

营业日报表能反映上日整个企业和餐厅的销售情况和成本控制情况。如果销售或成本控制不理想，可及时找出销售不佳和成本泄漏的责任部门。以下是一家四星级饭店 8 月 31 日的成本消耗净额（如表 7－5 所示）：

$$15621.34+4972.66+153.20-120.30-3644.24-10349.10=6633.56\text{（元）}$$

当日销售额为 37901.55 元，当日成本率为：

$$6633.56/37901.55\times100\%=17.5\%$$

当月累积成本额为 321432.52 元，累积销售额为 950871.00 元，当月累积成本率为：

$$321432.56/950871.00\times100\%=33.8\%$$

表 7－5　　食品营业日报表

日期8月31日　星期六　天气晴

项目		总额		金门餐厅		咖啡厅		宴会厅	
食品成本消耗(元)	直拨原料采购额	15621.34		1087.41		1420.29		2788.80	
	库房领料成本额	4972.66		482.67		473.47		1203.79	
	转食品的饮料成本	153.20		23.10		101.10		29	
	转饮料的食品成本	120.30		15.20		32.40		40.20	
	职工用餐成本额	3644.24							
	其他杂项扣除额	10349.10		128.10		547.44		212.73	
	本日净额成本合计	3633.56		1449.88		1415.02		3768.66	
	本月累积成本额	321432.52		191883.27		62208.62		67340.63	
食品销售状况	项目	今日	本月累计	今日	本月累计	今日	本月累计	今日	本月累计
	销售额	￥37901.55	￥950871.00	￥17450.05	￥586761.23	￥13552.00	￥192740.52	￥6899.50	￥171369.25
	早餐	￥4950.50	￥142234.25	￥4950.50	￥142234.25				
	午餐	￥11468.60	￥265681.39	￥3331.60	￥93534.89	￥6174.00	￥105782.77	￥1963.00	￥66363.73
	晚餐	￥21482.45	￥542955.36	￥9167.95	￥350992.09	￥7378.00	￥86957.75	￥4936.50	105005.52
	就餐人数	679	18372	415	14166	162	2125	102	2081
	早餐	151	4216	151	4216				
	午餐	182	4337	70	2231	68	1171	44	935
	晚餐	346	9819	194	7719	94	954	58	1146
	平均消费额	￥55.82	￥51.76	￥42.04	￥41.42	￥83.65	￥90.70	￥67.64	￥82.35
	早餐	￥32.78	￥33.74	￥32.78	￥33.74				
	午餐	￥63.01	￥61.26	￥47.59	￥41.93	￥90.79	￥90.34	￥44.61	￥70.98
	晚餐	￥62.09	￥55.30	￥47.26	￥45.47	￥78.49	￥91.15	￥85.11	￥91.63
食品成本率(%)		今日	本月累计	今日	本月累计	今日	本月累计	今日	本月累计
		17.50	33.80	8.3	32.70	10.44	32.28	54.62	39.30

用同样的方法可以算出金门餐厅、咖啡厅和宴会厅的本日成本净额和成本率以及本月累积成本率。日报表上还反映了企业的销售状况，因而能及时地了解饭店餐饮部门的成本控制和经营情况。

（二）月食品成本的核算及餐饮成本月报表

1. 月食品成本的核算

计算月食品成本与计算日食品成本的一个不同之处是月食品成本要根据库存的实际盘点额来核算，而日成本额的核算对存货额一般不作计算。有些企业只计算库房的库存额，而对厨房的库存额忽略不计。厨房的库存额往往数额很大，若忽略不计，成本额计算则会有较大出入，故许多企业也计算厨房的库存额。这样整个企业总体的月食品成本的计算公式如下：

	月初库房库存额	（上月末实际库存额）
＋	月初厨房库存额	（上月末实际库存额）
＋	本月库房采购额	（验收单数据汇总）
＋	本月直拨采购额	（验收单数据汇总）
－	月末库房库存额	（月末实际盘点库存额）
－	月末厨房库存额	
±	成本调整额	
－	各项扣除额	
	月成本净额	

为了将成本控制差异的责任分摊到各个部门，各个厨房的成本也要分别核算。各厨房月成本的计算公式如下：

	月初厨房库存额	（上月末厨房实际盘点库存额）
＋	本月库房领料额	（验收单数据汇总）
＋	本月直拨采购额	（验收单数据汇总）
－	月末厨房库存额	（月末厨房实际盘点库存额）
±	成本调整额	
－	各项扣除额	
	各厨房月成本净额	

2. 成本调整额

成本调整额包括：

(1) 各厨房向酒库和酒吧领用的用于烹饪调味用的酒水。这些成本额应分别加在各厨房的成本额中，并且分别在酒库和酒吧的成本中减去。

(2) 各酒吧以及客房小酒吧向食品库房和各厨房领取的调酒用配料和跟酒小吃。这些成本额必须加在各酒吧和小酒吧的成本额中，并从食品库房和各厨房的成本中减去。

(3) 各厨房间相互调拨原料的成本额。拥有多个餐厅和厨房的企业，从甲厨房调拨到乙厨房的成品、半成品和原料的成本额必须从甲厨房的成本额中减去，在乙厨房的成本额中加上。

为了较精确地计算各厨房的成本和整个企业的总成本，这些调整额都应分别在库房、厨房、酒吧的成本额中加以调整。例如食品成本调整总额为：

十转食品饮料成本　1200

一转饮料食品成本　2800

具体调整如表7－6所示。

表7－6　食品成本调整表　单位：元

食品	食品库房	金门餐厅	咖啡厅	宴会厅	酒库	酒吧	泳池酒吧	客房小酒吧
烹饪调味用酒水		＋350	＋700	＋150	－500	－400	－300	
调酒用配料	－400	－200	－100			＋500	＋200	
跟酒小吃	－100	－450	－100	－300		＋550	＋400	
客房小酒吧食品	－1150							＋1150

3. 各项扣除额

各项扣除额包括不应计算在对客人销售的餐饮产品成本中的各项成本。各企业每天会发生不同的杂项成本。主要的项目有以下几种。

(1) 客房内赠客的水果、饮品。这项开支可以计入推销费用中，其目的是为了改善对客关系，以增加客源。

(2) 招待用餐成本。管理人员为了使经营正常开展，需要招待业务上的各方人士。这笔开支可分别计入各部门的营业费用或企业管理费用中。

(3) 职工用餐成本。整个企业的原材料总消耗中包括职工用餐涉及的原材料，需要从餐饮营业成本中减去。有的企业有单独的职工食堂，职工食堂的成本根据食堂从库房领取的原料和直接采购的原料以及其他餐厅转入食堂的原料成本汇总。有的企业没有单独的职工食堂，按每一职工用餐的标准成本额从营业成本中扣除。这笔开支应该分别计入各部门的营业费用或企业管理费用中。

(4) 其他杂项扣除。有的企业以成本价向职工出售原料，其收入应从原料成本中扣除。有的企业对食品、饮品和厨师技术进行试验等，这些开支都应从餐饮成本中扣去，计入营业费用中。

4. 食品成本月报表的内容

食品成本月报表应反映企业一个月消耗食品原料的总额，显示食品成本的调整额和各项扣除额，列出月食品成本净额。在月报表上要列出食品月营业收入总额，算出实际成本率。

$$\text{食品实际成本率}=\frac{\text{食品实际成本净额}}{\text{食品销售额}}\times 100\%$$

在食品成本月报表上再列出标准成本率可使管理人员对本月成本控制的效果一目了然。为了方便管理人员，提供的信息要尽量简洁。许多企业将食品成本月报表与饮料成本月报表列在一张纸上。食品成本月报表的内容如表7－7所示。

表 7-7　　某饭店餐饮成本 2001 年 9 月报表

制表日期：2001 年 10 月 3 日　单位：元

项　目	食　品		饮　料	
月初库房库存额	326317.04		254637.15	
月初厨房/酒吧库存额	153561.41		86244.86	
本月库房采购额	212820.30		147018.29	
本月直拨采购额	174126.06			
月末库房库存额		271655.40		257536.72
月末厨房/酒吧库存额		181104.50		123764.73
本月食品饮料总消耗	414064.91		106598.85	
转食品饮料成本	12549.57			12549.57
转饮料食品成本		4270.03	4270.03	
客房赠客水果		9290.33		
赠客饮料				10719.92
招待用餐/饮品		21430.67		3058.88
职工用餐成本		84158.34		3288.81
其他杂项扣除		8807.16		4246.90
扣除总额		127956.53		33864.08
食品饮料净营业收入		755759.95		289818.59
标准成本率（%）	35		25	
实际成本率（%）	39.52		26.57	

按月报表的数据计算，该饭店 2001 年 9 月的食品成本净额为：

$$
\begin{array}{r}
326317.04 \\
+\ 153561.41 \\
+\ 212820.30 \\
+\ 174126.06 \\
-\ 271655.40 \\
-\ 181104.50 \\
+\ 12549.57 \\
-\ 4270.03 \\
-\ 9290.33 \\
-\ 21430.67 \\
-\ 84158.34 \\
\hline
298657.95
\end{array}
$$

该饭店的食品销售额为 755759.95 元，则月食品实际成本率为：

298657.95÷755759.95×100%=39.52%

饭店的标准成本率为35%，实际成本率比标准成本率大4.52%，说明该饭店在成本控制方面还存在许多问题，也有可能是这个月高档菜销售偏多。若是高档菜销售偏多，可把这个月的食品销售额与上个月的销售额相比较即可看出。

五、饮料的成本核算

（一）饮料的日成本核算与成本日报表

每日饮料成本的核算是根据每日发料额来计算。为了便于控制和检查，许多饭店要求餐厅和酒吧每一种酒水和饮料的库存要符合规定的数量，即建立标准储存量制度。标准储存量制度能有效地防止饮料的短缺。每日向各餐厅发放饮料的数量要使每日营业开始时其储存量就达到标准量。

许多酒水和饮料的价值很贵，为了更有效地随时发现饮料的短缺，有些企业实行保留空瓶制度。对零杯销售和混合销售的饮料要求保留空瓶，使这些酒水瓶子总保持在标准数量。整瓶销售的饮料往往由服务员将整瓶送到桌边，有时难以保证百分之百地回收空瓶，这样，要求服务员填写整瓶销售单。在领料时，各餐厅和酒吧不仅需填写领料单而且还要附上空瓶和整瓶销售单。那么，每日饮料发料额就是各餐厅和酒吧各饮料的空瓶数和整瓶销售数乘以每种饮料单价的总和。而一些企业不推行凭空瓶领料制度，由各餐厅和酒吧通过清点库存量来算出领料量。

领料量=各种饮料标准储存量-库存量

如果采取标准储存量制度，则每日的领料额实际就是上日的饮料消耗额。

上日饮料消耗额=本日各种饮料发料瓶数×每瓶成本单价

若不采取标准储存量制度，则当日的发料额即为当日饮料的消耗总额。不管是否采取标准储存量制度，在饮料消耗总额上还要加减成本调整额和各项扣除额才是日饮料成本净额。

本日饮料发料额
\+ 转饮料食品成本
\- 转食品饮料成本
\- 赠客饮料成本
\- 招待用饮料成本
\- 其他扣除成本额
日饮料成本净额

由于每日的饮料成本核算没有将酒吧或餐厅库存的半瓶量的酒考虑进去，因而不十分精确。在日饮料成本表中，列出逐日累积的成本额，精确度就较高。某饭店饮料成本日报表如表7-8所示。

表 7-8　　某饭店饮料成本日报表

日期8月31日　星期六　天气晴

项　目	当　日		当 月 累 积	
	成本（元）	百分比（%）	成本（元）	百分比（%）
饮料发料总额	4660.18		132361.24	
＋转饮料食品成本	120.30		3999.32	
－转食品饮料成本	153.20		3115.62	
－其他杂项扣除	933.49		22732.24	
宴会	591.70	30.04	18571.80	31.40
金门餐厅	170.20	30.04	4162.70	29.70
西餐厅	707.59	24.20	24689.60	24.70
酒吧	1163.13	20.10	32789.90	21.00
客房小酒吧	1059.17	25.30	30298.70	24.60
净额成本合计	3693.79	23.94	110512.70	24.43
饮料营业收入			59145.86	
宴会厅	1969.70		14015.82	
金门餐厅	559.87		99957.90	
咖啡厅	2923.93		156142.38	
酒吧	5786.20		123165.45	
客房小酒吧	4186.44		452427.41	
净额成本合计	15426.14			

（二）月饮料成本的核算与饮料成本月报表

对月饮料成本的核算，需要进行库存盘点。一般来说，需要对库房的饮料以及餐厅和酒吧结存的饮料都进行盘点。而有的管理人员却认为，如果在餐厅和酒吧实行标准储存量制度，则餐厅和酒吧的储存量在月末和月初不会有很大差别，可不必考虑在内。在库房盘点时，要清点各种酒水和饮料的瓶及罐的数量，再乘以各种饮料的单价，就能汇总得出库房的饮料库存额。在餐厅和酒吧清点时，除了要清点整瓶数，还要对各类酒水的不满整瓶的数量作估计，或称重算出估计量，再核算出金额。月成本额是通过对期初库存额、本月采购额和期末库存额的汇总，算出本月的消耗总额，再加减调整额和各项扣除额，得出饮料净成本额。

	月初库房库存额		15000（取自上月末库存额数据）
＋	月初餐厅/酒吧库存额	＋	12000（取自上月末库存额数据）
＋	本月采购额	＋	19000（汇总验收单数据）
－	月末库房库存额	－	9000（取自本月末库房实际盘存额）
－	月末餐厅/酒吧库存额	－	14000（取自本月末餐厅/酒吧实际盘存额）
	本月饮料消耗总额		23000

	本月饮料消耗总额		23000
＋	转饮料食品成本	＋	2000
－	转食品饮料成本	－	1500
－	其他扣除额	－	3000
	本月饮料成本净额		20500

月饮料成本报表要反映每个月饮料的消耗情况和饮料的营业收入，由此算出饮料的月成本率。将月成本率与标准成本率进行比较，便能清楚地反映出一个月饮料成本控制的效果。饮料成本月报表应尽量简洁，很多企业将它与食品成本报表列在一起以方便管理人员使用。饮料成本月报表实例见表7-7。

第三节　成本分析与控制

成本核算是成本控制的基础，为进一步寻找成本控制的漏洞，制订成本控制的措施，有必要进行成本分析，这就需要更为详细的成本和经营的信息。

一、餐饮成本分析报表

在进行餐饮成本分析时，要反映以下几点内容。

1. 成本差异

成本差异反映实际消耗的成本与标准成本的差异，本期消耗的成本与历史成本的差异，从而找出成本控制的差距。

2. 成本差异的责任

分析造成成本差异的地方和责任所在。

3. 成本差异的原因

分析造成成本差异的原因，找出成本泄漏的环节，便于管理人员确定改进的措施以杜绝漏洞。

餐饮成本月报表较简洁，能帮助管理人员一目了然地掌握餐饮的运营和成本控制概况，但要进一步分析成本差异的状况、责任和原因，就有必要编制餐饮成本和营业分析报表。这个报表应该包括以下信息：

（1）本期整个企业、库房和各餐厅、酒吧的食品饮料消耗总额。

（2）本期整修企业总成本净额以及各餐厅和酒吧的食品成本净额。该数据可通过整个企业和各餐厅的原料消耗总额加（减）成本调整额和扣除额而得。

（3）企业本期的总收入以及各餐厅、酒吧的营业收入。

（4）本期实际成本率和标准成本率以及去年同期成本率。

（5）各餐厅和酒吧本月以及去年同期的销售情况。

二、成本差异和差异责任

在餐饮行业中，成本差异分析通常是将实际成本与标准成本和去年同期的数据进行对比分析。分析表上要列出标准成本率和去年同期成本率。去年同期成本率采用去年实际发生的成本率。

（一）标准成本率的确定

标准成本率的确定方法有以下三种，下面逐一介绍。

1. 综合标准成本率分解法

综合标准成本率分解法是先根据本章前一节所介绍的方法，以餐厅的目标经营利润为前提，制订综合标准成本率指标。

综合标准成本率＝1－经营利润率－经营费用率－营业税率

有的企业要求餐饮部分摊一定比例的企业管理费，若经营利润指标减去管理费的话，则在上述公式中还要减去企业管理费用率。有些企业给餐厅下达毛利率指标，则综合标准成本率指标为：

综合标准成本率＝1－毛利率指标

按上述公式，某饭店 9 月份食品成本和营业分析如表 7－9 所示。

表 7－9　××饭店 9 月份食品成本和营业分析表

制表日期：2001 年 10 月 3 日　　　　单位：元

项　目	总　计	食品库房	中餐厅	咖啡厅	宴会厅
月初库存额	479878.45	326317.04	69102.63	49139.65	35319.13
本月采购额	386946.36	212820.30	66167.90	75431.25	32526.91
库房领料额	258369.08	(258369.08)	89674.54	46480.78	63009.53
包括职工食堂领料	(59204.23)				
月末实际库存额	452759.90	271655.40	68819.71	47632.51	64652.28
本月食品消耗总额	414064.91	267481.94	156125.36	123419.17	66203.29
转食品的饮料成本	12549.57		1500	11049.57	
转饮料的食品成本	4270.03	2925.28	245.75	856	243
客房赠客水果	9290.33		7774.74	1515.59	
招待用餐	21430.67	3074.51	6761.08	8374.49	3220.59
职工工作用餐	84158.34		3159.40	19996.91	1797.80
包括职工食堂成本	(59204.23)				
其他杂项扣除	8807.16	713.02	3094.14	2500	2500
扣除总额	127956.53	6712.81	21035.11	33242.99	7761.39
库房丢失及损坏	(2400.05)				
本月食品营业收入	755759.95		317419.18	272073.58	166267.19

成本率分析	总计		中餐厅		咖啡厅		宴会厅	
	本月	去年同期	本月	去年同期	本月	去年同期	本月	去年同期
实际成本率（%）	39.52	38.75	43.03	42.5	37.21	36.6	35.15	35.5
实际销售比例（%）	100	100	42	40.37	36	38.46	22	21.16
标准成本率（%）	35		40		33		30	
标准销售比例（%）	100		40		35		25	

表 7－10　　××饭店 9 月份饮料成本和营业分析表

制表日期：2001 年 10 月 1 日　　单位：元

项　目	总　计	酒　库	中餐厅	咖啡厅	宴会厅	客房小酒吧	大堂酒吧
月初库存额	340882.01	254637.15	978	2325.20	1793	69114.06	12124.60
本月采购额	147018.29	147018.29					
本月领料额			15518.98	42182.97	2227.91	15079.99	40520.71
月末实际库存额	381301.45	257536.72	2739	18231.40	1937	72130.63	28726.70
本月饮料消耗总额	106598.85		13757.98	26186.77	22083.91	2063.42	23918.61
转饮料的食品成本	4270.03		128.75	468		2897.28	776
转食品的饮料成本	12549.57	2309.12					10240.45
赠客饮料成本	10719.92	3880.80		1779.12	5060		
招待用饮料	3058.88328	196.14	880	570	608.88		803.86
职工用餐	8.81			3288.81			
其他杂项扣除	4246.90	1202.10	790	578.80	746		930
扣除总额	33864.08	7588.16	1670	6216.73	1354.88		17034.31
净饮料成本	77004.80		12216.73	20438.04	20729.03	14960.70	7660.30
饮料营业收入	289818.59		43472.79	82454.65	64778.23	48574.60	50538.32
实际成本率	26.57%		28.1%	26%	32%	30.8%	15.16%
标准成本率	25%		30%	25%	30%	30%	20%
实际销售百分比	100%		15%	28.45%	22.35%	16.76%	17.44%
标准销售百分比		10%	30%	10%	15%	35%	
去年同期营业收入	281103.87		42314.80	76945.75	62780.31	49584.70	49478.31
去年同期实际成本率	28.12%		32%	27%	31%	30%	21%
去年同期销售百分比	100%		15.05%	27.37%	22.33%	17.64%	17.6%
去年同期饮料成本	79035.73	13540.73	20505.35	19461.90	14875.41	10652.34	

表 7－11　　食品营业收入分析

		本月销售状况				去年同期销售状况			
		销售收入（元）	客人数（位）	平均消费额（元）	座位数（个）	销售收入（元）	客人数（位）	平均消费额（元）	座位数（个）
中餐厅	早餐	105806.33	5454	19.40	200	97487.68	5356	18.20	200
	午餐	88877.37	2539	35.00		89878.40	2643	34.00	
	晚餐	122735.48	3030	40.50		102846.50	2637	39.00	
	合计	317419.18	11023	28.80		290212.58	10636	27.29	
咖啡厅	早餐	73459.86	2099	35.00	100	74367.84	2187	34.00	100
	午餐	78761.50	1866	42.20		79862.40	1972	40.50	
	晚餐	119852.22	2481	48.31		122244.30	2675	45.70	
	合计	272073.58	6446	42.21		276474.54	6834	40.46	

续 表

		本月销售状况				去年同期销售状况			
		销售收入（元）	客人数（位）	平均消费额（元）	座位数（个）	销售收入（元）	客人数（位）	平均消费额（元）	座位数（个）
宴会厅	午餐	56530.84	1178	47.99	60	53340.70	1185	45.01	60
	晚餐	109736.35	1942	56.50		98746.38	1822	54.20	
	合计	166267.19	3120	53.29		152087.08	3007	50.58	
总计		755759.95	20589	36.71		718774.20	20477	35.10	

确定综合标准成本率指标后，再按从实践经验获得的标准销售比例分解到各餐厅和各餐别，要求各餐厅的标准成本率和标准销售比例相乘之和达到综合标准成本率。该方法的优点是所确定的标准成本率能保证餐厅和企业达到利润指标。例如，中餐厅、咖啡厅和宴会厅的标准销售比例分别为40%、35%和25%，综合标准成本率是35%。设要达到35%的综合标准成本率，三个餐厅的标准成本率分别为C_1，C_2，C_3，则

$$40\%C_1+35\%C_2+25\%C_3=35\%$$

管理人员根据各餐厅各菜品的特点、客源的性质、餐厅的档次和以前的成本率，确定各餐厅的成本率，并进一步调整，定出C_1、C_2、C_3分别为40%、33%和30%，最终使综合成本率为35%，即：

$$40\%\times40\%+35\%\times33\%+25\%\times30\%=35\%$$

2. 实际销售比例汇总法

这种方法要求统计每份菜的销售数量，根据每份菜的标准成本率和实际销售比例，汇总出综合标准成本率。例如以下各菜品每份菜的标准成本率和销售比例统计如表7－12所示。

表7－12　各菜品每份菜的标准成本率和销售比例统计

品　名	每份菜成本（元）	售价（元）	每份菜标准成本率（%）	销售份数（份）	销售比例（%）
金牌烤排骨	3.92	14.00	28	542	15.7
盐焗鸡	3.85	11.00	35	324	9.4
盐酥带鱼	3.20	10.00	32	672	19.5
蒜香海蜇皮	4.56	12.00	38	721	20.9
叉烧肉	3.50	14.00	25	328	9.5
白玉仙掌	3.60	15.00	24	243	7
卤水大肠	4.68	12.00	39	621	18
总计/平均值			32.94	3451	100

$$综合标准成本率=\sum各菜品（餐别）标准成本率\times实际销售比例$$

则上例中的综合标准成本率为：

$$28\%\times15.7\%+35\%\times9.4\%+32\%\times19.5\%+38\%\times20.9\%+$$
$$25\%\times9.5\%+24\%\times7\%+39\%\times18\%=32.94\%$$

这种方法的优点是能较科学地根据每份菜和每种餐别的标准成本率确定综合标准成本率，最大缺点是要统计每种菜品（或餐别）的销售数量，每月都要统计标准成本率，而通常菜单和

饮料单上的品种很多，因此工作量过大，同时不能反映由于销售结构差异所引起的成本差异。

这种方法得出的结果，与表 7－5 所示实例中的三个餐厅的标准成本率确定后，按实际销售比例汇总得出的综合标准成本率会略有差异。中餐厅、咖啡厅和宴会厅的标准成本率分别为 40％、33％、30％，它们的实际销售比例分别为 42％、36％、22％，则：

综合标准成本率＝40％×42％＋33％×36％＋30％×22％＝35.28％

3. 标准销售比例汇总法

有的企业采用一段试验期，在掌握各种菜的销售比例后，将此比例作为标准比例，再根据各份菜菜谱上的标准成本率一次性地算出各餐厅的标准成本率。同样，再根据试验期各餐厅的营业收入中的百分比和各餐厅的标准成本率相乘之和，确定企业的综合标准成本率。表 7－5 所示实例中采用上述方法确定中餐厅、咖啡厅和宴会厅的标准成本率分别为 40％、33％和 30％，经过试验期的测试这三个餐厅的销售额百分比为 40％、35％和 25％，以此百分比作为标准销售比例，就可算出企业综合的标准成本率为：

40％×40％＋33％×35％＋30％×25％＝35％

根据试验期的销售情况确定标准成本率的方法，可以一次性地算出标准成本率，而不同于每日或每月统计销售额（或数量）来计算标准成本率。这样确定的标准成本率不仅能考核各餐厅成本控制的效果，还能考核餐厅销售高价菜和饮料的效果，考核毛利率高的餐厅的销售比例。

（二）成本差异的计算

餐饮企业进行的成本差异分析就是对实际成本与标准成本的差额进行分析。

成本差异＝实际成本－实际销售额×标准成本率

表 7－5 所示实例中，成本差异为：

298657.95－755759.95×35％＝34141.96（元）

（三）成本差异的责任

在计算成本差异额后，要分析确定产生这些差异的部门，这样可将成本差异的责任追查到部门和负责人，以便找出原因和采取有力措施来加强泄漏点的控制。在表 7－5 的实例中，成本差异的责任可明确地追查到库房和各餐厅的厨房。

1. 库存短缺

引起成本差异的第一个环节是库房的库存短缺。库房的库存短缺不完全是由于库房管理不善，它还涉及原料的采购、验收、储存和发料等环节。

库存短缺的计算是标准库存额与实际库存额的差额。表 7－5 所示实例中，食品库房的标准库存额应为：

	月初库房库存额		326317.04
＋	本月库房采购额	＋	212820.30
－	各餐厅、职工食堂领料额	－	258369.08（＝89674.54＋46480.78＋63009.53＋59204.23）
－	库房各项扣除额	－	6712.81（＝2925.28＋3074.51＋713.02）
	月末标准库房库存额		274055.45

库房库存短缺＝274055.45－271655.40＝2400.05（元）

库存短缺率＝2400.05/（258369.08＋6712.81）＝0.98％

在成本差异总额中，有2400.05元是由于库存差异而致，它与库房发料的比例不足1％，说明该饭店的库存差异虽引起成本加大，但尚属较正常的差异范围。

2. 厨房成本控制差异

各厨房的库存管理和食品生产的计划和控制中也会引起成本差异。表7－5所示实例中，中餐厅厨房的实际成本为：

	月初中餐厅厨房库存额		69102.63
＋	本月直拨中餐厅厨房采购额	＋	66167.90
＋	本月中餐厅厨房领料额	＋	89674.54
－	月末中餐厅厨房库存额	－	68819.71
＋	转食品的饮料成本	＋	1500
－	各项扣除额	－	21035.11（＝245.75＋7774.74＋6761.08＋3159.40＋3094.14）
	中餐厅实际成本净额		136590.25

中餐厅成本差异＝136590.25－317419.18×40％＝9622.58（元）

用同样的方法算出：

咖啡厅成本差异＝101225.75－272073.58×33％＝11441.46（元）

宴会厅成本差异＝58441.90－166267.19×30％＝8561.74（元）

将上述数据整理在表格中，可清楚地看出成本差异的责任（如表7－13所示）。

表7－13 成本差异责任分析

	库房库存短缺	中餐厅成本差异	咖啡厅成本差异	宴会厅成本差异
差异额（元）	2400.05	9622.58	11441.46	8561.74
实际成本率与标准成本率的差异（％）	0.9	3.03	4.21	5.15
实际成本率与去年同期成本率的差异（％）		0.53	0.61	－0.35

另外，各餐厅实际销售的百分比与标准销售百分比有差别也会引起成本差异。这种成本差异分析能使管理人员清楚地了解各部门对成本差异所应承担责任的大小，各部门的实际成本率、标准成本率和去年同期的成本率相比差距有多大，从而找出造成成本差异的关键部门和关键环节。

三、产生成本差异的原因

在餐饮管理的各个环节上管理不严都会引起成本差异。下面对各个环节上引起成本差异的主要原因作以下分析。

（一）库房库存短缺

引起库房库存短缺的环节是采购、验收和库存保管。

采购、验收人员对购进物资的质量控制不严，以次品充正品，会使库房原料损坏率增加；对原料数量控制不严，会使库房原料短缺率增加；已在验收处办好验收入库手续的原料未及时发到库房而被盗，也会使库房原料消耗量增加。

库房保管员对储存条件控制不好，对库存物资的安排和循环使用管理不严，会使原料损坏率增加。对发料控制不严，对未持领料单的人发料或未严格按领料单上的数量发料，使实际发料量超过领料单汇总的数额，导致库房库存产生差异。同时库房管理不严造成库存物资被盗或被职工私用，都会使库存原料短缺。

（二）餐厅成本差异

引起餐厅成本差异的环节很多，必须从各个环节上加以严格控制。

1. 直拨厨房的采购和领料控制

直拨厨房或从库房领来的原料，如果在数量上控制不严，比如拨入厨房 50kg 原料，实际只有 45kg，则每千克原料的真正成本会增加。如果对领入厨房的原料在质量或档次上控制不严，会使加工生产过程中的折损率增加，生产过程中需要使用的原料数量也会增加。领入厨房的原料成本单价提高会使餐厅成本提高。

2. 厨房库存管理

厨房库存最难管理，往往因无专人管理和不上锁，最易被“顺手牵羊”。直拨采购的物资易腐性大，若管理不善，使用不及时，损坏率会增加，最终原料损失量被人为地提高。

3. 生产管理

由于生产计划不周，预测不准，造成生产数量过剩，是引起原料浪费的一个重要环节。

生产过程中对加工切配折损率控制不严，原料综合利用不够，会使原料的数量增加。烹调过程中没按标准烹调法生产或烹调技术不高，菜品质量不合格，这些都会使客源减少，顾客退菜率增加，这样也会使成本率提高。

（三）销售管理差异

如果餐厅对高价菜和饮料推销不力，毛利低的菜比例过高，会使餐厅或餐别的成本率提高。同样，在总销售额相同的情况下，成本率低的餐厅或餐别的销售比例减少，会使企业综合成本率提高。

表 7－5 所示的实例中，三个餐厅的实际综合成本率为：

（298657.95－2400.05）÷755759.95＝39.20％

如果各餐厅实际成本率仍然不变，按标准销售比例计算，综合成本率为：

43.03％×40％＋37.21％×35％＋35.15％×25％＝39.02％

与实际综合成本率差异：39.20％－39.02％＝0.18％

由于销售结构差异引起的成本差异额为：755759.95×0.18％＝1360.37（元）

1. 客源差异

尽管营业成本是变动成本，但不完全是有规则地成正比例变化。一般餐厅营业收入减少会使成本率提高。影响营业收入高低有两大因素：各人数和平均消费额。衡量吸引客源效果的好坏可采用座位周转率来表示。根据前面介绍的方法，表 7－7 所示实例中，中餐厅的平均座位周转率为：

11023÷（200×3×30）＝0.61

中餐厅早餐的座位周转率为：

5454÷（200×30）＝0.91

以同样方法可算出各餐厅各餐的座位周转率（如表7－14所示）。

表7－14　座位周转率分析

	平　均	早　餐	午　餐	晚　餐
中餐厅	0.61	0.91	0.42	0.51
咖啡厅	0.72	0.70	0.62	0.83
宴会厅	0.87		0.65	1.08

通过对座位周转率的分析，可看出该饭店的总体座位周转率较低，特别是中餐厅需要采取增加午餐和晚餐客源的措施，咖啡厅和宴会厅需要提高午餐的客源。若有条件，宴会厅可增加晚餐的座位，因为宴会客人就餐的时间通常都比较长。

2. 人均消费额差异

人均消费额影响营业收入和餐饮的毛利，人均消费额会导致成本率提高。表7－7所示实例中企业的人均消费额为：

755759.95÷20589＝36.7（元）

此数值虽略高于去年，但因每年的物价均呈上涨趋势，因而人均消费额仍需继续提高。

表7－7所示实例中，没有给出标准人均消费额、标准座位周转率数据，餐饮管理人员可根据去年同期的数据和销售额的百分比数据进行综合分析（如表7－15所示）。

表7－15　人均消费额、座位周转率及销售额分析

	人均消费额（元）		座位周转率（%）		销售额百分比（%）	
	本年值	比去年增减值	本年值	比去年增减值	本年值	比去年增减值
中餐厅	28.80	＋1.51	0.61	＋0.02	42	＋2
咖啡厅	42.21	＋1.75	0.72	－0.04	36	＋1
宴会厅	53.29	＋2.71	0.87	＋0.03	22	－3
总　计	36.71	＋1.61	0.64	＋0.003		

分析表7－15可清楚地看出，中餐厅销售额比例超过标准，座位周转率最低，说明人均消费额还能令人满意。在提高营业收入方面，中餐厅的任务是增加客源，特别是要提高午餐和晚餐的客源。咖啡厅的销售额比例虽略高于标准比例，但低于去年同期，座位周转率也低于去年同期。该餐厅需要提高早、午餐的座位周转率，并增加人均消费额。宴会厅的座位周

转率很高，特别是晚餐，而宴会的销售额比例低于标准，说明提高宴会厅营业收入的关键是提高人均消费额。

3. 餐饮推销和销售控制

搞好餐饮推销和销售控制是增加销售额、提高毛利、降低成本的重要因素，这些内容前面已有提及，这里不再赘述。

（四）职工用餐成本控制差异

职工用餐对食品和饮料的耗用量很大，职工用餐成本控制不好会使食品饮料的总消耗量增加，并使职工用餐费用增加。对职工用餐成本的控制，必须确定平均每位职工每天的标准用餐成本，然后核算实际成本，加以对照控制。

如饭店有单独的职工食堂，职工用餐实际成本额的核算方法如下：

	月初食堂库存额		47456.40
＋	本月直拨食堂采购额	＋	32305.50
＋	本月库房领料额	＋	59204.23
－	月末食堂库存额	－	49102.20
	职工用餐实际成本额		89863.73

设该饭店共有 898 位职工，每天人均标准成本为 3 元。则：

$$职工用餐人均成本差异=\frac{实际职工用餐成本额}{职工人数\times 天数}-每天人均标准成本$$

$$=89863.73\div(898\times 30)=0.34（元）$$

职工用餐实际成本总额与标准成本总额的差异为：

$$89863.73-898\times 30\times 3=9043.73（元）$$

如果企业没有单独的职工用餐食堂，职工用餐究竟花费了多少成本，有时难以区分。有的企业按职工每天每人的标准成本从客人用餐成本中扣除。这样，如果对职工用餐不加以严格的成本控制，实际成本的超额部分会被吸收在客人的用餐成本之中，成为构成餐饮部客人餐饮成本加大的一个重要因素。

（五）其他扣除项目成本的控制

耗用餐饮原料的还有许多其他项目。例如，管理人员接待与本单位有业务关系的各机关部门和重要人物；对重要客户的宴请；为营业推销而搞的各种赠客食品饮料活动（如向客人赠送生日蛋糕、欢迎饮料等）；另外还有食品饮料的质量检验、厨师烹调技术考核等。如果对这些活动的成本控制不严或统计不细就会引起餐饮成本的加大，为此必须采取措施加强管理。

1. 各种接待用餐和食品饮料的赠送要认真作好记录

要记清成本额的正确数据，注明这些成本应归哪个部门，属哪项费用开支，作何用途。这种记录本身就是一种控制，使企业中的任何人不能浑水摸鱼，耗用餐饮成本，从而使每项费用合理化。若不作记录，笼统地归在餐饮成本之中，就会引起这笔成本的失控。

2. 严格规定审批权和预算额

为严格控制这项成本，要规定企业中哪些部门、哪些管理人员有权审批接待用餐和食品饮料的赠送。未经批准，绝不允许任何人私自接待和赠送。每个部门、每项用途的费用要规定一定的预算额，使接待用餐和赠客等餐饮成本得到有效控制。

3. 成本效益评估

招待和推销活动必须有利于企业的营业开展、扩大企业的影响，对这些活动的效益要进行评估。大多数活动并不一定带来直接的经济效益，要评估其长远的影响和经济效益。而有些推销性的对客户的接待和赠客活动会产生较直接的经济效益。可以采用下式进行评估：

$$成本效益=\frac{推销后增加营业收入-增加成本和费用}{推销用餐饮成本}$$

上式可评估开展推销活动所涉及的每一元费用所带来的纯经济效益。当然这个公式难以评估那些无形的和长远的推销效应。

第四节 人工成本控制

人工成本控制的主要目的是在确保企业餐饮服务质量的前提下，提高职工的劳动生产率。为了达到这个目的，餐饮管理者应充分认识影响企业餐饮服务人工成本的各种因素，科学地制订各岗位劳动定额指标，准确预测和分析营业量变化，合理地进行劳动组织和工作安排。

一、影响人工成本的因素

影响餐饮企业人工成本的因素多种多样，对餐饮服务来说，主要有以下几个方面。

（一）食品原料加工烹制工作量

餐饮企业厨房原料加工准备和食品制作烹调所需的时间或工作量多少是影响人工成本的一大因素。如果餐饮企业供应菜肴的所有原料都由厨房进行粗加工，如宰杀、切割、洗涤，或者所有原料包括最简单的调味品、面包、乳制品等都由厨房加工准备，那就必然导致较高的人工成本。事实上，餐饮企业使用的方便食品或成品食物越多，便越能降低人工成本费用。例如，饭店或餐馆可以采购已经拣洗的某些蔬菜，已经加工切割的肉类、禽类以及成品食物如冰激凌、面包等，这样就可以减少粗加工的职工人数以及制作冰激凌、面包的厨师人数，从而降低人工成本。虽然方便食品和成品食物的价格比毛料价格更高，因为其中包括加工费用，但这部分费用随着企业餐饮产品销售量的大小而变化，是可变成本，而粗加工职工及冰激凌、面包厨师的工资费用则不论销售量高低通常都固定不变，因而是固定成本。这些职工、厨师的人工成本与方便食品价格中加工费用之间的差额，正是企业人工成本中可以节约的部分。

（二）菜式品种数量

从人工成本的角度出发，饭店或餐馆加工烹调 500 份相同菜肴所需的劳力费用远远低于加工烹调 10 种不同的、各 50 份的菜肴。而当这 10 种菜肴所采用的加工烹调方法各不相同时，差异则越明显。这就是为什么 500 份相同菜肴或许只需要一名厨师就能完成，而同样数量但加工烹调方法不同的菜肴则往往需要由数名厨师才能应付，特别是当大型宴会所有菜肴需同时上桌时，情况更是如此。因此适当减少或控制菜式品种数量是餐饮部控制人工成本的一个重要因素。

（三）服务形式

企业采用不同的餐厅服务形式也会影响企业人工成本的高低。例如，自助餐厅及自助餐服务由于食品可以集中烹制加工，餐厅只需要较少服务，因而厨师和餐厅服务员的人工费用也就相对较低。提供一般服务的中档餐厅，其人工费用也适中。而大型宴会、法式服务、派菜服务等则一般都需要较高的人工费用。因此，餐饮企业应合理地选择和采用服务形式，以使人工费用控制在适当的范围内。

（四）厨房布局

在大部分餐饮企业中，老饭店餐饮部分的人工成本一般都比较高，这与其厨房设计布局欠合理不无关系。老饭店的厨房不仅面积大，而且其中操作点布局、设备布局并不科学合理，厨师行走距离过长，增加体力和时间的消耗，降低了劳动生产率。因此，现代化的饭店厨房更讲究布局紧凑，方便操作以降低厨师工作时耗，提高生产率。

（五）机械化程度

厨房加工食品的机械化程度对人工费用的高低有很大的影响。原料拣洗、削皮、切片以及餐具、炊具洗涤等工作如能使用现代化的机械设备，则能有效地降低人工费用。例如，50kg 的土豆用削皮机处理一般只需 20min 左右，若用人工则非数小时不可；切菜机的速度比人工快 5～6 倍。简而言之，厨房食品加工机械的数量、种类越多，效率则越高，饭店就越有可能减少职工人数，降低人工费用。

（六）职工技术培训

很显然，受过良好培训的职工不仅工作质量高，而且速度快、效率高。因此，从长远的观点看，抓好职工技术培训不仅是提高服务质量的需要，也是企业节省人工费用以增加赢利的需要。企业管理者应十分注意职工培训，既要抓好新职工的上岗培训，也要抓好在职职工的培训，使他们不断改进技术，提高工作效率。同时，企业应注意控制职工流失率。餐饮企业职工流失率过高，不仅会降低总体服务质量，还会增加新职工培训费用，影响工作效率，导致人工费用上升。

（七）菜肴销售量

就像工厂生产产品时产量越高，生产效率越高，而产品的单位人工成本越低一样，餐饮企业的菜肴销售量越高，分摊到每份菜肴的人工成本就越低，职工工作效率越能得到发挥。但由于企业餐饮服务的营业量受市场需求的支配，作为旅游企业之一的餐饮企业不可避免地有营业旺季和淡季之分，一天三餐的营业量也各不相同，因此，为了降低人工成本，企业除了应加强推销，提高菜肴销售量外，还必须妥善安排劳力，合理分工。

二、制订劳动定额指标

劳动定额指标是指对各工种职工在一定服务时间内应提供的服务或应生产的产品所作的数量规定。制订合理的劳动定额指标，应根据企业所确定的各项服务或产品的质量标准，并分析各项工作任务的特点、难度及所需时间，不能为了提高定额指标而随意减少完成工作任务所需的规定时间，否则势必会降低服务和产品质量。事实上，由于各家饭店或餐馆的具体情况不同，如等级、餐饮内容、服务形式、设备条件等，各自的定额指标也必然有所差异。

作为大型的餐饮企业实体，饭店餐饮部通常多按各工种的上班小时数为时间单位规定各种定额指标。一般说来，厨师、洗碗工等岗位的定额指标多以八小时工作时间为单位制订。餐厅服务员的定额指标应按早、午、晚三餐营业时间分别制订，如早餐 2h，午餐 3h，晚餐 4h。酒吧服务员的定额指标也应根据实际营业时间长短确定。

各类厨师的劳动定额指标一般多以菜肴、食物的制作份数表示。洗碗工的劳动定额指标以洗涤餐具套数表示。餐厅服务员的劳动定额指标一般多以接待宾客人数表示，但有的企业也以营业收入金额表示，因为酒吧宾客的消费情况与餐厅就餐宾客不同。餐厅就餐宾客的用餐时间和消费额一般相差不大，但在酒吧里，一位宾客很可能会自始至终占同一个席位，连续饮用 10 杯饮料，如果每杯饮料 1 元，酒吧的营业收入为 10 元，但也很可能有 10 位宾客先后使用该席位，而每人只饮用 1 杯相同的饮料，酒吧营业收入同样是 10 元。因此，以营业收入金额来表示酒吧服务员的劳动定额指标更为合理。现代大旅游饭店餐饮部各类服务人员的劳动定额指标如表 7－16 所示。

表 7－16　现代大型旅游饭店餐饮部各类服务人员的劳动定额指标

工　种	定额指标	工作时间（h）
咖啡厅服务员	40～55 客	3
正餐厅服务员	25～30 客	3
酒吧服务员	3.00 美元	8
厨师	90～120 份	8
洗碗工	150～200 套	8

三、人员配备标准

在制订各工种劳动定额指标的基础上，饭店或大型餐馆便能确定不同营业量时各类服务人员的配备标准。企业可以按每月、每周、每天或每餐的营业量来确定配备的服务人员人数，并采用试验期的方法使配备标准达到应有的准确性。试验期通常为一周或数周。在试验期内，餐厅应记录每天或每餐的营业量，管理人员应认真观察分析不同营业量水平时各类服务员的生产效率，判断是否可以减少服务人员或必须增加服务人员。表 7－17 为某咖啡厅午餐（11：00～14：00）服务人员配备测试示例。

表 7－17　　咖啡厅人员配备测试午餐

日　期	7.1	7.2	7.3	7.4	7.5	7.6	7.7
供应客数（客）	275	415	395	350	400	425	520
服务人员（名）	8	8	8	8	8	8	8
人员配备评估	差（只需 5 名服务员）	优	一般	差（只需 7 名服务员）	一般	优	差（需要 10 名服务员）
洗碗工人数（名）	3	3	3	3	3	3	3
人员配备评估	差（只需 2 名洗碗工）	优	较好（人力稍有浪费）	差（只需 2 名洗碗工）	较好（人力稍有浪费）	优	差（必须加班）
厨房职工人数（名）	4	4	4	4	4	4	4
人员配备评估	差（只需 3 名厨师）	好	一般	差（可减少 1 名）	一般	好	优

通过测试期的观察分析，管理者便能确定该咖啡厅午餐不同营业量时各类服务人员的配备标准（如表 7－18 所示）。

表 7－18　　咖啡厅人员配备标准午餐　　单位：客

供应客数	200～299	300～399	400～499	500～599
餐厅服务员	5	7	9	10
洗碗工	2	2	3	4
厨房职工	3	3	4	4

与此同时，管理人员还应确定不同营业量水平所需要的各类服务人员的工时数标准，以作为安排职工工作时间的依据，并检查不同营业量时是否能保证服务质量。

在本例中，如果确定营业时间在 3 小时，在确保服务质量的前提下，供应 500 客食品需要 10 名餐厅服务员，那么，餐厅服务员的工时数为 10 人×3 小时＝30 工时。企业即可把 30 工时作为该餐厅午餐期间供应 500 客食品的服务员工时标准。在相同的营业量水平上，如果服务员所花工时数大于此标准，说明某些服务员的工作时间安排过多，导致生产效率降低；如果服务员所花工时数小于此标准，则说明该餐厅提供的服务未达到应有的质量标准。不同的营业量显然需要不同的工时数，但供应数低于 500 客而应该减少的工时数或供应数高于 500 客而必须增加的工时数，并不与供应数的减少量或增加量成正比。在本例中，供应 500 客食品时服务员标准工时数为 30 工时，则每一工时可供应 16.67 客食品。但营业量在 400 客时，管理人员得安排 9 名服务员上班，共 27 工时；营业量在 300 客时，管理人员也得安排 7

名服务员，共21工时，但每1工时所供应的客数前者为14.81客，后者为14.29客。由此可见，随着营业量的增加，每1工时所能供应的客数也有所增加。换言之，每提供1客食品的工时数有所减少。因此，直到营业量增加至必须增加服务员人数才能保证服务质量和服务速度的限度，提高餐厅服务员的工作效率不仅是可能的，而且也是应该的。基于上述分析，本例中不同营业量水平时各类服务人员的工时标准或可作如下配备（如表7-19所示）。

表7-19 咖啡厅服务人员工时标准午餐

供应客数（客）	餐厅服务员（小时）	洗碗工（小时）	厨房职工（小时）
200～299	15	6	8
300～399	20	6	8
400～499	26	8	11
500～599	29	10	12
600～699	32	10	12

四、营业量预测和职工工作时间安排

营业量预测是餐饮企业人工成本控制中的重要环节。对于饭店餐厅来说，客房出租率预测是饭店其他各部门营业量预测的基础，餐厅酒吧的营业量在很大程度上取决于客房出租率的高低。然而，绝大多数类型饭店的宾客皆属于非控制型宾客，饭店无法强制他们非得在饭店的餐厅就餐，同时，饭店中各餐厅的餐饮内容、规格档次、供应餐别也往往不尽相同，因此，饭店餐饮部应在客房出租率预测的基础上，根据餐饮营业具体情况对各餐厅、酒吧每月、每周、每天、每餐的营业量进行预测（如表7-20所示）。

表7-20 餐厅营业量预测（5月4日～5月10日）

餐厅	星期一 5.4	星期二 5.5	星期三 5.6	星期四 5.7	星期五 5.8	星期六 5.9	星期日 5.10	合计
正餐厅	780	810	830	860	845	890	750	5765
午餐	295	340	350	365	380	395	240	2365
晚餐	485	470	480	495	465	495	510	3400
咖啡厅	625	695	745	780	760	835	550	4990
早餐	345	370	395	405	380	425	300	2620
午餐	160	185	200	210	225	230	150	1360
晚餐	120	140	150	165	155	180	100	1010

在日常工作中，管理人员应根据每天具体情况及时修正预测数。根据不同的营业量预测，

管理人员便可对照人员配备标准，决定各餐厅每月、每周、每天或各餐所应配备的职工人数和工时数。

然而，上述预测并不说明餐厅在一天的哪段时间里需要多少职工，因而并不能帮助管理者决定怎样安排职工的具体上班时间。毫无疑问，在正常情况下，饭店餐厅早、午、晚开餐期间需要较多的职工。但如果为了满足营业需要和保证服务质量，而从早到晚配备相同的职工人数，那么在两餐之间的那段时间里，职工的劳力就得不到充分使用，造成不同程度的浪费。况且，在各餐开餐期间，营业量水平也不可避免地有高、中、低之别。因此，为了合理使用劳力、尽量降低人工成本，餐饮部还应对各餐厅每小时的营业量进行记录和分析，并据此作出每小时营业量水平预测。

表 7－21 记录了某咖啡厅连续五天的每小时营业量水平情况，当然饭店餐饮部可作更多天数的记录。在每小时营业量数据中，管理人员应取其中值，作为预测数据，用以指导职工工作时间的安排。例如，12：00～13：00 的一小时中，五天的营业量分别为 90、105、107、100 和 85 客，中值为 100 客。中值比平均值更能反映实际营业量水平，因为平均值有受最低值影响的可能。例如，如果这五天的某一小时的营业量分别为 65、66、68、71 和 25 客，其平均值为 59 客，中值为 66 客，那么后者无疑更有代表性。

表 7－21　　咖啡厅每小时营业量分析　　单位：客

时间	5.11	5.12	5.13	5.14	5.15
11：00～12：00	33	30	50	40	60
12：00～13：00	90	105	107	100	85
13：00～14：00	89	85	100	105	105
14：00～15：00	51	68	63	60	65
15：00～16：00	6	5	15	10	18
16：00～17：00	7	5	12	18	10
17：00～18：00	45	45	55	50	60
18：00～19：00	78	75	96	90	100
19：00～20：00	95	95	110	100	105
20：00～21：00	90	85	95	95	100
21：00～22：00	73	76	77	75	85
22：00～23：00	48	45	55	50	60
23：00～24：00					

根据上述方法，就可以作出该咖啡厅的每小时营业量预测，并根据劳动定额指标配备服务人员（如表 7－22 所示）。

表 7－22　　咖啡厅每小时营业量预测及职工人数配备

时间	预测客数（客）	服务员人数（名）
10：00～11：00		2
11：00～12：00	40	2
12：00～13：00	100	5
13：00～14：00	100	5
14：00～15：00	63	3
15：00～16：00	10	1
16：00～17：00	10	1
17：00～18：00	50	3
18：00～19：00	90	5
19：00～20：00	100	5
20：00～21：00	95	5
21：00～22：00	77	4
22：00～23：00	50	3
23：00～24：00		2

从表 7－22 中可以看出，管理者根据每名服务员每小时服务 20 客次的标准配备人员，而且在咖啡厅营业开始前一小时和结束后一小时各安排 2 名服务员做准备和收尾工作。如表 7－23所示，服务员工作时间的安排采取了全日班、半日班、交错班的形式，在本例中，共安排了 7 名服务员，46 工时。三名服务员上半日班，四名全日班服务员中三人为交错班。当然，还可以采取其他安排形式，例如可以让服务员甲上全日班，并接替服务员乙的工作，这样所耗工时相同，但只需安排 6 名服务员上班。

表 7-23　　职工工作时间表

服务员	10:00～11:00	11:00～12:00	12:00～13:00	13:00～14:00	14:00～15:00	15:00～16:00	16:00～17:00	17:00～18:00	18:00～19:00	19:00～20:00	20:00～21:00	21:00～22:00	22:00～23:00	23:00～24:00
甲														
乙														
丙														
丁														
戊														
己														
庚														

根据上述方法，管理者可以排出每位职工的工作时间。职工工作时间表通常以周为单位，规定每位职工在该周内的休假日期及具体上班时间（如表 7－24 所示）。

表 7－24　咖啡厅服务员工作的时间表

职工姓名	星期日	星期一	星期二	星期三	星期四	星期五	星期六
甲	10:00～18:00	10:00～18:00	10:00～18:00	10:00～18:00	休息	10:00～18:00	10:00～18:00
乙	12:00～15:00 17:00～22:00	12:00～15:00 17:00～22:00	12:00～15:00 17:00～22:00	12:00～15:00 17:00～22:00	12:00～15:00 17:00～22:00	12:00～15:00 17:00～22:00	休息
丙	12:00～15:00 18:00～23:00	12:00～15:00 18:00～23:00	12:00～15:00 18:00～23:00	12:00～15:00 18:00～23:00	12:00～15:00 18:00～23:00	休息	12:00～15:00 18:00～23:00
丁	休息	10:00～18:00	10:00～18:00	10:00～18:00	10:00～18:00	10:00～18:00	10:00～18:00
戊	12:00～14:00 18:00～00:00	休息	12:00～14:00 18:00～00:00	12:00～14:00 18:00～00:00	12:00～14:00 18:00～00:00	12:00～14:00 18:00～00:00	12:00～14:00 18:00～00:00
己	10:00～18:00	10:00～18:00	休息	10:00～18:00	10:00～18:00	10:00～18:00	10:00～18:00
庚	12:00～14:00 18:00～00:00	12:00～14:00 18:00～00:00	12:00～14:00 18:00～00:00	休息	12:00～14:00 18:00～00:00	12:00～14:00 18:00～00:00	12:00～14:00 18:00～00:00
辛	12:00～15:00 17:00～22:00	12:00～15:00 17:00～22:00	12:00～15:00 17:00～22:00	12:00～15:00 17:00～22:00	12:00～15:00 17:00～22:00	休息	12:00～15:00 17:00～22:00

经典案例

揭开杭帮菜的价格秘密

三个朋友在红泥大酒店的包房用餐 3 小时，从酱鸭、肺片、龙衣香菜等冷盆，吃到苔菜拖黄鱼、酱肉糯米、沙锅牛杂碎等热炒，外加点心、茶水、水果，一结账，总计 121 元。“酒店环境，排档价格，太划算了。”食客边往外走边低声交谈。这样的情景在张生记、新开元、万家灯火等“杭帮菜”餐馆经常可以看到。“杭帮菜”究竟用什么魔法做到物美价廉呢？经过多次实地探访，圈内圈外打听，笔者终于揭开了“杭帮菜”的价格秘密。

你知道 1 斤青菜经挑拣洗净后有多重？9 两。红泥大酒店的老总告诉笔者。为了控制成本，他们对每一道菜的原料都进行测算，如果 1 斤青菜经清洗后只有 8 两半，那么就要查找原因，到底是清洗工浪费，还是采购来的原料质次？有一回，辅助工在清洗墨鱼的时候怕麻烦，一刀就把头剪下，扔到了垃圾袋里，正巧被老总看到。这么搞怎么行？剩下的完全可以开发出新菜来，让利给消费者。就这样，东坡肉用剩的边角料做成了梅菜肉卷，做鱼丸余下的部分做成了鱼头煲、炒鱼片，连鱼骨都用来熬鱼汤。

用足原料只是降低成本的第一招。通过连锁经营，扩大规模又是一招。红泥在杭州连开三家的基础上，半年内在上海又开出两家大型餐馆，其中静安店7000m^2，浦东店12000m^2，堪称上海餐饮的“航空母舰”。浙江在沪企业家协会副会长说，就像连锁超市一样，连锁餐馆因为采购量大，拥有足够的实力得到优惠价的原料，进价低、成本低，再加上把毛利定得低一点，消费者就能明显地感觉到实惠。

案例分析

食品饮料的原料成本是餐饮部的主要开支，占餐饮收入的比例最大。餐饮部门的成本结构具有可控制的成本比例大、成本泄漏点多等特点。而食品饮料的原料成本是餐饮管理人员能控制的，属于可控制成本；另外，若采购的原料质量不好或对清洗加工控制不严而造成食品饮料的折损和流失，都会引起成本提高。因此在经营管理中，管理者对于可控制成本加强监督和管理，在成本控制的各个环节严加控制，日积月累就会得到不小的收益。

经验总结

本案例中，红泥大酒店正是在餐厅的食品原料成本管理中注意到了上述问题，对每一道菜的原料都进行测算，使每一位员工都养成节约原料成本的好习惯，将得到的实惠让利给消费者，从而使消费者成为饭店的回头客。另外，通过连锁经营，采购大量的低进价食品原料，再把毛利定得低一点，也是让消费者感觉到实惠的原因之一。

本章小结

餐饮成本控制与管理是餐饮管理的重要内容。由于餐饮的成本结构直接影响餐饮产品的价格，而餐饮的价格又影响着餐厅的营运和餐厅的入座率，因此，餐饮成本控制是餐饮营运的关键。本章主要讲述餐饮成本概念、成本构成、餐饮成本与费用结构，餐饮成本核算内容与成本报表，成本分析与控制等。加强成本控制和成本管理涉及餐饮管理的各个方面，是一项比较复杂和细致的工作，本章主要探讨了餐饮成本控制与成本管理的有关原理和组织管理方法。

考考餐饮服务员

一、填空题

1. 按其性质分类，成本可分为______和______。

2. 成本核算的工作步骤是______、______、______和______。

3. 标准成本率的确定有______、______和______三种方法。

4. 人工成本控制的主要目的是在______的前提下，提高职工的劳动生产率。

5. 劳动定额指标是对各工种职工在______内应提供的服务或应生产的产品所作的数量规定。

6. 营业量预测是餐饮企业____________中的重要环节。

二、选择题

1. 餐饮部门的成本和费用结构具有（　　）的特点。

A. 变动成本比例大　　B. 可控制的成本比例小
C. 可控制的成本比例大　　D. 成本泄漏点多

2. 确定标准成本具有（　　）的作用。

A. 用于控制固定成本　　B. 用于控制实际成本
C. 用于控制可控成本　　D. 用于决策

3. （　　）是指增加一定产销量所追加的成本。

A. 固定成本　　B. 可控成本　　C. 边际成本　　D. 机会成本

4. 影响人工成本的因素有（　　）。

A. 食品原料加工烹制工作量　　B. 菜式品种数量
C. 服务形式　　D. 服务员数量

5. 对于成本的划分，按成本和决策的关系分，则可分为（　　）。

A. 可控制成本和不可控制成本　　B. 标准成本和实际成本
C. 固定成本和变动成本　　D. 边际成本和机会成本

6. 衡器是餐饮成本核算的必备计算工具，其中用于大宗食品原料量的是（　　）。

A. 天秤　　B. 天平秤或电子秤　　C. 案秤　　D. 量杯

三、简答题

1. 餐饮成本核算的基础工作有哪些？成本核算要经过几个基本步骤？
2. 餐饮营业日报表的内容有哪些？
3. 何谓餐饮成本差异？成本差异的责任与原因有哪些？
4. 影响人工成本的因素有哪些？
5. 如何制订劳动定额指标？
6. 怎样做好餐厅营业量预测和职工工作时间的安排？

走近餐厅

【实训名称】餐饮会计报表分析

【实训内容】关于餐饮企业原料成本的控制

【实训点评】能够看懂餐饮成本报表的结构，掌握报表各项目的内容及含义，运用报表有关数据计算相关指标并进行分析。

第八章　餐饮生产管理

动脑筋

上错菜了

午饭时间，传菜部的小方拿了两条鲇鱼到厨房水台说道："清蒸鲇鱼两条，共1.4斤，入厨单一会儿补过来。"水台的小张正在忙，含糊答应了一声便继续干活。过了几分钟，传菜部的小王也拿了条鲇鱼和入厨单进了水台，是清蒸鲇鱼1条。刚巧，小张杀鱼的时候，小方把前面两条清蒸鲇鱼的入厨单拿来了。鱼杀好后，小张跟上入厨单就调味上笼了，但没有仔细校对。

过了20min，小方着急得跑过来问道："刚才我送来的'白果厅'的两条鲇鱼怎么就上了一条？"小张说道："不可能呀，我把两条一起杀好送上笼去了！"这时，小张想起来刚才杀鱼时，还有一条鱼和入厨单送了过来便问道："你去看看，是不是上到另一桌去了？"小方着急地说："你是不是跟错单子了？"

两个人正在说着，厨师长接到了客人投诉，赶到水台来了解情况，又到传菜部了解情况。结果，餐饮部经理出面向客人道歉，并免费赠送了晚上的这份清蒸鲇鱼，客人才没有投诉。

请思考：是什么原因造成了这次事件的发生？如何通过生产管理避免同样事件的发生？

第一节　厨房的组织机构

厨房，是烹饪工作人员作业的地方；是从事菜肴、点心等食物产品加工、生产、制作的场所；是餐饮企业、宾馆、饭店唯一由原料进入，经过厨房工作人员的技术处理、艺术加工，进而通过餐厅向客人提供色、香、味、形、质、器俱佳产品的部门。厨房的组织运作，其实更像工厂制造业的生产：进入的是原料，输出的是形态、质感均发生了变化的成品。

现代厨房是在对传统厨房设计、组织、管理方法扬弃的基础上，实行资源（尤其是设备、场地等）整合和部分流程再造，以先进的手段和方法，对厨房生产过程和质量控制方式、方法进行调整、完善，以提供能满足当今餐饮消费者需求的、质量稳定可靠的各类产品，并在此基础上做到资源的充分利用、效率的最大发挥、企业的持久发展。

厨房生产管理是通过一定的组织形式来实现的。科学的厨房设置、完善的组织机构可以清楚地反映每个工种及岗位人员的职责；可以避免越级或横向指挥；容易发现工作疏漏，并防止重复安排工作；使每个员工清楚自己在厨房组织中的位置和发展方向。

一、厨房的组织机构图

厨房组织机构图是厨房各层级、各岗位在整个厨房当中的位置和联络关系的图表。餐饮企业性质和管理风格不同、烹调生产规模和作业方式不一，厨房的组织机构图也就不同。厨房组织机构图随着餐饮企业的经营方式、策略、企业管理风格的变化而作出相应的变化和调整，以及时准确地反映厨房各岗位和各工种之间的关系。

(一) 大型厨房组织机构图

大型厨房组织机构（如图 8-1 所示）的特点是集中设立，并特别强化主厨房的职能，由主厨房加工、提供各烹调厨房的半成品原料。根据餐饮企业规模和经营风味，分设若干烹调厨房，领用主厨房原料，进行烹制出品，从而达到集中与分散的有机结合，既便于控制加工规格，成本核算，又在一定程度上保证了各烹调厨房的卫生和出品质量。

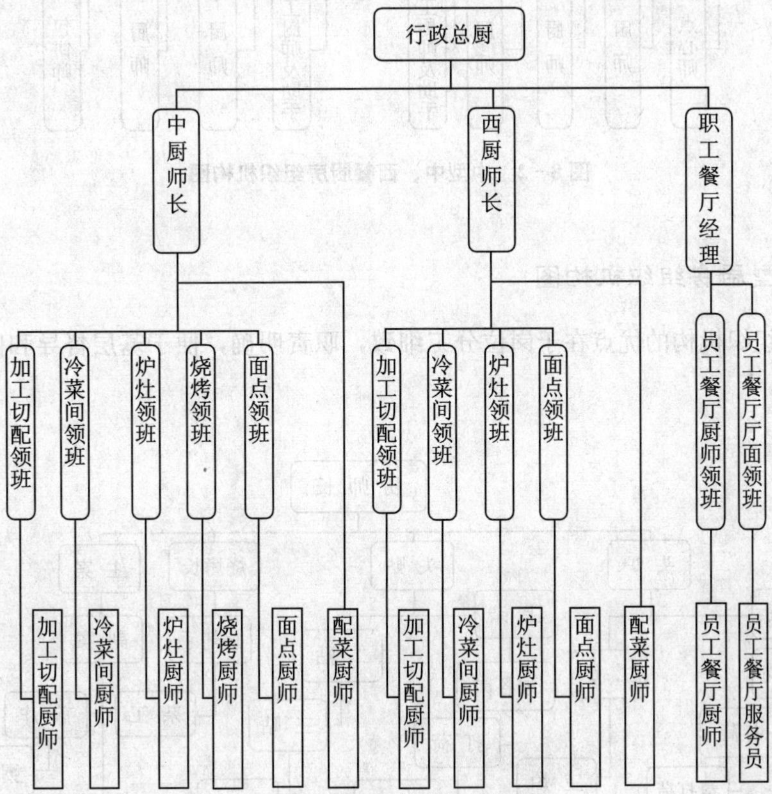

图 8-1 大型厨房组织机构图

(二) 中型中、西餐厨房组织机构图

大多兼有中、西餐功能的综合性饭店的厨房机构（如图 8-2 所示），通常分为中餐、西餐两个部分，厨房的规模不是很大，除了加工工作合并、集中设计外，中餐厨房和西餐厨房

具有相对独立，全面的多种生产功能。

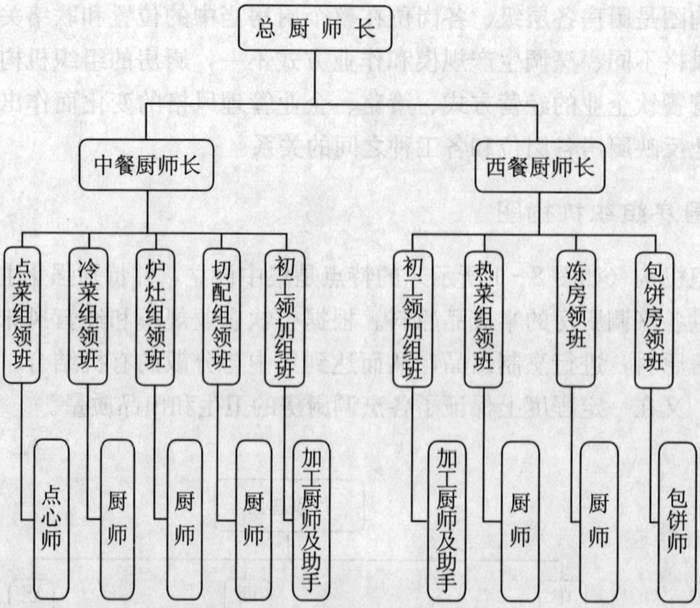

图 8－2　中型中、西餐厨房组织机构图

（三）中型厨房组织机构图

中型厨房组织机构的优点在于岗位分工细致，职责明确，便于基层督导和监控管理（如图 8－3 所示）。

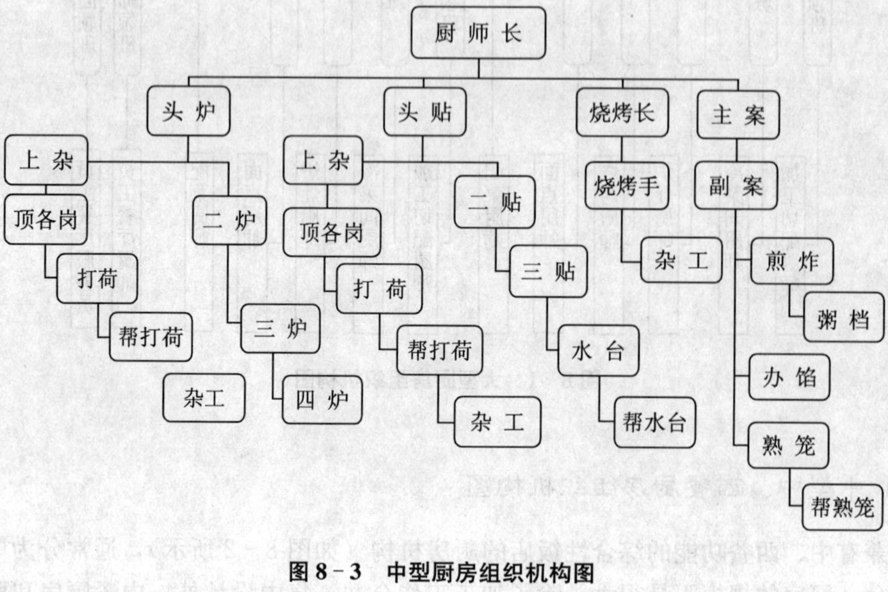

图 8－3　中型厨房组织机构图

（四）小型厨房组织机构图

小型厨房规模小，因此组织机构也相对简单（如图 8-4 所示）。

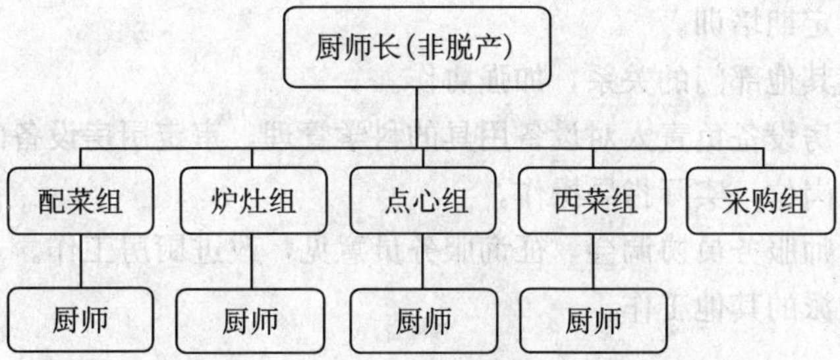

图 8-4 小型厨房组织机构图

二、厨房岗位职责

厨房岗位职责就是明确界定厨房员工在厨房组织当中的位置和应承担的责任。制订岗位职责，就是对岗位规定工作责任、明确组织关系、提出任职要求；使厨房各岗位员工明确自己在组织中的位置、工作范围、工作任务及权限等。岗位职责内容应具体明确，易理解，易执行。下面是大型厨房的一些重要岗位的职责。

（一）行政厨师长岗位职责

1. 岗位名称
行政厨师长
2. 直接上级
餐饮总监
3. 本职描述
（1）厨房部最高领导，负责整个厨房的组织、指挥、运转管理工作。
（2）通过设计、组织生产、提供具有特色的、标准化的产品吸引客人。
（3）进行食品成本控制，为企业创造最佳的社会效益和经济效益。
4. 主要职责
（1）负责监督实施厨房管理手册。
（2）负责菜单的制订和更换工作。
（3）负责制订厨房生产计划，并监督、协调、检查厨房计划执行，保证厨房工作任务的落实。
（4）做好成本核算。
（5）及时处理各种突发情况及存在问题，使厨房各个环节的工作正常进行。
（6）全面负责中西厨房菜品质量管理，保证菜品质量符合标准要求，监督员工用正确方法准备、制作菜品，随时检查菜品质量以及装盘和装饰的方法是否正确。
（7）有针对性地调研市场，了解消费需求，带领厨师队伍开展创新菜研发，丰富菜品的花色品种，满足宾客的要求。

(8) 全面负责食品卫生安全，严格检查厨房卫生及操作卫生。

(9) 负责食品营养搭配研究。

(10) 对重点宴会要亲自设计菜单，对A级宴会要负责厨房工作任务全程安排。

(11) 对厨师进行定期培训。

(12) 沟通协调与其他部门的关系，加强协作。

(13) 负责督导厨房设备负责人对设备用具的科学管理，审定厨房设备的更新添置计划。

(14) 在厨房坚守岗位，实际指导操作。

(15) 定期组织厨师服务员协调会，征询服务员意见，改进厨房工作。

(16) 完成上级指派的其他工作。

5. 任职资格

(1) 热爱本职工作，忠于企业，有较强事业心、责任心和良好的职业道德。

(2) 熟悉中、西餐厨房生产的工艺流程，全面掌握菜肴生产技术。

(3) 有较强的组织管理能力和全面的厨房成本核算控制能力。

(4) 具有大专以上学历，有四年以上从事厨房全面管理工作经历，达到高级烹饪技师水平。

(5) 身体健康，精力充沛。

6. 权力

(1) 有组织、指挥安排厨房生产的权力。

(2) 有决定厨房班次、安排厨房各岗位人员工作的权力。

(3) 有对厨房员工的奖惩决定权，有对厨房员工聘用辞退的建议权。

(4) 有对采购部门不符合质量要求和未经申请采购的厨房食品原料的拒收决定权。

(二) 中餐厨师长岗位职责

1. 岗位名称

中餐厨师长

2. 直接上级

行政厨师长

3. 本职描述

协助总厨全面管理中厨房日常工作，负责所有中餐产品的供应、质量。

4. 主要职责

(1) 组织做好餐前准备工作。上岗前要检查员工的仪容仪表，个人卫生和出勤情况。

(2) 根据业务情况，合理安排人员。

(3) 每天开班前会，布置各项工作。

(4) 保证中餐厨房所使用的设备设施清洁完好，保持好环境卫生。

(5) 对销售与进货做到心中有数，保证原材料供应，严格把好进货数量关、质量关。

(6) 加强对冷库的管理，定期洗刷冷库，保证冷库的整洁、卫生。

(7) 严格操作规范，保证菜品质量，菜品上桌前检验质量。

(8) 搞好技术培训工作。

(9) 与其他各部门协调合作。

(10) 下班时做好收尾工作，特别要做好安全防火工作，发现问题及时采取措施，及时汇报领导。

(11) 完成上级指派的其他工作。

5. 任职资格

(1) 有较强事业心、责任心和良好的职业道德。

(2) 熟悉中餐厨房生产的全部工艺流程，拥有良好的烹调技术。

(3) 有一定的组织管理能力。

(4) 具有大专以上学历，有两年以上厨房管理工作经历，达到高级厨师水平。

(5) 身体健康。

6. 权力

(1) 有组织指挥安排中餐厨房生产的权力。

(2) 有指挥安排中餐厨房厨师工作的权力。

(3) 有对中餐厨房厨师的奖惩和辞退的建议权。

(4) 有对采购部门不符合质量要求的中餐相关原料的拒收决定权。

(三) 中餐厨房灶台领班岗位职责

1. 岗位名称

灶台领班

2. 直接上级

中餐厨师长

3. 本职描述

负责中餐厨房灶台班组的日常管理工作，合理安排生产，确保菜品供应，保证菜品质量、数量、规格达到饭店规定的菜品标准。

4. 主要职责

(1) 了解营业情况，熟悉菜单，合理调配打荷、炒锅等各岗位工作。

(2) 核对宾客订单，根据员工的业务技术水平分配工作。

(3) 监督菜品制作全过程，成品上桌前检验质量。

(4) 密切与餐厅保持联系，有效地解决因菜品质量发生投诉问题。

(5) 保证灶台班组使用设备设施的清洁完好，保持好环境卫生。

(6) 收集宾客对菜肴的意见和建议，以便改进并加以提高。

(7) 检查本班组员工仪表仪容、个人卫生和出勤情况。

(8) 决定本班组员工的调配，指定重要宴会及重点宾客菜肴制作的人选并督促落实。

(9) 加强培训，提高员工的技术水平和业务能力。

(10) 与厨房其他班组员工协调合作。

(11) 保证本班组日常工作的顺利进行。

(12) 完成上级指派的其他工作。

5. 任职资格

(1) 有较强事业心、责任心和良好的职业道德。

(2) 熟悉饭店特色菜品生产的全部工艺流程，拥有良好的热菜烹制技术。

(3) 有一定的组织管理能力。

(4) 具有中专以上学历，有五年以上热菜制作工作经历，达到高级厨师水平。

(5) 身体健康。

6. 权力

(1) 有组织指挥安排热菜生产的权力。

(2) 有指挥安排烹调厨师工作的权力。

(3) 有对烹调厨师奖惩、招聘、使用和辞退的建议权。

(4) 有对采购部门不符合热菜烹调加工质量要求相关原料、调料的拒收决定权。

(四) 中餐厨房配菜领班岗位职责

1. 岗位名称

配菜领班

2. 直接上级

中餐厨师长

3. 本职描述

根据菜单要求，带领本组员工对食品原材料进行切配、加工，以供烹调厨师制作。

4. 主要职责

(1) 加强原料的领料验收关，做到“四不领”，即：无卫生许可证的不领、变色的不领、变味的不领、变质的不领。

(2) 加强冰箱管理，各种原料摆放整齐，一切原材料要按进货程序，做到先进先用，保持原料的新鲜度。冰箱要天天检查清理，温度达到标准，保持清洁卫生，保证无变质食品。

(3) 掌握各种菜品的成本和规格，懂成本核算。

(4) 严格检查食品原料的质量，保证菜品原料无腐烂变质现象，刀口均匀、整齐、大小、薄厚、粗细、长短符合标准。

(5) 负责零点和宴会菜的配制，做到配料齐全、分量准，保证菜品色、形的质量。

(6) 合理安排原材料的领用及加工，避免浪费现象和脱销现象，降低成本。

(7) 认真执行《食品卫生法》。所用工具使用完毕后，要及时清洗，下班前刷洗干净，定位放好。做到无锈迹、无油垢，不乱抄乱拿，并将加工剩余的原料及时入库保存，做好收尾工作。

(8) 做好安全工作。每天下班锁好门窗，关闭燃气、水、电设备。

(9) 完成上级指派的其他工作。

5. 任职资格

(1) 有责任心，服从指挥与领导。

(2) 熟悉热菜制作的全部工艺流程，拥有良好的配菜知识。

(3) 具有中专以上学历，有两年以上配菜工作经历，达到高级厨师水平。

(4) 身体健康。

6. 权力

(1) 有对热菜制作相关原料的质量提出异议的权力。

(2) 有使用相关设备的权力。

(五) 中餐厨房冷菜领班岗位职责

1. 岗位名称

冷菜领班

2. 直接上级

中餐厨师长

3. 本职描述

负责冷菜班组的日常管理工作。合理安排生产，确保菜品供应。保证菜品质量、数量、规格合乎标准。

4. 主要职责

(1) 组织做好餐前的准备工作。

(2) 根据订单及员工的技术水平和知识掌握情况分配工作，保证冷菜制品质量。

(3) 上岗前先要检查员工的仪容仪表、个人卫生。

(4) 每天检查冷菜所用的设备，冷藏柜、电冰箱等运转是否正常，发现问题及时报告厨师长，并通知后勤保障部维修。

(5) 通过检查保证冷菜、拼盘以及水果拼盘制作方法、操作规程符合质量要求，保证食品加工制作质量，贯彻食品卫生制度。

(6) 每天检查冰箱内的食品质量。尽量做到当天制作当天出售，变质食品绝对不能出售，生熟食品分开存放。每天指定专人消毒菜墩、刀具及其他工具。

(7) 根据每天业务量的大小，提前一天开出食品原料、调料等用料数量，上交厨师长审批订购或领料。

(8) 搞好技术培训工作。

(9) 协调好与其他班组的关系，搞好协作，圆满完成各项工作。

(10) 营业结束后，做好收尾工作。

(11) 完成上级指派的其他工作。

5. 任职资格

(1) 有较强事业心、责任心和良好的职业道德。

(2) 熟悉饭店冷菜产品的全部工艺流程，拥有良好的冷菜制作技术。

(3) 有一定的组织管理能力。

(4) 具有中专以上学历，有五年以上冷菜制作工作经历，达到高级厨师水平。

(5) 身体健康。

6. 权力

(1) 有组织指挥安排冷荤菜品生产的权力。

(2) 有指挥安排制作厨师和切制厨师工作的权力。

(3) 有对制作厨师和切制厨师的奖惩建议权和聘用权。

(4) 有对采购部门不符合质量要求的冷荤菜品加工相关原料的拒收决定权。

(六) 中餐厨房面点领班岗位职责

1. 岗位名称
面点领班
2. 直接上级
中餐厨师长
3. 本职描述
负责面点间的日常管理工作。合理安排生产，避免浪费。确保面点的供应和出品质量。
4. 主要职责
(1) 组织做好餐前的准备工作。
(2) 根据业务情况，合理安排人员。
(3) 上岗前要检查员工的仪容仪表，个人卫生和出勤情况。
(4) 检查面点间蒸箱、烤箱、电冰箱以及其他设备设施的完好情况并保持其清洁卫生。
(5) 负责食品和其他原材料的领取。严格检查所用原料，不符合标准的禁用。
(6) 工作前需先消毒工作台和工具，工作后将各种用具洗净、消毒按顺序放好。
(7) 每天检查所有食品的质量，保证符合卫生标准。
(8) 检查主食制品、甜食制品和各种大小宴会糕点制品的质量、数量是否符合要求，严格把好质量关，并经常变更品种以满足宾客的需要。
(9) 负责对面点厨师的技术培训。
(10) 协调好与其他班组的关系，搞好协作，圆满完成各项任务。
(11) 下班时做好收尾工作。
(12) 完成上级指派的其他工作。
5. 任职资格
(1) 有较强事业心、责任心和良好的职业道德。
(2) 熟悉面点生产的全部工艺流程，拥有良好的面点制作技术。
(3) 有一定的组织管理能力。
(4) 具有中专以上学历，有五年以上面点制作工作经历，达到高级厨师水平。
(5) 身体健康。
6. 权力
(1) 有组织指挥安排面点厨师生产的权力。
(2) 有指挥安排面点厨师工作的权力。
(3) 有对面点厨师的奖惩和辞退的建议权。
(4) 有对采购部门不符合质量要求的面点加工相关原料的拒收决定权。

(七) 西餐厨师长岗位职责

1. 岗位名称
西餐厨师长

2. 直接上级

行政总厨师长

3. 岗位描述

协助行政总厨师长全面负责西餐厨房各点的生产管理工作，带领员工从事菜肴及包饼制作，保证向宾客及时提供达到规定质量的产品。

4. 主要职责

(1) 协助行政总厨师长做好西厨房生产、人员的组织管理工作。

(2) 根据行政总厨师长要求，制订年度培训、促销等工作计划。

(3) 负责咖啡厅厨房及西餐厨房人员的调配和班次的计划安排工作。

(4) 根据厨师的技艺专长和工作表现，建议安排合适的工作岗位，负责对属下进行考核评估。

(5) 负责制订西餐菜单，对菜点质量进行现场指导把关，重大任务亲自操作以确保质量。

(6) 根据菜单，制订菜点的规格标准；检查库存食品的质量和数量，合理安排使用食品原料，审签原料订购和领用单，把好成本控制关。

(7) 负责指导咖啡厅厨房及西餐厨房领班工作，搞好班组间的协调工作，及时解决工作中出现的问题。

(8) 负责西餐厨房员工培训计划的制订和实施，不断研制新的菜点品种，并保持西餐的风味特色。

(9) 督促员工执行卫生法规及各项卫生制度，严格防止食物中毒事故的发生。

(10) 负责对西厨房各点所有设备、器具的正确使用情况进行检查与指导，审批设备检修报告单。

(11) 主动与餐厅经理联系，听取宾客及服务部门对菜点质量的意见，与采购供应等部门协调关系，不断改进工作。

(12) 参加餐饮部有关会议，贯彻会议精神，就改进西餐生产和管理工作及时向总厨汇报。

5. 任职资格

(1) 有较强的事业心，热爱本职工作，工作认真负责。

(2) 熟悉西餐厨房生产流程，掌握较全面的西餐菜肴制作技术。

(3) 有一定的组织管理能力和一定的专业英语基础。

(4) 大专以上文化程度，具有两年以上西厨领班工作经历或达一级以上西餐烹饪厨师水平。

(5) 身体健康。

6. 权力

(1) 有协助行政总厨师长从事西餐厨房管理工作的权力。

(2) 有指挥安排中餐厨房厨师工作的权力。

(3) 有对下属员工的工作表现进行评估、奖惩的建议权。

(4) 有对采购部门不符合质量要求的西餐相关原料的拒收决定权。

（八）西餐厨房炉灶厨师岗位职责

1. 岗位名称

西厨炉灶厨师

2. 直接上级

西餐厨师长

3. 岗位描述

负责西餐及房内用膳菜肴的烹制与出品工作，保证出品及时并合乎色、香、味等风味质量要求。

4. 具体职责

（1）根据营业情况和客情通知，负责熬制开餐所需汤汁。

（2）及时补充调制各类热汁沙司，烹制客人所需各种热菜，保证开餐正常进行。

（3）根据订单，及时有序烹调菜肴，并进行装盘美化，及时出品。

（4）妥善储藏各种调料及食品，确保食品卫生，做好开餐准备及餐后收尾工作。

（5）维护保养炉灶等各种烹调设备，合理使用和保管各种用具。

（6）随时保持个人、工作岗位、设备用具及责任区的卫生整洁。

（7）完成西餐厨师长交办的其他工作任务。

5. 任职条件

（1）热爱本职工作，工作勤恳，认真负责。

（2）具有一定的西餐烹饪基础知识。

（3）熟练掌握西餐菜肴烹制技术。

（4）具有中专以上文化程度，达到二级以上西餐烹饪厨师水平。

（5）身体健康。

（九）西餐包饼师岗位职责

1. 岗位名称

西餐包饼师

2. 直接上级

西餐厨师长

3. 岗位描述

负责西厨包饼房的生产管理工作，保证及时提供合乎风味要求的各类产品。

4. 具体职责

（1）负责包饼房各种包饼、点心及冷冻甜食的制作出品工作，协助西餐厨师长参与有关包饼、甜品的供应单的制订工作，并进行成本核算与定价。

（2）负责制订各类包饼、甜品的标准食谱、制作程序和工作标准，报西餐厨师长审核后执行。

（3）参与设计布置自助餐台和大型活动的餐台。

（4）根据客情，负责检查所有包饼品种数量、质量安排任务，严格把好原料的领用和包饼出品质量关。

(5) 负责安排、协调包饼房员工的值班、轮休，并对员工进行考勤和评估。

(6) 检查员工仪表仪容，督促其搞好个人及包干区卫生。

(7) 督导员工对用具和设备进行维护和保养。

(8) 完成西餐厨师长布置的其他工作任务。

5. 任职条件

(1) 热爱本职工作，踏实勤恳，积极主动。

(2) 较全面掌握西餐包饼制作技术，有一定的专业英语基础。

(3) 具有一定的组织管理能力和娴熟的西餐包饼制作技术。

(4) 具有中专文化程度，达到二级以上西餐包饼师制作水平。

(5) 身体健康。

餐饮专家

中华老字号——“全聚德”

中华老字号——“全聚德”，创建于1864年（清朝同治三年），历经几代全聚德人的创业拼搏获得了长足发展。1999年1月，“全聚德”被国家工商总局认定为“驰名商标”，是我国第一例服务类中国驰名商标。

“不到万里长城非好汉，不吃全聚德烤鸭真遗憾!”在百余年里，全聚德菜品经过不断创新发展，形成了以独具特色的全聚德烤鸭为龙头，集“全鸭席”和四百多道特色菜品于一体的全聚德菜系，备受各国元首、政府官员、社会各界人士及国内外游客喜爱，被誉为“中华第一吃”。已故总理周恩来曾多次把全聚德“全鸭席”选为国宴。

1993年5月，中国北京全聚德集团成立。1994年6月，由全聚德集团等六家企业发起设立了北京全聚德烤鸭股份有限公司。2004年4月，首都旅游集团、全聚德集团、新燕莎集团实施战略重组。首都旅游集团成为北京全聚德烤鸭股份有限公司的第一大股东。2005年1月，北京全聚德烤鸭股份有限公司更名为中国全聚德（集团）股份有限公司。随即，中国全聚德（集团）股份有限公司进一步收购了聚德华天控股有限公司30.91%股权，与北京华天饮食集团并列成为聚德华天控股有限公司的第一大股东。2007年4月，北京著名老字号餐饮企业仿膳饭庄、丰泽园饭店、四川饭店也进入全聚德股份公司，至此中国全聚德（集团）股份有限公司已发展成为涵盖烧、烤、涮，川、鲁、宫廷、京味等多口味，会聚京城多个餐饮老字号品牌的餐饮联合舰队。

全聚德股份公司成立以来，秉承周恩来总理对全聚德“全而无缺，聚而不散，仁德至上”的精辟诠释，发扬“想事干事干成事，创业创新创一流”的企业精神，扎扎实实地开展了体制、机制、营销、管理、科技、企业文化、精神文明建设七大创新活动，确立了充分发挥全聚德的品牌优势，走规模化、现代化和连锁化经营道路的发展战略。十几年来，以独具特色的饮食文化塑造品牌形象，积极开拓海内外市场，加快连锁经营的拓展步伐。现已形成拥有70余家全聚德品牌成员企业，年销售烤鸭500余万只，接待宾客500多万人次，品牌价值近110亿元的餐饮集团。

经评估，“全聚德”无形资产价值1994年1月1日是2.69亿元人民币；2004年6月28日在世界品牌实验室和世界经济论坛主办召开的世界品牌大会上，全聚德品牌评估价值上升到84.58亿元人民币；2005年8月6日，世界品牌实验室宣布全聚德品牌评估价值为106.34亿元人民币。2007年9月，在第二届亚洲品牌盛典中，“全聚德”品牌荣获第320强，是亚洲餐饮行业唯一进入亚洲500强品牌的企业。

第二节　厨房的设计布局及生产流程

厨房设计布局，即根据餐饮企业经营需要，对厨房各功能所需面积进行分配，对所需区域进行定位，进而对各区域、各岗位所需设备进行配置的统筹计划、安排工作。具体地讲，厨房设计要在餐饮企业确定档次、规模及经营需要的前提下，着重做好以下两个方面工作：其一，具体结合厨房各区域生产作业特点与功能，充分考虑需要配备的设备数量与规格，对厨房的面积进行分配，对各生产区域进行定位；其二，依据科学合理、经济高效的原则，对厨房各具体岗位、作业点，根据生产风味和作业要求进行设备配备，对厨房设备进行合理布局。

一、厨房的设计

厨房的设计和布局，是厨房建设的基础，设计布局的结果，直接影响到厨房出品速度、出品质量和建设投资。因此，对厨房进行设计布局必须充分研究，切实符合相关要求。

（一）中餐厨房的设计要求

1. 加工厨房设计要求

加工厨房又叫主厨房或中心厨房，是相对于其他烹调厨房而言的。加工厨房将整个餐饮企业与各餐厅相对应的烹调（即出品厨房）所需原料的申领、宰杀、洗涤、加工集中于此，按统一的规格进行生产，再分别供给各厨房加以烹调、装配出品。加工厨房的设计要求如下：

（1）应设计在靠近原料入口并便于清运垃圾的地方。所有进入厨房的原料，尤其是各种鲜活原料，大都需要经过加工处理。因此，供货商将原料运至餐饮企业以后，最先是经过验货，办理收获手续；紧接着就是将原料送进或领回到加工厨房进行加工处理。随着垃圾的增多，垃圾必须及时清运出店或转送至密封的垃圾库。故而，加工厨房应设计在便于垃圾清运而不致影响、破坏餐饮企业美观的地方。

（2）应有加工本餐饮企业所需的全部生产原料的足够空间与设备。加工厨房集中了餐饮企业所有原料的加工拣摘、宰杀、洗涤、分档、切割、腌制以及干货涨发工作。因此，其工作量和场地面积占用都是比较大的。餐饮企业生产及经营网点越多，分布越广，加工厨房的规模就越大。因此，加工厨房的空间和设备一定要充足。

（3）加工厨房与各出品厨房要有方便的货物运输通道。加工厨房承担各烹调出品厨房所有加工任务。这些加工的原料当中，送至加工的时间不同，缓急不同，为了保障出品速度，减少客人等待时间，提高工作效率，加工厨房要与各厨房有方便的货物运输通道。

（4）不同性质原料的加工场所要合理分隔，以保证互不污染。虽然各种性质的原料都会产生垃圾，加工后的原料也都需要经过洗涤才能使用，但不同性质的原料若互相混杂，不仅妨碍加工效率，而且被污染后的原料清除异味也相当困难。因此，对不同性质的原料加工用具、作业场所都要进行固定分工。

(5) 加工厨房要有足够的冷藏设施和相应的加热设备

加工厨房的原料不仅种类多，而且数量大，各烹调厨房要货时间也不相同。因此，为方便备用原料和加工后原料的储存及周转，设计足够的冷藏设施是十分必要的；另外，加工厨房所承担的加工工作中，有许多需要烤、烫、蒸等的原料，因此，在加工厨房的合适位置设计配备明火加热设备是十分必要的。

2. 烹调厨房设计要求

烹调厨房负责加工后的原料，根据零点或宴会等不同出品规格要求将主料、配料和调料进行合理配伍，并在适当的时间内烹制成符合风味要求的成品，再将成品在最短的时间内通过服务人员送至客人面前。因此，中餐烹调厨房设计应符合以下要求：

(1) 烹调厨房与相应餐厅要在同一楼层。为了保证烹调厨房出品及时，并符合应有的色、香、味、形等质量要求，烹调厨房应紧靠与其相对应的餐厅。同时，为了确保传菜的效率和安全，例如会议餐、团队餐等大批量出品时，会出现使用推车服务的情况，烹调厨房与餐厅应在同一平面，不应有落差，更不能有台阶。

(2) 烹调厨房必须有足够的冷藏和加热设备。烹调厨房室温太多在 28℃～32℃，有些甚至更高。这个温度给原料的保存带来困难，因此烹调厨房内用于配置的原料（包括许多成品与半成品）需随时在冷藏设施中存放，这样才能保证原料和出品的质量。

同时，烹调厨房承担着各类菜肴的烹调制作，因此，除了配备与餐饮规模、餐厅经营风味相适应的炒灶外，还应配备一定数量的蒸、炸、煎、烤、炖等加热设备。

(3) 抽排烟气效果要好。烹调厨房工作期间会产生大量的油烟、浊气，如不及时排出，会在厨房内滞留，甚至倒流入餐厅，污染客人的就餐环境，因此，在厨房的设计当中，必须设置与厨房面积相适应的抽、排油烟设施，使烹调厨房形成负压区，保持空气清新，保证厨房工作人员有一个良好的工作环境。

(4) 配份与烹调原料传递要便捷。菜肴配份与烹调要在同一开阔的空间内，二者之间距离要近，以保证配菜的传递和效率，同时保障出品速度。

(5) 要设置急杀活鲜、刺身制作的场地及专门设备。随着消费者越来越重视原料鲜活程度和出菜速度、节奏，客人提前预订或刚点的海鲜、河鲜等鲜活原料经客人确认后，才能烹调上桌。这时，客人需要的是快速，因此烹调厨房的初加工间要距离餐厅近一些，并配备专用的水池及工作台。刺身的制作要求在严格的卫生条件和低温环境中操作，在设计及设备配备上也要充分考虑。

3. 冷菜、烧烤厨房设计要求

冷菜、烧烤厨房，一般由两个部分组成，一部分是冷菜及烧烤、卤水的加工制作场所；另一部分是冷菜及烧烤、卤水成品的装盘、出品场所。通常情况下，广义的冷菜厨房多为后者。由于进入冷菜间的成品，都是直接用于销售的熟食或虽为生料但已经过泡洗腌渍等烹饪处理，已符合使用要求的成品，所以，冷菜间的工作性质及其设计与其他厨房有明显的不同。

(1) 应具备两次更衣条件。根据行业规范，为确保冷菜出品厨房内食品及操作卫生，要求冷菜厨房员工进入生产操作区内必须两次更衣。因此，在对冷菜厨房设计时，应采取两道门设计。

(2) 营造低温、消毒、可防鼠虫的环境。进入冷菜出品厨房的成品都是可直接食用的食品，同时直接用于销售，如常温下保存极易腐败变质。因此，冷菜厨房应设计有可单独控制的制冷设备，切实保障冷菜出品厨房室温低于22℃。同时，为了防止冷菜出品厨房可能出现的细菌滋生和繁殖，设计装置紫外线消毒灯等设备也是十分必要的。各类冷菜食品其味、其香对鼠虫产生极大诱惑，因此还要设置防鼠板等防护措施。

(3) 设计配备足够的冷藏设备。虽然冷菜出品厨房室温比较低，但将冷菜食品长时间放置在这样的环境里也是不安全的，因此在设计布局冷菜厨房时一定要配备足够的冷藏设备。

(4) 紧靠备餐间，并提供出菜便捷的条件。冷菜、烧烤、卤水成品在零点、宴会的销售当中，总是首先上桌的，管理严格规范的餐饮企业，零点冷菜产品必须确保在客人点菜后3min内上桌。缩短冷菜厨房与餐厅的距离是提高上菜速度的有效措施。因此，冷菜出品厨房应尽量设计在靠近餐厅、紧邻备餐间的地方。为了保证冷菜出品厨房的卫生，应减少非冷菜工作人员的进入；为了方便冷菜的出品，减少碰撞，冷菜出品应设计有专门的窗口和平台。

4. 面食、点心厨房设计要求

面食、点心厨房，由于其生产用料、生产设备以及成品特点、出品时间和次序与菜肴有明显不同，故面食、点心厨房设计要求和具体设计布局方式、设备选配等与热菜烹调厨房有着很大区别。面食、点心厨房的设计布局应满足如下要求：

(1) 面食、点心厨房要求单独分隔或相对独立。这样做既解决了红案的水、油及其他用具对面点原料、场地的干扰、污染问题，又便于点心生产人员集中思想生产制作。另外，独立的面食、点心厨房对红案、白案的设备维护、保养以及明确、细化卫生责任都有一定的便利。

餐饮专家

什么是红案和白案？

红案、白案到底是什么意思呢？这些都是传统叫法。

红案负责菜肴烹制，包括原材料初加工、精加工、半成品组配及烹调成菜的全部工艺流程的工种。由于这些工种以炉灶和火为基本手段，故名为“红案”；红案内部又分炒锅、砧板、冷菜、上杂及水台等若干工种，还包括一些直接为红案服务的杂务、菜杂等。

与红案并列的另一大工种称做“白案”。白案负责糕团、面点制作。此工种因与米、面及案板有关，故名“白案”。白案内部又分“大案”、“小案”（亦称“主案”）和“面锅”等工种。大案负责大宗面点制作，包括手工面条、馄饨皮及各种包子、馒头、花卷、水饺等的制作。小案负责筵席点心的制作，或按顾客需要制作各种点心。面锅主要负责下面条。

(2) 要配有足够的蒸、煮、烤、炸设备。点心多为客人用完餐后的小食品，因此成品大多制作精巧，可供玩味，故而点心成品多由蒸、烤、炸等烹调方法熟制而成。这些烹调方法最能保持成品的花纹和造型，最能创造精细、精美的效果。因此，面食、点心厨房要配有足够的烹调设备。

(3) 抽排油烟、蒸汽效果要好。面食、点心厨房由于烤、炸、煎类品种占有很大比例，产生的油、汽较多，而蒸制的面食品种更多，需要排出的蒸汽量非常大。因此，必须配备足够功率的抽排油烟、蒸汽设备以保持室内空气清新。

(4) 便于与出菜沟通，便于监控、督察。无论是宴会还是零点，餐厅都会给点心下专门的通知单，以便生产制作。而具体何时熟制，何时出品常常不是很明确。因此，在设计布局时要将独立的面食、点心厨房设立在便于与出菜沟通的地方。

(二) 西餐厨房的设计要求

西餐厨房是生产制作西餐菜肴、西式点心的场所。由于西餐的烹饪方法及成品特点与中餐有着明显的区别，因此西餐厨房的设计要求也与中餐厨房不尽相同。

1. 西餐烹调厨房设计要求

西餐烹调多以烤、扒、焖、炸、炒为主，多件各类原料单独烹制，配汁调味，分别装盘，对菜肴的成熟度也非常重视。因此，西餐厨房的设计应注重各种西餐专用烹调设备的配备要齐全，以满足西餐各种烹调方法的需要，并保证出品的质量。同时，要注重西餐烹调厨房的抽排烟设施，使厨房内部保持良好、清新的工作环境。

目前各大宾馆、饭店西餐烹调厨房还兼顾客房送餐产品的制作。因此，在兼顾中西风味联合出品的西餐烹调厨房内适当配备中式烹调设备，对节省企业投资、节约用工人数、满足不同功能的生产需要是既经济又有效的。

2. 西餐冻房、包饼房设计要求

西餐冻房，即制作西餐冷、凉、生食品的场所，有与中餐冷菜厨房近似的功能，在西餐冻房要完成头盘、色拉、凉菜、果盘的制作与出品。因此，西餐冻房设计上要具备良好的制冷、消毒环境，同时，要有较完备的冷藏设施。

西餐包饼房，是面包房与饼房的结合，是负责制作饭店所需的各种面包、西点的场所。由于种类繁多，出品要求又很精致，所以在厨房设计上首先要保障其功能的需求，即各种设施设备要齐全，同时，要有足够的空间以保障出品品质。

餐饮专家

奶油生日蛋糕的制作全过程

(1) 生日蛋糕有以下原料。

蛋糕坯：低筋面粉 100g，鸡蛋 4 个，糖 100g，黄油 30g，香草粉少许。

生日蛋糕奶油：淡奶油 250mg，糖 50g。

装点：橘子 1 个，苹果 1 个，朗姆酒少量。

(2) 生日蛋糕制作过程如下。

①全蛋搅拌均匀，一次性加入糖，搅拌均匀。

②在热水上加热，打发。颜色变白，分量增至原先的 3 倍，从热水上拿下，不停地搅拌直到变冷。

③面粉和香草粉过筛加到蛋糊中。抄底搅拌，过程中掺入熔化的黄油。

④插进预热的烤箱，170℃烘烤30min。出炉冷却后待用。

⑤制作奶油，淡奶油4度在面盆中打发，温度最好在40℃，搅拌过程中可掺入糖和酒。

⑥开始做蛋糕装点，把蛋糕坯子用刀切成3等份大圆片。

⑦每层抹奶油后掺入用朗姆酒浸泡的水果做夹层。

⑧把上面和侧面抹好奶油。

⑨用裱花袋和花嘴挤花装点，点缀上喜爱的水果和造型。

二、厨房的设计布局

厨房的设计布局，一定要坚持以下五点原则：一是保证工作流程连续顺畅；二是将厨房各部门尽量安排在同一楼层，并力求靠近餐厅；三是要注重食品卫生及生产安全；四是设备要尽可能兼用、套用，集中设计设备；五是要留有调整发展余地。

厨房的布局依据厨房的结构、面积、高度、设备的具体规格以及功能进行，因此，无论中餐厨房还是西餐厨房通常都会以下面几种方式进行布局。

1. 直线形布局

直线形布局（如图8－5所示）适用于高度分工合作、场地面积较宽阔、功能相对集中的大型饭店的厨房。直线形布局，通常是依墙排列，集中布局加热设备，集中吸排油烟，所有设备工具均分布在工作人员附近，能够最大限度减少行走距离。整个厨房整齐清爽，流程合理畅通。但这种布局对于餐厅出菜来说，行走的距离较远。

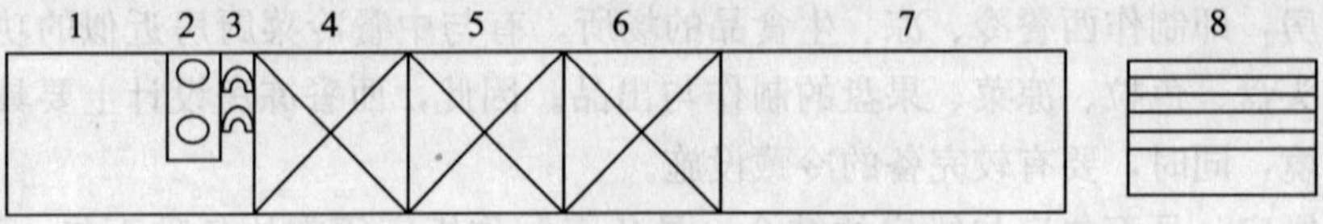

图8－5　直线形布局——厨具清洗区

1—厨具接收台；2—垃圾处理槽；3—冲洗设备；4—洗涤槽
5—清洗槽；6—消毒槽；7—清洁厨具台；8—活动室厨具架

2. 相背形布局

相背形布局（如图8－6所示）是把主要烹调设备，如烹炒、蒸煮设备分成两组背靠背地组合在厨房内，中间以一矮墙相隔，置于同一抽排油烟设备下，厨师相对而站，进行操作。工作台安装在厨师背后，其他公用设备分布在附近地方。相背形布局适用于方块形厨房。这种布局由于设备比较集中，只使用一套排烟系统也比较经济。但环绕加热区域设计的配菜等其他工作岗位相对距离变远，操作、沟通麻烦了一些。

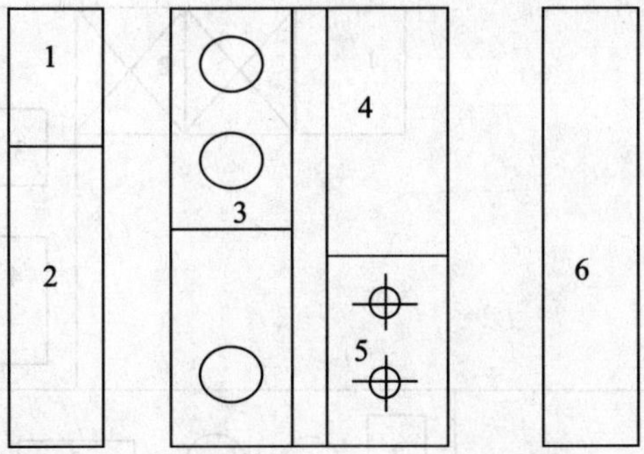

图 8-6 相背形布局——中餐烹调厨房

1—砧板；2—荷台；3—炒灶；4—蒸车；5—低汤灶；6—工作台

3. L 形布局

L 形布局（如图 8-7 所示）通常将设备沿墙壁设置成一个直角形，把煤气灶、烤炉、扒炉、炸锅、炒锅等常用设备组合在一边，把汤锅等设备组合在另一边，两边相连成一直角，集中加热、排烟。这种布局方式因地制宜，节省场地，同时还可缩短行走距离，应用广泛。

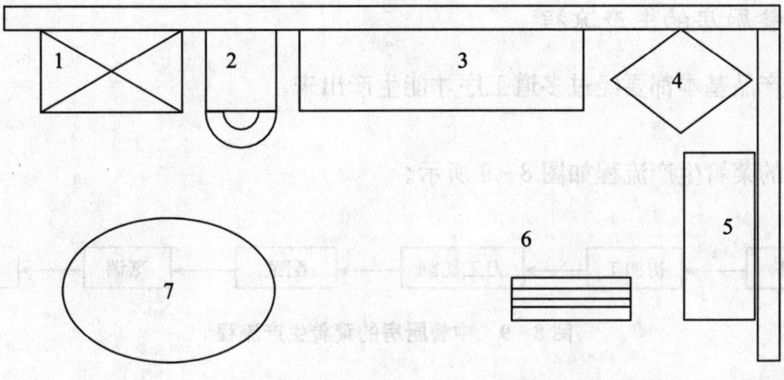

图 8-7 L 形布局——包饼房

1—水源；2—搅拌机；3—面包师工作台；4—半自动面包切割机

5—面包师工作台；6—活动防水发面柜；7—通风系统下的烤箱及其他设备

4. U 形布局

U 形布局（如图 8-8 所示）适合设备较多但所需生产人员不多、出品又较为集中的部门，如面点厨房、冷餐间、西餐包饼房等。工作台、冰柜及加热设备沿四周摆放，留一出口供人员、原料进出，甚至连出品也可开窗从窗口接递。这种布局，人在中间，取料、操作方便，节省行走距离，设备靠墙排放，既平稳又充分利用墙壁和空间，更加经济整洁。

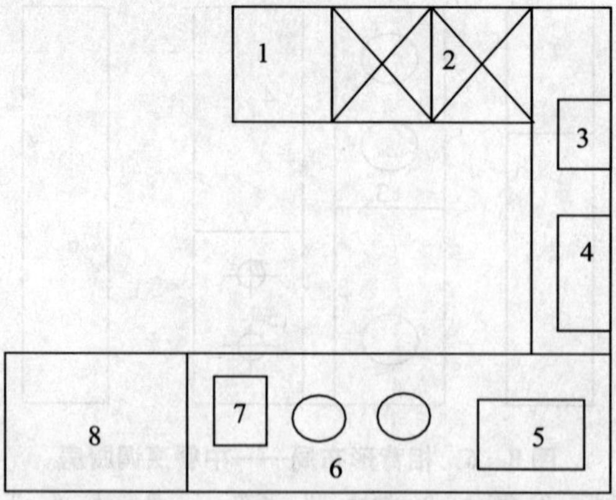

图 8-8　U形布局——西餐烹调厨房

1—接手台；2—水池；3—消毒柜；4—热水器

5—微波炉；6—瓦斯炉；7—炸锅；8—烤箱

三、厨房的生产流程

（一）中餐厨房的生产流程

中餐厨房产品基本都要经过多道工序才能生产出来。

1. 菜肴

中餐厨房的菜肴生产流程如图 8-9 所示。

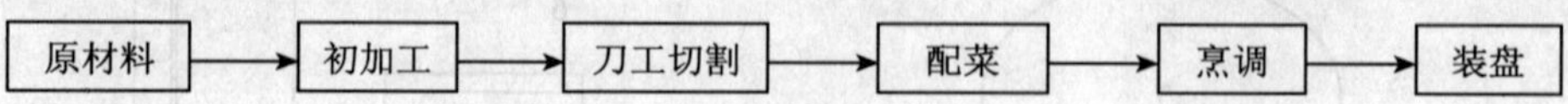

图 8-9　中餐厨房的菜肴生产流程

2. 面点

中餐厨房的面点生产流程如图 8-10 所示。

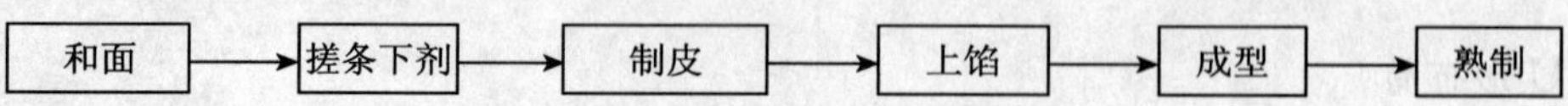

图 8-10　中餐厨房的面点生产流程

（二）西餐厨房的生产流程

西餐厨房的热菜与中餐厨房的菜肴生产流程基本一致。下面是西餐厨房其他产品的生产流程。

1. 面包

西餐厨房的面包生产流程如图 8-11 所示。

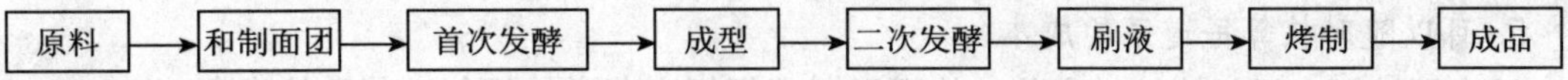

图 8－11　西餐厨房的面包生产流程

2. 饼房

西餐厨房的饼房蛋糕生产流程如图 8－12 所示。

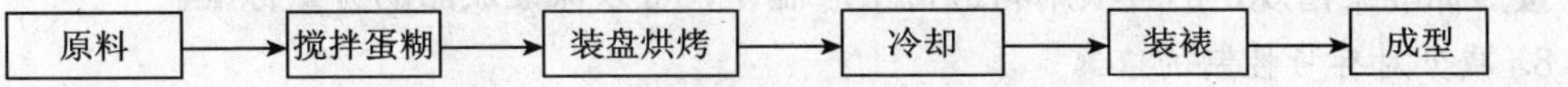

图 8－12　西餐厨房的蛋糕生产流程

西餐厨房的饼房冷冻甜食生产流程如图 8－13 所示。

图 8－13　西餐厨房的冷冻甜食生产流程

第三节　生产过程的标准化控制

一、标准菜谱

标准菜谱又称标准食谱，是以菜谱的形式，列出菜肴（包括点心）的用料配方，规定制作程序，明确装盘规格，标明成品的特点及质量标准。标准菜谱是厨房每道菜点生产的全面技术规定，是不同时期用于核算菜肴、点心成本的可靠依据。

（一）标准菜谱的作用

标准菜谱将原料的选择、加工、配比、烹调及其成品特点有机地集中在一起，并按照餐饮企业设定的格式统一制作、管理，对厨房生产质量管理、原料成本核算、进行生产计划有多方面的积极作用。

1. 预算产量

可以根据原料数量，测算生产菜肴的份数，方便成本控制。

2. 减少督导

厨师知道每个菜所需原料及制作方法，只需遵照执行即可。

3. 高效生产

制作具体菜肴的步骤和质量要求明确以后，安排工作时更加快速高效。

4. 减少劳动成本

使用标准菜谱，可以减少厨师个人的操作技巧和难度，技术要求相对降低，因此能担当此项工作的人更多，劳动成本相应下降。

5. 可以随时核算每道菜的成本

无论原材料市场行情何时变化，均可随时根据标准菜谱核算每道菜肴的成本。

6. 程序书面化

“菜谱在头脑中”的厨师若突然辞职，菜肴的生产无疑要发生混乱，而菜谱程序书面化则避免了对个人的依赖。

7. 分量标准

按照标准菜谱规定的各项用料进行生产制作，可以保证成品的分量标准。

8. 减少对存货控制的依靠

通过售出菜品份数与标准用料计算出已用料情况，再扣除部分损耗，便可以测知库存原料情况，这更有利于生产安排和成本控制。

（二）标准菜谱的内容

标准菜谱的内容，即餐饮企业厨房生产菜肴、点心应统一、规范、明确的一些具体内容。主要包括以下几点。

1. 菜点名称

一道菜肴或点心在同一家餐饮企业应有一个统一规范的名称，否则员工、客人都会觉得混乱，而且很难打出名声。例如，同一家饭店，同一盘炒饭，既叫“扬州炒饭”，又叫“什锦炒饭”就使人觉得很混乱。

2. 投料名称

投料名称即菜肴的标准用料，包括菜肴的主料、配料、料头和调料。例如“腰果虾仁”主料为海虾仁，配料为腰果、胡萝卜丁、黄瓜丁，还包括葱、盐、糖、味精等。

3. 投料数量

投料数量包括主料、配料、料头和调料的准确数量。同样以“腰果虾仁”为例，其中：主料虾仁350g，配料黄瓜丁、胡萝卜丁共150g，腰果50g，调料精盐25g，味精50g，鸡粉50g，白糖10g，胡椒粉5g，料油3g等。

4. 制作程序

还以“腰果虾仁”为例，其制作程序为：锅入水烧沸，放入胡萝卜丁稍煮即倒入虾仁、黄瓜丁，烧制八成熟倒出；锅内入油四成热放入主配料，滑油九成熟倒出；锅内留底油，炝锅、入汤、调料，主料勾芡，淋明油，倒入炸好的腰果出锅装盘即成。

餐饮专家

厨房术语简介

料头。出自粤菜，泛指用于增加菜肴的香味、调理菜肴的色泽、清除原料的腥膻味、识别菜肴的制作方法等的各种原料的统称。粤菜烹调所使用的料头通常是以生姜、南姜（潮州姜）、鲜沙姜、青葱（小葱）、京葱（大葱）、干葱头（红葱头）、洋葱头、蒜头、大蒜、红辣椒、青辣椒、元椒（灯笼椒）、冬菇、草菇（白菌）、芫荽（香菜）、番芫荽（欧芹）、红萝卜（甘笋）、白萝卜、竹笋、大头葱菜、潮州咸菜、金华火腿、火腩（烧肉）、五柳料、西芹、香芹、咸鱼、柠檬、陈皮等为主。其中以生姜、南姜（潮州姜）、鲜沙姜、青葱（小葱）、京葱（大葱）、干葱头（红葱头）、洋葱头、蒜头、大蒜、大头葱菜、潮州咸菜、金华火腿、火腩（烧肉）、咸鱼、柠檬、陈皮等为“香料料头”。以红辣椒、青辣椒、元椒（灯笼椒）、冬菇、芫荽（香菜）、番芫荽（欧芹）、红萝卜（甘笋）、白萝卜、竹笋、五柳料、西芹、香芹等为“色彩料头”。

滑油。滑油又称“过油”，是指将切配好的原料经过大量油脂高温、快速烹制的过程。

底油。底油指在热菜烹制过程中，将需要提前过油的原料滑油后，倒入漏勺中，在即将烹制、调味菜肴之前炒锅内添加或留下的部分油脂。

炝锅。炝锅又称“炸锅”，是指将姜、葱、辣椒末或其他带有香味的调料放入烧热的底油锅中煸炒出香味，再及时下菜料的一种方法。

5. 成品质量要求

成品质量要求即成品的质量标准。“腰果虾仁”的成品标准为口味咸鲜、鲜嫩、色泽明快等。

6. 盛器

盛器即菜肴或点心销售时用来盛装的器皿。

7. 装饰

装饰即菜肴的盘饰、美化。包括装饰用料、点缀方式等。

8. 单价、金额、成本

单价指标准菜谱应说明每种用料的单位价格；在此基础上，计算出每种原料的金额，汇总之后即可得出菜肴或点心的成本。

9. 使用设备及烹调方式

不同设备，不同的烹调方法都会导致菜肴的不同风味，例如炒制菜肴，有滑炒、生炒、熘炒等。

10. 制作批量、份数

有些品种的菜肴或点心规格较大，如烤鸭、脆皮乳猪等，而有些又相当碎小，如水饺、汤圆等。前者可单独制订一份标准菜单，而后者则适宜批量制作，集中测定用料、用量，分份销售、分摊成本。

11. 类别及序号

类别是该菜肴或点心的种属划分，有的按烹调方法划分，有的按成菜风味划分，有的按成品特征划分。

（三）标准菜谱的式样

有的标准菜谱以方便随时核算成本为特点（如表 8－1 所示），有的以形象直观、方便执行见长（如表 8－2 所示）。

表 8－1　　　方便核算成本的标准菜谱

菜点名称			生产厨房	总分量	规格	日期
用料	单位	数量	单位成本	合计	单位成本	合计
合　计						
菜式流程及做法				特点及质量标准		

表 8－2　　　形象直观的标准菜谱

编号：

名称＿＿＿＿＿						菜品照片
类别＿＿＿＿＿			成本＿＿＿＿＿			
分量＿＿＿＿＿			售价＿＿＿＿＿			
盛器＿＿＿＿＿			毛利率＿＿＿＿＿			
质量标准						
用料名称	单位	数量	单价	金额	备注	制作程序
合　计						

日期

二、厨房产品质量标准控制

厨房产品包括厨房各部门生产加工的冷菜、热菜、点心、甜品、汤羹等。厨房产品质量的好坏优劣直接反映了厨房生产、管理人员的技术素质和管理水平。同时，厨房产品的质量还直接影响着饭店的就餐人数、经济效益、声誉和口碑。因此，采取切实有效的措施，加强厨房产品质量控制，是非常重要的。

（一）厨房产品质量概念

厨房产品质量包括菜点食品的本身质量和外围质量两个方面。合格的厨房产品本身质量好是指提供给顾客食用的产品无毒无害、营养卫生、味香可口且易于消化吸收；菜点的色、香、味、形、质、器俱佳，温度适口，客人食用后能感到高度的满足。合格的厨房产品外围质量主要指产品的销售服务，态度要好，服务要及时，就餐环境要舒适，能满足顾客交流、享受的心理需求，同时体现其身份和地位。

本章所说的厨房产品质量实际是提供的产品和服务不断与顾客的期望和需求相吻合，是一个动态的概念。

（二）影响厨房产品质量的因素

影响厨房产品质量的因素有很多，无论是主观的还是客观的，也不论是餐饮企业内部员工还是外部客人自身，只要有一方面的疏漏，都会造成厨房产品质量受到影响。因此，分析影响厨房产品质量的主要因素，进行有针对性的管理和控制措施，对创造和保持产品优质是十分必要的。

1. 厨房生产人为因素

厨房生产人为因素，即厨房工作人员在厨房生产过程中表现出来的自身的主、客观因素对厨房产品质量造成的影响。厨房产品很大程度上是靠厨房员工手工生产出来的，除员工的技术差距、体力差距、能力强弱、反应速度外，厨房生产人员的主观情绪波动，都会对产品质量造成直接影响。

2. 生产过程客观因素

厨房产品质量，常常受到原料及调料自身质量的影响。正如清代袁枚在《随园食单》里所说："凡物各有先天，如人各有资禀，人性下愚，虽孔孟之教之无益也；物性不良，虽易牙烹之亦无味也。"原料固有品质较好，只要烹饪恰当，产品质量就会很稳定；而原料如果先天不足，即使有高级厨师的精心烹制，其产品质量也难如意。

厨房生产过程中，除原料外，还有一些意外或不可抗因素对厨房产品质量造成影响。例如，炉火的大小、加工设备是否正常运转等。

3. 就餐客人自身因素

"众口难调"一般被认为是厨师对菜点口味不符合顾客要求的开脱。但事实上，这句话也道出了"食无定位，适者口珍"的含意，说明了即使厨房生产完全符合规范、产品全部达标，在消费过程中，仍不免有客人认为"偏咸""偏淡"等。这就是厨房产品质量因就餐客人不同生理感受、心理作用（与以往就餐经历的对比）而产生的不同评价，也就是影响厨房产品品质量的顾客因素。

4. 服务销售附加因素

餐厅服务销售从某种意义上讲，是厨房生产的延续，而有些菜点还要在餐厅完成烹饪过程。例如，各种火锅、铁板烧、火焰菜肴等，因此服务员的服务技艺、应变能力都直接或间接地影响着菜点的质量。厨房产品的生产和服务（即厨房与餐厅的沟通与配合）对确保出品顺畅、及时和提高菜点质量有着很重要的影响。

（三）厨房产品质量控制方法

由于种种因素的影响，厨房产品质量具有随时发生波动和变化的可能，而厨房管理的任务正是要保证各类出品质量的可靠和稳定。质量控制是从原料选择开始，对厨房生产相关全过程进行管理，及时消除一些不合标准的状况。因此，应采取切实可行的措施或综合采用各种有效的控制方法来保证厨房菜点的质量符合要求，并在较高水平上获得稳定。

1. 阶段标准控制法

厨房生产运转流程，从原料购进到产品售出，可分为食品原料、食品生产和食品销售三大阶段；针对三大阶段不同工作特点，分别设计、制订相关作业标准，在此基础上再加以检查、督导和控制，以达到厨房生产及产品质量的稳定，这便是阶段标准控制法。

2. 岗位职责控制法

岗位职责控制法就是利用厨房岗位分工，强化岗位职能，并加以检查督导，对厨房产品的质量亦有较好的控制效果。此方法在实施过程中要注意两点：一是厨房所有工作均应有所分工落实；二是厨房岗位责任要分清主次。

3. 重点控制法

重点控制法是对厨房生产与出品某个时期、某些阶段、环节或秩序相对较差，或对重点客情、重要任务以及重大餐饮活动而进行的更加详细、全面、专注的督导管理，以便及时提高和保证某一些方面、活动的生产与出品质量的一种方法。

经典案例

换汤不换药的菜

“晚上好，先生！今天吃点什么？”服务员热情地请已入席的李老板和他的朋友点菜。

“来个生炒麦菜、椒盐虾、蒸荷粉和白粥。”李老板答道。

“好的，请稍候！”服务员下单送到厨房。

过了一会儿，菜上来了，服务员介绍道：“盐水麦菜，请慢用。”

“服务员，请等一下，我们没有点这个点菜呀！我要的是生炒麦菜，你们弄错了吧？”

“是吗？对不起，我帮您换一下吧！”过了 2min，送菜的服务员又端来了生炒麦菜。

“咦？生炒麦菜怎么这么多叶？切得也和刚才那个一样，煮得这么烂？”李老板边看菜边喊道。“服务员，这个菜换汤没换药吧？很像是把刚才那盘菜的汤倒掉，然后重新回下锅而已，哪里是生炒麦菜呢？算了，你还是给我换个别的吧！”

案例分析

本案例中，一是厨房的产品质量管理存在问题。厨师只注重减少浪费，目光停留在短期利益中，菜肴做错了，没有选择重新制作而是“换汤不换药”地重新回锅，这是对客人的一种欺骗行为；二是餐厅与厨房沟通做得不好，对客人投诉只是一种应付式的态度，没有做到真正地解决问题，同样是对客人的不尊重。

经验总结

随着人们生活水品的提高，饮食消费追求的不再是温饱，人们讲究的是一种享受、一种生活品味。要做到与时俱进，酒店就要不断完善自己，加强管理、改进服务。本案例中，当客人点的菜做错了的时候，一种解决方法是厨房按规定重新严格制作客人原先点的菜肴，将做错的菜肴换下，使客人满意；另一种解决方法是前厅应主动与后厨沟通，可以将做错的菜肴免费送与客人，以显示酒店的诚意。

本章小结

餐饮生产管理，是餐饮服务管理的重要组成部分。本章从“人”“物”“产品”三个方面进行了分析。首先，介绍了厨房的组织机构设置以及各岗位工作人员的岗位职责；其次，阐述了中、西餐厅各功能厨房的设计要求、设计布局；在明确了厨房中“人”“物”的基础上，要真正认识到厨房产品质量的重要性，熟悉影响厨房产品质量的因素及厨房产品质量的控制方法，掌握标准菜谱的应用。

考考餐饮服务员

一、填空题

1. 厨房设计布局，是厨房建设的基础，设计布局的结果，直接影响到厨房__________、__________和__________。

2. 厨房的布局储存据厨房的结构、面积、高度、设备的具体规格以及功能进行，因此，无论中餐厨房还是西餐厨房通常都会以__________、__________、__________和__________几种方式进行布局。

3. 厨房岗位职责就是明确界定厨房员工在厨房组织当中的__________和__________。

4. 岗位职责内容应具体明确，__________，__________。

5. 厨房产品质量包括菜点食品__________和__________两个方面。

二、选择题

1. 大型厨房组织机构的特点是（　　）。

A. 综合性　　B. 集中设立　　C. 分工细致　　D. 简单易操作

2. 标准菜谱内容不包括（　　）。

A. 菜点名称　　B. 投料名称　　C. 菜品价格　　D. 制作程序

3. 管理严格规范的餐饮企业，零点冷菜产品必须确保在客人点菜后（　　）内上桌。

A. 1min　　B. 3min　　C. 5min　　D. 7min

4. U形布局适合设备较多但所需生产人员不多、出品又较为集中的（　　）部门。

A. 面点房　　B. 中餐烹调厨房　　C. 西餐冻房　　D. 加工厨房

5. 影响厨房产品质量的因素有（　　）。

A. 厨房生产人为因素　　B. 生产过程的客观自然因素

C. 就餐客人自身因素　　D. 服务销售附加因素

三、简答题

1. 岗位职责包括哪些内容？

2. 什么是标准菜谱？

3. 标准菜谱的作用有哪些？

4. 厨房产品质量控制的方法有哪些？

走近餐厅

【实训名称】观摩酒店厨房

【实训内容】在本地找一家四星级或五星级酒店，观摩其中、西餐厨房的设计与布局，并了解其组织机构

联系符合要求的酒店，参观其中、西餐厨房；简单记录厨房的组织机构并绘制其厨房布局，与课本内容相结合。

【实训点评】参观前，要熟悉本章内容；过程中，要多问、多听、多看，尽量使所学理论知识与实践相融合。

第九章　餐饮服务质量管理

动脑筋

“投降”的客人

某天晚上，沈先生正在宴请远道而来的老朋友李先生。在点菜时，服务员小陈热心地向沈先生推荐应时的大闸蟹，沈先生欣然接受。当大闸蟹上桌时，小陈又热情地向李先生等人介绍本地大闸蟹的特色，在座的客人们非常满意小陈的服务。在客人们津津有味地品尝大闸蟹时，小陈走近李先生说：“对不起，先生，给您换一下餐碟好吗?”此时的李先生右手拿着半只螃蟹，见状后忙侧身让开，为避免碰到小陈，李先生还把右手举过了肩膀，小陈发现餐碟中还有半只螃蟹时，便提醒李先生：“先生，还有半只螃蟹呢!”李先生又连忙用左手拿起另半只螃蟹。双手各拿半只螃蟹的李先生为不影响小陈更换餐碟而成举手投降状，一旁的沈先生看到后便打趣地说：“小李，是不是喝不下酒而向我投降了?”李先生一听，忙自嘲地说：“我是向漂亮的服务员小姐投降，要说到喝酒，我哪儿会怕你。等小姐换好餐碟，我好好与你喝几杯。”等小陈换好餐碟，李先生果真要与沈先生喝酒，沈先生也不甘示弱。当两人干完第一杯酒正凑在一起说着话时，小陈过来说：“对不起，先生，给您倒酒。”李先生和沈先生不约而同地向两边闪，小陈麻利地为两人斟满酒，两人又干了一杯，然后又凑在一起说话，小陈又“不失时机”地上前说：“对不起，先生，给您倒酒。”此时的李先生忽然对着小陈大声怒吼道：“没看到我们正说着话吗?”小陈一脸茫然，不知怎么办才好。

请思考：本案例中小陈严格按饭店的服务规程为客人提供服务，为何最终却招致李先生的怒吼?

第一节　餐饮服务质量概述

服务质量是饭店生存与发展的基础。饭店之间的竞争从本质上讲是服务质量的竞争。因此，不断提高饭店服务质量、以质量求效益是每一家饭店发展的必经之路。

优质服务可以提高饭店的知名度和美誉度，吸引客源，并使客人经常光临，成为饭店的忠实顾客，最终给饭店带来可观的经济效益。所以，现代饭店都非常重视服务质量，希望通过质量管理为客人提供稳定的优质服务，满足客人的各种需求并在竞争中立于不败之地。质量意识已成为餐饮管理者必须具有的一种观念，而对餐饮服务质量含义的正确理解以及对其特点、内容的把握则是进行餐饮质量管理最基本的前提。

一、餐饮服务质量的含义

餐饮服务质量是指饭店餐饮部以其所拥有的设备设施为依托，为客人所提供的服务在使用价值上适合和满足客人物质和心理需要的程度。所以，餐饮部提供的服务既要满足客人生活的基本需要（即物质上的需求），也要满足客人的心理需要（即精神上的需求）。适合是指餐饮部为客人提供服务的使用价值能否为客人所接受和喜爱；满足是指该种使用价值能否为客人带来身心愉悦和享受。因此，餐饮服务的使用价值适合和满足客人需要程度的高低即体现了餐饮服务质量的优劣。适合和满足客人的程度越高，服务质量就越好；反之，服务质量就差。

餐饮部向客人提供的服务通常是由餐饮设备设施、餐点酒水和劳务服务的使用价值共同组成。从整体来说，餐饮服务带有无形性的特点，但具体的服务又带有物质性和有形性的特点。因此，餐饮服务质量实际上包括有形产品质量和无形产品质量两个方面。提高餐饮服务的质量比提高一般实物产品的质量更难，不易把握。

实际上，关于餐饮服务质量的理解通常有两种：一种是广义上的餐饮服务质量，它包括组成餐饮服务的三要素，即设备设施、实物产品和劳务服务的质量，是一个完整的服务质量的概念；另一种是狭义上的服务质量，是指餐饮劳务服务的质量，它纯粹指由服务员的服务所提供的，不包括以实物形态提供的使用价值。

二、餐饮服务质量的内容

餐饮服务是有形产品和无形劳务的有机结合，餐饮服务质量则是有形产品质量和无形产品质量的完美统一。有形产品质量是无形产品质量的凭借和依托，无形产品质量是有形产品质量的完善和体现，两者相辅相成，构成完整的餐饮服务质量的内容。

（一）有形产品质量

有形产品质量是指餐饮部提供的设备设施和实物产品以及服务环境的质量，主要满足客人物质上的需求。

1. 餐饮设备设施质量

餐饮部是凭借其设备设施来为客人提供服务的。所以，餐饮设备设施是餐饮部赖以生存的基础，是餐饮劳务服务的依托，它反映出该餐厅的接待能力。同时，餐饮设备设施质量也是服务质量的基础和重要组成部分，是餐饮服务质量高低的决定性因素之一。餐饮设备设施包括客用设备设施和供应用设备设施。

客用设备设施也称前台设备设施，是指直接供客人使用的设备设施，如餐厅、酒吧的各种设备设施等。它要求做到设置科学，结构合理；配套齐全，舒适美观；操作简单，使用安全；完好无损，性能良好。其中，客用设备设施的舒适程度是影响餐饮服务质量的重要方面，舒适程度的高低一方面取决于设备设施的配置，另一方面取决于对设备设施的维修保养。因此，随时保持设备设施完好率，保证各种设备设施正常运转，充分发挥设备设施效能，是提高餐饮服务质量的重要环节。

供应用设备设施是指餐饮经营管理所需的生产性设备设施，如厨房设备设施等。供应用设备设施也称后台设备设施，要求做到安全运行，保证供应，否则也会影响服务质量。所以，餐饮部只有保证设备设施的质量，才能为客人提供多方面的感觉舒适的服务，进而提高餐饮的声誉和服务质量。

2. 餐饮实物产品质量

餐饮实物产品可直接满足餐饮客人的物质消费需要，其质量高低也是影响客人满意程度的一个重要因素，因此实物产品质量也是餐饮服务质量的重要组成部分之一。餐饮实物产品质量通常包括以下几点。

（1）菜点酒水质量。餐饮管理者必须认识到饮食在客人的心目中占有的重要位置以及不同客人对饮食的不同要求。如有的客人为求满足其新奇感而品尝名菜佳肴，而有的客人只为了寻求符合口味的食品而喜爱家常小菜。但无论哪种客人，他们通常都希望餐饮饮食产品富有特色和文化内涵，要求原料选用准确、加工烹制精细、产品风味适口等。另外，餐饮还必须保证饮食产品的安全卫生。菜点酒水质量是餐饮实物产品质量的重要构成内容之一。

（2）客用品质量。客用品也是餐饮实物产品的一个组成部分，是指餐饮服务过程中直接供客人消费的各种生活用品，包括一次性消耗品（如牙签等）和多次消耗品（如棉织品、餐酒具等）。客用品质量应与饭店星级相适应，避免提供劣质客用品。餐饮部提供的客用品数量应充裕，能够满足客人需求，而且供应要及时。另外，餐饮部还必须保证所提供客用品的安全与卫生。

（3）服务用品质量。服务用品质量是指餐饮部在提供服务过程中供服务人员使用的各种用品，如托盘等。它是提高劳动效率、满足客人需要的前提，也是提供优质服务的必要条件。服务用品质量要求品种齐全、数量充裕、性能优良、使用方便、安全卫生等。管理者对此应加以重视，否则，餐饮部也难以为客人提供令人满意的服务。

3. 餐饮服务环境质量

常常会出现这种情况，某些客人对一家餐厅的印象特别好，但却说不出为什么。实际上，这种良好的印象只是一种感觉，常常是因为受到该餐饮服务环境的影响。服务环境质量就是指餐饮设施的服务气氛给客人带来感觉上的享受和心理上的满足，主要包括独具特色的餐厅建筑和装潢，布局合理且便于到达的餐饮服务设施和服务场所，充满情趣并富于特色的装饰风格以及洁净无尘、温度适宜的餐饮环境和仪表仪容端庄大方的餐饮服务人员。所有这些构成餐饮所特有的环境氛围。它在满足客人物质需求的同时，又可满足其精神享受。

通常对服务环境质量的要求是整洁、美观、有秩序和安全。在此基础上，还应充分体现一种带有鲜明个性的文化品位。第一印象的好坏，很大程度上是受餐饮环境气氛影响而形成的，为了使餐厅能够产生这种先声夺人的效果，管理者应格外重视餐饮服务环境的管理。

（二）无形产品质量

无形产品质量是指餐饮部提供的劳务服务的使用价值的质量，即劳务服务质量，主要是满足客人心理上、精神上的需求。劳务服务的使用价值使用以后，其劳务形态便消失了，仅给客人留下不同的感受和满意度。如餐厅服务员有针对性地为客人介绍其喜爱的菜肴和饮料，前厅问询员圆满地回答客人关于餐饮内各种服务项目的询问，都会使客人感到愉快和满意。

劳务服务质量也是餐饮服务质量的主要内容之一，它主要包括以下几个方面。

1. 礼节礼貌

礼节礼貌是以一定的形式通过信息传输向对方表示尊重、谦虚、欢迎、友好等态度的一种方式，礼节偏重于仪式，礼貌偏重于语言行动，表明了餐饮的基本态度和意愿。餐饮礼节礼貌主要要求服务人员具有端庄的仪表仪容、文雅的语言谈吐、得体的行为举止等。餐饮服务员直接面对客人进行服务的特点使得礼节礼貌在餐饮管理中备受重视，因为它直接关系着客人满意度，是餐饮业提供优质服务的基本点。

2. 职业道德

在餐饮服务过程中，许多服务是否到位实际上取决于员工的素质和责任感，因此遵守职业道德也是餐饮服务质量的最基本构成之一，它不可避免地影响着餐饮的服务质量。作为餐饮员工，应遵循“热情友好，宾客至上；真诚公道，信誉第一；优质服务，文明礼貌；不卑不亢，一视同仁；团结协作，顾全大局；遵纪守法，廉洁奉公；钻研业务，提高技能”的餐饮职业道规范，真正做到敬业、乐业、勤业。

3. 服务态度

服务态度是指餐饮服务人员在对客服务中所体现出来的主观意向和心理状态。服务态度的好坏是由员工的主动性、创造性、积极性、责任感和素质高低决定的，因而餐饮行业要求服务人员应具有“宾客至上”的服务意识，并能够主动、热情、耐心、周到地为客人提供服务。餐饮服务人员服务态度是很多客人关注的焦点，尤其当出现问题时，服务态度常常成为解决问题的关键，客人可以原谅餐饮服务中的许多过错，但往往不能忍受餐饮服务人员恶劣的服务态度。因此，服务态度是无形产品质量的关键所在，直接影响餐饮服务的质量。

4. 服务技能

服务技能是餐饮部提高服务质量的技术保证，是指餐饮服务人员在不同场合、不同时间对不同客人提供服务时，能适应具体情况而灵活恰当地运用其操作方法和作业技能以取得最佳的服务效果，从而显现出的技巧和能力。服务技能的高低取决于服务人员的专业知识和操作技术，要求其掌握丰富的专业知识，具备娴熟的操作技能，并能根据具体情况灵活运用，从而达到具有艺术性、给人以美感的服务效果。只有掌握好服务技能，才能使餐饮服务达到标准，保证餐饮服务质量。

5. 服务效率

餐饮服务效率主要有三类。

(1) 用工时定额来表示的固定服务效率。如摆台用 5min 等。

(2) 用时限来表示的服务效率。如办理结账手续不超过 3min，接听电话铃响不超过三声等。

(3) 时间观念。没有明确的时限规定，是靠客人的感觉来衡量的服务效率，如点菜后多长时间上菜等。服务效率问题在餐饮工作中大量存在，若使客人等候时间过长，很容易让客人产生烦躁心理，并会引起不安定感，进而直接影响着客人对餐饮部的印象和对服务质量的评价。但服务效率并非仅指快速，而是强调适时服务。服务效率是指在服务过程中的时间概念和工作节奏，应根据客人的实际需要灵活掌握，要求在客人最需要某项服务的前夕及时提供。

6. 安全卫生

餐饮安全状况是客人外出旅游时考虑的首要问题，因此，餐饮部在环境气氛上要制造出一种安全的气氛，给客人提供心理上的安全感。餐饮安全卫生主要指餐饮清洁卫生和食品卫生。

餐饮安全卫生主要包括餐饮部各区域的清洁卫生、食品饮料卫生、用品卫生、个人卫生等。餐饮清洁卫生直接影响客人身心健康，是优质服务的基本要求，所以必须加强管理。

劳务服务质量除上述内容外，还包括员工的劳动纪律、服务的方式方法、服务的规范化和程序化等内容，同样应为餐饮管理者所关注。

上述有形产品质量和无形劳务质量的最终结果是客人满意度。客人满意度是指客人享受餐饮服务后的感受、印象和评价。它是餐饮服务质量的最终体现，因而也是餐饮服务质量管理努力的目标。客人满意度主要取决于餐饮服务的内容是否适合和满足客人的需要，是否为客人带来享受感。餐饮管理者重视客人满意度自然也就必须重视餐饮服务质量构成的所有内容。

餐饮专家

餐饮顾客的需求

餐饮顾客在物质上和精神上的需求多种多样，概括起来为下列八点四十个字：

物美与价廉　及时与周到　安全与卫生　舒适与方便

热情与诚恳　礼貌与尊重　亲切与友好　谅解与安慰

(1) 物美与价廉。二者是辩证统一的关系，物美是建立在一定价格基础上，顾客要求用自己所付出的代价来得到相应满意的“物”，也就是说，以合理的费用得到满意的饮食和服务。

(2) 及时与周到。餐饮产品的色、香、味、形、器、名、质、营养均佳，是服务质量好的基础。要使顾客满意，很重要的一点就是服务及时和周到，如果顾客等候时间过长，而且送上的菜肴缺少必要的辅助进餐餐具，服务程序混乱，即使菜肴、饮料质量再好，也会使顾客不满。及时与周到是服务效率的体现。

(3) 安全与卫生。安全与卫生是人类最基本的生理需求之一，安全卫生的用餐环境，优质诱人的餐饮产品，清洁整齐的餐具用品，不仅会使宾客产生安全感，也会给他们留下难忘的用餐经历。

(4) 舒适与方便。饭店完善先进的餐饮设施和服务氛围，会使宾客感到在餐厅用餐是一种美好的享受。方便是指餐厅有形设施的使用价值及完整的餐饮服务项目、员工主动的服务意识，这些方面应该做到使宾客感到饭店是他的家外之家，虽然离家在外却如同在家一样方便。这是服务中最重要的方面。

(5) 热情与诚恳。这是指餐饮员工对顾客主动、积极、微笑、暖人的服务。这种服务是真诚的、发自内心的、自觉的。它是建立在敬业爱岗的基础上的，员工在整个服务过程中应始终保持精神饱满、专心致志的状态。

(6) 礼貌与尊重。餐饮服务强调员工应具有良好的仪表、仪容、举止、礼节、服务态度和服务技能，要尊重顾客，视顾客为上帝，认真做好每一项服务工作，使宾客的精神需求得到满足。

(7) 亲切与友好。服务要有人情味，要和善、友好地为顾客服务。在为客人服务时不得流露厌烦、冷淡、愤怒、僵硬、紧张和恐惧的表情。交谈要用敬语，注意“请”“谢谢”不离口，注意称呼客人姓氏，用诚意和友善的言行消除客人的距离感。

(8) 谅解与安慰。餐饮服务的对象是活生生的人，他们有自己的喜怒哀乐。他们来自不同国家和地区，信仰不同，价值观各异。因此，在服务过程中会出现很多意想不到的问题。每当出现突发事件时，服务人员都应把“对”让给顾客，要理解、谅解顾客的各种心理，在善意的谦让过程中使宾客的心理需求得到最大限度的满足。

三、餐饮服务质量的特点

餐饮服务是人与人面对面的服务形式，其服务的特点以及餐饮服务质量特殊的构成内容使其质量内涵与其他行业有着极大的差异。为了更好地实施对餐饮服务质量的管理，管理者必须正确认识并掌握餐饮服务质量的特点。

(一) 餐饮服务质量构成的综合性

餐饮服务质量的构成内容既包括有形的设备设施质量、实物产品质量、服务环境质量，又包括无形的劳务服务质量等多种因素，且每一因素又由许多具体内容构成，贯穿于餐饮服务的全过程。其中，设备设施、实物产品是餐饮服务质量的基础，服务环境、劳务服务是餐饮服务质量的表现形式，而客人满意度则是所有服务质量优劣的最终体现。它既涵盖了衣食住行等人们日常生活的基本内容，也包括办公、通信、娱乐、休闲等层面的活动。因此，人们常用“一个独立的小社会”来说明餐饮服务质量的构成所具有的极强的综合性。

餐饮服务质量构成的综合性特点要求餐饮管理者树立系统的观念，把餐饮服务质量管理作为一项系统工程来抓，多方搜索餐饮服务质量信息，分析影响质量的各种因素，特别是可控因素，既要抓好有形产品的质量，又要抓好无形服务的质量；不仅要做好本职工作，还要顾及餐饮其他部门或其他服务环节，从而提高餐饮的整体服务质量。正如人们平时所说的“木桶理论”：一只由长短不一的木条拼装而成的木桶，它的盛水量取决于最短的那根木条的长度。由此可见，餐饮服务质量固然应该有自己的强项和特色，但不能有明显的弱项和不足，否则就要影响服务的整体水平。

(二) 餐饮服务质量评价的主观性

尽管餐饮部自身的服务质量水平基本上是一个客观的存在，但由于餐饮服务质量的评价是由客人享受服务后根据其物质和心理满足程度进行的，因而带有很强的主观性。客人的满意度越高，对服务质量的评价也就越高，反之亦然。餐饮管理者不能无视客人对餐饮服务质量的评价，否则，将会失去客源，失去生存的基础。餐饮管理者没有理由要求客人必须对餐饮服务质量作出与客观实际相一致的评价，更不能指责客人对餐饮服务质量的评价存在偏见，尽管有时的确是一种偏见。相反，这就要求餐饮管理者在服务过程中通过细心观察，了解并掌握客人的物质和心理需求，不断改善对客服务，为客人提供个性化服务，并注重服务中的每一个细节，重视每次服务的效果，用符合客人需要的服务本身来提高客人的满意度，从而提高并保持餐饮服务质量。正如一些餐饮管理者所说：“我们无法改变客人，那么就根据客人的需要改变自己。”

（三）餐饮服务质量显现的短暂性

餐饮服务质量是由一次又一次的内容不同的具体服务体现的，而每一次具体服务的使用价值均只有短暂的显现时间，即使用价值的一次性，如微笑问好，介绍菜点等。这些具体服务不能储存，一结束，就失去了其使用价值，留下的也只是客人的感受而非实物。因此，餐饮服务质量的显现是短暂的，不像实物产品那样可以返工、返修或退换。如果进行服务后的调整，也只能是另一次的具体服务。也就是说，即使客人对某一服务感到非常满意，评价较高，并不能保证下一次服务也能获得好评。因此，餐饮管理者应督导员工做好每一次服务工作，争取使每一次服务都能让客人感到非常满意，从而提高餐饮整体服务质量。

（四）餐饮服务质量内容的关联性

客人对餐饮服务质量的印象，来自于进入餐厅直至离开餐厅的全过程。在此过程中，客人得到的是各部门员工提供的一次又一次具体的服务活动，但这些具体的活动不是孤立的，而是有着密切关联的。因为在连锁式的服务过程中，只要有一个环节的服务质量有问题，就会破坏客人对餐饮的整体印象，进而影响其对整个餐饮服务质量的评价。因此，在餐饮服务质量管理中有一个流行公式：100－1＝0，即 100 次服务中只要有 1 次服务不能令客人满意，客人就会全盘否定以前的 99 次优质服务，还会影响餐饮部的声誉。这就要求餐饮各部门、各服务过程、各服务环节之间协作配合，并作好充分的服务准备，确保每项服务的优质、高效，确保餐饮服务全过程和全方位的“零缺点”。

（五）餐饮服务质量对员工素质的依赖性

餐饮产品生产、销售、消费同时性的特点决定了餐饮服务质量与餐饮服务人员表现的直接关联性。餐饮服务质量是在有形产品的基础上通过员工的劳务服务创造并表现出来的，这种创造和表现能满足客人需要的程度取决于服务人员的素质和管理者的管理水平高低。所以，餐饮服务质量对员工素质有较强的依赖性。

餐饮服务质量的优劣在很大程度上取决于员工的即兴表现，而这种表现又很容易受到员工个人素质和情绪的影响，具有很大的不稳定性。所以要求餐饮管理者应合理配备、培训、激励员工，努力提高他们的素质，发挥他们的服务主动性、积极性和创造性，同时提高自身素质及其管理能力，从而创造出满意的员工，而满意的员工是满意的客人的基础，是不断地提高餐饮服务质量的前提。

（六）餐饮服务质量的情感性

餐饮服务质量还取决于客人与餐饮部之间的关系。如果关系融洽，客人就比较容易谅解餐饮部的难处和过错，而关系如果不和谐，则很容易使客人小题大做或借题发挥。因此，餐饮部与客人间关系的融洽程度直接影响着客人对餐饮服务质量的评价，这就是餐饮服务质量的情感性特点。

事实上，餐饮服务质量问题总是会出现在餐厅的任何时间和空间，所不同的是存在问题的数量和层次。作为餐饮部管理者所应做的是积极地采取恰当的措施，将出现的服务质量问题给客人造成的影响降至最低，避免矛盾的扩大化，其中最为有效的办法，就是通过一些真诚为客人考虑的服务赢得客人，在日常工作中与客人建立良好和谐的关系，使客人最终能够谅解餐饮部的一些无意的失误。

四、提高餐饮服务质量的重要意义

提高餐饮服务质量，把精湛的烹饪技术与完美的服务艺术有机地结合起来，是餐厅赢得信誉的根本所在。在餐饮管理工作中确保服务质量，具有十分重要的意义。

（一）服务质量是饭店的生命线

著名旅游经济学家罗斯德对服务质量在饭店的重要作用有非常精辟的论述，他所建立的“恶性循环分析理论”很能说明问题。

这个恶性循环的关键点是“服务标准降低”。要想突破恶性循环的锁链，关键在于提高服务标准。只有在服务质量上狠下工夫，才会以点带面带来良性循环。否则，企业将永远无法摆脱这条恶性循环的锁链（如图 9－1 所示），直至一败涂地。

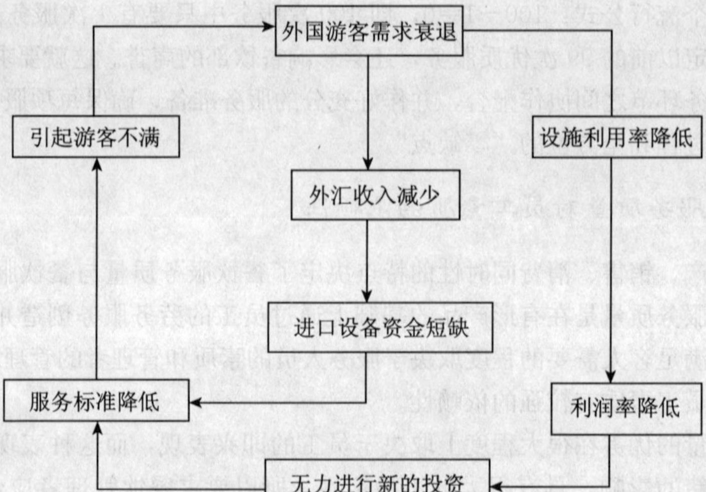

图 9－1　罗斯德恶性循环示意图

图中的“服务标准”包括设施设备水准、服务水准和管理水准，而这三个水准与服务质量的优劣有着相同的内涵。事实上，国内外许多饭店的良好声誉与经营成功，无一不是饭店自身的服务质量所创造出来的。

服务质量关系到国家和企业的声誉，关系到客源的消长，关系到企业的经济效益和经营的成败。这是当今各国旅游业特别重视服务质量的重要原因。

（二）提高服务质量是企业竞争的需要

旅游饭店之间的竞争包括不同的方面和不同的内容，它可以在地理位置、外观装饰、宣传广告方面进行，也可以在服务项目、商品推销、价格优惠等方面进行。但无论如何，饭店的竞争以质量竞争为宜。谁能够为宾客提供全面的最佳服务，谁就能取得优势地位，谁就能招徕更多的宾客。

旅游饭店的餐饮部门除了为住店宾客提供服务和膳食外，更多的服务对象是非入住顾客，即本地区的非住店宾客。这些宾客虽然消费层次不同，但都是宴会和零餐的最大主顾，他们为餐厅带来了相当数量的收入。

入店顾客在年龄、职业、经济收入、教育水平、民族、宗教信仰、生活习惯上差异很大。分析顾客的消费心理，影响他们的选择，从而有效地进行销售活动，有赖于服务质量的提高。谁能够吸引入店顾客，谁就能在竞争中稳操胜券、取得成功。因此，不断提高服务质量不仅是竞争的需要，而且是在激烈竞争中求胜的必备条件。

（三）服务质量是判断管理水平的重要标志

饭店管理的目标是利用企业的人力资源、物资资源和信息资源为宾客提供一流的服务，以获得利润，并训练和培养一批高水准的从业人员和管理人才。

人力资源是最重要的资源。经营管理是一项复杂细致的工作，而服务员的劳动对象是人不是物，实物产品仅仅是联系饭店和顾客的中介物，饭店商品最终是人对人的工作，这就是服务。

有良好的服务才能招徕并留住顾客，而顾客是企业生存与发展的基础和条件。被誉为“饭店之父”的斯塔特勒说：“饭店出手的商品只有一个，那就是服务。能为顾客提供优质服务的饭店是成功的饭店，而为顾客提供劣质服务的饭店是失败的饭店。”因此，饭店管理者总是愿意在开发利用人力资源上花大力气、下大工夫。

饭店工作以提高服务质量为中心。要提高服务质量，必须使管理的各种职能充分发挥作用并相互配合协调。可以说，服务质量水平是饭店管理水平的综合反映。从服务质量的优劣表现可以判断出饭店经营者管理水平的高低。

第二节 餐饮服务质量的分析

加强餐饮服务质量管理是提高服务质量的基本保证，通过服务质量分析可以找出餐饮企业存在的主要服务质量问题以及引起这些问题的原因，从而采取有效的方法解决。

一、餐饮服务质量分析的内容

餐饮服务质量的构成因素是服务质量分析的构成对象，如服务态度、礼节礼貌、语言动作、安全卫生、设施设备、工作效率、操作规程、食品质量等。在实际工作中，要把企业的服务水平与其他企业作横向比较，并分析本企业服务质量的稳定性程度和存在什么质量问题，这就构成了服务质量分析的内容。

（一）餐饮服务质量水平分析

餐饮服务质量水平分析是以实际具体的检查考核资料、统计数据和信息反馈资料，正确分析评价本企业服务质量的现实情况，与其他同类餐饮企业相比较的相对水准以及本企业的绝对水准。在服务质量方面有哪些成绩和不足，有何潜力和后劲。

（二）餐饮服务质量稳定性分析

餐饮服务质量的稳定性包括各部门各岗位工作协调的稳定；各部门服务质量不出现明显的差距；餐饮企业服务质量水平在时间上保持稳定，不发生明显的波动。服务质量的稳定性分析一般选定几个对质量影响较大的项目，通过画图作实际的分析。

（三）餐饮服务质量问题分析

餐饮服务质量问题分析主要分析几个“什么”：服务质量上出现了什么问题？产生问题的原因是什么？用什么方法解决问题？

二、餐饮服务质量分析的主要方法

进行餐饮服务质量分析，可以帮助餐饮部管理者找出存在的质量问题及其产生的原因，从而采取有针对性的解决问题的措施和方法，以保证同类的质量问题不再出现。餐饮部管理者在对服务质量进行分析时，常采用 ABC 分析法、圆形百分比分析图法、因果分析图法、PDCA 循环法。

例如，某餐饮部在上季度共发现服务质量问题 45 例，其中，菜肴质量问题 17 例，服务态度问题 15 例，服务技能问题 6 例，安全卫生问题 4 例，其他问题 3 例。下面分别介绍四种方法。

（一）ABC 分析法

ABC 分析法主要用于找出影响餐饮服务质量的主要因素，可分四个步骤进行分析。

1. 收集服务质量问题信息

通过客人意见表、投诉处理记录、各种原始记录等方式收集有关服务质量的信息。

2. 分类、统计、制作服务质量问题统计表

将收集到的质量问题信息进行分类统计、排列，制作统计表（如表 9－1 所示），在表上计算出比率和累计比率。

表 9－1　服务质量问题统计表

质量问题	问题数量	比率（%）	累计比率（%）
菜肴质量	17	37.78	37.78
服务态度	15	33.33	71.11
服务技能	6	13.33	84.44
安全卫生	4	8.89	93.33
其他问题	3	6.67	100.00

3. 根据统计表绘制排列图

图 9－2 中左侧纵坐标表示数量问题，右侧纵坐标表示累计比率。

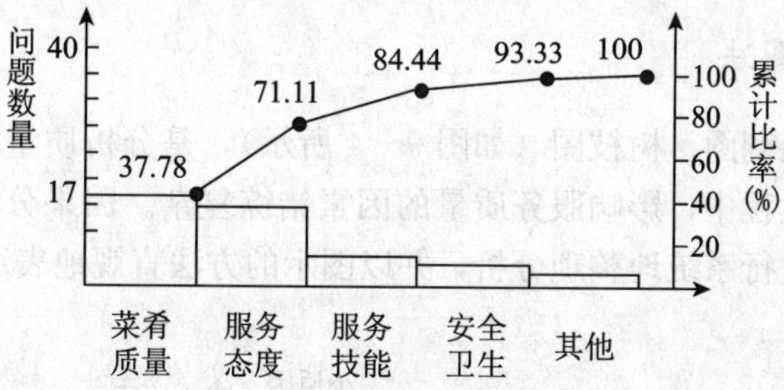

图 9－2　服务质量问题排列图

4. 分析找出主要质量问题

排列图上累计比率在 0%～70%的问题为 A 类问题，即主要问题；累计比率在 70%～90%的问题为 B 类问题，即次要问题；累计比率在 90%～100%的问题为 C 类问题，即一般问题。找出主要问题就可以抓住主要矛盾。

（二）圆形百分比分析图法

圆形百分比分析图法是指通过计算服务质量信息中有关数据的构成比例，以图示的方法表示存在的质量问题。其具体分析步骤如下。

1. 收集质量问题信息

餐饮管理者通过各种原始记录、质量信息报表、质量检查结果、客人意见调查表、客人投诉处理记录、质量考核表等方式多方收集现存的餐饮质量问题的信息。

2. 信息的汇总、分类和计算

对收集到的质量问题信息进行汇总，并根据不同的内容将其分类，然后计算每类质量问题的构成比例。

3. 画出圆形图

画出圆形图，根据圆形图即可清晰地掌握餐饮存在的服务质量问题及其程度。

由图 9－3 分析可知，餐饮部当前需要重点解决的问题是菜肴质量和服务态度。

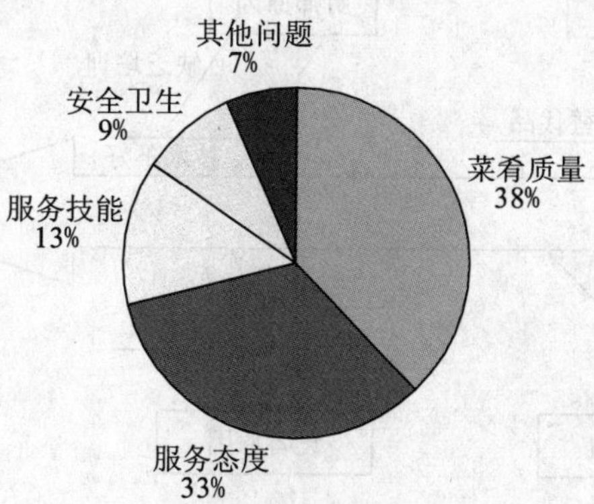

图 9－3　服务质量问题分析圆形图

（三）因果分析图法

因果分析图又称鱼刺图、树枝图（如图 9－4 所示），是分析质量问题产生原因的一种有效工具。在餐饮管理过程中，影响服务质量的因素错综复杂。因果分析图通过对存在的质量问题及其产生的原因进行系统地整理分析，并以图示的方法直观地表示两者之间的因果关系。其分析过程如下。

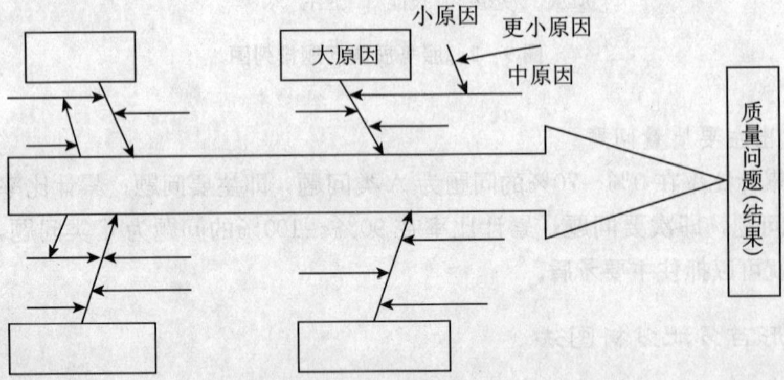

图 9－4　因果分析图

1. 找问题

用排列图找出现存的质量问题。

2. 找原因

讨论、分析、找出产生问题的各种原因。应从大到小，从粗到细，追根溯源，直到能采取具体措施为止。

3. 画图

罗列找到的各种原因，按其因果关系画出因果图。例如，上例中的菜肴存在质量问题，其产生原因可用因果分析图法（如图 9－5 所示）。

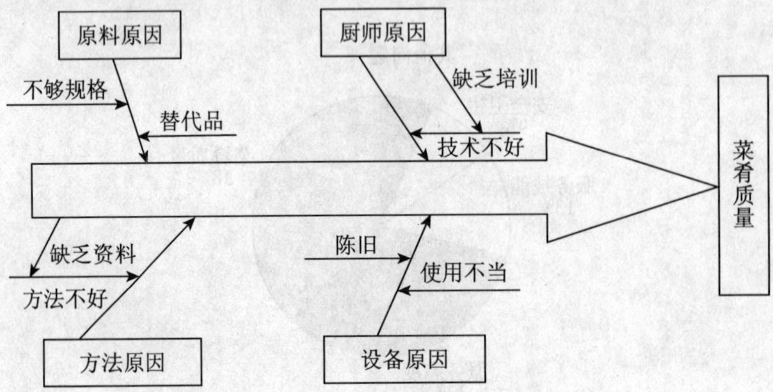

图 9－5　菜肴质量问题因果分析图

（四）PDCA 管理循环法

找出了服务质量问题，分析了产生质量问题的原因，下一步就该寻求解决问题的措施与方法。这就需要运用 PDCA 管理循环。

PDCA 即计划（Plan）、实施（Do）、检查（Check）、处理（Action）的英文单词字头。PDCA 管理循环是指按计划、实施、检查、处理四个阶段进行管理工作，并循环不止地进行下去的一种科学管理方法。PDCA 循环转动的过程，就是质量管理活动开展和提高的过程。PDCA 管理循环的工作程序分四个阶段。

1. 计划阶段

PDCA 管理循环的计划阶段内容包括分析服务质量现状，用圆形图找出存在的质量问题；进而用因果图分析产生质量问题的原因；然后找出影响质量问题的主要原因；最后，提出解决质量问题的质量管理计划，即应达到的目标及实现目标的措施和方法。

2. 实施阶段

这是餐饮管理者组织有关部门或班组以及员工具体地实施质量管理计划所规定目标的阶段。

3. 检查阶段

餐饮管理者应认真、仔细地检查计划的实施效果，并与计划目标进行对比分析，看是否存在质量差异，是正偏差还是负偏差。

4. 处理阶段

这是总结成功的管理经验，使之标准化或编入服务规程，或形成管理制度加以推广应用的阶段。同时，吸取失败的教训，提出本轮 PDCA 管理循环悬而未决的问题，自动转入下一个循环的第一步，并开始新一轮的 PDCA 管理循环。

PDCA 管理循环的四个阶段缺一不可。只计划而没有实施，计划就是一纸空文；有计划，也有实施，但没有检查，就无法得知实施的结果与计划是否存在差距或有多大差距；若计划、实施、检查俱全，但没有处理，则不但已取得的成果不能巩固，失败的教训不能吸取，而且发生的问题还会再次重复，如此，服务质量就难以提高。因此，只有 PDCA 四个阶段都完成且不断地循环下去，才会使餐饮服务质量问题越来越少，即餐饮服务质量不断提高最终趋向于“零缺点”。

餐饮专家

上海餐饮业推广“六 T 实务”规范餐饮业现场管理

“六 T 实务”是上海饮食行业协会结合中国餐饮业实际和国家卫生部颁布的法规而制定的餐饮业现场管理规范。“六 T 实务”规范已获得国家商务部批准作为全国餐饮行业标准立项，并列入商务部“十一五”标准发展规划重点项目，在全国餐饮行业推广。

目前，上海市已组织了 473 家餐饮公司的 1180 余名餐饮业管理人员参加培训，有 50 余家酒楼、宾馆、快餐、团膳等各类餐饮企业成为推广“六 T 实务”的示范店。今后三年，上海将在餐饮行业全面推广“六 T 实务”，以“万家餐馆安全卫生优质管理”迎接 2010 年上海世博会。

"六 T 实务"即"六个天天要做到"：天天处理，天天整合，天天清扫，天天规范，天天检查，天天改进。

1. 天天处理

判断出完成工作的必需品并把它与非必需品分开，将必需品的数量降低到最低程度并把它们放在一个方便的地方，进行分层管理。

(1) 马上要用的，暂时不用的，先把它们区别开。一时用不着的，甚至长期不用的要区分对待。

(2) 将必需品按高、中、低用量分层存放与管理。

(3) 对可有可无的物品，不管是谁买的，无论有多昂贵，都应坚决处理掉，绝不能手软。清理非必需品时必须把握好的是看物品现在有没有使用价值，还应注意使用价值是不是原来的购买价值。

(4) 天天处理时对私人物品应减至最低并集中存放。

(5) 天天处理时要贯彻精简效能的原则，采用简单的方法。

天天处理的步骤是：①现场检查；②区分必需品和非必需品；③清理非必需品；④非必需品的处理——抛掉或者回仓。要养成循环整理的习惯。

2. 天天整合

将必需品放置成任何人都能立即取得的状态，即寻找的时间为零，工作场所一目了然，消除找寻物品的时间，提高效率，物品储存和取用管理办法，先要决定物品的名和家，目的是用最短时间可以提取和放好物品。实施步骤是：分析现状，物品归类，储存方法，切实执行。

天天整合的要领：①物品存放要做到有名有家；②每个分区位置都要有布置总表或总平面图，要有负责人标签，包括负责人照片、姓名、休假日代理负责人。将经常使用物品放于工作地点的最近处；③文件、物料、工具等要选用合适容器或方式存放；④天天整合的目的是"30 秒内可取出及放回文件和物品"。

3. 天天清扫

组织所有成员一起来完成，每个人都有自己应该清洁的地方和范围。

天天清扫的要领：①各级领导以身作则；②制订清洁责任区划分总表；③清扫那些较少注意到的隐蔽地方，杜绝污染源；④使清洁和检查容易。

4. 天天规范

采用透明度、视觉管理、看板管理等公开直观的现场管理方法，使企业的各项现场管理实现规范化持续化，提高办事效率。必须先实行前三项，即天天处理、天天整合、天天清扫。

天天规范的要领：

(1) 将前三 T 实施的成果制度化、规范化，具体说来：①要建立经常性的培训制度；②要建立经常性的激励制度；③要建立经常性的奖惩制度。

(2) 要全面推行颜色和视觉管理。

(3) 要增加管理的透明度。

(4) 要把安全的目标纳入天天规范的重点之一，要扩大到企业管理各项目标的规范化。

5. 天天检查

养成制订和遵守规章制度的习惯。天天检查的要领：①要有保证能持久推动前四T的组织架构；②企业中每一位员工都要有个人应该履行的职责；③编写和遵守员工（六T实务）手册；④要定期进行《餐饮业现场管理（六T实务）》审核。

6. 天天改进

并不是一旦达标就万事大吉，而是一个螺旋不断向上改进、不断上升的过程。企业不能认为完成了前五T就可以结束了，要知道企业的内外环境在变化，尤其是餐饮行业不是生产某种标准产品，原材料在变化，消费者口味在变化，烹制工艺在变化，经营方式也在变化，因此必须天天改进。

天天改进的要领：企业领导人不能满足第一轮达标后就停下来，办企业要一直保持下去，只有一轮一轮提出新目标，使餐饮业现场管理（六T实务）不断追求卓越，才能既巩固前一轮的成果，又能使企业现场管理不断提升。

第三节　餐饮服务质量的控制

进行餐饮服务质量控制的目的是使餐厅的每一项工作都围绕着为宾客提供满意的服务。

一、餐饮服务质量控制的基础

要进行有效的餐饮服务质量控制，必须具备若干基本条件。

（一）制订服务规程

餐饮服务质量标准就是服务过程的标准。服务规程是餐饮服务所应达到的规格、程序和标准。为了提高和保证服务质量，餐饮企业应该把服务规程视为工作人员应当遵守的准则和内部服务工作的法规。

旅游饭店的餐饮服务规程，必须根据发达国家旅游者生活水平较高、对服务的要求也高的特点来制订。西餐厅的服务规程更要适应欧美宾客的生活习惯。另外，还要考虑到市场需求、饭店类型、饭店等级、饭店风格、国内外先进水平等因素的影响，并结合具体服务项目的目的、内容和服务过程，来制订出适合本饭店的标准服务规程和服务程序。

餐厅中的工种很多，各个岗位的服务内容和操作要求都不相同，为了检查和控制服务质量，餐厅必须分别针对散餐、团体餐和宴会以及咖啡厅、酒吧等的整个服务对象制订出迎宾、引座、点菜、走菜、酒水服务等全套的服务程序。

制订服务规程时，首先要确定服务的环节和顺序，再确定每个环节服务人员的动作、语言、姿态、质量、时间以及对用具、手续、意外处理、临时措施的要求等。每套程序在开始和结尾处应有与相邻服务过程中相互联系、相互衔接的规定。不要照搬其他饭店的服务程序，而应该在广泛汲取国内外先进管理经验、接待方式的基础上，紧密结合本饭店大多数顾客的饮食习惯和本地的风味特点，推出全新的服务规范和程序。

管理人员的任务，主要是执行和控制规程，特别要注意抓好各套规程以及各服务过程之中的薄弱环节。一定要用服务规程来统一各项服务工作，从而使之达到服务质量的标准化、服务过程的程序化和服务方式的规范化。

（二）收集质量信息

餐饮管理人员应该知道服务的结果如何，即宾客是否感到满意，从而采取改进服务、提高质量的措施。应该根据餐饮服务的目标和服务规程，通过巡视、定量抽查、统计报表、听取顾客意见等方式来收集服务质量信息。

（三）抓好全员培训

企业之间质量竞争的实质是人才的竞争、员工素质的竞争。很难设想一个没有经过良好训练的服务员能提供高质量的服务。因此新员工在上岗前，必须进行严格的基本功训练和业务知识培训，不允许未经职业技术培训、没有取得上岗资格的人上岗操作，在职员工必须利用淡季和空闲时间进行培训，以提高业务技术、丰富业务知识。

二、餐饮服务质量控制的方法

根据餐饮服务的三个阶段——准备阶段、执行阶段和结束阶段，餐饮服务质量的控制可以按照时间顺序相应地分为预先控制、现场控制和反馈控制。

（一）餐饮服务质量的预先控制

所谓预先控制，就是为使服务结果达到预定的目标，在开餐前所做的一切管理上的努力。预先控制的目的是防止开餐服务中所使用的各种资源在数量和质量上产生偏差。

预先控制的主要内容包括人力资源、物资资源、卫生质量与事故。

1. 人力资源的预先控制

餐厅应根据自身的特点灵活安排人员班次、保证开餐时有足够的人力资源。那种“闲时无事干，忙时疲劳战”、开餐中顾客与服务员在人数比例上大失调等都是人力资源使用不当的现象。

2. 物资资源的预先控制

开餐前，必须按规格摆好餐台、准备好餐车、托盘、菜单、点菜单、预订单、开瓶工具及工作车小物件等。另外，还必须备足相当数量的“翻台”用品，如桌布、餐巾、餐纸、刀叉、调料、火柴、牙签、烟灰缸等物品。

3. 卫生质量的预先控制

开餐前半小时，对餐厅的环境卫生从地面、墙面、柱面、天花板、灯具、通风口到餐具、餐台、台布、台料、餐椅、餐台摆设等都要作一遍仔细检查。发现不符合要求的地方，要安排迅速返工。

4. 事故的预先控制

开餐前，餐厅主管必须与厨师长联系，核对前后台所接到的客情预报或宴会通知单是否一致，以免因信息的传递失误而引起事故。另外，还要了解当日的菜肴供应情况，如个别菜肴缺货，应让全体服务员知道。这样，一旦宾客点到该菜，服务员就可及时地向宾客道歉，避免事后引起宾客不满和投诉。

（二）餐饮服务质量的现场控制

所谓现场控制，是指监督现场正在进行的餐饮服务，使其程序化、规范化，并迅速妥善地处理意外事件。这是餐厅管理者的主要职责之一。餐饮部经理也应将现场控制作为管理工作的重要内容。餐饮服务质量现场控制的主要内容包括服务程序、上菜时机、意外事件及开餐期间的人力。

1. 服务程序的现场控制

开餐期间，餐厅主管应始终站在第一线，通过亲身观察、判断、监督、指挥服务员按标准程序服务，发现偏差，及时纠正。

2. 上菜时机的现场控制

掌握好上菜时机要根据宾客用餐的速度、菜肴的烹制时间等，做到恰到好处，既不要让宾客等候太久，也不能将所有菜肴一下全上。餐厅主管应时常注意并提醒服务员掌握上菜时间，尤其是大型宴会，每道菜的上菜时间应由餐厅主管亲自掌握。

3. 意外事件的现场控制

餐饮服务是与宾客面对面直接交往，极容易引起宾客的投诉。一旦引起投诉，主管一定要迅速采取弥补措施，以防止事态扩大，影响其他宾客的用餐情绪。如果是服务员方面原因引起的投诉，主管除向宾客道歉之外，还可在菜肴饮品上给予一定的补偿。发现有醉酒或将要醉酒的宾客，应告诫服务员停止添加酒精性饮料；对已醉酒的宾客，要设法让其早点离开，以保护餐厅的和谐气氛。

4. 开餐期间的人力控制

一般餐厅在工作时实行服务员分区看台负责制，服务员在固定区域服务（可按照每个服务员每小时能接待 20 名散客的工作量来安排服务区域）。但是，主管应根据客情变化，对服务员在班中进行第二次分工、第三次分工……如果某一个区域的宾客突然来得太多，应该从其他服务区域抽调人力来支援，待情况正常后再将其调回原服务区域。当用餐高潮已经过去，则应让一部分员工先休息一下，留下另一部分员工继续工作，到了一定的时间再进行交换，以提高员工的工作效率。这种方法对于营业时间长的散席餐厅、咖啡厅等特别有效。

（三）餐饮服务质量的反馈控制

所谓反馈控制，就是通过质量信息的反馈，找出服务工作在准备阶段和执行阶段的不足，采取措施，加强预先控制和现场控制，提高服务质量，使宾客更加满意。

质量信息反馈由内部系统和外部系统构成，在每餐结束后，应召开简短的总结会，以利于不断改进服务水平、提高服务质量。信息反馈的外部系统，是指来自就餐宾客的信息。为了及时获取宾客的意见，餐桌上可放置宾客意见表；在宾客用餐后，也可主动征求宾客意见。宾客通过大堂、旅行社、新闻传播媒介等反馈回来的投诉，属于强反馈，应予以高度重视，切实保证以后不再发生类似的服务质量问题。建立和健全两个信息反馈系统，餐厅服务质量才能不断提高，从而更好地满足宾客的需求。

第四节 餐饮服务质量的监督检查

餐饮服务质量的监督与检查是餐饮管理的重要内容之一。在饭店服务质量系统中，部门和班组是执行系统的支柱，他们以岗位责任制和各项操作规范为保证，以提供优质服务为主要内容，从上到下逐级形成工作指令系统、信息反馈系统，并将部门所制订的具体质量目标分解到班组和个人，由质量管理办公室或部门质量管理员协助部门经理负责对餐饮服务质量实施监督检查。

一、餐饮服务质量监督的内容

(1) 制订并负责执行各项管理制度和岗位规范，抓好礼貌待客、优质服务教育，实现服务质量标准化、规范化。

(2) 通过反馈系统了解服务质量情况，及时总结工作中的正反典型事例的经验和教训并及时处理宾客投诉。

(3) 组织调查研究，提出改进和提高服务质量的方案、措施和建议，促进餐饮服务质量和餐饮经营管理水平的提高。

(4) 分析管理工作中的薄弱环节，改革规章制度，整顿工作纪律，纠正不正之风。

(5) 组织定期或不定期的现场检查，开展评比和组织优质服务竞赛活动。

二、餐饮服务质量检查

根据餐饮服务质量内容中对服务员礼节礼貌、仪容仪表、服务态度、清洁卫生、服务技能和服务效率等方面的要求，将其归纳为“服务规格”“就餐环境”“仪容仪表”“工作纪律”四个大项并按顺序列出一个详细的检查表。这种服务质量检查表既可以作为餐厅常规管理的细则，又可以将其量化，作为餐厅与餐厅之间、班组与班组之间、个人与个人之间竞赛评比或餐饮服务员考核的标准。

餐厅服务质量检查表在使用的时候可视饭店本身的等级和本餐厅的具体情况增加或减少检查细则项目，可以将四个检查项目分成四张检查表在不同场合使用（如表 9-2 所示）；在“等级”栏目中，可将“优、良、中、差”分别改为得分标准，如将“优”改为 4 分，“良” 3 分，“中” 2 分，“差” 1 分，最后将四个项目 90 个细则得分统计并进行比较；也可按优、良、中、差各个等级的得分率来进行比较，得出结论。

表 9-2 餐厅服务质量检查表

餐厅/班组/姓名：______ 时间：___月___日___时 检查者：______

服务规格检查

序号	检查细则	等级			
		优	良	中	差
1	对进入餐厅的宾客是否问候、表示欢迎？				
2	迎接宾客是否使用敬语？				

续 表

序号	检查细则	等级			
		优	良	中	差
3	使用敬语时是否点头致意?				
4	在通道上行走是否妨碍宾客?				
5	是否协助宾客入座?				
6	对入席宾客是否端茶、送巾?				
7	是否让宾客等候过久?				
8	回答宾客提问是否清脆、流利、悦耳?				
9	与宾客谈话，是否先说“对不起，麻烦您了”?				
10	发生疏忽或不妥时，是否向宾客道歉?				
11	对告别结账离座的宾客，是否说“谢谢”?				
12	接受点菜时，是否仔细聆听并复述?				
13	能否正确地解释菜单?				
14	能否向宾客提建议并进行适时推销?				
15	能否根据点菜单准备好必要的餐具?				
16	斟酒是否按照操作规程进行?				
17	递送物品是否使用托盘?				
18	上菜时，是否介绍菜名?				
19	宾客招呼时，能否迅速到达桌旁?				
20	撤换餐具时，是否发出过大声响?				
21	是否及时、正确地更换烟灰缸?				
22	结账是否迅速、准确、无误?				
23	是否检查餐桌、餐椅及地面(有无宾客失落的物件)?				
24	是否在送客后马上翻台?				
25	翻台时，是否影响周围宾客?				
26	翻台时，是否按操作规程作业?				
27	与宾客谈话是否点头行礼?				
28	是否能根据菜单预先备好餐具及作料?				
29	拿送玻璃杯是否叠放? 持杯时，是否只握下半部?				
30	领位、值台、上菜、斟酒时的站立、行走、操作等服务姿势是否符合规程?				

续 表

就餐环境检查

序号	检查细则	等级			
		优	良	中	差
1	玻璃门窗及镜面是否清洁、无灰尘、无裂痕？				
2	窗框、工作台、桌椅是否无灰尘和污渍？				
3	地板有无碎屑及污痕？				
4	墙面有无污痕或破损处？				
5	盆景花卉有无枯萎、带灰尘现象？				
6	墙面装饰品有无破损、污痕？				
7	天花板是否清洁、有无污痕？				
8	天花板有无破损、漏水痕迹？				
9	通风口是否清洁，通风是否正常？				
10	灯泡、灯管、灯罩有无脱落、破损、污痕？				
11	吊灯照明是否正常？吊灯是否完整？				
12	餐厅内温度和通风是否正常？				
13	餐厅通道有无障碍物？				
14	餐桌椅是否无破损、无灰尘、无污痕？				
15	广告宣传品有无破损、灰尘、污痕？				
16	菜单是否清洁，是否有缺页、破损？				
17	台料是否清洁卫生？				
18	背景音乐是否适合就餐气氛？				
19	背景音乐音量是否过大或过小？				
20	总的环境是否能吸引宾客？				

仪表仪容检查

序号	检查细则	等级			
		优	良	中	差
1	服务员是否按规定着装并穿戴整齐？				
2	制服是否合体、清洁？有无破损、油污？				
3	名号牌是否端正地挂于左胸前？				
4	服务员的打扮是否过分？				
5	服务员是否留有怪异发型？				
6	男服务员是否蓄胡须、留大鬓角？				
7	女服务员的头发是否清洁、干净？				

续表

序号	检查细则	等级			
		优	良	中	差
8	外衣是否烫平、挺括、无污边、无褶皱?				
9	指甲是否修剪整齐、不露出于指头之外?				
10	牙齿是否清洁?				
11	口中是否发出异味?				
12	衣裤口袋中是否放有杂物?				
13	女服务员是否涂有彩色指甲油?				
14	女服务员发夹式样是否过于花哨?				
15	除手表戒指外，是否还戴有其他的饰物?				
16	是否有浓妆艳抹现象?				
17	使用香水是否过分?				
18	衬衫领口是否清洁并扣好?				
19	男服务员是否穿深色鞋袜?				
20	女服务员着裙时是否穿肉色长袜?				

工作纪律检查

序号	检查细则	等级			
		优	良	中	差
1	工作时间是否扎堆闲谈或窃窃私语?				
2	工作时间是否大声喧哗?				
3	工作时间是否有人放下手中的工作?				
4	是否有人在上班时间打私人电话?				
5	有无在柜台或值班区域内随意走动?				
6	有无交手抱臂或手插入衣袋现象?				
7	有无在前台区域吸烟、喝水、吃东西现象?				
8	上班时间有无看书、干私事行为?				
9	有无在宾客面前打哈欠、伸懒腰行为?				
10	值班时有无倚、靠、趴在柜台的现象?				
11	有无随背景音乐哼唱现象?				
12	有无对宾客指指点点的动作?				

续 表

序号	检查细则	等级			
		优	良	中	差
13	有无嘲笑宾客失慎的现象？				
14	有无在宾客投诉时作辩解的现象？				
15	有无不理会宾客询问？				
16	有无在态度上、动作上对宾客撒气的现象？				
17	有无对宾客过分亲热的现象？				
18	有无对熟客过分随便的现象？				
19	对所有宾客能否做到一视同仁，又能提供个别服务？				
20	有没有对老、幼、残宾客提供方便服务？是否对特殊情况提供了针对性服务？				

三、提高服务质量的主要措施

（1）从餐饮部经理到各级管理人员都应具备丰富的质量管理经验，并以身作则。有关质量的标准和准则，如无强有力的督察手段则不可能被所有员工自觉地全盘接受并加以维护。

（2）关心和负责质量控制及质量维持的责任不仅是几个人的事情，只有全体人员进行全过程的管理和参与，才能有服务质量的稳定和提高。

（3）餐饮各部门应该有清晰的职能划分，各个岗位的工作人员应该有明确的职责分工，并严格遵循服务规格和规程，才能为宾客提供高质量的服务。

（4）对已取得的质量成果要不断加强和巩固，并坚持长期不懈地作出系统化的努力。

（5）前台质量与后台质量必须一致，对两者的控制也应步调一致。前台质量管理的目的是确立并加强通向积极循环的机制；后台质量管理的目的是拥有可供选择的各种质量管理的策略。

（6）随着消费变革、价格波动和服务项目的变化而提出新的质量标准和实施计划，并跟踪监督实施。

（7）加强现场指挥，切实提高销售水平和服务质量。

经典案例

卡尔顿饭店集团的服务质量管理战略与原理

卡尔顿饭店集团是一家世界著名的饭店连锁企业，总部在美国。

在1992年，该集团赢得了一项大奖——马尔科姆国家质量奖，从前没有任何一家美国饭店连锁店得过这样的奖项。马尔科姆国家质量奖是在1987年由美国国会创立的，给那些由于提高其产品或服务质量而取得卓越成绩的公司一定的荣誉认可。

卡尔顿采纳了全面质量管理（TQM）的原则，他一直为赢得马尔科姆国家质量奖而努力。早在1983年开始营运时，就热切地关注服务质量的提高——为此他设立了两个基本的质量战略。

1. 开展“七天倒计时”活动

在每一个新的卡尔顿饭店中均要开展“七天倒计时”活动，内容是由公司最高经理（包括总裁）对每一个新饭店的员工进行的七天强化定位和培训活动。

2. 设立“金标准”

卡尔顿的第二个质量战略就是公司所设立的“金标准”。金标准的四个要素如下。

(1) 卡尔顿的信条。卡尔顿以对客人真诚的关心并使其舒适为最高的责任——“我们保证为我们的客户提供最好的个人服务和设施，让他们总是处在一个温暖的、休闲的、幽雅的环境中。来卡尔顿的客人会感受到生命的活力，会找到幸福的感觉，而且能够得到意外的收获”。

(2) 服务的三个步骤。服务的三个步骤如下。

①温暖而真诚的问候。有可能的话，使用客人的名字。

②猜测并满足客人的需要。

③令人温暖的离别。向他们友好地挥手再见，有可能的话，使用他们的名字。

(3) 卡尔顿的基本原理主要有以下内容。

①员工要熟知并掌握信条，更要将信条化为实际行动。

②所有的员工都要实践服务的三个步骤。

③所有的员工都要经过培训考试，以确保他们能够在岗位上成功地执行卡尔顿标准。

④每一个员工都要理解在每一个战略计划中所设置的有关其他的工作区域及饭店所要实现的目标。

⑤所有的员工都要知道他们的内部和外部客户（员工和客人）的需要，以提供他们想要的产品或服务。有关客户喜好的活页簿应该被用来记录客户特定的需要。

⑥每一个员工都要不断地体察整个饭店的不足之处。

⑦任何一个收到客户投诉的员工，都要“自己拥有”这个投诉，也就是说他有责任去帮客户解决这个问题。

⑧每一个员工都要确保自己能解决这个问题。在20min内以电话进行追踪，以证实问题已经解决，客户因此而感到满意。做好每一件你可以做到的事情，不要失去任何一位客户。

⑨客户问题表格被用来记录和传达每一个客户不满意的事情。每一个员工都被授权解决问题，并防止其再次发生。

⑩向客户微笑，对客户保持正面的眼神接触，使用恰当的词汇与客户谈话（诸如“早上好”“当然”“我将很高兴……”和“乐意为您效劳”等)。

⑪保持清洁是每一个员工的责任。

⑫无论在工作环境内部，还是环境外部你都要成为旅馆的使节。谈论旅馆要采取正面的态度，不要进行反面的评论。

⑬陪同客户到饭店的某个区域，不要只简单地为其指一个方向。

⑭对饭店的信息了如指掌，以回答客户的咨询。在推荐那些外部设施之前，先推荐本饭店的零售店和食品饮料市场。

⑮使用恰当的电话礼节。在铃声响过三遍之内接电话，并用声音传达你的“微笑”。如有必要，可以这样询问：“我可以让你稍等吗?”不要对电话那头的人进行盘问，尽可能地减少电话转接。

⑯制度要整洁。穿着合适和安全的鞋袜，并且佩戴名字标牌。你的表情要充满自豪，还要带有关心他人的态度（符合所有的修饰标准）。

⑰确保所有的员工都知道他们在紧急关头时的作用，并且知道消防和救生的应对措施。如遇危险、伤害、设备问题，或你需要得到帮助时，要立即通知你的上司。对饭店资产和设备要进行恰当的维护和修理。

⑱保护卡尔顿的资产是每个员工的责任。

⑲再来看一看在卡尔顿基本原理中所使用的词汇和短语，“MR. BIV”是错误、重做、故障、无效率和变化这五个单词的首字母组合，这些都是一个公司存在的有害的表现特征。公司的员工要持续地关注并报告饭店的不足之处。“侧面的服务”概念意味着鼓励员工（即使在不同的部门工作）之间协调合作，旨在传递更高质量的客户服务。

(4)“我们是为女士和先生服务的女士和先生”的座右铭。除了这个座右铭，在卡尔顿饭店还有一些其他的核心词汇，比如说“第一次就将事情做好”和“即刻的修正”。员工要确认饭店营运中的缺点和错误，并尽可能地解决问题以使抱怨的客户满意。卡尔顿确认了一个饭店中的720个工作区，每个工作区域每个月都要准备一份质量检测报告。员工要定期完成这些报告，指明那些可能对服务质量和客户满意度起到反面影响的缺点和问题。员工要在收到客户投诉的10min内作出反应，并在20min内用电话跟踪调查问题解决的情况。每一个员工都被授权可以花费2000美元以内的资金来使一个不满意的客户高兴。

卡尔顿集团由于使用了独特的手段，成了提高服务质量成功的典范。自从卡尔顿赢得1997年的马尔科姆国家质量奖以来，许多组织都想跟它分享“成功的秘密”。卡尔顿也毫不吝惜地向大家披露了自己的成功秘诀。

案例分析

卡尔顿公司提出的理念体现了全面质量管理的精神，即质量管理不是事后管理，而是对事前、事中和事后全过程的管理。

经验总结

卡尔顿的成功源自于两个基本质量战略，这两个战略都是贯彻全面质量管理理念的应用典范。

1.“七天倒计时”实质上是一种质量教育与培训活动，它为全面开展质量活动奠定了思想基础和技能基础。

2.“金标准”四个要素是卡尔顿质量管理的中心思想，它体现了卡尔顿对服务质量的认识和对顾客的极度关注。

3. 卡尔顿的座右铭“我们是为女士和先生服务的女士和先生”体现了公司对员工的关注。用现在比较流行的话讲就是“两个上帝说”。管理者有两个上帝，一个是顾客，另一个是员工，只有让员工这位上帝满意了才会有另一个上帝——顾客的满意。

卡尔顿还充分利用授权为顾客提供快速反应服务，如员工可在2000美元范围内自由支配以改善服务，挽回不满意的客人。许多餐饮企业就未能做到这一点，导致很多客人拂袖而去，不再光顾。究其原因，就是未能理解顾客的真正价值——终生价值。

本章小结

餐饮产品的销售过程就是服务人员的服务过程，其同步提供的服务质量的优劣会直接影响销售的效果，最终会影响饭店的经济效益。本章首先介绍了餐饮服务质量的含义、内容和特点。在了解了基本知识之后，通过服务质量分析可以找出餐饮企业存在的主要服务质量问题以及引起这些问题的原因，然后举例介绍ABC分析法、圆形百分比分析图法、因果分析图法、PDCA循环法四种餐饮服务质量分析方法。为了使餐厅的每一项工作都围绕着为宾客提供满意的服务而进行，在餐饮服务的三个阶段要相应地进行餐饮服务的预先控制、现场控制和反馈控制，并同时进行餐饮服务质量的监督检查。

考考餐饮服务员

一、填空题

1. 餐饮部向客人提供的服务通常是由__________、__________、__________共同组成。

2. 餐饮服务质量中有形产品质量包括__________、__________和__________。

3. 餐饮服务质量中无形产品质量包括__________、__________、__________、__________和__________。

4. PDCA管理循环的工作程序分四个阶段分别为__________、__________、__________和__________。

5. 根据餐饮服务质量内容中对服务员礼节礼貌、仪容仪表、服务态度、清洁卫生、服务技能和服务效率等方面的要求，可将其归纳为__________、__________、__________和__________四个大项并按顺序列出一个详细的检查表。

二、选择题

1. 餐饮行业要求服务人员应具有（　　）的服务意识，并能够主动、热情、耐心、周到地为客人提供服务。

A. 客人永远是对的　　B. "宾客至上"

C. 顾客就是上帝　　D. 优质服务

2. （　　）是无形产品质量的关键所在，直接影响餐饮服务质量。

A. 服务技能　　B. 服务效率　　C. 服务态度　　D. 礼节礼貌

3. 餐饮服务质量的构成内容既包括有形的设备设施质量、服务环境质量、实物产品质量，又包括无形的劳务服务质量等多种因素。其中，（　　）是餐饮服务质量的基础，（　　）是其表现形式。

A. 设施设备、劳务服务；实物产品、服务环境

B. 设备设施、实物产品；服务环境、劳务服务

C. 实物产品、劳务服务；服务环境、实施服务

D. 实物产品、服务环境；设施设备、劳务服务

4. （　　）又称鱼刺图、树枝图，是分析质量问题产生原因的一种有效工具。

A. 因果分析图　　B. ABC 分析法

C. PDCA 循环法　　D. 圆形百分比分析图法

5. 餐饮服务质量则是有形产品质量和无形产品质量的完善统一。有形产品质量是无形产品质量的（　　），无形产品质量是有形产品质量的（　　），两者相辅相成，构成完整的餐饮服务质量的内容。

A. 凭供和基础；继续和完善　　B. 完善和体现；凭供和依托

C. 凭供和体现；依托和完善　　D. 凭供和依托；完善和体现

三、简答题

1. 餐饮服务质量的特点是什么？

2. 提高餐饮服务质量有什么重要意义？

3. 餐饮服务质量分析的内容有哪些？

4. 进行餐饮服务质量控制的基本条件是什么？

5. 如何对餐饮服务质量进行控制？

走近餐厅

【实训名称】餐饮服务质量控制的方法

【实训内容】根据餐饮服务的三个阶段，即准备阶段、执行阶段和结束阶段，完成餐饮服务质量的预先控制、现场控制和反馈控制。

要求：1. 以班级为单位分成若干小组。

2. 每组设组长一名担任领班角色。

3. 每班设班长一名担任主管角色。

考核基本时间：3 个小时。

【实训点评】评分项目及标准

1. 预先控制的主要内容包括：人力资源的预先控制、物资资源的预先控制、卫生质量的预先控制与事故的预先控制。

2. 现场控制的主要内容包括：服务程序的控制、上菜时机的控制、意外事件的控制及开餐期间的人力控制。

3. 反馈控制由内部系统和外部系统构成，就是每餐结束后召开简短的总结会和收集就餐宾客的信息，找出不足，采取措施，提高服务质量，使宾客更加满意。

第十章 餐饮卫生与安全管理

动脑筋

酒店食物中毒

2005年7月2日中午，约有530人在四川省资阳市某大酒店参加婚宴。食谱为：卤牛肉、姜汁豇豆、炝拌笋尖、糖拌西红柿、盐水鸭、白水兔丁、韭菜绿乌鸡、笋子牛楠、双椒武昌鱼、珍珠甲鱼、青豆烧田鸡、姜汁肘子、豆沙甜烧白、南瓜绿豆汤；两个时令蔬菜、两道小吃、一个水果拼盘，酒水自带。饭后部分就餐者陆续出现腹痛、腹泻、发热、恶心、呕吐等症状，腹泻开始为稀便，后为水样便、黏液脓血便，腹泻多达每天10余次之多。最早发病者为7月2日晚21时，末例病人为7月3日晨4时，年龄最大者75岁，最小者15岁，中毒人数累计69人，无中毒病人死亡，所有病人经对症治疗于7月9日都已康复。经检验，在剩余食品中均检出大肠菌群超过国家标准150倍，判定本次食物中毒为细菌性食物中毒。

请思考：1. 请初步判断该次食物中毒的原因是什么？

2. 应采取何种紧急处理措施？

第一节 卫生知识

一、食品卫生

（一）食品卫生的概念

食品是由多种化学物质成分组成的混合物，一般将食品中的这些物质成分划分为内源性和外源性两部分。其中内源性物质是食品本身所具有的成分，而外源性物质则是在食品从加工到摄食全过程中进入的成分。

世界卫生组织于1996年指出，食品卫生是指为确保食品安全性和适合性，在食物链的所有阶段必须采取的一切条件和措施。而《食品工业基本术语》将“食品卫生”定义为“为防止食品在生产、收获、加工、运输、储藏、销售等各个环节被有害物质污染，使食品有益于人体健康所采取的各项措施”。

餐厅的食品卫生标准就是《食品卫生法》，其第六条明文规定：“食品应当无毒、无害，符合应当有的营养要求，具有相应的色、香、味等感官性状。”无毒无害是食品的首要条件和起码要求，否则，即使食品具备营养和色香味等感官性状，也无食用价值。

（二）禁止生产经营的食品

《食品卫生法》第九条规定了禁止生产经营的食品：

（1）腐败变质、油脂酸败、霉变、生虫、污秽不洁、混有异物或者其他感官性状异常，可能对人体健康有害的。

（2）含有毒、有害物质或者被有毒、有害物质污染，可能对人体健康有害的。

（3）含有致病性寄生虫、微生物的，或者微生物毒素含量超过国家限定标准的。

（4）未经兽医卫生检验或者检验不合格的肉类及其制品。

（5）病死、毒死或者死因不明的禽、畜、兽、水产动物等及其制品。

（6）容器包装污秽不洁、严重破损或者运输工具不洁造成污染的。

（7）掺假、掺杂、伪造，影响营养、卫生的。

（8）用非食品原料加工的，加入非食品用化学物质的或者将非食品当做食品的。

（9）超过保质期限的。

（10）为防病等特殊需要，国务院卫生行政部门或者省、自治区、直辖市人民政府专门规定禁止出售的。

（11）含有未经国务院卫生行政部门批准使用的添加剂或者农药残留超过国家规定容许量的。

（12）其他不符合食品卫生标准和卫生要求的。

（三）食品卫生“五四”制

（1）由原料到成品实行“四不制度”：采购员不进腐败变质的原料；保管员不收腐败变质的原料；食品加工员不用腐败变质的原料；服务员不卖腐败变质的食物。

（2）成品（食物）存放实行“四隔离”：生与熟隔离；成品与半成品隔离；食品与杂物、药物隔离；食品与天然冰隔离。

（3）餐具洗涤要求“四过关”：一洗、二刷、三冲、四消毒。

（4）环境卫生采取“四定”方法：定人、定物、定时间、定质量。

（5）个人卫生做到“四勤”：勤洗手、剪指甲；勤洗澡、理发；勤洗衣服、被褥；勤换工作服。

（四）食品腐败变质及其预防措施

1. 食品腐败变质的概念

食品原料由于在生产、收购、运输、加工、包装、储藏时受到微生物污染而常常带有各种微生物。当放置一段时间后，受食品中微生物和环境条件的影响和作用，食品会出现长霉、变色变味、腐烂等现象。

食品卫生学中的食品腐败变质泛指在以微生物为主的各种因素作用下，食品的色、香、味、形及营养成分发生了从量变到质变的变化，从而使食品质量下降，以致完全不能食用的过程。例如，鱼、肉、禽、蛋的腐败，粮食的霉变，蔬菜水果的溃烂，油脂的酸败等。从商品学角度讲，食品腐败变质是指食品受微生物等因素的作用失去了其应有的商品价值。

2. 食品腐败变质的原因和条件

食品腐败变质是以食品本身的组成和性质为基础，在环境因素影响下，主要由微生物的作用而引起，是食品本身、微生物和环境因素三者互为条件、相互影响、综合作用的结果。变质的食物不能供人们食用。

(1) 食品本身的成分和性质。食品的营养成分构成、水分含量、pH 值及渗透压等对食品中微生物的繁殖、菌相构成及优势菌种均有重要影响，从而决定食品腐败变质的进程及特征。食品的状态及所含的不稳定物质也对食品的腐败变质起作用，如不饱和脂肪酸、色素、芳香物质等的变化均可引起食品色、香、味、形的改变，鲜奶的凝固、面包的老化、水果的变色等均属此类。

(2) 微生物。在食品腐败变质过程中起主要作用的是细菌、酵母和霉菌，尤其是细菌更占优势。

(3) 环境因素。无论是食品自身的性质变化，还是微生物引起的变化而导致食品腐败变质都与环境条件如温度、湿度、氧气、光照等密切相关。例如，食品中的一些不稳定物质，如不饱和脂肪酸在氧、光照、温度的作用下而发生氧化和酸败；食品或食品原料由于机械损伤等导致食品的组织或细胞被破坏，如果所处环境条件（温度、湿度、pH、空气）适宜，更易被微生物作用而加速腐败变质。

3. 预防食品腐败变质

食品腐败变质可使食品的营养价值严重降低，食用后易引起人的不良反应及食物中毒，对人体造成直接的损害。因此，餐饮企业应该采取必要的措施预防食品腐败变质。通常所采取的控制措施是通过一定的手段、方法和技术对新鲜食品进行加工处理，将食品中的微生物杀灭或减弱其生长繁殖的能力，以延长食品保藏和可供食用的期限。但是任何一种方法都难以达到将食品微生物全部杀灭的目的，所以食品腐败变质的预防是个相对概念。餐饮业经营中常见的食品保藏方法有以下几种。

(1) 低温保鲜法。这是餐饮业最普遍和常见的方法。低温可以有效地抑制或杀灭微生物，也能延缓或停止其生活过程。所以一般烹饪原料都可以用低温的方法保鲜保藏。低温保鲜或冷冻的温度决定于原料的性质，如畜禽肉类、鱼类温度一般要在 0℃以下，而蔬菜则不能低于冰点，一般在 0℃～4℃。

(2) 高温保藏法。高温保藏也是餐饮企业用来防止腐败变质的常用方法，因为微生物一般对高温的耐受力较弱，当温度超过 80℃时微生物的生理机能即减弱并逐步死亡。当然，热处理不当也可产生营养素损失，形成有害热解产物等。采用高温加热后的原料应立即降温，否则原料或食品内部的温度不迅速散发，也会引起变质。高温处理后的原料还要注意防止重新污染。

(3) 脱水干燥保藏法。食品脱水干燥保藏是通过降低食品水分，抑制可引起食品腐败和食品中毒的微生物的生长。食品脱水的方法主要有传统的日晒、晾晒风干、加热烘干，工业化生产中常使用冷冻干燥、喷雾干燥、滚筒薄膜干燥、蒸发干燥等。

(4) 腌制和熏制保藏法。腌制和熏制是食品加工制作的方法，可以起到避免食品腐败变质和长期保藏食品的目的，同时增加食品的风味特色，主要有盐腌、糖渍、酸渍、酒渍、熏制等。

(5) 真空密封保鲜法。真空密封保藏是将原料或食品严密封闭在特殊容器或包装袋中，有时需抽出其中的空气，使其与日光、空气隔绝，以防止被污染和氧化。这种保藏方法可以使食品保藏较长的时间。

(6) 活养保鲜。餐饮业中活的动物性原料，如某些鱼类、虾类、蟹类等水产以及禽类产品可暂养保鲜，随用随杀。这样不但可以最大程度保持食物原料的鲜活和营养，而且烹调出来的菜肴更为美味。活养的要求是养活、养好、便于烹调，水产品一般需要清洁的水、充足的氧气。

(7) 化学保藏法。它是指使用化学防腐剂来抑制微生物的生长繁殖，达到防止和延缓食品腐败变质的目的。防腐剂既可以直接加入食品中，也可以只对食品进行表面处理。多数化学药品都有一定的毒性，因此只有相对少数的防腐剂被允许用于食品防腐。此外应注意针对不同食品正确使用防腐剂。

二、餐具卫生

餐饮经营中时刻离不开各种餐茶具和厨房生产加工工具，对这些生产服务中所用的餐具、炊具、机械设备等，若不注意卫生，用后不及时清洗消毒，即可因微生物大量生长繁殖而造成污染，从而对消费者身体健康造成危害。《食品卫生法》强调餐饮企业所用食品容器、工具、设备要进行清洗消毒，作为餐饮企业的管理者或餐饮生产经营人员，要十分重视这个问题。餐具卫生管理应抓好餐茶具的消毒以及存放时的保洁。

(一) 常用的消毒方法

1. 物理消毒法

物理消毒法是指用湿热、干热、紫外线等物理因素作用达到消毒目的以符合卫生规范要求的方法。

(1) 煮沸消毒法。将洗净的餐具全部放入沸水锅中，煮沸 5min 以上，即可达到消毒要求。这种方法效果可靠，简便易行，是广大餐饮企业普遍推行的一种方法。

(2) 蒸汽消毒法。洗净的餐具放入蒸汽消毒箱或蒸笼内，蒸汽温度达到 95℃～100℃，持续蒸 20min 以上，可达到消毒要求。这种方法也很可靠，有锅炉的企业适于采用。

(3) 远红外线消毒法。远红外线消毒箱的温度可达到 120℃以上，洗净的餐具在其中放置 30min 以上，即可达到消毒要求。

(4) 紫外线消毒法。用紫外线消毒灯对空气及台面进行消毒（距台面 1m 以内），紫外线强度不低于 $70w/cm^2$，时间为 30min，可达到消毒要求。

2. 化学消毒法

化学消毒法是指用化学药物实施消毒的方法。该类化学药物称为消毒剂，消毒剂种类很多，目前餐饮企业主要采用食用碱、食用级乙醇（酒精）、漂白粉、过氧乙酸、84 消毒液等，以达到消毒的目的。使用化学消毒法需要注意：

(1) 使用消毒剂应在保质期限内，并按规定的温度等条件储存。

(2) 严格按规定浓度进行配制，固体消毒剂应充分溶解。

(3) 配好的消毒液定时更换，一般每 4h 更换一次。

(4) 使用时定时测量消毒液浓度，浓度低于要求时必须立即更换。

(5) 保证消毒时间，一般餐具、工具消毒应作用 5min 以上。

(6) 应使消毒物品完全浸没于消毒液中。

(7) 餐具消毒前应洗净，避免油垢影响消毒效果。

(8) 消毒后以洁净水将消毒液冲洗干净。

(二) 餐具清洗消毒注意事项

(1) 餐具清洗的三步消洗程序（一刮、二洗、三冲）要分别进行，即“三池分开”。在洗碗消毒机上这三步也是分别进行的。

(2) 凡是能用热力消毒的餐具，尽量用蒸煮法消毒，对不能蒸煮的玻璃餐茶具、酒具，可采用药物消毒。

(3) 要有与营业相适应的专门消毒设备，要有足够周转数量的餐具，以便保证餐具件件消毒。

(4) 要有固定专人负责，定时进行消毒。

(5) 消毒过的餐茶具，应放在密闭保洁橱内，防止污染。

(6) 使用的消毒剂必须是经过卫生主管机关批准的，并按认可的产品说明来配制使用。对操作人员无伤害，易于冲洗，消毒效果可靠。

三、环境卫生和个人卫生

(一) 环境卫生

餐厅的环境卫生主要是指餐厅、通道、走廊、厕所、休息室、工作间等场所的卫生。餐饮产品卫生质量在一定程度上也受餐厅卫生和服务的影响，餐厅的卫生管理也是饭店餐饮卫生管理工作的一个中心内容。

1. 餐厅卫生基本要求

餐厅环境卫生（如图 10-1所示）要求做到以下几点。

(1) 餐厅应光亮、宽敞和干燥，厅内布置要优雅美观，色调和谐，给进餐者创造一个舒适、清洁、愉快的环境。

(2) 餐厅、宴会厅温度。一级餐厅（宴会厅）夏季 24℃～26℃，冬季 20℃～24℃；二、三级餐厅夏季 24℃～26℃，冬季 20℃～24℃；四级餐厅夏季 25℃～28℃，冬季 22℃～24℃。

(3) 餐厅的相对湿度。一级餐厅夏季 55%～65%，冬季 40%～50%；二、三级餐厅夏季 65%，冬季 30%。

(4) 餐厅、宴会厅的噪声。一级餐厅小于 35 分贝；二、三级餐厅小于 40 分贝；四级餐厅小于 50 分贝。

(5) 餐厅、宴会厅换气次数为 10～12 次/小时，咖啡厅为 10～12 次/小时，酒吧间为 12～15次/小时。

(6) 餐桌台布和口布要求干净、平整、洁白。一餐换一次台布，不得重复使用。

(7) 餐具、茶具、酒具要保持清洁，无口纹、水纹、指纹。

(a) (b)

图 10－1　餐厅环境卫生

2. 餐厅日常卫生管理

人们的食欲往往受进食环境和食品色、香、味、形等感官性质的影响，如果就餐环境清洁卫生，食品色、香、味、形好，则会增强用餐者的食欲和就餐的情绪，满足人们饮食及相关的心理需求。餐厅是客人就餐的场所，其装饰、设施的清洁程度和维修状况对于食品经营的卫生管理和饭店的整体形象都是至关重要的，因为顾客对饭店的全部体验就在餐厅，他们对于餐桌、座椅、地面的清洁程度有时很挑剔，这些往往会在顾客心中留下第一印象，这些地方每次开餐之前和结束之后都需要仔细地清洁。餐厅日常卫生工作应做到经常化、制度化、规格化、责任化。

正常营业开始之前，餐厅经理应把餐厅的全部灯都打开，巡视一遍所有的设施，这是全面准备工作的一部分：首先，要检查地面、墙面、天花板，看有没有需要维修的地方；其次，要检查桌椅和雅座是否清洁；最后，对菜单也要进行检查，及时清洁上面的污点。

餐厅日常卫生要坚持每日“三小搞”，保持地面、桌面清洁，玻璃光亮，设备整洁。餐厅大项卫生坚持每周“一大搞”，地面定期打蜡抛光，有计划地为家具、灯具等清洁打蜡。定期有计划地分批进行座椅和墙面的清洗。

（二）个人卫生

餐饮业从业人员每天从事食品的加工、生产、销售，与食品原料、半成品、成品接触频繁，同时每天要与餐饮消费者直接接触，如不注意个人卫生或患有病毒性肝炎、痢疾等肠道传染病，或是健康带菌者（包括病毒携带者），就有可能通过被病菌污染的食物传染疾病给广大餐饮消费者，从而造成极大的社会危害。因此，餐饮业从业人员个人卫生的好坏将直接或间接影响食品卫生的质量。

1. 餐饮从业人员个人卫生要求

（1）保持良好的个人卫生，操作时穿清洁的工作服、戴工作帽（专间操作人员还需戴口罩），头发不得外露，不得留长指甲，涂指甲油，佩戴饰物。

（2）操作时双手应保持清洁，操作前应清洗双手。接触直接入口食品时，手部还应进行消毒。

（3）操作人员在有下列情形时应洗手：开始工作前；处理食物前；上厕所后；处理弄污的设备或饮食用具后；咳嗽、打喷嚏或擤鼻涕后；触摸鼻子、耳朵、头发或身体其他部位后；从事任何可能会污染双手的活动后。

（4）专间操作人员进入专间时宜再次更换专间内专用工作衣帽并佩戴口罩，操作前双手严格进行清洗消毒，不得穿戴专间工作衣帽从事与专间内操作无关的工作。

(5) 个人衣物及私人物品不得带入食品处理区。

(6) 食品处理区内不得有抽烟、饮食及其他可能污染食品的行为。

(7) 进入食品处理区的非加工操作人员，应符合现场工作人员卫生要求。

2. 餐饮业人员的卫生管理

餐饮业人员的卫生管理工作应从以下几方面入手。

(1) 个人卫生制度化。良好的个人卫生习惯的养成，需要经过长期的卫生教育和培训、必要的制度和措施以及高度的自觉性保障才能养成。具体做到：严格健康检查，做到持证上岗；加强宣传教育和卫生知识培训；建立必要的卫生奖惩制度；要使员工养成良好的职业道德，增强卫生观念。

(2) 培养良好的个人卫生习惯。餐饮从业人员由于职业的特殊性，应注意讲究个人卫生，要做到“四勤”。此外，餐饮生产和服务人员在工作期间，一定要遵守各项规章制度，不做违规的事。

(3) 加强从业人员工作服管理。工作服（包括衣服、帽子、口罩）宜用白色或浅色布料制作，也可按其工作的场所从颜色或式样加以区分。工作服应有清洗保洁制度，定期进行更换，保持清洁，接触直接入口食品人员的工作服应每天更换，从业人员上厕所前应在食品处理区内脱去工作服，禁止从业人员着工作服离开工作场所，待清洗的工作服应放在远离食品处理区的地方，每名从业人员应有两套或两套以上工作服。

餐饮专家

关于《食品安全法》

2007 年 12 月，《食品安全法》（草案）首次提交十届全国人大常委会第三十一次会议审议，用于取代 1995 年制定的《食品卫生法》。

2008 年 8 月 25 日，接受十一届全国人大常委会第四次会议审议。

2008 年 9 月 13 日，国务院启动国家重大食品安全事故Ⅰ级响应，成立“三鹿”牌婴幼儿配方奶粉重大安全事故应急处置领导小组，9 月 16 日三鹿等毒奶厂商被曝光，成为食品安全危机的悲剧性样本。

2008 年 10 月 23 日，《食品安全法》（草案）提交十一届全国人大常委会第五次会议进行三审，提出了八方面重大修改，其中六个方面更是直接针对“三鹿事件”。

2009 年 2 月 28 日上午，全国人大常委会以 158 票赞成、3 票反对、4 票弃权表决，高票通过了《中华人民共和国食品安全法》。2009 年 6 月 1 日，《食品安全法》正式实施，同时《食品卫生法》将废止。

第二节　餐饮安全管理

安全管理是指在意外事故还未发生前，餐厅运用一些制度与管理方法预防意外事故的发生，以确保餐厅的财产安全及顾客与员工的财产、人身安全。一般来说，餐厅安全管理包括防火、防盗、防抢，停水、停电等一些意外事故的处理等。事故一般都是由于工作人员的粗心大意而造成的，且往往具有不可估计和不可预料性。执行安全措施，具有安全意识，可减少或避免事故的发生。无论是管理者，还是每一位员工，都有责任提供一种安全的环境，都必须认识到要努力遵守安全操作规程，并承担维护安全的义务。

一、安全管理的目的和任务

要做好餐饮的安全管理，首先必须明确安全管理的目的与任务。

（一）安全管理的目的

餐饮安全管理的目的，就是要消除不安全因素，消除事故的隐患，保障员工的人身安全和企业及餐饮部的财产不受损失。餐饮部的不安全因素主要来自主观、客观两方面：主观上是员工思想上的麻痹，违反安全操作规程及管理混乱；客观上是餐饮部，特别是厨房本身工作环境较差，设备、器具繁杂集中，从而导致事故的发生。针对上述情况，在加强安全管理时应主要从以下几方面着手。

（1）加强对员工的安全知识培训，克服主观麻痹思想，强化安全意识。未经培训的员工不得上岗操作。

（2）建立健全各项安全制度，使各项安全措施制度化、程序化。特别是要建立防火安全制度，做到有章可循，责任到人。

（3）保持工作区域的环境卫生，保证设备处于最佳运行状态。对各种厨房设备采用定位管理等科学管理方法，保证工作程序的规范化、科学化。

（二）餐饮安全管理的任务

餐饮安全管理的任务就是实施安全监督和检查机制，通过细致的监督和检查，使员工养成安全操作的习惯，确保餐饮设备设施的正确运行，避免事故的发生。安全检查的工作重点可放在厨房安全操作程序和厨房设备这两个方面。餐饮安全管理的主要任务有以下三个方面。

（1）保证客人的人身安全。餐饮部应加强设备设施、食品卫生、员工操作等各个方面管理，确保就餐客人的人身不受任何伤害。

（2）保证客人的财物安全。餐饮部应采取各种措施，保证客人的财物在就餐过程中没有任何损失。

（3）保证客人的心理安全。餐饮部应通过营造良好的就餐环境、菜肴明码标价、员工的优质服务等方法，使就餐客人在消费过程中心理上产生从容、愉悦的感受。

二、餐饮安全防范

（一）常见事故的预防

餐饮部常见的事故有割伤、跌伤或砸伤、扭伤、烧烫伤、电击伤、盗窃、火灾、抢劫等，这里简单介绍一下各种事故的预防。

1. 割伤

割伤主要是由于使用刀具和电动设备不当或不正确而造成的。正确使用刀叉、尖锐的器皿或厨房用具可以防止割伤。其预防措施是：

（1）使用各种刀具时，注意力要集中，方法要正确。

（2）操作时，不得用刀指东划西，不得将刀随意乱放，更不能拿着刀子边走路边甩动膀子，以免刀口伤着别人。

（3）不要将刀放在工作台或砧板的边缘，以免振动时滑落砸到脚上。一旦发现刀具掉落，切不可用手去接。

（4）清洗刀具时，要一件一件进行，切不可将刀具浸没在放满水的洗涤池中清洗。

（5）禁止拿着刀具打闹。

（6）在没有学会如何使用某一机械设备之前，不要随意去操作。

（7）在使用具有危险性的设备（绞肉机或搅拌机）之前，必须先明确设备装置是否到位。

（8）在清洗设备时，要先切断电源再清洗，清洁锐利的刀片时要格外谨慎，洗擦时要将抹布折叠到一定的厚度，由里向外擦。

（9）厨房如有破碎的玻璃器具和陶瓷器皿，要及时用扫帚处理掉，不要用手去捡。

（10）发现工作区域内有暴露的铁皮角、金属丝头、铁钉之类的东西，要及时维修处理好，以免划伤他人。

大多数的割伤均伴有创口出血，创口原则上都应及时进行消毒、包扎。如果创口不大，可用创可贴贴上。一般的割伤，用绷带包扎后就可止血；如有大量出血时，可用止血带，并及时去医院就诊。

2. 跌伤或砸伤

由于厨房内地面潮湿、油腻、行走通道狭窄、搬运货物较重等因素，非常容易造成跌伤或砸伤。其预防措施为：

（1）工作区域及其周围地面要保持清洁、干燥。油、汤、水洒在地面后，要立即擦掉，尤其是在炉灶操作区。

（2）厨房的工作鞋要有防滑性能，不得穿薄底鞋、已磨损的鞋、高跟鞋、拖鞋、凉鞋。平时所穿的鞋脚趾脚后跟不得外露，鞋带要系紧。

（3）所有通道和工作区域内应没有障碍物，橱柜的抽屉和柜门应随时关闭。

（4）不要把较重的箱子、盒子或砖块等放在可能掉落的地方。

（5）厨房内员工来回行走路线要明确，尽量避免交叉相撞等。

（6）存取高处物品时，应当使用专用梯，用纸箱或椅子来代替是不安全的。过重的物品不能放在高处。

3. 扭伤

扭伤也是厨房较常见的一种事故，多数是因为搬运超重的货物或搬运方法不当而造成的。具体预防措施是：

（1）搬运重物前首先估计自己是否能搬动，搬不动应请别人帮忙或使用搬运工具，绝对不要勉强或逞能。

（2）抬举重物时，背部要挺直，膝盖弯曲，要用腿力来支撑，而不能用背力。

（3）举重物时要缓缓举起，使所举物件紧靠身体，不要骤然猛举。

（4）抬举重物时，应小步挪动脚步，切忌扭转身体，以防伤到腰部。

(5) 搬运重物时当心手被挤伤或压伤。

(6) 尽可能借助于载重设备或搬运工具。

4. 烧烫伤

烧烫伤主要是由于员工接触高温食物或设备、用具时不注意防护引起的。其主要预防措施如下：

(1) 在烧、烤、蒸、煮等设备的周围应留出足够的空间，以免因空间拥挤，来不及避让而被烫伤。

(2) 在拿取温度较高的烤盘、铁锅或其他工具时，手上应垫上一层厚抹布。同时，双手要清洁无油腻，以防打滑。撤下热烫的烤盘、铁锅等工具应及时作降温处理，不得随意放置。

(3) 在使用油锅或油炸炉时，特别是当油温较高时，不能有水滴入油锅，否则热油飞溅，极易烫伤人。热油冷却时，应单独放置并设有一定的标志。

(4) 在蒸笼内拿取食物时，首先应关闭气阀，打开笼盖，让蒸汽散发后再使用抹布拿取，以防被蒸汽灼伤。

(5) 使用烤箱、蒸笼等加热设备时，应避免人体过分靠近炉体或灶体。

(6) 在炉灶上操作时，应注意用具的摆放，炒锅、手勺、漏勺、铁筷等用具如果摆放不当极易被炉灶上的火焰烤烫造成烫伤。

(7) 烹制菜肴时，要掌握油温和正确的操作程序，防止油温过高、原料投入过多，油溢出锅沿流入炉膛火焰加大，造成烧烫伤事故。

(8) 在端离热油锅或热大锅菜时，要大声提醒其他员工注意或避开，避免碰撞。

(9) 在清洗加热设备时，要先冷却后再进行。

(10) 禁止在炉灶及热源区域打闹。

5. 电击伤

电击伤主要是由于员工违反安全操作规程或设备出现故障而引起。其主要预防措施如下：

(1) 使用机电设备前，首先要了解其安全操作规程，并按规程操作，如不懂得设备操作规程，不得违章操作。

(2) 设备使用过程中，如发现有冒烟、异味、电火花等异常现象时，应立即停止使用，申报维修，不得强行继续使用。

(3) 厨房员工不得随意拆卸、更换设备内的零部件和线路。

(4) 清洁设备前要首先切断电源，当手上沾有油或水时，不要去触摸电源插头、开关等部件，以防电击伤。

6. 盗窃

餐厅是拥有大量财产及物品的地方，这些财产及物品为餐厅的正常运行及客人享受服务提供了良好的物质基础。对这些财产及物品的任何偷盗及滥用都意味着餐厅的损失。此外，餐厅在营业过程中保留有数目可观的现金及数量不少的各类物品，若不严加控制，同样会使餐厅遭受损失。因此，餐厅安全管理中应制订周密的方法和措施，对餐厅的财产及物品加以控制，以保证餐厅财产及物资免遭损失。具体应做到：

(1) 营运安全管理。作为餐厅员工，最先到达的人应先查看店面四周，并检查门、窗是否开着。如发现被盗应立刻报警，然后查看餐厅内所丢失的物品，并保护好现场。如没有异常情况，即可进行营业前的准备工作。在打烊关门前，应确定所有顾客都已离开餐厅。然后，将门窗关好。打烊后，员工要结伴离去。

(2) 防止内部人员偷窃。餐厅员工在日常工作及服务过程中直接接触餐厅的各种财产与物品。为防止员工借工作之便偷盗餐厅财物，首先要严格把好录用员工关，并进行经常性的教育和制订严格的奖惩措施。一旦发生偷窃行为时，应根据情节轻重进行严肃处理，绝不留情。另外，还应通过各种措施，严堵管理漏洞，不给盗贼留下盗窃的机会。这些措施包括：

①明令规定贵重物品严禁携至餐厅中，如有必要，则交由柜台保管。

②发薪日应将现金或薪资支票锁于保险柜中，下班的员工方可领取，领钱后最好立即离店，勿在店中无事逗留。

(3) 防止外人偷窃。餐厅经营特点决定了餐厅每天都有大量的现金流入流出，以及餐厅经营必须库存的大量原材料，这就成为许多不法分子进行偷窃的目标。为防止偷窃行为的发生，应采取以下措施进行防范：

①灯光照明，因为充足的灯光可以减少店内和店外犯罪行为的发生。

②经常检查门窗有无玻璃破损及任何螺丝脱落的情况，并及时维修。

③控制餐厅钥匙的数量，持有人只限于经理、副经理或开店及打烊的人员。

④建立钥匙记录簿，加强钥匙的管理。当钥匙数量多到无法控制时，应立即换锁。

⑤储藏间必须上锁，大型铁质垃圾桶应保持完好并紧闭。

⑥加强入口、楼层走道及其他公众场所的控制，防止外来不法分子作案。

⑦餐厅不要在没有安全措施的情况下，将有价值的物品置放于公共场所。

⑧外来办事人员、送货人员、修理人员等只能使用员工入口处，并要得到值班人员允许后方可进入。这些人员在任务完成后，也必须经员工出口处离开餐厅，保安人员应注意他们携带的物品。

⑨餐厅的设备、用具、物品等需在外面修理的，必须具有所属部门经理的签名，并经值班人员登记后才能放行。

7. 火灾

厨房是经常用火的地方，自古以来便是“小心火烛”的重点部位。近年来，随着我国经济的发展，宾馆、饭店呈现出一片繁荣的景象。由于经营水平不一，厨房设施和厨房环境差异很大，通常存在石油液化气管道、柴油、煤炉灶并存的情况。而厨房设施的不断更新，用火方式的变化，都增加了火灾的危险性。因此，厨房的防火安全更不容忽视。

造成厨房火灾的主要原因有：电器失火、烹调起火、抽烟失火、管道起火、加热设备起火以及其他人为因素造成的火灾等。为了避免火灾的发生，需采取以下预防措施：

(1) 加大消防安全教育。定期或不定期地对饭店厨房员工进行培训，并制订相应的消防安全管理制度。

(2) 减少柴油等容易积累油污的燃料。高层建筑内厨房不应该使用瓶装液化石油气，煤气、天燃气管道应从室外单独引入，不应该穿过客房或其他公共区域。厨房中的气瓶应集中在一起管理，距灯具等明火或高温表面要有足够的距离，以防高温烤爆气瓶，引起可燃气体泄漏，造成火灾。

(3) 使用安全的厨房设备。厨房中的灶具应安装在不燃材料上，与可燃物有足够的距离，以防烤燃可燃物。对厨房内的燃气、燃油管道、接头、阀门必须定期检查，防止泄漏。如发现燃气、燃油泄漏，首先应关闭阀门，及时通风，并严禁使用任何明火和启动电源开关。

（4）安全用电。厨房内使用的电器开关、插座等电器设备，以封闭式为佳，防止水从外面渗入。并应安装在远离煤气、液化气灶具的地方，以免开启时产生火花引起外泄的煤气和液化气燃烧。厨房内运行的各种机械设备不得超负荷用电，并应时刻注意在使用过程中防止电器设备和线路受潮。

（5）勤处理厨房油污。厨房灶具旁的墙壁、抽油烟罩等容易污染处应天天清洗，油烟管道至少应每半年清洗一次。

（6）配置灭火设施。厨房内应配备一些湿棉被和石棉毯，用来扑灭各类油锅火灾。另外，厨房内还应该配置一定量的ABC干粉灭火器设施，并应放置在明显部位，以备急时所需。

由于厨房火灾形式的严峻和对我国公民生命财产安全的影响，《建筑设计防火规范》中明文规定，公共建筑中营业面积大于500 ㎡的餐饮场所，其烹饪操作间的排油罩及烹饪部位宜设置自动灭火装置，且应在燃气或燃油管道上设置紧急事故自动切断装置。

其中采用厨房灶台自动灭火系统，是一种积极有效的预防措施。由于厨房结构和火灾特点，采用独立设置自动喷水灭火系统、气体灭火系统或泡沫灭火系统扑救厨房的火灾是不经济的，且利用此类系统来扑灭厨房灶台火灾也是比较困难的。因此，选用厨房专用灭火装置可以有效控制高温油锅引发的厨房火灾。该装置可24h对厨房灶台、集油烟罩、排烟管道进行全方位的消防保护。目前国内很多星级酒店和一些企事业单位都已安装厨房火灾自动灭火系统对厨房进行保护，使因厨房发生火灾所造成的损失降到了最低。

8. 抢劫

抢劫事件大多发生在打烊后或夜深人静时。面对抢劫，当事人应想办法让歹徒尽快离去。因为抢劫者在餐厅内待得时间愈久，对员工及顾客所造成伤害的可能性也就愈大。因此抢案发生时，最主要的事情就是避免暴力发生。

（1）遇抢的应变措施。当餐厅发生抢劫时，管理人员应采取一些应变措施，使餐厅的财产损失降低到最小程度，并要保证员工及顾客的人身安全，具体的应变措施包括以下方面：

①保护收银、出纳人员，并乘机记下抢匪的容貌、口音、身高、身材、服装特征及所持器械等。

②若问及保险柜位置及密码，一概推说不清楚。

③以保障人身安全为主，保护财物为辅。

④注意匪徒逃离方向及其使用的交通工具，并记下车牌号码及车型、颜色。

⑤尽快报警，并及时向经理或负责人通报具体情况。

（2）注意防抢讯号。一般情况下，只要防范方法得当，让歹徒无机可乘，抢劫事件则不会发生。因此，在日常营业时，餐厅里的每一位员工都应注意防抢讯号。防抢讯号包括以下几个方面：

①餐厅外有人闲逛或逗留。作为餐厅员工，应仔细观察此人是否可疑，并记下身材特征。最好的办法就是说服对方让其离开，若对方不听劝告，则可视具体情况采取相应的措施。

②在进餐高峰期，有人进出餐厅好几次。餐厅员工可礼貌地问候此人有什么需要帮助的地方，或通知其他工作人员注意观察。

③当收银员在接收钱物时总是有人出现在其面前。收银员可以与这位顾客寒暄，使他（她）知道有人在注意他（她），可设法打听其住处、姓名、工作地点等。最好的办法就是避免钱财外露，勿在顾客面前数钞票。

④餐厅门口或停车场上所停的车内有人在等候。保安人员应该将该车车号、车型、颜色及停留时间一一记录下来，并试着确认车上的人是否正在等候餐厅内用餐的顾客。

⑤单独用餐的顾客用餐完后久久不肯离去。餐厅员工可以礼貌地上前询问有什么可以效劳的地方。

⑥打烊后，有人敲门。不论他的目的是什么，最好的办法就是勿让任何人进来。

(3) 员工注意事项。每个人在遇到抢劫时都会惊慌失措，这是很正常的事情。但作为餐厅的员工，代表着餐厅的形象，必须注意以下几点：

①勿与歹徒争执，以免带来杀身之祸。对歹徒提出的问题，只需作简短的回答。最好的办法是找借口推辞。

②保持冷静，不要乱跑，以免歹徒受到惊吓，引发其暴力倾向，应尽可能地远离歹徒。要机警，仔细观察并记下歹徒的特征。

③餐厅一旦被抢，作为员工要离开案发现场，在警方人员到来之前不要触碰现场的任何东西。餐厅领导者在案发后应采取以下措施：首先，立即通知警方抢劫案发的地点及时间，并提供有关抢劫发生的过程以及任何有关歹徒的线索；其次，让财务人员确定损失的金额；然后，把门锁上，尽量保持案发现场的完整，直到警方人员抵达。同时要求员工镇静，不要讨论所发生的事件。

（二）食物中毒的预防

食物中毒是指人们由于食用被生物性、化学性有毒有害物质污染的食品，或者食用含有有毒害物质的食品后出现的一类以急性、亚急性感染或中毒为主要症状的食源性疾患。

食物中毒种类多，病因复杂，但发病具有如下共同特点：一是发病潜伏期短而集中，发病率高，来势急剧，一般在24h之内，常呈集体性暴发；二是同期中毒病人有类似的临床表现并有急性胃肠炎的症状，如恶心、呕吐、腹痛、腹泻等；三是发病与摄入的食物有关，一旦停止食用有毒食物，发病立即停止；四是人与人之间不直接传染，食物中毒呈一次性暴发，停止食用有毒食物后，不再出现新患者；五是食物中毒的发生有一定的季节性和地域性。细菌性食物中毒主要发生在5～10月份，化学性食物中毒全年均可发生。绝大多数食物中毒的发生有明显的地域性。

食物中毒主要有细菌性食物中毒、有毒动植物食物中毒、化学性食物中毒、真菌毒素和霉变食物中毒四种基本类型。

1. 细菌性食物中毒

细菌性食物中毒是指摄入被细菌或细菌毒素污染的食品而引起的食物中毒，它是食物中毒中最多见的一类，涉及中毒人数最多，发病率较高，但病死率较低，且主要发生在气温较高的夏秋季。

(1) 细菌性食物中毒发生的原因具体有以下几个方面：

①食物被致病菌污染。食品在生产、加工、运输、储藏、销售等过程中受到致病菌污染的机

会很多，食品常常由于采购疏忽、保存不善、烹调不当、从业人员带菌污染、操作污染、工具容器使用前不清洗消毒污染、生熟交叉污染、二次污染或剩余食物处理不当等原因而造成污染。

②具有适合致病菌生长繁殖或产生毒素的条件。合适的温度、食品中充足的水分、适宜的 pH 以及营养条件均可使食物中的致病菌大量生长繁殖并产生毒素，食用后引起中毒。

（2）餐饮企业经营中细菌性食物中毒的预防和处理。具体如下：

①控制病原体繁殖及外毒素的形成。绝大部分致病菌生长繁殖的最适宜温度为 20℃～40℃，在 10℃以下繁殖力减弱，低于 0℃多数细菌不能繁殖和产毒。因此，食品应存放在低温和通风阴凉处，以控制细菌繁殖和毒素的形成。食品中加盐量达 10%也可控制细菌繁殖及形成毒素。

②食品食用前彻底加热以杀灭病原体及破坏毒素是防止食物中毒的关键措施。为彻底杀灭肉中病原体，肉块不应太大，并务必使内部温度达到 80℃以上，持续 12min；蛋类应彻底煮熟。

③食品加工、储存和销售过程要严格遵守卫生制度，严防食品被病原体污染。食具、容器、砧板、刀具等应严格生熟分开使用，做好消毒工作，避免生熟交叉污染和二次污染。生产场所、厨房、食堂要有防蝇、防鼠设备。

④饮食行业人员和炊事人员应严格遵守个人卫生制度，认真执行就业前体检和录用后定期体检制度，应经常接受食品卫生教育，养成良好的个人卫生习惯。患化脓性疾病和上呼吸道感染的病人，在治愈前不应参加接触食品的工作。

2. *有毒动植物食物中毒*

有毒动植物食物中毒是指一些动植物本身含有某种天然有毒成分或由于储存条件不当形成某种有毒物质，被人食用后所引起的中毒。这些动植物主要包括河豚鱼、有毒贝类等引起的有毒动物中毒和毒蕈、豆角、木薯等引起的有毒植物中毒。该类食物中毒发病率及死亡率较高。

河豚鱼中毒的发生，主要是误食而引起，有的则因为喜食河豚鱼，但未将毒素除净以致食后引起中毒。人们往往不易做到安全食用。因此，卫生部门应做好下列工作：

（1）加强宣传，使群众了解河豚鱼有毒，并能识别形状，以防误食中毒。

（2）加强市场管理，禁止出售河豚鱼。市场出售海杂鱼类时应事先经过仔细的挑选，将拣出的河豚鱼妥善处理，不可随便丢掉，以防发生意外。

（3）在生产过程中对捕获的河豚鱼应分别装运，由水产部门统一收购，集中加工。加工后经鉴定合格，证明无毒方能出厂。

贝类中毒原因与海水中甲藻类的大量繁殖和集结形成“赤湖”有关。当贝类摄食大量有毒藻类，使其毒素被贝类富集，尽管对贝类本身没有毒性，但当人食用贝肉后，毒素迅速被释放并对人产生毒性作用。贝类中毒的预防措施是：

（1）在海藻大量繁殖期及出现所谓“赤潮”时，禁止采集、出售、贩运和食用贝类。

（2）在贝类生长的水域采取藻类进行显微镜检查，如有毒的藻类大量存在，即有发生中毒的危险，有关部门应定期预报，有关人员应注意收听。

（3）贝类的毒素主要积聚于内脏，应注意去除。

蕈类通称蘑菇，具有较高的营养价值和食用价值。在我国，蕈类很多，其中一少部分有毒不能食用。毒蕈中毒多发生在高温多雨的夏秋季节，往往因采摘野生鲜蕈又缺乏经验而误食中毒。广泛宣传毒蕈中毒的危险性，提高广大群众对毒蕈的识别能力，对不认识和未食用过的蕈类，不要采摘和食用，以防止误食中毒。肉眼鉴定，以下为毒蕈的特征，应避免采摘：

(1) 颜色鲜艳，蕈盖上长疣，蕈柄上有蕈环、蕈托。

(2) 多生于腐物或粪肥上，不生蛆，不长虫，有腥、辣、苦、酸、臭味。

(3) 碰坏后容易变色或流乳状汁液，煮时能使银器或大蒜变黑的蕈属有毒。

其他有毒动植物食物名称、中毒原因及预防如下表所示。

其他有毒动植物食物

名　称	中毒原因	治疗及预防
四季豆中毒（扁豆、芸豆、豆角等）	食用了没有煮熟的四季豆	对症处理。扁豆、芸豆、豆角等要烧熟煮透至失去原有生绿色
鲜黄花菜中毒	鲜黄花菜的烹调加工方法不当	最好食干制品，鲜黄花菜需用水浸泡或用开水烫后弃水炒煮后食用
动物肝脏中毒（狗、鲨鱼、海豹等）	一次食入大量动物肝脏	对症处理。含大量维生素 A 的动物肝脏不宜过量食用
甲状腺中毒	误食动物甲状腺引起中毒	抗甲状腺素药对症处理。畜肉加工前除净甲状腺
有毒蜂蜜中毒	因蜜蜂采了有毒花粉酿蜜所致	对症治疗，加强蜂蜜的检验工作，防止毒蜂蜜流入市场
发芽马铃薯中毒	马铃薯储藏不当发芽	催吐、洗胃、对症处理。马铃薯储存干燥阴凉处。食用前挖去芽眼、削皮，烹调时加醋
桐油中毒	误作食用油食用	食用油与非食用油分开存放，储存容器也应严格分开，以免误食
山大茴香中毒	误作八角茴香食用	洗胃，给胃黏膜保护剂和输液等。熟悉两者的区别，不收购、不出售、不食用山大茴香
白果中毒	与烹调方法有关	白果需去皮加水煮熟煮透后弃水食用，不吃生白果或变质白果
黑斑甘薯中毒	甘薯储藏不当霉变所致	对症治疗。做好甘薯保藏，防止霉变

餐饮专家

福建诏安县六渔民吃河豚中毒

2009 年 2 月 1 日晚，诏安县梅岭镇下傅村六名渔民因食用河豚中毒，食用者出现面部及四肢麻木、乏力及晕眩的症状，随即被送往县医院抢救，目前六名中毒者均已脱离生命危险。

据梅岭镇一干部介绍，当天六名渔民出海时捕获一条 1 斤多重的河豚，当晚六名渔民自行处理后进食。过了 3 个多小时，食用者先后出现不适症状，家属发现后及时将其送往县医院抢救。

据医生介绍，患者到达医院后，医院及时采取催吐、导泻、输液等措施进行抢救，至 2 月 2 日上午已有 3 名患者出院，另 3 名仍继续住院接受治疗，但均已脱离生命危险。

医生表示，河豚含有的河豚毒素，是一种耐热毒素，不会在烹煮过程中分解，千万不要贪图其美味而冒险食用，以免发生意外。

——为什么河豚鱼不能吃?

河豚毒素的毒性，排在所有毒素的前十名之内，是氰化钾的1000倍。一条1斤重的河豚鱼体内，能提取出约0.5mg毒素，这是一个人所能承受的最大毒量。

河豚鱼有剧毒，源于其体内有河豚毒素。一般它的皮肤、内脏和血液均有毒，其中卵巢、肝脏最毒。一般老百姓都认为，河豚是一种鱼，事实上，河豚鱼种类有100多种，我国沿海常见的有40几种，河豚毒素大小因河豚鱼的种类而异。从品种来看，雌鱼的毒性比雄鱼大；从脏器来看，各部位含毒强弱的一般顺序为：卵、肝、皮、肠、胃、眼、鳃、脊髓、脾、血、精巢、肌肉。河豚毒素性质稳定，耐热、耐酸，盐腌、日晒或烹调均不能破坏其毒性。

3. 化学性食物中毒

化学性食物中毒是指由于食用被有毒化学物污染的食品而引起的食物中毒，主要包括亚硝酸盐、有机磷农药、鼠药、有毒重金属及其化合物等引起的食物中毒。该类食物中毒发病的季节性、地区性均不明显，但发病率和病死率较高。化学性食物中毒的预防措施有：

(1) 加强亚硝酸盐管理，防止误食。蔬菜应注意保鲜，防止腐烂。胃肠功能不好时，不要在短期内食用大量蔬菜。腌制蔬菜时要选用新鲜蔬菜，腌菜要腌透，至少20天以上再食用。但现腌的菜，最好马上食用，不能存放过久。

(2) 严格做好农药的保管和使用。砷剂农药及其包装外部须标明有毒标志。食品生产加工使用的化学物质如食品添加剂、盐酸、碱等砷含量必须符合国家食品卫生标准要求。

(3) 使用安全的容器。禁止使用锌铁桶盛放酸性食物、醋及清凉饮料；食品加工储存不可使用镀锌容器，镀锌工具不可接触酸性食物，做好锌化物的保管。

4. 真菌毒素和霉变食物中毒

真菌毒素和霉变食物中毒是指食用被真菌及其毒素污染的食品而引起的食物中毒，如食用赤霉病麦、霉变甘蔗等引起的中毒。此类食物中毒发病率、死亡率较高，发病的季节性及地区性较明显，且被污染的食物用一般的烹调方法加热处理不能破坏其中的真菌毒素。

霉变食品中毒主要是真菌毒素中毒，它同其他食物中毒一样，没有传染性，病人不能成为一种传染源去传染别人。但它不同于一般化学性食物中毒，在流行病学上仍然受着生物学因子的支配，因此，真菌毒素中毒往往具有地方性、相对的季节性和波动性等流行特点。主要预防措施为：

(1) 做好粮食在储藏期的防霉工作，粮食烹煮前应拣去霉粒并淘洗干净。

(2) 不食霉变食物。

5. 食物中毒的抢救措施

食物中毒发生以后，卫生防疫人员应及时到达现场并应组织好抢救病人的工作。同时，采取如下措施：禁止继续出售和食用可疑食物，并予以暂时封存；收集可疑中毒食物及患者的吐泻物送检。在重大食物中毒现场，应成立临时急救指挥小组，以便顺利开展工作。

(1) 排出未被吸收的毒物。排出未被吸收毒物的有以下几种：催吐，常用手指、筷子等刺激咽部或者服用催吐剂；此外，还有洗胃以及导泻与灌肠等。

(2) 阻滞毒物的吸收和保护胃黏膜。局部应用拮抗剂，直接与胃肠道中尚未被吸收的毒物发生作用，使其毒性降低或变成无毒物质，减少毒物对胃肠黏膜的作用，延缓吸收。常用口服拮抗剂有通用解毒剂、中和剂以及沉淀剂和氧化剂等。

(3) 促进毒物排泄。一般毒物进入人体后多在肝脏解毒，经肾脏随尿排出。大量饮水或静脉输液对稀释体内毒物，保护肝、肾，促进毒物排出十分重要。一般可饮用糖盐水或静脉滴注生理盐水或者5%、10%葡萄糖溶液等。如尿量少，可静脉滴注20%甘露醇或25%山梨醇100mg～250mg，加速尿液排出。

(4) 对症治疗。毒物已损及有关脏器，出现各种危重症状时，如不及时治疗，必将影响病人的康复甚至危及生命。因此，及时对症处理很有必要。抢救时，排毒解毒和对症治疗同时并用，可取得更好效果。

三、灭火常识介绍

餐厅常见的火灾原因有：吸烟不慎引起火灾；电气短路引起火灾；煤气爆炸引起火灾；油锅加温过高引起火灾等。餐厅防火要从人人做起，每一位员工都要树立安全防火的意识。

（一）灭火的原理及方法

1. 基本原理

物质燃烧必须同时具备三个必要条件，即可燃物、助燃物和着火源。根据这些基本条件，一切灭火措施，都是为了破坏已经形成的燃烧条件，或终止燃烧的连锁反应而使火熄灭以及把火势控制在一定范围内，最大限度地减少火灾损失。这就是灭火的基本原理。

2. 灭火的基本方法

餐厅若发生火灾，有以下几种灭火方法可供选择：

(1) 冷却灭火法。由于可燃物发生燃烧必须达到一定的温度，将灭火剂直接喷在燃烧着的物体上，可使燃烧物的温度降至燃烧点以下，停止燃烧。用水冷却灭火是常用的方法，但不适合电器和油脂火灾。

(2) 隔离灭火法。隔离灭火法是将火源附近的可燃物隔离开，以控制火势的蔓延。如用泡沫灭火器灭火，通过产生的泡沫覆盖于燃烧体表面，在冷却作用的同时，把可燃物同火焰和空气隔离开来，达到灭火的目的。

(3) 窒息灭火法。物质燃烧需要充足的氧气，采用防止空气流入燃烧区的办法，使燃烧物没有氧气的助燃而熄灭。

(4) 抑制灭火法。这种灭火方法主要是使用化学灭火剂，干扰和抑制燃烧的连锁反应，使燃烧终止。

（二）消防要求

消防工作是饭店安全保卫工作的重要内容，每个服务员都应熟悉消防工作的方针、“四懂”“四会”“三能”等消防基础知识。

1. 消防工作的方针：预防为主，防消结合

2. 四懂

(1) 懂得本岗位火灾危险性。

(2) 懂得预防火灾措施。

(3) 懂得扑救火灾的方法。

(4) 懂得疏散逃生知识。

3. 四会

(1) 会扑救初期火灾。

(2) 会使用消防器材。

(3) 会报火警。

(4) 会疏散逃生。

4. 三能

(1) 能自觉遵守消防规章制度。

(2) 能及时发现火险。

(3) 能有效地扑灭初期火灾。

(三) 常用的灭火器材及使用方法

饭店常用的灭火器材有两类：一类是自动灭火系统，另一类是手动式灭火器材。自动灭火系统一般适用于日常可燃品，如木材、纸、布等物的燃烧。而对于厨房中食用油、煤气、电器等引起的燃烧，依靠自动灭火系统是不行的。下面介绍几种灭火常用的器材。

1. 二氧化碳灭火器

二氧化碳灭火器（如图 10－2 所示）的优点是不导电，不含水分，不污染仪器设备。它主要适用于扑救电器设备、精密仪器、贵重设备、食用油、汽油等火灾。

二氧化碳是一种不助燃气体，它的密度较空气大，以液态灌入钢瓶内。在 20℃时，钢瓶内大气压为 6×10^6 Pa，液态的二氧化碳从灭火器喷出后，迅速蒸发，变成固体雪花状的二氧化碳，又称干冰，其温度是－78℃。固体的二氧化碳喷射到燃烧物上因受热迅速挥发变成气体，当二氧化碳在空气中达到 30℃～35℃的温度时，物质燃烧就会停止。二氧化碳灭火器的作用就是冷却燃烧物和冲淡燃烧层空气中氧气含量，使燃烧停止。

(1) 二氧化碳灭火器的使用方法。主要有两种，一种是手动开启式（即鸭嘴式），另一种是螺旋开启式（即手轮式）。手动开启式灭火器在使用时应先拔去保险销，一手握紧喷筒把手，对准燃烧物，另一手把鸭舌往下压，二氧化碳即由喇叭口喷出，不用时将手放松即行关闭。

螺旋开启式的灭火器在使用时先将铅封去掉，一手握住喷筒把手，对准燃烧物，另一手将旋钮朝顺时针方向旋转开启，二氧化碳气体即行喷出。

(2) 使用二氧化碳灭火器的注意事项

①要注意风向，避免逆风使用。

②在灭火时，喷筒要从侧面向火源上方往下喷射，喷射方向要保持一定角度，使二氧化碳能迅速覆盖火源。

③灭火时不要将灭火器放在身前靠近火源处。

2. 干粉灭火器

干粉灭火器（如图 10－3 所示）主要用于各种油料燃烧、电器燃烧等。干粉不导电，可以用于扑灭带电设备的火灾。

干粉灭火器是一种效能较好的灭火器材。它是一种细微的粉末与二氧化碳的联合装置，靠二氧化碳气体做动力，将粉末喷出扑灭燃烧物。由于干粉是一种轻而细的粉末，所以能覆盖在燃烧物体上，使之与空气隔绝而灭火。这种干粉无毒、无腐蚀作用。

干粉灭火器有手提式和推车式两种，在使用时，拔出保险销，一手拿着喷嘴胶管，对准燃烧物体，另一手握住提把，拉起提环，粉雾即喷出。干粉灭火器的使用及注意事项与二氧化碳灭火器相同。

3. 泡沫灭火器

泡沫灭火器（如图 10－4 所示）主要用来扑灭油类、可燃液体和可燃固体的初起火灾。此灭火器不宜扑灭可溶性液体的火灾。

泡沫灭火器内装有酸性物质（硫酸铝）和碱性物质（碳酸氢钠)。这两种水溶剂经混合后发生化学反应而产生化学泡沫。另外，在碱性物质中还有一定量的甘草汁或烘干了的空气泡沫液体发泡剂，可使泡沫稳定、持久，提高泡沫的表面张力，但该物质不参加化学反应。化学泡沫是由泡沫灭火器的水溶性通过物理、化学的作用，充填大量气体（二氧化碳或空气）后形成无数的小气泡。由于这些泡沫比重轻，可以漂浮在液体表面，形成一个泡沫覆盖层。灭火泡沫还具有一定的黏附性，可以黏附在一般可燃物的表面。泡沫可以隔断空气、降低燃烧物表面的温度，因而可以达到灭火效果。

4. “1211” 灭火器

“1211” 灭火器（如图 10－5 所示）是一种新型、高效、安全的灭火器材。它的绝缘性能好，灭火时不污损物品，灭火后不留痕迹、毒性低、腐蚀性小，并有灭火效果好、速度快和久储不变质的优点。

“1211” 是卤化物二氟一氯一溴甲烷的代号，是卤代烷灭火剂的一种。该灭火器可用于油类、化工原料、易燃液体、精密设备、电器设备等燃烧物质的灭火，但不适合于活泼金属、金属氢化物及本身是氧化剂的燃烧物质的火灾。

“1211” 灭火器有手提式和推车式两种、饭店一般用手提式灭火器。在使用时，只要拔掉安全销，然后握紧压把开关，压杆就使密封阀开启，“1211” 在氮的压力作用下，通过吸管由喷嘴射出；当松开把手时，阀门关闭停止喷射。在使用 “1211” 灭火器时，应垂直操作，不可将钢瓶平放或颠倒使用。在灭火时，喷嘴要对准火焰根部，并向火焰边缘左右扫射，快速向前推进，如有零星火可以点射扑灭。

5. 消火栓

消火栓（如图 10－6 所示）是接于消防供水管道上的阀门装置，供给灭火用水的设备。它一般设置在楼道墙壁上或公共环境区域。

使用方法是：打开消火栓门（盖)，卸下出水堵头，安上消火栓接口，接好水龙带，两人一组牢牢控制住龙头后同去拧开闸门，水即被水龙带输送到火场，要避免压力过大造成脱手伤人。

这几种灭火器使用都较简单，但在灭火时，切勿忘掉拔去安全保险销。灭火器的存放和保养必须指定专人负责，切不可将灭火器作为一种摆设，要定期检查药物、气体是否泄漏，如有泄漏要及时更换或维修。

只要管理者重视，每一位员工关心、爱护集体，自觉遵守安全操作规程，提高防火安全的自觉性，处处留心，火灾是可以预防的。

6. 使用灭火器的注意事项

(1) 金属钾、钠、镁、铝和金属氢化物等物质火灾，禁止用二氧化碳灭火器扑救。因为这些物质的性质十分活泼，能夺取二氧化碳中的氧而燃烧。

(2) 二氧化碳灭火主要是隔绝空气，窒息灭火，而干粉、“1211”等属化学灭火，通过中断燃烧的链式反应，使火熄灭。用干粉、“1211”灭火器灭火时，喷嘴要对准火源上方往下扫射；而用二氧化碳灭火器灭火时，要从侧面向火源上方往下喷射，喷射的方向要保持一定的角度，使二氧化碳能迅速覆盖着火源。

(3) 灭火器应放置在被保护物品附近，干燥通风和取用方便的地方；要注意防止受潮和日晒。

(4) 灭火器各连接部件不得松动，喷嘴塞盖不能脱落，保证密封性能良好。

(5) 灭火器应按规定的时间进行检查，使用后必须进行再充装。

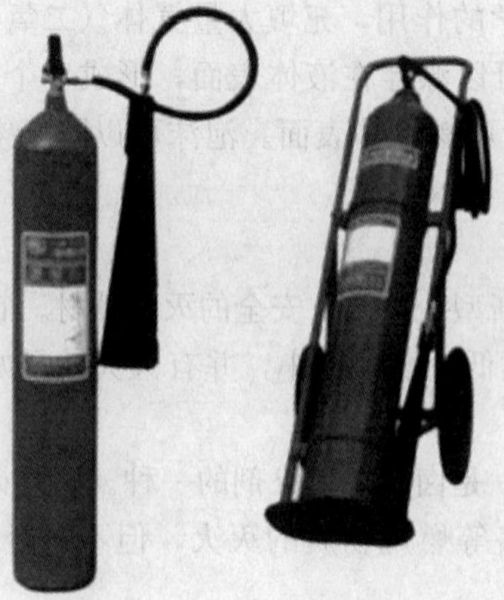

图 10-2 二氧化碳灭火器

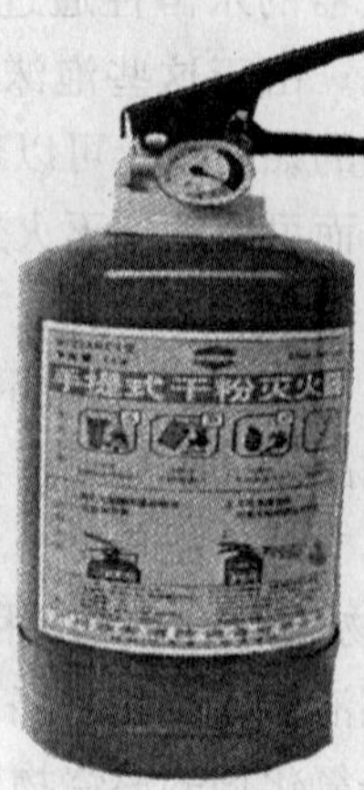

图 10-3 干粉灭火器

图 10-4 泡沫灭火器

图 10-5 “1211”灭火器

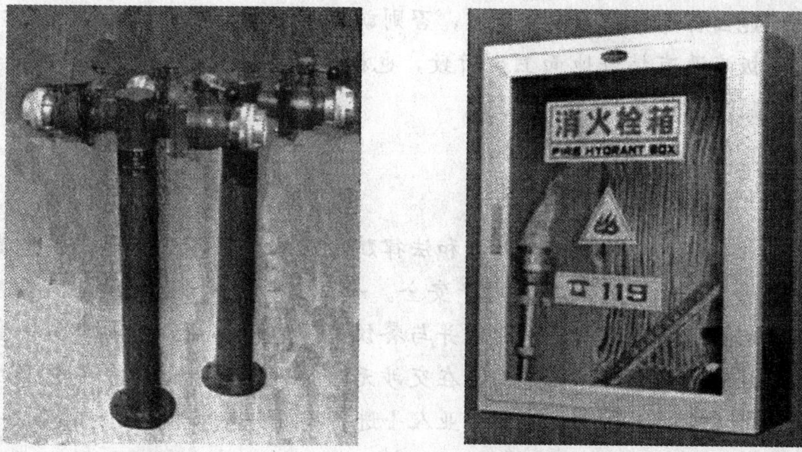

(a) (b)

图 10－6 消火栓

四、财产安全

1. 提高警惕，提高安全管理质量

发生盗窃事故，会给宾客造成经济上与精神上的损失，也会影响餐厅的社会声誉。餐厅服务员要增强警惕性，提高全员的安全意识，不给盗窃分子以可乘之机。

2. 进行职业道德教育，建立良好的安全管理制度

作为餐厅服务员，要具有高尚的职业道德，一方面要严格要求自己，另一方面也要维护饭店的利益，以餐厅的各项安全管理制度作为自己的行为规范。

3. 保证就餐客人的财产安全

就餐客人在餐厅失窃，服务员要及时帮助报案和解决；客人如有东西遗失在餐厅，服务员应马上上报，妥善保管，力争及时归还客人。

经典案例

在饭店就餐时滑倒谁之过

节日期间，小李陪年迈的父亲到一家饭店吃饭，饭店生意很好，但卫生环境却不很好，地面油滑，一不小心就会跌倒。小李很小心地扶着父亲，可父亲在饭毕起身时还是因地面太滑重重摔了一跤，并造成手部轻微骨折。小李事后要求饭店方面赔偿，而饭店方面认为顾客应对自己的人身安全负责，饭店只是一个吃饭消费场所，不承担这样的赔偿责任。

案例分析

不管是消费者权益保护法还是我国的《民法通则》都对自然人的人身权受到侵害作了相应规定。作为餐饮消费场所，不仅要保证顾客在用餐过程中食品卫生安全，还要保证顾客在

自己的场所内不能因自身的原因受到伤害，否则就要承担一定的赔偿责任。此纠纷中，小李父亲的摔到是因饭店没有搞好地面卫生所致，也就是说顾客受伤与饭店有直接的因果联系，饭店当然应承担赔偿责任。

经验总结

作为餐饮企业，作为公共场所，社会和法律赋予它的责任不仅仅是提供用餐场所，更要保证人们在公共场所用餐时的人身和财产安全。一旦消费者发现自己的上述权益受到侵害，首先应当分析自己权益受侵犯的具体原因并与餐饮消费部门协商，不要轻易接受单方面的理由和解释。同时注意收集现场相关证据，在交涉无法得到合理答复时，可凭借相关证据资料到有关行业主管部门反映，也可向法律专业人士进行咨询并要求相应的法律服务和帮助。

本章小结

餐厅的安全与卫生在服务中占有重要的地位。餐厅优雅整洁，餐具干净整齐，能增强顾客对餐厅的信任感，而安全的环境是餐厅提供给客人最基本的就餐环境。本章首先介绍了餐厅卫生知识，包括食品卫生、餐具卫生、环境卫生和个人卫生等内容，要求重点掌握食物腐败变质的预防措施和餐具常用的几种消毒方法。在了解了卫生知识之后，本章主要介绍了餐饮安全管理，包括安全管理的目的和任务、餐饮安全防范、灭火常识介绍及财产安全等内容。要求重点掌握餐厅常见事故的预防、食物中毒的预防和常用灭火器材的使用方法等知识。

考考餐饮服务员

一、填空题

1. 食品是由多种化学物质成分组成的一种混合物，一般将食品中的这些物质成本划分为________和________两部分。

2. 餐具洗涤要求“四过关”是指______、______、______和______。

3. 餐饮业经营中采用的几种食品保藏方法中，______是餐饮业最普遍和常见的方法。

4. 物理消毒法是指用______、______和______等物理因素作用达到消毒目的以符合卫生规范要求的方法。

5. 物质燃烧必须同时具备的三个必要条件为______、______和______。

6. 金属钾、钠、镁、铝和金属氢化物等物质火灾，禁止用______灭火器扑救。

二、选择题

1. 食物中毒中最多见的一类，涉及中毒人数最多，发病率较高，但病死率较低，且主要发生在气温较高的夏秋季的是（　　）。

A. 细菌性食物中毒　　B. 有毒动植物食物中毒

C. 化学性食物中毒　　D. 真菌毒素和霉变食物中毒

2. 餐饮安全管理的主要任务有（　　）。

A. 保证客人的人身安全　　B. 保证客人的财物安全

C. 保证客人的心理安全　　D. 保证环境的安全

3. 下列属于食物中毒发病特点的是（　　）。

A. 发病潜伏期短而集中　　B. 同期中毒病人有类似的临床表现

C. 人与人之间会直接传染　　D. 发病与摄入的食物有关

E. 食物中毒的发生有一定的季节性和地域性

4. 主要使用化学灭火剂，干扰和抑制燃烧的连锁反应，使燃烧终止的灭火法是（　　）。

A. 冷却灭火法　　B. 隔离灭火法　　C. 窒息灭火法　　D. 抑制灭火法

5. 不导电，不含水分，不污染仪器设备，主要适用于扑救电器设备、精密仪器、贵重设备、食用油、汽油等火灾的灭火器是（　）。

A. 泡沫灭火器　　B. 干粉灭火器

C. 二氧化碳灭火器　　D. "1211"灭火器

6. 消防要求中的"四懂"是指（　）。

A. 懂得报火警　　B. 懂得本岗位火灾危险性

C. 懂得使用消防器材　　D. 懂得预防火灾措施

E. 懂得扑救火灾的方法　　F. 懂得疏散逃生知识

三、简答题

1. 什么是食品卫生？
2. 什么是食品卫生的"五四"制？
3. 什么是食品的腐败变质？如何预防食品腐败变质？
4. 餐饮企业的餐具常用的消毒方法都有哪些？
5. 对于餐饮业人员的卫生管理工作应从哪些方面入手？
6. 餐饮安全管理的目的和任务是什么？
7. 预防餐厅失窃的具体做法都有哪些？

走近餐厅

【实训名称】参观一家餐饮企业或个体餐饮店

【实训内容】

1. 观察并记录该餐饮企业在厨房和餐厅是否存在火灾造成的安全隐患。
2. 每一位员工是否都具备防火意识和消防基础知识。
3. 消防器材是否齐全，摆放位置是否得当。
4. 学会使用各类灭火器材，熟知各类灭火器材的用途。

【实训点评】评分项目及标准

1. 记录餐饮企业存在哪些火灾安全隐患。
2. 记录员工的消防知识在哪些方面存在欠缺及如何改进。
3. 记录该餐厅使用了哪几种灭火器材及其摆放地点。
4. 使用灭火器材时，要正确操作。

参考文献

[1] 乐盈．饭店餐饮管理［M］．重庆：重庆大学出版社，2002.

[2] 劳动和社会保障部中国就业培训技术指导中心组织编写．餐厅服务员［M］．北京：中国劳动社会保障出版社，2001.

[3] 陆朋．中餐实务［M］．北京：电子工业出版社，2008.

[4] 张元善．餐饮企业经营管理实务［M］．北京：中国轻工业出版社，2006.

[5] 马开良．餐饮管理与实务［M］．北京：高等教育出版社，2003.

[6] 周秒炼．餐饮经营与管理［M］．杭州：浙江大学出版社，2008.

[7] 姜红．餐饮服务与管理［M］．大连：大连理工出版社，2006.

[8] 汪焰，董鸿安．餐饮服务与管理［M］．上海：华东师范大学出版社，2008.

[9] 袁小娟．现代餐厅服务与管理［M］．北京：化学工业出版社，2008.

[10] 安希华，贺学良．餐饮企业运行与管理［M］．北京：中国劳动社会保障出版社，2008.

[11] 施涵蕴．餐饮管理［M］．天津：南开大学出版社，1995.

[12] 蔡万坤．餐饮管理［M］．北京：高等教育出版社，2002.

[13] 杨新乐．餐饮服务与管理［M］．北京：中国商业出版社，2006.

[14] 郭敏文，樊平．餐饮服务与管理［M］．北京：高等教育出版社，2006.

[15] 蒋丁新．饭店管理［M］．北京：高等教育出版社，2004.

[16] 刘菲．饭店业营销［M］．北京：企业管理出版社，1999.

[17] 李勇平．现代饭店餐饮管理［M］．上海：上海人民出版社，1999.

[18] 田克勤．食品营养与卫生［M］．大连：东北财经大学出版社，2007.

[19] 谢民，何喜刚．餐厅服务与管理［M］．北京：清华大学出版社，北京交通大学出版社，2006.

[20] 郭红卫．营养与食品安全［M］．上海：复旦大学出版社，2005.

[21] 邹金宏．实用餐饮营业及营销［M］．广州：中山大学出版社，2005.

[22] 戴桂宝．现代餐饮管理［M］．北京：北京大学出版社，2006.

[23] 池进．餐饮管理基础［M］．北京：旅游教育出版社，1999.

[24] 聂明林，扬啸涛．饭店餐饮管理［M］．重庆：重庆大学出版社，1997.

[25] 陈金标．宴会设计［M］．北京：中国轻工业出版社，2002.

[26] 蒂莫西·R. 辛金．酒店管理案例［M］．大连：大连理工大学出版社，2003.

[27] 马开良．现代厨房设计与管理［M］．北京：化学工业出版社，2008.

[28] 何丽芳．酒店服务与管理案例分析［M］．广州：广东经济出版社，2005.

[29] 赵建民．餐饮质量控制［M］．沈阳：辽宁科学技术出版社，2001.

[30] 赵建民，赵建龙．餐饮定价策略［M］．沈阳：辽宁科学技术出版社，2002.

[31] 高秋英．餐饮管理——理论与实务［M］．长沙：湖南科学技术出版社，2001.

[32] 林德荣．餐饮经营管理策略［M］．北京：清华大学出版社，2007.